国民阅读经典

战国策译注

王延栋 译注

中华书局

图书在版编目（CIP）数据

战国策译注/王延栋译注. —北京：中华书局，2019.4
（国民阅读经典）
ISBN 978-7-101-13808-5

Ⅰ.战… Ⅱ.王… Ⅲ.①中国历史–战国时代–史籍②《战国
策》–译文③《战国策》–注释 Ⅳ.K231.04

中国版本图书馆 CIP 数据核字（2019）第 042416 号

书　　名	战国策译注
译 注 者	王延栋
丛 书 名	国民阅读经典
责任编辑	余　瑾
出版发行	中华书局
	（北京市丰台区太平桥西里 38 号　100073）
	http://www.zhbc.com.cn
	E-mail：zhbc@zhbc.com.cn
印　　刷	北京市白帆印务有限公司
版　　次	2019 年 4 月北京第 1 版
	2019 年 4 月北京第 1 次印刷
规　　格	开本/880×1230 毫米　1/32
	印张 12⅛　插页 2　字数 260 千字
印　　数	1-8000 册
国际书号	ISBN 978-7-101-13808-5
定　　价	32.00 元

知识积累的基础名著，都是人人应读、必读和常读的名著。

第三，入选的经典，我们坚持优中选优的原则，尽量选择最好的版本，选择最好的注本或译本。

我们真诚地希望，这套经典丛书能够进入你的生活，相伴你的左右。

中华书局编辑部

二〇一八年五月

出版说明

在二十一世纪的当代中国，国民的阅读生活中最迫切的事情是什么？我们的回答是：阅读经典！

在承担着国民基础知识体系构建的中国基础教育被功利和应试扭曲了的今天，我们要阅读经典；当数字化、网络化带来的"信息爆炸"占领人们的头脑、占用人们的时间时，我们要阅读经典；当中华民族迈向和平崛起、民族复兴的伟大征程时，我们更要阅读经典。

经典是我们知识体系的根基，是精神世界的家园，是走向未来的起点。这就是我们编选这套《国民阅读经典》丛书的缘起，也因此决定了这套丛书的几个特点：

首先，入选的经典是指古今中外人文社科领域的名著。世界的眼光、历史的观点和中国的根基，是我们编选这套丛书的三个基本的立足点。

第二，入选的经典，不是指某时某地某一专业领域之内的重要著作，而是指历经岁月的淘洗、汇聚人类最重要的精神创造和

目录

Zhanguoce Yizhu

战国策导读

《战国策》这部名著，可以说用不着介绍。它跟《左传》《史记》《资治通鉴》等书一样，又是历史，又是文学，具有中国文化常识的读者都知道它。它里面的一些故事、寓言等等早已凝结为一些常见的成语，人们从小听故事，看儿童读物总会听见、碰着、用到，只不过不知道出于《战国策》而已。学校的语文课本也选有《战国策》篇目。

　　《战国策》这部名著，也可以说需要认真介绍。要想对《战国策》作一全面的概括性说明、评估，确非易事。在我与张清常先生合著的《战国策笺注》（南开大学出版社，1993年）中，先生写过一篇精彩的《前言》，这篇文章以《战国策评估》为题，发表在《南开学报》1993年第3期上，尔后又被《光明日报》和《新华文摘》部分地转载。面对先生这篇《前言》，让我重起炉灶再写一篇，确实感到有些茫然和束手无策，大有"黔驴技穷"之感。索性以彼《前言》代此《导读》吧，以示对先生的感念和告慰。先生曰：

　　战国（前475—前221年）曾被古人称之为"古今一大变革之会"（王夫之《读通鉴论》）。它是中国历史上最美好的时代之一，也是最丑恶的时代之一；它是人类最高智慧的光辉夺目的时代之一，也是蒙昧愚蠢的时代之一；它是中国哲学、文学、艺术、政治、法律、经济学说和自然科学理论及技术（尤其在冶炼、水利、农业、武器、战备、医学等等方面）突飞猛进、文化昌盛的光明季节，也是统治者对人民施加残暴镇压的黑暗季节；它是人类对未来满怀着美好希望，人才辈出的春天，也是二百五十四年战祸连绵，千千万万人民遭到屠杀的冬天；它是国王、大臣等统治阶级横征暴敛，肆意霸占一切，无恶不作，飞扬跋扈，荒淫奢侈，视人命如草芥，过着人间天堂生活的日子，也是劳动人民备受欺侮压迫，挨饿受冻，生命毫无保障，贫困到一无所有，过着人间地狱生活的日子。使人感到惊讶的是：那时代伟大的思想和美好的希望仍然鼓舞着现代中国和世界，那时代的污泥浊水至今仍未涤荡干净。

这二百五十四年真是个奇特的时代，这个时代的产物《战国策》也是先秦奇书之一。

《战国策》是古代按国别来编排的史料汇编之一种，编辑了战国时期纵横家以及一般智谋之士的游说、出谋划策之辞和诡诈权变故事，也是若干重要的战国人物、史实的记载。这类书原有许多种名目和本子：《国策》《国事》《事语》《短长》《长书》《修书》。时代有的下延到楚、汉之际。西汉末年刘向（前79—前8年）加以整理定为《战国策》三十三篇。可能刘向把下限放宽，兼收了西汉初蒯通、邹阳等的材料？也可能是后人顾名思义而把战国以后的蒯通等人的材料剔出去？阙疑。

《战国策》的"策"，据《说文》本义是赶马所用的工具，近似马鞭一类的东西，被借为竹片木片简册之"策"。古代的策（册）长二尺四寸（见《仪礼·聘礼》）。一百个字的材料就使用它来写（见伪孔安国《尚书·序》疏）。王国维《简牍检署考》特别提到《战国策》的问题："窃疑周、秦游士甚重此书。以策书之，故名为《策》；以其札一长一短，故谓之《短长》；比尺籍短书，其简独长，故谓之《长书》《修书》。刘向以'战国时游士辅所用之国为之策谋'，定其名曰《战国策》，以‘策’为策谋之策，盖已非此书命名之本义。"王氏说基本正确，但"策"作为计谋来使用，已见于《吕氏春秋·简选》"此胜之一策也"。所以后代才会产生：策略、策划、国策、政策、对策、决策、划策、画策、计策、献策、良策、妙策、上策下策、失策、群策群力等。

《战国策》在历代图书目录中，有两种安排：一种是放在史部杂史，一种是放在子部的纵横家。前者如《汉书·艺文志》在春秋家。唐代《隋书·经籍志》认为《战国策》"其属辞比事，皆不与《春秋》《史记》《汉书》相似，盖率尔而作，非史策之正也……备而存之，谓之杂史"。五代《唐书·经籍志》、北宋《新唐书·艺文志》、南宋《通志·艺文略》、清《四库全书总目提要》均如此。另一种安排始于南宋晁公武《郡斋读书志》，认为"历代以其纪诸国事，载于史类。予谓其纪事不皆实录，难尽信，盖出于学纵横者所著，当附于纵横家"。宋、元间《文献通考·经籍考》列于纵横家，元代《宋史·艺文志》、明代《百川书志》同。

在过去，《战国策》一直是既被称赞"其文辨博，有焕而明，有婉而微，有约而深，太史公之所考本也"（鲍彪《战国策注序》），又被痛加诋毁的。刘向说《战国策》的内容均非正道，但"亦可喜，皆可观"（《校战国策书录》）。北宋曾巩（1019—1083年）痛斥战国游说之士，对于《战国策》这种充斥了"邪说"的书采取了"放而绝之"的态度（《重校战国策序》）。元代吴师道在《曾序跋》中评论说："是书善恶无所是非，而作者又时出所见，不但记载之，为谈季子之金多位高，则沾沾动色；语安陵嬖人之固宠，则以江乙为善谋，此其最陋者。"（按：《秦策·苏秦始将连横说秦惠王》章，苏秦问："嫂何前倨而后卑也？"嫂答："以季子之位尊而多金。"又《楚策·江乙说于安陵君》章："江乙可谓善谋，安陵君可谓知时矣。"就事论事，前章的描写和后章的评论，没有多大的问题。）明代王廷相抨击《战国策》："摄权变以钩利，蓄狙诈以交外，幸近小以为得，便苟偷以为安。其心隐忍，其事欺谩，其术鄙陋委琐，畔于正轨远矣！而时君暗劣，慑于祸患，一切倾心听之，由是兵戈遍于九域，生民涂其肝脑。古昔圣人休静天下之泽，斩然无存。嗟乎！世变至此极矣。"（《校战国策序》）清朝陆陇其说："《战国策》一书，大抵皆纵横家言也。其文章之奇，足以悦人耳目；而其机变之巧，足以坏人心术。子弟识见未定而读之，其不为之渐染者鲜矣。"（《三鱼堂文集·战国策去毒跋》）总之，《战国策》在正统思想的笼罩下，它是难以抬头的。今天，我们应该还给它一个比较切实的评价。

《战国策》主要记载战国时期谋臣策士游说各国国君与执政者，或者相互辩论时所提出的政治主张和斗争策略，以及相互倾轧的阴谋诡计等等。这些，充分反映了当时各诸侯国、各阶级阶层之间的尖锐复杂的矛盾斗争。所以《战国策》是研究战国史的重要资料之一，司马迁《史记》就曾采用了它。

《战国策》大量收录纵横家搞权变谋诈的佚事与说辞，其中有真有假，有虚有实。这里面包括了后来纵横家追述前辈的游说之辞，或者假托前辈的名义而编造出一些书信与故事传说等。这些不但未必符合历史真实，而且所述人物和事迹本身就混乱矛盾，当然也还有若干浮夸之辞，难以置信。例如苏秦，年代弄不清楚，说辞所举历史地理情况与实际多有出入，事迹或与苏代、苏厉搅在一起，《齐策》记载苏秦封武贞君，《燕策》记载苏秦封武安君……诸如此类，令人怀疑。司马迁《史记·苏秦列传》也指出："然世言苏秦多异，异时事有类之者皆附之苏秦。"现代的历史学家们爬梳史籍，又借助于1973年底长沙马王堆三号汉墓中出土的帛书《战国纵横家书》，基本上弄清了苏秦的主要情况。可见《战国策》虽有一些虚拟的东西不能信以为真，有待鉴别，但绝大部分的策文是符合史实的，不可以因噎废食。许慎《说文》，我们对它也会指指点点，说三道四，但幸亏有了它，我们才能比较有些基础来认识甲骨文。同样的道理，如果没有《战国策》的《中山策》，那么1974年11月河北平山战国时期中山国墓葬虽被发掘出来，我们的研究工作恐怕就要白手起家了。

从史料研究的角度看，《战国策》可利用的还很不少。例如：

一、《战国策》确实写了人世间许多不便于说出口的卑鄙肮脏的事情，尤其是诸侯国政治舞台上面的丑恶现象，极其不堪入目，却写得那么逼真，洗练，甚至使人惊心动魄，看穿了这一群衣冠禽兽，这引起了人们的愤慨。但卫道之士却抨击此书"坏人心术"，犹如攻击《水浒》《红楼梦》等诲盗诲淫一样。试想如果没有《战国策》这样比较集中描述的翔实史料和盘托出当时的历史，我们对于伟大诗人屈原的激愤，对于先秦诸子光辉思想的产生，虽能理解但体会不可能这么切实深刻。

二、《战国策》中写了几个太后：《齐策》有赵威后，有君王后；《赵策》有赵太后（是否与赵威后为一人，有争议）；《秦策》《韩策》等有秦宣太后。每个人都活跃于纸上，确是一国之尊。赵威后和君王后的见解、魄力远胜男子，却没有受到应得的赞扬。赵太后大权在手，如果不识大体顾大局，触龙虽有三寸不烂之舌，亦无可奈何。可是一说起此事，便把触龙捧了又捧，夸了又夸，把赵太后降为昏庸老太太；一说到唐太宗发怒而终于纳谏，却不住称赞唐太宗，为何独薄于女而偏厚于男？秦宣太后是最倒霉的，两件事情都被人们用后代压迫、束缚女子的眼光讥笑得极为不堪。殊不知战国距离古代母系社会时期毕竟比宋、元近一些，战国时妇女的社会地位可能比后代略胜一筹，对于男女间的禁忌也略少一些。《战国策》所写秦宣太后的骄横与坦率在当时是不大忌讳的。战国时期这几个掌权的太后也正是汉朝吕后、北魏胡太后和唐朝武则天的先导。

三、战国二百五十四年间各诸侯国之间的矛盾斗争是很尖锐激烈的。除了战争之外，还有外交战线的斗智。《战国策》保留的这方面史料很多，有许多是非常精彩的。例如《齐策》里面有《邯郸之难》《南梁之难》两章,齐国君臣商讨对于前来请求援助的赵与韩如何应付,救与不救;救则须讲求策略,救的目的是什么,救到什么程度,何时救,如何救,如何出兵,走的路线及攻击点,如何等待时机,如何作战等等,非常细致周密。又如东周、西周、宋、卫、中山诸策所载小国如何与强国周旋,不但自保平安,有时还敢从大国方面捞到便宜。这些很能给弱小国家增长志气。西汉刘向《校战国策书录》所说的"转危为安,运亡为存",主要就是诸侯国的外交策略问题。宋代以来,提到《战国策》就把智谋一概骂倒,都称谲诈,这未免太过分了,似宜区别对待。外交策略上面的智谋关系到国家的安危存亡,怎么能够痛诋之为诡计呢?而上文所引王廷相的话"蓄狙诈以交外",恰好正是这种迂腐论调。孙武及孙膑的兵法,受到全世界的重视,不但用于军事,而且用于其他方面,例如企业管理,人人尽知其为中国光辉的文化遗产,人人尽知宋襄公"不鼓不成列"之愚蠢可笑。为什么?因为战略战术的得失关系到国家安危存亡。那么,《战国策》这些讨论外交策略的史料在今天恐怕仍有可以总结、可以借鉴、可以启发思考的地方吧。

从刘向起,历代有识之士都欣赏《战国策》的文采。就是在今天,若干选篇,例如《邹忌讽齐王纳谏》(《齐策·邹忌修八尺有余》章)、《冯谖客孟尝君》(《齐策·齐人有冯谖者》章)、《庄辛谓楚襄王》(见《楚策》)、《鲁仲连义不帝秦》(《赵策·秦围赵之邯郸》章)、《触龙说赵太后》(《赵策·赵太后新用事》章)等等也早已广泛流传,还进入学校的课堂。至于把《战国策》的许多故事改写为儿童读物,收入成语典故的各种工具书,影响深远,更不必说。从文学的角度看,虽然《战国策》并非出于一时一人之手,篇章也参差不齐,但在总体上,文章的思路宽广活泼,细致周密,逻辑性较强,针对性更强,犹如磁铁,吸住对方不放,以言辞打动对方,使对方听信。古希腊、罗马讲究在公共场所讲演抓住听众的艺术,古代中国,在《尚书》里面留下一些演讲的篇章,数量不多,中国讲究的是使用对话形式游说的艺术。

这在周朝的历史文献中已经显示出来，著名人物，尤其是先秦诸子，无一不是能说会道的，或成本大套，或零金碎玉，精辟深刻，引人入胜。《战国策》所记的纵横游说之士也是如此，差异只在于思想内容往往多尚功利而已。由于战乱连绵，纵横家的游说之辞，再也不是《左传》《国语》那种温文尔雅、含蓄悠闲的风格，而是简明爽朗，口语化的，带有煽惑意图的说辞。通常是单刀直入，一针见血。即使迂回婉转，用意仍是吸引对方，使自己的游说成功。许多优秀篇章，叙事生动形象，文字简练，篇幅不长，却是结构严谨完整，寓意深刻而又富于情趣的故事。注意文采，刻画人物栩栩如生，各人有各自的鲜明性格。在典型环境中，人物的处境、身份、性格特点、活动意图、言行等等都跃然纸上。人物写活了，至于善恶美丑、是非得失、功绩成败，作者都留与后人评说。游说之辞则铺张扬厉，洋洋洒洒，犹如不押韵的楚辞汉赋。历史叙事则惜墨如金，点到即止，确是史家笔法，绝不拖泥带水。《战国策》与先秦诸子一样，善用比喻、夸张、排比、骈偶等等修辞手法。常借助于故事寓言来映衬话题，而它们早已成为童叟皆知的谈助，如狡兔三窟、狐假虎威、画蛇添足、惊弓之鸟、鹬蚌相争、南辕北辙等。今日俯拾皆是的精练的词语，许多也出于《战国策》，如：争论、满意、中立、虚名、四分五裂、百发百中、趾高气扬、前功尽弃等。《战国策》自身也有或引用了一些至理名言，例如："事有必至，理有固然。""故《老子》曰：'圣人无积，既以为人，己愈有；既以与人，己愈多。'"

　　《战国策》的语言艺术之中，有一件稀奇而又被人们忽略了的创造，借用今日曲艺表演的说法，叫作"一赶二"。《中山策·中山与燕赵为王》章，张登与蓝诸君的对话既是二人对答，又让蓝诸君扮演齐王来听张登的说辞。非常活泼，又比较复杂。话里套着话，现代标点必须使用到第三层的引号。《燕策·苏秦说奉阳君合燕于赵以伐齐》章也是如此。这在别的书里却是罕见。远在两千二百多年前有这样的文章，确实是难得。古典戏曲中偶一为之，不易精彩。京剧老戏《开山府》（亦名《打严嵩》) 为著名演员马连良、裘盛戎珠联璧合的拿手好戏而后继乏人，这出戏的语言艺术采用类似《战国策》这个手法而又更加扩展，而且在戏里同一套对话能够连着表演三次 (其他的戏多为两次)，台词照旧而表演效果越来越精彩，成为京剧独放异彩的一绝。而这手法的嫩芽却出现在《战国策》之中。

《战国策》对于后代文学有深远的影响。楚、汉之际有蒯通，西汉初年有邹阳、主父偃等，虽然擅长纵横之术，无所用之。天下已归一统，游说雄辩主要采用策论及奏议疏表之类的形式，上奏皇帝。于是贾谊、晁错等应运而生，其文采直承纵横家，打动人主以求任用则同于游说之士。汉赋之铺陈夸饰，固然出于屈、宋，也带有游说的色彩。司马迁《刺客列传》记载荆轲事迹，笔锋饱含感情，为名家名篇之一。后人去其首尾，补入《燕策》，竟然水乳交融。再晚的文学家继承古典散文传统，显然受了《战国策》较大影响的，北宋有苏氏父子，南宋有陈亮 (陈亮还受到贾谊的感染)。苏洵最为明显，就是苏轼，若干篇散文雄辩滔滔，锋芒毕露，既有纵横家的声势，也有《孟子》"吾岂好辩"的影响。后人所辑《东坡志林》的史论，既有较高的见解，又有敏锐洗练的文笔，潇洒豁达，也显示出他把《战国策》升华了之后的神采。

把《战国策》作为战国重要史料，作为中国古典文学名著，在今天是没有人再反对了。可是这部书的价值到底如何？

刘向是儒家的忠实信奉者，他编写《列女传》所用的精力，所表现的热忱，远远超过他为《战国策》所付出的。他从圣贤"教化"的标准出发，否定了《战国策》而肯定了《列女传》，因为《战国策》是"不可以临国教化" (《校战国策书录》) 的。曾巩整理几乎散失的《战国策》，目的是"使当世之人皆知其说之不可从，然后以禁则齐；使后世之人皆知其说之不可为，然后以戒则明" (《重校战国策序》)。刘向、曾巩的这种做法恰恰反映了历代士大夫的矛盾心理状态，对于《战国策》既欣赏其文采，又害怕这一"邪说"；既想扑灭这非正道的野火，又知道这书是毁不掉的。

《战国策》暴露了诸侯国的统治者之昏庸愚昧、荒淫无耻、残忍暴虐、骄横自负，种种丑恶被刻画得入木三分。国王、太后中的比较英明者只是凤毛麟角。诸侯的后妃、男宠、亲戚、佞信、大臣、豪门，相互倾轧，不择手段，钩心斗角，你死我活，种种丑恶比比皆是。这些事例在《战国策》中是不胜枚举的。每个诸侯国里，上上下下，一片黑暗，污秽不堪。《战国策》还揭露了当时社会的庸俗心理，羡慕权势地位、荣华富贵，借苏秦与嫂之问答，慨叹世态炎凉。也描写了若干事例，为了金钱，什么伤天害理出卖国家的事都干得出来。最令人触目惊心的是：秦国用金钱买动赵王的宠臣做内奸使赵王杀死李牧以亡赵国的事（《赵策·秦使王翦攻赵》章与《秦策·文信侯出走》章，后者写得极为冷酷）。商人吕不韦认为：耕田获利不过十倍，贩卖珠宝获利百倍，"定主立国"这宗买卖所获之利是无法计算的。吕不韦就做这笔大生意而获无穷之利（《秦策·濮阳人吕不韦贾于邯郸》章）。当然，在战国人欲横流时期也有逆潮流而动者，例如鲁仲连就认为"所贵于天下之士者，为人排患、释难、解纷乱而无所取也"（《赵策·秦围赵之邯郸》章）。《战国策》着实力宣传"士"之可贵，也描写了若干个"士"的骨头是硬的，品德是高的。游说之士多次指斥国王的儿子、亲戚、男宠、亲信等人"位尊而无功，奉厚而无劳"。连赵威后也认识到"民"（那时的涵义与今天有区别）的重要地位。这在当时是很不简单的。《战国策》所反映出来的当时的社会情况和思想情况是非常复杂的，这部书能够把这样复杂的历史事实记载得清清楚楚，活灵活现，它的价值当然很高，不容怀疑。过去以儒家思想为正统，把《战国策》骂倒，并不是不知道《战国策》里也有类似儒家"士不可以不弘毅""民为贵，君为轻"的思想，但仍然要骂倒《战国策》，因为《战国策》所揭露的统治阶级的丑恶现象太多也太深刻了。因而一面骂它，一面又欣赏它，这是很奇特的。近代曾有人说《战国策》"大半是小说"。中国文学史上曾有清末的谴责小说，如《官场现形记》《二十年目睹之怪现状》等。就算《战国策》是小说吧，所写的场面之大，格局之复杂，笔墨之生动活泼、简练、深刻，非谴责小说能望其项背。所以《战国策》这书，无论把它作战国历史的重要材料来看，或是把它当作中国古典文学名著来看，它都是当之无愧的。

《战国策》的流传也曾遭噩运。

刘向在皇宫里的书库看到战国时期到楚汉之际纵横家书若干种编本，认为它们"错乱相糅苴"，于是综合各本，编为三十三篇，分别归到十二国；每国之中的材料又"略以时次之"；校定文字脱误，把这个新编本定名为《战国策》。这就是最早的定本。

由于这些材料错乱复杂，刘向虽然作了很大的努力，仍然不免有疏忽的地方，例如《韩策》里《王曰向也子曰天下无道》《或谓魏王》《观津人朱英谓春申君》三章均应归到《楚策》。还有一些篇章的内容大致相同，只是字句互有详略，这可能是刘向兼收并蓄的结果，也许是刘向校录时所谓"除复重"的工作搞得不够彻底。此外，纵横家搞权变谋诈的轶事与说辞，其中有真有假，有虚有实。刘向去战国不算太远，或许疏解得更多一些。可惜他不太重视，未置一词。当然，从具体工作来讲，刘向确实很不容易。例如《赵策》所载赵武灵王胡服骑射的辩论言辞，就多与《商君书·更法》相同或近似；《秦策·张仪说秦王》章与《韩非子·初见秦》基本上一样。

《汉书·艺文志》"春秋家"收录《战国策》三十三篇，就是刘向校录编定的本子。

东汉末年，延笃（？—167年）字叔坚，给《战国策》作注释，还写了一卷评论，均已亡佚。南宋姚宏《战国策续注》引用过。

东汉末年，高诱（生卒年未详）在给《吕氏春秋》《淮南子》作注释之外，也注过《战国策》。

不知从何时起，刘向校录和高诱注释的《战国策》就散失了。

刘向编辑《战国策》所淘汰的当时流传的战国纵横家书若干种的若干篇章，后代曾有人引用。刘向定本《战国策》曾经散失，后代也有人引用。因此徐广、司马贞注《史记》，李善注《文选》，还有一些类书如《北堂书钞》《艺文类聚》《太平御览》等及其他书籍所引用的《战国策》，或与今日流传的本子字句有差异，或为今本所无。清代王仁俊曾辑录《战国策佚文》一卷，收入所辑《经籍佚文》之中。诸祖耿于1940年修订旧作成《战国策逸文考》（收入所著《战国策集注汇考》，1985年），辑得逸文七十二条，又附一条，论证甚详。

1973年长沙马王堆三号汉墓出土帛书《战国纵横家书》共二十七章，十六章全然不见于今传本《战国策》，十一章文字有差异。

《战国策》在《隋书·经籍志》及以后的正史与私家书目中均著录，但篇数有出入，可以看出原书已有散失。据《崇文总目》所载，正文原三十三篇那时已缺少了十一篇，高诱注原二十篇那时只剩下八篇。

经过北宋曾巩的努力搜求，才得恢复到刘向三十三篇的数目，恐怕不见得能够搜求到已遗失的十一篇全部。显而易见的便是《燕策·燕太子丹质于秦》章乃是后人在《战国策》残缺之后，抄《史记·刺客列传·荆轲传》来补的。曾巩搜求高诱注得十篇，即第二至四，第六至十，第三十二、三十三卷的注释。

曾巩所编的本子比较完备，流传下来。

在北宋时还有集贤院本、刘敞（字原父）本、钱藻本、（苏）东坡本、苏颂本、李格非（字文叔）本、孙朴（字元忠）本、孙固本、孙觉本等。这些本子以及后来的晁以道本等早已亡佚，只知道曾本、钱本、刘本、集本的文字互有异同，刘本缺第三十一至三十三卷，钱本缺第二十一至二十五卷，集本第二十一卷与众完全不同，东坡本与曾本基本相同。

南宋初年，《战国策》有一些刻本，都不甚精。绍兴十六年（1146年）浙江剡川人姚宏访求善本加以校定，重刻《战国策》。这是流传至今最早的刊本。它避宋太祖赵匡胤的"匡"字、宋钦宗赵桓的"桓"字、宋高宗赵构的"构"字、孔丘的"丘"字，确为宋高宗时的刊本。这书的骑缝处都刻上工匠的姓名，这是记载古代木刻艺术家的资料。

姚宏还把高诱注的二十三篇，即第一、第五、第十一至三十一，重新做了补注，在注文的前面加个"续"或"续云"以示区别于高诱旧注。姚宏又校勘曾、刘、钱、集、东坡等本的文字差异做了一些校记。可见姚宏比较严谨。但是明朝毛晋汲古阁翻刻姚本，竟然在每卷开头都题"高诱注"，这样一来就混淆了高诱注与姚宏续注，会使读者搞错，这是很不严肃的。

一年之后，南宋鲍彪刊出他的《战国策注》十卷，调整策文次序，并改定本文，或改字，或增，或删。

两宋各家的本子有共同的一点，即用力于校勘《战国策》各种抄本、刻本，而罗列其文字异同，以供采择，不加按断。姚宏则已开始注意到运用《史记》等书与《战国策》作比较，而且提到遗佚的策文问题。其同乡会稽人姚宽也注意到这些方面。

元朝至正乙巳（1365年）吴师道刊《战国策校注》十卷，重校此书，补正鲍彪注本。吴已认真地利用《史记》等书来研究《战国策》，他不赞成鲍彪的擅自增删改动。

清朝嘉庆八年癸亥（1803年），江苏人黄丕烈根据姚宏本重刻，并写了《战国策札记》三卷，详列鲍彪本、吴师道补正本之异同，参考《史记》等书，以校订姚本本文，加以判断。还采录了同时代的段玉裁、顾广圻等人的某些说法。

王念孙（1744—1832年）参考与《战国策》有关的资料，运用古文字音韵、训诂知识，加以校勘，撰《战国策杂志》三卷，收在他的《读书杂志》中，对于今本《战国策》文字讹误之处多所匡正。精到之处，超过前人。例如，"奢"字，罕见，不知其正确音读，也不知其来历。只因《赵策》用了它，没有人提过疑问。王念孙提出它是"龙言"两个字误写到一起。马王堆三号汉墓帛书出土，证明王念孙的判断正确。王念孙《读书杂志》校勘别的古籍也往往引用《战国策》而一同校正，这也附带解决了《战国策》文字讹误的问题。

《战国策》有不少地方历来难读。

它的难读，有时是由于我们对于当时的历史、地理、社会、文化等等情况不够熟悉，对于古代汉语的语音结构某些方面未能掌握，还可能有其他原因。例如把《战国策》里的古国名东周、西周误解为通常用的历史朝代名；又如"乃效煮枣"，效是奉献，煮枣是魏国古邑名，魏国还有个地名叫酸枣。

《战国策》难懂，更主要的原因是此书曾经散失，历代传抄刊刻往往出错。或者写错了字，旧称"讹""误"。或者抄漏了字，旧称"缺""脱文"；有时像是文章的省略，其实是抄漏了若干字。或者抄写颠倒了字，旧称"误倒"。或者抄写误增而重复了字，甚至多出了不相干的字，旧称"衍文""衍"。或者出现"错简"，古代抄书用竹简，竹简每简写若干字，必须按次序编捆在一起，不能散乱。否则这篇文章就会有若干字的"缺""脱""衍"和前言不搭后语的现象。

黄丕烈《战国策札记》指出，《战国策》的上述文字上的讹误有一千几百条。王念孙《读书杂志》校定《战国策》文字讹误的论证就有三卷，还不包括王氏校定别的古籍文字讹误而涉及《战国策》的部分。马王堆三号汉墓帛书中的《战国纵横家书》的出土，不但提供了战国的久已失传的一些史实，也为校勘今本《战国策》提供了宝贵的资料。

《战国策》本文讹误脱衍等等需要校勘补正之处如此之多，所以此书历来难读。汉朝刘向早就说它"错乱相糅莒"。北宋李格非说它"舛错不可疾读"。曾巩说它难懂，因而他曾"正其误谬，而疑其不可考者"。孙朴说"此书舛误特多，率一岁再三读，略以意属之而已"。南宋姚宏说它"舛误尤不可读"。姚宏给它作注，遇到实在无法下笔时只好说，这里"盖讹谬，当用《史记》全篇观之"。元朝吴师道说"此章多难通，此类尤难知"，"语不可晓，有缺误"，"语不可解，疑有舛误"，"未详"。清黄丕烈也常说"此策文有误字"。

不但《战国策》正文如此，就是汉朝高诱注、南宋姚宏续注、清朝黄丕烈《札记》，也有文字讹误和费解的地方，未经校正。注家还有一些过于求简的省略说法，例如"韩炉炭"，意思是说：这两个字在《韩非子》里面写作"炉炭"。

旧时注释本的《战国策》确实不易读。

近百年来，历史学家、文字音韵训诂学家人才辈出，考古发掘亦多所发现，《战国策》之研究整理就走入了新阶段。这方面的进展，这里从略。

可以预见，《战国策》将在新的时代条件下呈现其特殊光彩。

以上为先生所言。

《战国策》中也有很多问题需加以注意，在此略谈一二。

《战国策》篇章又见于他书者，《商君书》《墨子》《新书》《列女传》《韩诗外传》各一章，《淮南子》五章，《吕氏春秋》九章，《新序》十六章，《说苑》十七章，《韩非子》三十七章，《史记》一百章（有九十三章与《战国策》关系密切，其余则与《战国策》有联系但差异特别显著）。其中，《韩非子》《史记》和《战国策》相同的素材最多。

就《韩非子》来说，《说林上》有十则，《说林下》有六则，《内储说上》有七则，《内储说下》有四则，《外储说左上》有三则，《外储说右上》有二则，《外储说右下》有二则，《十过》有二则，《难一》有一则，《难三》有一则，《难四》有一则，与《战国策》相同的共有三十九则。这里多出二则，是因为《韩非子》中的两篇文章同时记载着《战国策》中一个故事的缘故。

内外《储说》共六篇。"储"是积蓄之意，"说"指传说故事。本题用许多流传的故事，说明君主用法术的好处和不用法术的坏处。由于篇幅过长，分为内、外两大篇。《内储说》又分上、下二篇；《外储说》则先分左、右，再分上、下，共四篇。而《说林》则是说其材料多如林，就像原始森林一样，只是一些未经斫削的素材，没有经过处理，是一些平时积累下来备用的原始资料。

《战国策》中的故事，见于《韩非子》的竟有三十七则之多，说明作为《战国策》前身的那些史料，对韩非影响很大。韩非大量阅读了这些典籍，并且摘引了有关的材料。上面提到的《说林》中的十六则故事，有些简直可以说是照录原文，其他数则，也只是增改了一些人名、地名。大约是经过韩非的考证，认为原说有所不妥，因而作了一些文字加工罢了。当然，有些地方文字上的不同是由传写致误而引起的。

《说林》和内、外《储说》既然是原始资料的汇编，那么这些故事定然是从《战国策》系统的史书中引录过来的。由此可证，《战国策》里面的好些材料出之于韩非之前，《战国策》前身的那些史书确是先秦古籍（参见周勋初《〈战国策〉和〈韩非子〉》，《南京大学学报》1979年第2期）。

再说《史记》。司马迁著《史记》，虞、夏、商、周本《尚书》；春秋之世本《左传》《国语》；战国时期取材或多同于今本《战国策》，所以班固说："司马迁据《左氏》《国语》，采《世本》《战国策》，述《楚汉春秋》。"

战国时代的史料流传下来的，唯有刘向所编辑的《战国策》；《史记》与现存《战国策》内容相同的竟有九十三事之多，因而人们确信司马迁作《史记》写战国时代部分是采辑《战国策》原文的。如将两书的有关记载作一比较详细的对照分析，就可以发现：《史记》与《国策》所载，有些是基本相同的；而在更多的情况下，则是两者之间程度不同地存在着差异。这些差异表现在叙事不同、详略不同、文辞不同、国名不同、人名不同等等。两者记事不同或国名、人名有异，一般不可能出自作者杜撰，而只能理解为所据史料不同；当然，也不排除传写会出现讹误。

此外还有一种类型是《史记》同于他书而与《国策》不同的，从中可以更清楚地看出两者根据的材料不同。刘向《说苑序奏》云："所校中书《说苑》《杂事》，及臣向书、民间书、诬校雠，其事类众多，章句相溷，或上下谬乱，难分别次序。除去与《新序》复重者……"这说明《说苑》《新序》也是根据原有资料加以校勘编次而成。根据这一点，我们可以对《史记》与《国策》的某些不同记载作出推断：凡是《史记》与《说苑》《新序》相同的文字，当与二书同出一源；《史记》与二书相近的文字，也可证明《史记》取材不必完全依赖于《战国策》。

今本《战国策》在刘向整理辑录之前，是一些零篇断章的散碎文字，只"有国别者八篇，少不足"，经刘向按时间类别补充增订芟复，才成为今天三十三篇本的《战国策》。在刘向整理以前，不论是《国策》《国事》《短长》《事语》或《长书》《修书》，全都是战国时期"游说权谋之徒"，"苏秦、张仪、公孙衍、陈轸、代、厉之属，生从横短长之说"的一篇篇发言前的底稿，或游说后的记录，并没有汇辑成书。司马迁作《史记》时，有关战国时代的一些资料，在刘向编辑《战国策》之前，他已作了第一次的搜罗探访整理工作，并点缀润饰编辑成文，纳入他的战国《史记》中。今天我们读《史记》时，会发现其中与今本《战国策》相同的九十三事以外的许多精彩动人的战国人物事迹，为今本《战国策》所未有，如侯生、毛遂、蔺相如等人的故事就是如此。由此我们可以得出结论：司马迁写战国史，曾掌握了大量纷繁丛脞的史料与纵横家的言论著述，其中包括刘向编《战国策》的全部资料，但不是直接采录，而是经过科学谨严的选材，艺术的整理加工，进行再创作的。而刘向编录《战国策》时，倒是从《史记》中采录了一些材料补充其中。如《战国策·燕策》荆轲刺秦王的故事，就是刘向从《史记·刺客列传·荆轲传》中采辑补入的明显的例子。

总之，刘向据以校定《战国策》的书非止一种。《战国纵横家书》的出土、《说苑》《新序》等书的存在也可证明战国史料流传的广泛。明白了这些，《史记》与《战国策》的关系也容易说清了：在司马迁采用的战国史料中，有一部分和刘向校书时所用的材料相同，这是《史记》《国策》两书部分篇章惊人相似的原因；同时，《史记》所依据的大部分资料又与《国策》存在着差别，这便是两书记言叙事有着诸多不同的原因（参见徐克文《司马迁作〈史记〉未采〈战国策〉说》，《辽宁大学学报》1988年第1期和赵生群《论〈史记〉与〈战国策〉的关系》，《南京师大学报》1990年第1期）。

在中国散文发展史上，《战国策》起着承前启后的作用。它继承了《左传》的艺术传统，又给后世史传文和议论文的写作以深远的影响。

史传散文的发展，经历了一个由简到繁的过程。我国第一部历史文献《尚书》，文字艰涩，所谓"周诰殷盘，佶屈聱牙"。相传为孔子编订的《春秋》，由于要"一字寓褒贬"，文字力求简约精严，也缺乏文学性的记述和描写。《左传》的出现是史传散文的一次飞跃。就行文说，它组织严密，曲折多姿；就情节说，不仅有梗概，而且有细节；就人物说，不仅有共性，而且刻画了个性。这些长处，《战国策》都吸取并且发展了。比如，《左传》由于编年纪事的体例限制，一般是利用记言记事过程中生动的片段和精约的文字点染刻画人物的，而《战国策》则往往通过更为完整丰满的情节和铺张扬厉的说辞来塑造形象。应当特别指出的是，《战国策》中的说辞是春秋行人辞令的"变本加厉"。如郑国著名的政治家子产，能言善辩，多次出使应对，都出色地完成了任务，他对战国纵横家是有影响的。而成公十年晋侯使吕相绝秦的辞令变化纵横，一气呵成，更显示出行人辞令向战国说辞发展的迹象。我们把《左传》中的辞令和《战国策》的说辞相比，可以看出，策士的说辞打破了春秋时代礼法信义的思想束缚，抛弃了赋诗言志的旧套和天道灾祥之类的神道说教，总是面对现实，直陈利害得失。与此相联系，春秋时代的辞令还带着雍容典雅、简约矜持的宫廷气息，而策士的说辞则具有通俗活泼、畅所欲言的民间色彩。不妨说这是散文体的一次解放，正如从《诗经》到《楚辞》是诗体的一次解放一样。

秦汉之际，犹有战国纵横余习，出现过一些模拟纵横术的人物和著作。《汉书·艺文志》著录纵横家十二家，除《苏子》《张子》两家外，还有《秦零陵令信》《蒯子》《邹阳》《主父偃》《徐乐》《庄安》等秦汉时的作品，从现存的一些篇章来看，和战国的说辞并无二致，这些作者也就是当时的策士。除此之外，《战国策》对汉代作家的影响是多方面的。汉初政论家贾谊、晁错的文章，旁征博引，条分缕析，"疏直激切，尽所欲言"（鲁迅《汉文学史纲要》），和《战国策》的风格颇为接近。汉代以书信说理陈情的也多了起来，邹阳《谏吴王书》《狱中上梁王书》乃至司马迁《报任安书》、李陵《答苏武书》等，感情饱满，文气磊落，隐约可见《战国策》长篇书信的风采。汉初辞赋家枚乘的《七发》在构思和布局上与被称为"策赋之流"的《庄辛谓楚襄王》章极其相似，可以明显看出其间的继承关系。司马迁写《史记》得益于《战国策》的地方很多。首先，他从刘向所辑录的众多素材中获得大量史料，作为叙述战国历史情况和撰写战国人物传记的直接依据，经过艺术加工，进行再创作。有的甚至是照录原文。其次，《史记》"纪传"一体，也源于《战国策》。比如《齐人有冯谖者》章就可以说是体制完整的《冯谖列传》，所以浦起龙说它"为史传开体"（《古文眉诠》）。同样，聂政、豫让、荆轲等人的事迹，也可以说是为《史记》的《刺客列传》

开体。第三，在语言运用方面，可以看出《战国策》明朗通俗、生动活泼的特色对于《史记》的影响。

唐宋古文家喜欢结合道统谈文统，他们在叙述散文发展源流以及古代散文对后世和他们本人影响的时候，不大愿意提到《战国策》。但是实际上，他们的写作实践，在风格和方法上仍然程度不同地受到《战国策》的熏染，从中吸取了有益的营养。

《新唐书·韩愈传》说韩愈："与孟轲、扬雄相表里而佐佑六经。"没有涉及《战国策》。其实，《孟子》的文章犀利雄辩、气势凌厉，本身就具有明显的战国纵横家色彩。吕璜《初月楼古文绪论》说："《孟子》乃文章之最爽者，《史记》《战国策》亦然。西汉初年文章之高者犹有周秦气，亦正以其爽耳。"韩愈的文风继承了这一特色。张裕钊在评论他的《答吕翳山人书》时就明确指出："此文生杀出入，擒纵抑扬，奇变不可方物"，"笔力似《孟子》，机趣似《国策》"（引自高步瀛《唐宋文举要》）。韩愈的一些评论性作品，如《争臣论》等，那种大开大合的布局，一反一正的论证方式，明快恣肆的语言，应当说也有着《战国策》的影响。

欧阳修对苏洵文章的评语是"博辩宏伟"，"纵横上下，出入驰骋"（《故霸州文安县主簿苏君墓志铭》），这正好是《战国策》的基本特色。苏洵自己也高度评价过战国说客的进言技巧，他在《谏论》中列举触龙、甘罗、鲁仲连、苏秦、范雎等人为例，认为进言之术，莫善于"机智勇辩，如古游说之士而已"。并且说："苏秦、张仪，吾取其术，不取其心，以为谏法。"浦起龙也说他："盖欲以苏、张之术，济孟、韩之道。"（《古文眉诠》）明代的茅坤、清代的姚鼐等人，也都指出眉山父子文字由战国纵横家来。这在苏洵《权书》中的《六国》《强弱》《项籍》，《几策》中的《审势》以及苏轼的一些策论和史论中是有明显体现的。

《战国策》对于后世小说的发展也有影响。它叙事细致生动，情节富有戏剧性；刻画人物，或加工润色，或取自传闻异说，开始有了一定程度的典型化；运用的寓言故事，大多出于虚构，巧妙奇警。这些对于后世的小说都有很大启发，特别是对那种基本情节史有其事、主要角色史有其人的历史演义小说的影响，是更直接的。同时，《战国策》中的许多故事和人物（如苏秦、范雎、田单、荆轲、鲁仲连、冯谖、齐国的君王后等），为后世小说乃至戏剧的创作提供了素材，成为作家描写的对象（参见牛鸿恩等《战国策选注·前言》）。

《战国策》也是研究战国至秦汉之际汉语语言的一部重要语料文献。从语言上看，《战国策》的语言不仅与战国初期的《左传》有比较大的差异，而且与战国中期的《孟子》《庄子》等文献也有明显的不同。尽管《战国策》成书的确切年代不易考定，刘向在整理过程中或有改易，但它基本上反映的是战国中后期至秦汉之际语言的面貌，这是可以确定的。这段时间的跨度虽有三百年，但是在汉语史上可以把它作为一个共时平面来看待。这样，对《战国策》的语言进行全面系统的研究，就成为那个时代断代语言研究的一项极其重要的基础工程。由于《战国策》在语言研究中占有重要地位，因此以往研究汉语词汇语法的学者经常从《战国策》中选取语料，一些学者也曾对《战国策》的个别语言现象进行过专题性研究，但是把它作为一部反映战国中后期至秦汉之际汉语面貌的专书来全面系统地研究它的词汇的工作尚无人做过。

上古汉语词汇研究和汉语词汇史研究是一项基础工程。我国至今尚无一部完善的、高质量的汉语词汇史著作，其原因就是我们对汉语历史词汇的研究工作没有做好。一是对汉语各个历史时期的词汇面貌还处于若明若暗的状态，二是对于汉语历史词汇的系统的、理论的研究显得更加薄弱，而这两方面的不足又是相互影响的。所以，要把汉语历史词汇研究推向前进，就必须在两方面同时做工作。首先要对从先秦直到明清的各个历史时期的词语一个一个地搞清楚,对汉语各个时期的词汇面貌有一个比较清晰的了解。要做到这一点,专书的词汇研究就是必不可少的了,而编写专书词典是最好的办法。《战国策》的词汇研究成果将成为上古汉语词汇的一个组成部分,同时也将为汉语词汇史的建立提供一个断代词汇的全面而真实的情况,为其他的上古汉语词汇研究项目或汉语词汇史研究项目提供一份全面翔实的资料。

全面系统地研究《战国策》的词汇,内容包括两个方面:一是对《战国策》中的词汇进行穷尽性调查分析,搞清该书的词汇面貌。统计书中语词的使用情况,包括:全部语词的使用频率;各词的词汇意义、用法及其使用频率;校勘及异文问题,从而形成一部《战国策词典》。二是在《战国策词典》的基础上,总结词汇的使用情况,并将该书与同时代的《韩非子》《吕氏春秋》等书的词汇使用情况进行比较,以揭示其异同;与早期的《尚书》《诗经》《左传》的词汇使用情况进行对比,以便发现《战国策》中新字、新词、新义产生的痕迹,研究复音词内部形式的特点和类别,总结在该书首先使用的一些成语、惯用语及典故、熟语对后期语词的影响,从而揭示词汇发展演变的规律,建立《战国策》的词汇系统。以上两项内容,重点是《战国策词典》,只有搞清了《战国策》词汇的面貌,才有做好下一步工作的基础。这是研究《战国策》词汇的理论意义和实践意义。

《战国策》由于在流传过程中屡遭厄运,在校勘方面存在很多问题,因此校勘就成了训释词义的先决条件。我们可以利用《战国纵横家书》《韩非子》《吕氏春秋》《新序》《说苑》《史记》等书中的异文和古人的旧注,认真作好校勘工作,以保证训释的真实。在实词研究中,要彻底摈弃以训诂语料作为释义依据的做法;严格区分字和词的界限,真正做到以词为单位分析词义;不轻易相信古人古注，以现代语义学的理论为指导，正确处理词汇和语音、文字、语法的关系来解决一些疑难问题。在虚词研究方面，彻底摈弃词义解释的主观任意性，力戒滥用一声之转，慎重对待音义通转，力求义项的确立和义项的分合都有形式上的验证。这是《战国策》词汇研究的难点所在。

在研究的方法上，可以将传统训诂学的研究成果和现代语义学的理论结合起来，采用静态描写与动态分析相结合的方法。静态描写，即对《战国策》中的每一个实词的意义作具体的描写，以义位为中心总体把握义项的分合，同时注意义位变体的灵活性，以体现《战国策》的词义特点，建立自身的词义系统；对虚词的用法采用系统分析与句法相结合的方法来把握其功能和意义。动态分析，即把《战国策》中的每一个词的意义和用法与较前或较后古籍中相同的词作对比研究，以便发现用词的特点，总结某些词的演变规律。

在完成了《战国策词典》之后，可以着手"战国策系列论文"的写作，包括《战国策词汇概况》《战国策的双音词》《战国策中的新词新义》《战国策中的熟语词》《战国策的典故性词语》《战国策中的特色词语》《战国策用词对后世的影响》《战国策中的同义词》《战国策的虚词概论》等等。

研究《战国策》的词汇可以参考以下著作：《尔雅》，段玉裁《说文解字注》，王念孙《广雅疏证》，王力《汉语词汇史》，史存直《汉语词汇史纲要》，潘允中《汉语词汇史概要》，向熹《简明汉语史》，蒋绍愚《古汉语词汇纲要》《关于汉语词汇系统及其变化的几点想法》，赵克勤《古汉语词汇概要》，洪成玉《古汉语词义分析》，程湘清《先秦汉语研究》《两汉汉语研究》《先秦双音词研究》《〈世说新语〉复音词研究》，向熹《〈诗经〉里的复音词》，张双棣《〈吕氏春秋〉词汇研究》，马真《先秦复音词初探》，祝敏彻《从〈史记〉〈汉书〉〈论衡〉看汉代复音词的构词法》，朱广祁《〈诗经〉双音词论稿》，殷国光《〈吕氏春秋〉词类研究》，马国凡《成语》《谚语》《歇后语》《惯用语》，唐启运《成语、谚语、歇后语、典故》，刘叔新《词汇学和词典学研究》，杨伯峻《春秋左传词典》，周民《尚书词典》，向熹《诗经词典》，张永言《世说新语词典》，张万起《世说新语词典》等。

　　《战国策》一书命运多舛，在长期的流传过程中屡遭挫折，各种版本的分卷及文字不尽相同。我们以清代黄丕烈读未见书斋嘉庆八年重雕剡川姚宏《战国策》为底本，参照《四部丛刊》初编影印元刻鲍彪本，分为三十三卷，十二国别，四百四十九章，计十二万二千五百一十八字。

　　这里选录了其中的六十六章，分列于十二国下，各国策冠以"导读"。各章史实如可明确系年者，则于各章《导读》中说明；其不可信或晚出拟托之作及年代不可考者，则阙如也。生字注音，异体保留，僻词释义，难句串讲，力求简洁明了，注重训诂而不烦琐考证。注释人名、地名重在阅读，故对人名不作评价，于地名不涉沿革。至于译文，则力求做到"信、达、雅"。《附录》部分选取了一些《战国策》的序跋并列出今人研究《战国策》的重要论著，以期从不同角度对读者阅读原著有所裨益。

　　《战国策》确实难读，只有借重前人与时贤的研究成果，取其精华，择善而从。原著俱在，不烦详细征引，概括诸说，力求简明扼要。一得之见，则在于取舍之间。偶有体会，不敢自以为是，敬求教于专家！书稿中借鉴了前哲今贤的一些成说，不能一一列出，分别致谢，在此一并表示谢意。

东
周
策

导　读

　　《战国策》是关于战国时期七雄及五个中小国家的策文。这里，东周和西周是两个小国的国名，其国君原是周天子的宗亲子孙。按道理来说，既然普天之下均是周王朝的土地和臣民，周天子身边最近的宗亲子孙而且同在王畿之内却称为国的，自然也就可以叫做周国。这个周国自身又闹又搞分家，东一个叫做东周国，西一个叫做西周国，都各自有策文，东周国的叫做《东周策》，西周国的叫做《西周策》。策文之中所谓"王"就是周天子，所谓"君"就是东周国或西周国的君。

　　这西周国存在了一百七十年，东周国存在了一百一十八年，周天子的王朝大约是八百年，八百年中有名无实达二百年以上。周王（天子）、东周君、西周君同时并存约有百余年，乌烟瘴气，最后同归于尽。这百余年的断烂糊涂账，战国时的记载有一些，《史记·周本纪》编年摘记了一些。

　　这些发生在公元前四百多年到公元前二百多年的断烂糊涂账，传抄到了公元一千多年的北宋、南宋刊刻《战国策》时，虽然大轮廓不至于错，难免有应属东周国的策文错编进西周，应属西周国的策文被编进东周。这些，因为有全篇的事实，可以分辨得清。但有时某一句里的一个字，到底应该是"王"（周天子），还是"君"（东、西周的国君）？很费斟酌。

东周国、西周国、周王朝三者搅混不清，由来已久。《史记·周本纪》的末一段云："周君、王赧卒。"司马迁是说：西周君和周天子（即周赧王）都死了。南朝刘宋裴骃《集解》引宋衷，把司马迁这句话解释为只是一个人，即西周君武公。唐朝司马贞《索隐》指出，宋衷的解释是错误的。可见当时尽管宋衷被闹糊涂了，还有多数人是清楚的。但到了宋朝司马光主持撰写《资治通鉴》，叙述到这里，执笔人却也糊涂了，司马光也未察觉。南宋鲍彪注《战国策》，在周王朝与东、西周这个问题上真可谓茫然了。当然，也有清楚的人，南宋赵与时《宾退录》卷五就把这个问题解释得十分详尽确实。

公元前426年，周天子考王封其弟姬揭于王城（今河南洛阳之西）另立一个小国。因为周考王的都城是洛邑，王城在洛邑之西，所以这个小国称为西周国。

公元前367年，西周国君之弟受韩、赵支持，在巩（今河南巩义西南）另立一国，以其位置在东，称为东周国。

西周国的领邑是河南（亦称王城，在今洛阳王城公园一带，战国时称之为河南）、缑氏（今偃师东南）、谷城（今洛阳西北）。

东周国的领邑是洛阳（周朝称为洛邑，亦称成周，在今洛阳白马寺东的汉魏洛阳故城附近）、平阴（今孟津东北）、偃师、巩。

公元前256年，秦灭西周国。

这年周赧王也死了，象征周朝灭亡。

公元前249年，秦灭东周国。

东周国与西周国的世系从略。

进入战国时期，这二百来年周王朝天子的世系对于阅读有关战国的古文献资料还是有用的，故列举如下：

周元王　　前476至前469年。

周贞定王　前468至前441年。

周考王　　前440至前426年。

周威烈王　前425至前402年。

周安王　　前401至前376年。

周烈王　　前375至前369年。

周显王　　前368至前321年。

周慎靓王　前320至前315年。

周赧王　　前314至前256年。

《东周策》一卷，二十八章，两千九百四十二字。细绎策文，应属西周国之事如《秦兴师临周而求九鼎》章、《秦假道于周以伐韩》章、《温人之周》章、《周共太子死》章等，竟编入《东周策》；应属东周国之事如《雍氏之役》章，竟编入《西周策》，可见策文错乱糅莒之甚。

秦兴师临周而求九鼎

【导读】

本篇选自《东周策》，战国时，秦、楚皆有兴师临周求鼎之事。鼎在西周君所辖之河南王城，不在东周君所辖之洛阳，故本篇应入《西周策》。文章虽然颇有文采，情节亦有可观，但核实所述历史地理情况，疑为拟托之作。齐索要九鼎，可没有办法把它运走，结果不了了之。周既保护了自己，也没正面得罪大国，而且还着实要弄了齐国一把。

秦兴师临周而求九鼎①，周君患之②，以告颜率③。颜率曰："大王勿忧，臣请东借救于齐④。"颜率至齐，谓齐王曰："夫秦之为无道也，欲兴兵临周而求九鼎，周之君臣内自尽计⑤：与秦，不若归之大国⑥。夫存危国⑦，美名也；得九鼎，厚宝也⑧。愿大王图之⑨。"齐王大悦，发师五万人，使陈臣思将以救周⑩，而秦兵罢⑪。

齐将求九鼎，周君又患之。颜率曰："大王勿忧，臣请东解之⑫。"颜率至齐，谓齐王曰："周赖大国之义，得君臣父子相保也⑬，愿献九鼎，不识大国何涂之从而致之齐⑭？"齐王曰："寡人将寄径于梁⑮。"颜率曰："不可。夫梁之君臣欲得九鼎，谋之晖台之下⑯，少海之上⑰，其日久矣。鼎入梁，必不出。"齐王曰："寡人将寄径于楚。"对曰："不可。楚之君臣欲得九鼎，谋之于叶庭之中⑱，其日久矣。若入楚，鼎必不出。"王曰："寡人终何涂之从而致之齐？"颜率曰："弊邑固窃为大王患之⑲。夫鼎者，非效醯壶酱甄耳⑳，可怀挟提挈以至齐者㉑，非效鸟集乌飞，兔兴马逝㉒，漓然止于齐者㉓。昔周之伐殷，得九鼎，凡一鼎而九万人挽之，九九八十一万人，士卒师徒㉔，器械被具㉕，所以备者称此㉖。今大王纵有其人，何涂之从而出？臣窃为大王私忧之。"齐王曰："子之数来者，犹无与耳㉗。"颜率曰："不敢欺大国，疾定所从出㉘，弊邑迁鼎以待命。"齐王乃止。

【注释】

①兴师：发兵，出兵。临：到达，攻伐。九鼎：古代象征国家政权的传国之宝。相传夏禹铸九鼎，象征九州。成汤迁之于商邑，周成王又迁之于镐京，后又迁至洛邑。　②患：忧虑。　③颜率：西周之臣。　④救：指救兵。⑤尽：姚云：一作"画"。画计，犹谋划。　⑥归：通"馈"，赠送。大国：指齐国。　⑦危国：指西周。　⑧宝：黄丕烈曰：今本"宝"作"实"。厚实，贵重的财富。　⑨图：反复考虑。　⑩使：派。陈臣思：即田忌，齐国名将。将：带兵。　⑪罢：停止，作罢。　⑫解：解决，处理。　⑬相：共相。保：保全，平安。　⑭识：知道。涂：道路。致：送达。　⑮寄径：借道。梁：即魏国。　⑯晖台：魏国台名。　⑰少：鲍本作"沙"。吴补曰："少"当作"沙"。沙海，水名，在今河南开封。　⑱叶庭：即章华之庭，在今湖北监利西北。　⑲弊邑：对本国的谦称。固：本来。窃：私下里。⑳效：像。醯（xī）：醋。甀（chuí）：小口罐。　㉑怀：揣着。挟：用胳膊夹着。挈（qiè）：提着。　㉒兴：跃起，奔跑。逝：跑。　㉓漓（lí）然：畅流无阻的样子。㉔师徒：服杂役的人。　㉕被具：士卒服用之具。　㉖称（chèn）：相称，相当。　㉗犹：还，仍然。与：给予。　㉘疾：赶快。所从出：迁出九鼎的路线。

【译文】

秦国攻打西周来获取九鼎，西周君对此很忧虑，就把这件事告诉了颜率。颜率说："大王不要忧虑，让我到齐国去借救兵。"颜率到了齐国，对齐王说："秦国要做不讲道理的事，想出兵攻周来获取九鼎，周君和大臣们在家里自己合计，与其把九鼎给秦国，还不如把它送给贵国。挽救危亡的国家，能获得好名声；得到九鼎，就得到宝贵的财富。希望大王考虑这件事。"齐王非常高兴，出兵五万人，命陈臣思领兵去救周，秦国这才退兵。

　　齐国要向西周讨取九鼎，周君又为此忧虑。颜率说："大王不要担忧，请让我到齐国去解决这件事。"颜率到了齐国，对齐王说："西周全靠贵国的仗义，君臣父子才得以上下平安，我们愿意献出九鼎，但是不知道贵国将从哪条路把九鼎运回来呢？"齐王说："我准备向魏国借路。"颜率曰："不行！魏国的君臣也想要得到九鼎，他们在晖台之下、沙海之上策划很长时间了。如果九鼎进入魏国，一定运不出来。"齐王说："我打算从楚国借路。"颜率答道："不行！楚国的君臣也想得到九鼎，他们在章华之庭中策划很长时间了。如果进入楚国，九鼎也一定运不出来。"齐王说："我最终能从哪条路把九鼎运回齐国呢？"颜率说："弊国私下里本来就为这件事替大王发愁。那九鼎不像是醋瓶酱罐，可以揣在怀里、夹在腋下、提在手上就可以拿到齐国；也不像鸟翔乌飞、兔跃马奔，一下子就可以到齐国。从前周武王讨伐殷纣王，得到了九鼎，大约每一个鼎用九万人来运，九九八十一万人，此外，准备器械用具的人也要与八十一万人不相上下。现在大王即使有这么多的人，又能从哪条路把鼎运出来呢？我私下里为这件事替大王发愁啊！"齐王说："你几次到这里来，其实还是不给我们呀！"颜率说："我们不敢欺骗贵国，你们赶快确定运回九鼎的路线，弊国等着贵国的消息。"齐王这才作罢。

秦攻宜阳

【导读】

　　本篇选自《东周策》，事在公元前307年。东周君臣研究当时秦进攻, 韩防守, 楚将救韩的紧张形势, 估计秦必不惜一切坚决攻下宜阳。东周劝楚虽出兵而不参战, 使秦、韩死拼。秦攻下宜阳, 韩大败而秦已疲敝不堪, 周劝楚在此时出兵。这时韩送重宝给楚, 秦连忙把一块地送给楚。楚兵不血刃而受益, 很感谢东周。这场恶战确属事实。至于说东周居然起那么大的作用, 恐怕未必; 秦拿魏国的地方送楚, 也不见得可能。

秦攻宜阳①, 周君谓赵累曰②: "子以为何如?" 对曰: "宜阳必拔也③。" 君曰: "宜阳城方八里, 材士十万④, 粟支数年, 公仲之军二十万⑤; 景翠以楚之众临山而救之⑥, 秦必无功。" 对曰: "甘茂羁旅也⑦, 攻宜阳而有功, 则周公旦也⑧; 无功, 则削迹于秦⑨。秦王不听群臣父兄之义而攻宜阳⑩。宜阳不拔, 秦王耻之。臣故曰拔。" 君曰: "子为寡人谋, 且奈何⑪?" 对曰: "君谓景翠曰: '公爵为执圭⑫, 官为柱国⑬, 战而胜, 则无加焉矣⑭; 不胜, 则死。不如背秦援宜阳⑮, 公进兵。秦恐公之乘其弊也⑯, 必以宝事公⑰。公中慕公之为己乘秦也⑱, 亦必尽其宝。'"

秦拔宜阳, 景翠果进兵。秦惧, 遽效煮枣⑲, 韩氏果亦效重宝。景翠得城于秦, 受宝于韩, 而德东周⑳。

【注释】

①宜阳: 韩国邑, 在今河南宜阳西北洛河北岸。此地形势险峻, 为韩国西部边陲军事要塞。 ②赵: 鲍本作"周"。周累, 当为东周臣。 ③拔: 攻取。 ④材士: 勇武之士。 ⑤公仲: 韩国公族, 名朋。又称公仲侈、韩公仲。任相国。 ⑥景翠: 楚将。 ⑦甘茂: 楚国下蔡 (今安徽凤台) 人, 仕秦, 武王时为左丞相。一说, 甘茂本齐人。羁旅: 寄居作客。 ⑧周公旦: 周文王之子, 武王之弟, 名旦, 亦称叔旦。因采邑在周 (今陕西岐山东北), 称周公。武

王死后,曾由他摄政,长期主持国政。此句意思是如果有功将为秦相。 ⑨削迹:灭迹。此句意思是如果无功将不得立足于秦。 ⑩义:通"议",谋划。鲍本作"议"。 ⑪且:将要。奈何:怎么办。 ⑫执圭:楚国最高爵位,意为执圭而朝。 ⑬柱国:楚国最高武官名,相当于大司马。 ⑭无加:无以复加,到头了。 ⑮吴补:"背"下或有"之"字,或"秦"下复有"秦"字,"援"字或作"拔"。劝之避秦兵,待秦既拔,然后进兵乘其敝。 ⑯弊:疲惫。 ⑰事:侍奉。此言贿赂。 ⑱公中:即公仲。鲍本"中"作"仲"。慕:思,即估计。乘秦:指乘秦之弊。 ⑲遽:急速。效:献出。煮枣:郭希汾曰:当为魏地,秦无由献之也。煮枣在今山东菏泽西南。 ⑳德:感激。

【译文】

　　秦国进攻韩国的宜阳,东周君对周累说:"你认为这件事会怎么样?"周累说:"宜阳一定会被攻下。"东周君说:"宜阳城纵横八里,勇武之士十万,粮食可供数年之用,公仲的军队二十万;景翠带领楚国的军队到陉山救援,秦国一定不会有收获。"周累说:"甘茂是寄居秦国的人,攻打宜阳如果能建立功勋,那么他就成了周公旦一样的人;如果攻不下宜阳,那么他就不能在秦国站住脚。秦王不听群臣贵族们的建议去攻打宜阳,如果攻不下宜阳,秦王会感到耻辱。所以我说能够攻下宜阳。"东周君说:"你替我考虑,该怎么样呢?"周累说:"您对景翠说:'你的爵位为执圭,官职为柱国,就是打胜了,也不会再有所得;如果打不胜,就会战死。不如避开秦兵,等秦国攻下宜阳,你再出兵。秦国担心你趁着它疲惫时进攻它,一定会拿出宝物来贿赂你。公仲认为你是为了韩国去进攻秦国,也一定会拿出所有宝物。'"

　　秦国攻下了宜阳,景翠果然出兵了。秦国害怕,马上献出煮枣城,韩国果然也献出贵重的宝物。景翠从秦国得到了城邑,从韩国得到了宝物,因而感激东周。

严氏为贼

【导读】

本篇选自《东周策》，事在公元前397年。严遂派聂政刺杀韩相后，东周款待了聂政的副手阳坚，并隆重送走他。韩国质问东周。东周说，我们知道他刺杀了韩相，可我们惹不起他，想尽力把他拖住。贵国不来追捕，我们只好把他放走。小国想在大国夹缝中求生存，就要学会圆滑地应付，既讨好这方面，而又使敌对方无法找借口而侵犯东周。

严氏为贼①，而阳坚与焉②。道周③，周君留之十四日，载以乘车驷马而遣之④。韩使人让周⑤，周君患之。客谓周君曰："正语之曰⑥：'寡人知严氏之为贼，而阳坚与之，故留之十四日以待命也。小国不足亦以容贼⑦，君之使又不至，是以遣之也。'"

【注释】

①严氏：指严遂，韩烈侯宠臣，字仲子。为贼：指严遂使刺客聂政刺韩相韩傀之事。贼：杀人者。 ②坚：姚云：曾一作"竖"。阳坚，刺客聂政的副手。与（yù）：参与。 ③道：经过。 ④乘车：驷马之车。驷，驾一车的四马。遣：送走。 ⑤让：责怪。 ⑥正：直言不讳。语：告诉。 ⑦小国：东周自称。鲍注："足"下衍"亦"字。

【译文】

严遂派人杀了韩傀，阳坚参与了这件事。阳坚逃亡经过东周，东周君把他留下住了十四天，然后用四匹马驾的车把他送走了。韩国派人责怪东周，东周君为此而忧虑。有人对东周君说："您就直截了当地对韩国说:'我知道严遂是杀人者,而阳坚参与了这件事,所以把他扣留了十四天以等待贵国的指示。我们国小力弱不足以收留杀人的人,而您的使者又不来,所以把他放走了。'"

西周策

导　读

　　周平王东迁，为春秋之始。王室衰微，诸侯不统于王，以强欺弱，齐、楚、秦、晋日益强大。周天子仍然妄自尊大，率师伐郑，被郑射伤，狼狈而归。周襄王被赶跑，晋文公帮助他复位。后来晋文公召唤周襄王来会面，史官替天子遮丑，记录为"天王狩于河阳"（《史记·周本纪》）。周定王时，楚庄王伐戎，在周天子的王畿耀武扬威。周定王派王孙满慰劳楚军，楚庄王就"问鼎之大小轻重焉"（《左传·宣公三年》）。九鼎是周王朝的象征，早在春秋时期，楚庄王已经对它很有兴趣了（今本《战国策》第一篇就是《秦兴师临周而求九鼎》章。《史记·秦本纪》记载公元前256年，秦灭西周国，西周君降，周天子赧王死，"其器九鼎入秦"）。

　　进入战国，周贞定王时正是赵、魏、韩三家分晋，周天子的家族纠纷愈演愈烈。贞定王死，长子立为哀王。才三个月，其弟杀了他自立为思王。思王立才五个月，其少弟杀思王而自立，是为考王。《史记·周本纪》云："此三王皆定王之子。"

　　周考王死了两个哥哥，还有个弟弟名揭，就封揭为公（后称桓公），让揭离开国都洛阳（亦称成周），在西面的河南建立西周国。

西周国的桓公，子为威公，孙为惠公。西周惠公卒后，长子继位，便是后来的武公；另封其少子于巩，号东周惠公，这样就又分出东周国。

结果就既有周天子，又有西周君，还有东周君。这种大轮廓，战国、秦、汉的人是清楚的。至于细节，当时也未必清楚。例如《战国策·东周策》的《周共太子死》这篇策文，《史记·周本纪》就记作"西周武公之共太子死"。司马贞《索隐》云："按：《战国策》作'东周武公'。"照这样，唐朝传抄本《战国策》便认为是东周国的事。南朝刘宋裴骃《集解》注"西周武公"云："徐广曰：'惠公之长子。'"历史资料存留有限，谥为"武公"的很多，东周国和西周国都有惠公。这种细节，聚讼无益。

如果说《战国策》东周、西周、宋、卫、中山诸策对于后代尚有可取之处，可能就是这些中小国家处于大国之间，善于利用各大国之间的矛盾，使其相互牵掣，保持平衡，则小国可以生存，小国也可能在外交上略有主动吧。

《西周策》一卷，十七章，两千二百零三字，篇数少于《东周策》。

雍氏之役

【导读】

　　本篇选自《西周策》，事在公元前307年，《史记·周本纪》载此事，应归之于东周。不论东周国还是西周国，它们在利用大国之间的矛盾以求生存，自保平安这一方面，其机智灵巧都毫无逊色，也会抓住时机从大国那里捞得一点好处。

　　雍氏之役①，韩征甲与粟于周②，周君患之，告苏代③。苏代曰："何患焉？代能为君令韩不征甲与粟于周，又能为君得高都④。"周君大悦，曰："子苟能，寡人请以国听⑤。"

　　苏代遂往见韩相国公中，曰："公不闻楚计乎？昭应谓楚王曰⑥：'韩氏罢于兵⑦，仓廪空⑧，无以守城，吾收之以饥⑨，不过一月必拔之。'今围雍氏五月不能拔，是楚病也⑩，楚王始不信昭应之计矣。今公乃征甲与粟于周，此告楚病也。昭应闻此，必劝楚王益兵守雍氏⑪，雍氏必拔。"公中曰："善。然吾使者已行矣。"代曰："公何不以高都与周？"公中怒曰："吾无征甲与粟于周亦已多矣⑫，何为与高都？"代曰："与之高都，则周必折而入于韩⑬。秦闻之，必大怒，而焚周之节⑭，不通其使。是公以弊高都得完周也⑮，何不与也？"公中曰："善。"不征甲与粟于周而与高都。楚卒不拔雍氏而去⑯。

【注释】

①雍氏：韩国邑，在今河南禹州东北。役：事。指楚攻韩，围雍氏。　②征：求，取。甲：甲士，披甲的士兵。粟：粮食。　③苏代：苏秦兄，策士。　④高都：韩国邑，在今河南洛阳南。　⑤听：服从，顺从。　⑥昭应：楚国将领。楚王：指楚怀王。时当其二十二年。　⑦罢（pí）：通"疲"。兵：战事。　⑧仓：

谷仓。廪：米仓。 ⑨收：取。 ⑩病：疲惫。 ⑪守：通"狩"，围取。 ⑫多：多余，过分。 ⑬折：转。入：归向。 ⑭节：符节，古代作为凭证的信物。 ⑮弊：破，坏。完：完整，完好。 ⑯卒：最终。

【译文】

　　楚、韩雍氏之战的时候，韩国向东周征调士兵和粮食。东周君对此很忧虑，把这件事告诉了苏代。苏代说："您何必发愁呢？我能让韩国不向东周征调士兵和粮食，还能替您得到高都城。"东周君很高兴，说："你果真能这样，我愿意把国家大权交给你。"

　　苏代于是去见韩相国公仲说："您没听说楚国的计谋吗？昭应对楚王说：'韩国被战事搞得很疲惫，粮仓空虚，没有力量守住城邑，我趁着韩国饥困攻打它，过不了一个月一定能攻下它。'现在楚国围攻雍氏五个月也没攻下，这说明楚国筋疲力尽了，楚王一定不相信昭应的计划了；现在你们向东周征调士兵和粮食，这是告诉楚国你们也已经疲惫了。昭应听说以后，一定劝说楚王增兵围攻雍氏，雍氏一定能攻下。"公仲说："说得好。但是我派往东周的使者已经出发了。"苏代说："你何不把高都送给东周？"公仲生气地说："我不向东周征调士兵和粮食已经过分了，为什么还要把高都给他们？"苏代说："把高都送给他们，那么东周就会转而归向韩国，秦国听说以后一定很气愤，就会烧掉与东周通使的符节，断绝外交关系，这样，你用一个破败的高都换得完整的东周，为什么不给他们呢？"公仲说："好。"于是不向东周征调士兵和粮食，却把高都送给了他们。楚国最终没有攻下雍氏，不得不离开。

苏厉谓周君

【导读】

本篇选自《西周策》，又见于《史记·周本纪》。在大国拼杀的时候，小国也能在暗中起一些作用。为了防止秦国攻破魏国而危及西周，苏厉献言西周君，以"一箭不中，前功尽弃"的故事劝说白起停止攻打大梁。成语"百步穿杨"出于此篇。

苏厉谓周君曰①："败韩、魏，杀犀武②，攻赵，取蔺、离石、祁者③，皆白起④。是攻用兵⑤，又有天命也。今攻梁⑥，梁必破，破则周危，君不若止之。谓白起曰：'楚有养由基者⑦，善射，去柳叶百步而射之⑧，百发百中。左右皆曰善。有一人过，曰："善射，可教射也矣。"养由基曰："人皆善⑨，子乃曰可教射，子何不代我射之也？"客曰："我不能教子支左屈右⑩。夫射柳叶者，百发百中而不已善息⑪，少焉气力倦⑫，弓拨矢钩⑬，一发不中，前功尽矣。"今破韩、魏，杀犀武，而北攻赵，取蔺、离石、祁者，公也。公之功甚多。今公又以秦兵出塞，过两周，践韩而以攻梁⑭，一攻而不得，前功尽灭。公不若称病不出也。'"

【注释】

①苏厉：苏秦弟。　②犀武：魏国将领。　③蔺：赵国邑，在今山西蔺石西。离石：赵国邑，在今山西离石。祁：赵国邑，在今山西祁县东。　④白起：秦国名将，郿（今陕西眉县）人。秦昭王时从左庶长官至大良造，屡战获胜，因功封武安君。后因与秦王、相国范雎意见不合，被逼自杀。　⑤攻：通"工"，巧，擅长。　⑥梁：大梁，魏国都城。　⑦养由基：春秋时楚国大夫，善射，能百步穿杨。　⑧去：距离。　⑨人皆善：姚云：刘、钱"皆"下有"曰"字。　⑩支左屈右：善射之法。　⑪已：通"以"。息：止。　⑫少

焉气力倦：《周本纪》"气"下有"衰"字，当据补。 ⑬拨：不正。钩：弯曲。
⑭践：踩，经过。

【译文】

苏厉对西周君说："打败韩国和魏国，杀死犀武，攻打赵国，获取
蔺、离石和祁邑的，都是秦国的白起。这个人擅长用兵，又有上天佑
助。如今他又去攻打魏都大梁，大梁一定会攻破，大梁被攻破，西周
就危险了，您不如制止白起攻打大梁。您派人对白起说：'楚国有个
养由基，善于射箭，距离柳叶百步之外射它，可以百发百中。左右旁
观的人都说他射得好。有一个人从旁边经过，说："射得好，可以教
你射箭了。"养由基说："别人都说我射得好，你竟然说可以教我射
箭，那么你为什么不替我来射呢？"那个人说："我不能教你怎么伸
直左臂撑住弓身，弯曲右臂拉开弓弦。一个人射柳叶能百发百中，如
果不在射得最好的时候停下来，过一会儿气力减弱，身体疲倦，弓摆
不正，箭道不直，只要有一箭射不中，就前功尽弃了。"现在打败韩国
和魏国，杀死犀武，又往北攻赵，夺取了蔺、离石、祁三座城邑的都是
你白起。你的功劳够多了。现在你又率领秦军出伊阙塞，经过东、西
两周，再经过韩国去攻打大梁，这一次如果打不胜，以前的功劳就都
被埋没了。你不如假称有病，不要出兵了。'"

楚兵在山南

【导读】

本篇选自《西周策》，事在公元前304年。历代注解《战国策》
对此章都没有议论。小国反压迫，有机会、有可能就捣乱，这种情
况确实有。但此事楚国大将名为"吾得"，就是"我得到啦"，这跟
《荷马史诗》中独眼巨人大喊大叫"'没有人'扎瞎了我的眼睛！"

非常近似,也像现代西方政治笑话的手法。

　　楚兵在山南,吾得将为楚王属怨于周^①。或谓周君曰^②:"不如令太子将军出迎吾得于境^③,而君自郊迎^④,令天下皆知君之重吾得也^⑤。因泄之楚,曰:'周君所以事吾得者,器名曰某。'楚王必求之,而吾得无效也,王必罪之。"

【注释】

①楚王:指楚怀王。时当其二十五年。属(zhǔ)怨:结怨。　②或:有人。
③将:率领。　④郊迎:出郊迎接,以示郑重。　⑤重:敬重。

【译文】

　　楚国军队驻扎在西周的山南边,吾得准备替楚王和西周结怨寻衅。有人对西周君说:"您不如派太子带领军队到边境去迎接吾得,您亲自到郊外去迎接,让诸侯都知道您敬重吾得,于是再向楚国透露说:'周君把某某器物送给了吾得。'楚王一定向吾得索取,而吾得拿不出来,楚王必定要怪罪吾得。"

秦策

导　读

　　春秋（前770—前476年）以前，秦是古代嬴姓部族中的一支。西周宣王（前827—前782年在位）时才封它的首领为大夫。公元前771年西周灭亡，秦的首领护送周平王东迁有功，被周平王封为诸侯之一，在诸侯的等级（公、侯、伯、子、男）之中只是子爵，从此参与了中原地区的政治活动。他的子孙追称这第一代的秦国诸侯为秦襄公，其子孙也就自称为公爵，其中最出名的是"五霸"之一的秦穆公。秦在扩张了领土之后，就跟晋国为邻，两国在春秋时期不断为争夺黄河以西的今陕西中部靠东侧的地带而发生战事，秦被打败的次数较多。

　　晋被韩、赵、魏三家瓜分，进入战国时期，与秦为邻的乃是魏和韩，魏与秦接壤地多，大大超过韩国。战国之初，魏的国力强盛，而秦国多次发生宫廷政变，魏即抢占河西之地，并筑起数百里的魏长城以巩固国防，秦只好退到洛水以西。

　　战国中期，秦献公于公元前364年大败魏军于石门，这才扭转秦国多年的颓势。秦孝公时，商鞅从魏国出走投奔秦国，公元前356年，秦孝公任用商鞅，变法图强，秦国开始兴盛，多次打败魏国。公元前350年秦把国都迁到咸阳。公元前338年，秦孝公死，秦惠文君即位，虽然杀死商鞅，但仍用商鞅之法，使秦日益富强。公元前324年，秦惠文君自称秦王。除了多次抵挡住强敌六国的进攻，更重要的是秦惠王在公元前316年用司马错的建议，向南方发展，灭了巴、蜀，不但大范围地扩张国土，而且使秦国更加富庶。公元前308年，秦国攻取了韩国的重地宜阳，这是一次得来不易的胜利。

战国晚期，秦昭王曾于公元前288年与齐王相约称帝，不久见形势不利都放弃了帝号。公元前287年（据唐兰使用汉墓帛书材料所考定），苏秦、李兑联合赵、齐、楚、魏、韩五国攻秦，罢于成皋，虽不能取胜，秦也只好归还所侵占的赵、魏土地以讲和。秦国向东方发展的企图受到挫折。秦昭王于公元前270年采用范雎"远交近攻"的策略，先掠取韩、魏、楚国与秦接壤的土地，站稳脚跟，然后不断逐步向东推进。东方六国之间亦矛盾重重，不能联合制秦，齐国、燕国均发生变故，国力衰减，因此秦国东进不断得胜。公元前260年，秦、赵长平之战，赵国大败，几乎亡国。公元前256年，秦灭了西周国。公元前249年，秦灭了东周国。公元前230年，秦灭韩国。公元前228年，秦攻入赵国，俘虏了赵王，赵之残余势力逃到代，自称代王。公元前226年，秦攻入燕国国都蓟，燕王迁都辽东。公元前225年，秦灭魏国。公元前223年，秦灭楚国。公元前222年，秦灭燕国及代国。公元前221年，秦灭齐国。秦王政既已兼并六国，统一天下，于是称始皇帝，秦朝由此开始。公元前209年，秦朝取消了卫国。在此很久以前，公元前286年，宋被齐所灭。公元前296年，中山被赵所灭。至此，《战国策》中与秦并列的其他十一国，都陆续或直接，或间接地被秦国所兼并，组成了封建的统一王朝秦朝。

战国自公元前475年开始。《战国策》的《秦策》所收策文则叙述自秦孝公（前361—前338年在位）开始，经历秦惠文君（即秦惠王）、秦武王、秦昭王、秦孝文王、秦庄襄王、秦王政（后称秦始皇），共七代的历史事迹。

《战国策》中《秦策》五卷，六十五章，一万九千九百九十一字，篇幅居第二。

《秦策》第一章记卫鞅事，最后一章记韩非事。所涉及的秦国重大事件，始自公元前361年卫鞅入秦，直到公元前228年秦王政十九年王翦破赵，共历经一百三十三年。在这一段时期之内，重大的战役，重要的国际外交活动，秦国的王室纠纷，政治舞台上的相互倾轧争夺等等，都是策文的中心话题，也留下了若干知名或不著名的智谋之士的言论。这些活动的重要人物有卫鞅、苏秦、张仪、陈轸、司马错、樗里疾、公孙衍、甘茂、田文、魏冉、范雎、白起、蔡泽、吕不韦、李牧、韩非等等；较重要、较精彩的策文也不少。

苏秦始将连横说秦惠王

【导读】

本篇选自《秦策一》。苏秦生活的年代与齐闵王、燕昭王同时，他一生的主要活动是在齐国为燕昭王作反间。因此苏秦游说别国的说辞多为晚出拟托之作，不应将之和历史人物苏秦混为一谈。本文用对比的手法形象地描绘了苏秦在失败后所遭到的冷遇和成功后所得到的尊荣，客观上揭露了社会的世态人情，同时宣扬了苏秦发愤读书的名利思想和从事政治活动的目的。文章善于铺张排比，夸饰形容，语言流畅生动，人物形象鲜明，是一篇很有影响的文学作品。

苏秦始将连横说秦惠王曰[1]："大王之国，西有巴、蜀、汉中之利[2]，北有胡貉、代马之用[3]，南有巫山、黔中之限[4]，东有崤、函之固[5]。田肥美，民殷富[6]，战车万乘，奋击百万[7]，沃野千里，蓄积饶多[8]，地势形便[9]，此所谓天府[10]，天下之雄国也[11]。以大王之贤，士民之众，车骑之用[12]，兵法之教[13]，可以并诸侯，吞天下，称帝而治。愿大王少留意[14]，臣请奏其效[15]。"

秦王曰："寡人闻之：毛羽不丰满者，不可以高飞；文章不成者[16]，不可以诛罚[17]；道德不厚者，不可以使民；政教不顺者，不可以烦大臣。今先生俨然不远千里而庭教之[18]，愿以异日[19]。"

苏秦曰："臣固疑大王之不能用也。昔者神农伐补遂[20]，黄帝伐涿鹿而禽蚩尤[21]，尧伐骓兜[22]，舜伐三苗[23]，禹伐共工[24]，汤伐有夏[25]，文王伐崇[26]，武王伐纣，齐桓任战而伯天下[27]。由此观之，恶有不战者乎[28]？古者使车毂击驰[29]，言语相结[30]，天下为一；约从连横[31]，兵革不藏[32]；文士并饬[33]，诸侯乱惑[34]；万端俱起，不可胜理[35]；科条既备[36]，民多伪态；书策稠浊[37]，百姓不足；上下相愁③⑧，民无所聊③⑨；明言章理④⓪，兵甲愈起④①；辩言伟服④②，战攻不息；繁称文辞，天下不治；舌弊耳聋，不见成功；行义约信，天下不亲。于是乃废文任武，厚养死士④③，缀甲厉兵④④，效胜于战场。夫徒处而致利④⑤，安坐而广地④⑥，虽古五帝、三王、五伯④⑦，明主贤君，常欲坐而致之，其势不能，故以战续之④⑧。宽则两军相攻④⑨，迫则杖戟相撞⑤⓪，然后可建大功。是故兵胜于外，义强于内；威立于上，民服于下。今欲并天下，凌万乘⑤①，诎敌国⑤②，制海内，子元元⑤③，臣诸侯，非兵不可。今之嗣主⑤④，忽于至道⑤⑤，皆惛于教⑤⑥，乱于治⑤⑦；迷于言，惑于语；沉于辩，溺于辞。以此论之，王固不能行也。"

说秦王书十上而说不行⑤⑧，黑貂之裘弊，黄金百斤尽，资用乏绝⑤⑨，去秦而归。羸縢履蹻⑥⓪，负书担橐⑥①，形容枯槁⑥②，面目犁黑⑥③，状有归色⑥④。归至家，妻不下纴⑥⑤，嫂不为炊，父母不与言。苏秦喟叹曰⑥⑥："妻不以我为夫，嫂不以我为叔，父母不以我为子，是皆秦之罪也⑥⑦！"乃夜发书⑥⑧，陈箧数十⑥⑨，得太公《阴符》之谋⑦⓪，伏而诵之，简练以为揣摩⑦①。读书欲睡，引锥自刺其股⑦②，血流至足⑦③，曰："安有说人主不能出其金玉锦绣，取卿相之尊者乎？"期年揣摩成⑦④，曰："此真可以说当世之君矣！"

于是乃摩燕乌集阙⑦⑤，见说赵王于华屋之下⑦⑥，抵掌而谈⑦⑦。赵王大悦，封为武安君⑦⑧，受相印；革车百乘⑦⑨，锦绣千纯⑧⓪，白璧百双⑧①，黄金万溢⑧②，以随其后，约从散横，以抑强秦。故苏秦相于赵而关不通⑧③。

当此之时，天下之大，万民之众，王侯之威，谋臣之权⑧④，皆欲决苏秦之策。不费斗粮，未烦一兵，未战一士，未绝一弦，未折一矢，诸侯相亲，贤于兄弟⑧⑤。夫贤人在而天下服，一人用而天下从。故曰：式于政⑧⑥，不式于勇；式于廊庙之内⑧⑦，不式于四境之外。当秦之隆^⑧，黄金万溢为用，转毂连骑^⑧，炫熿于道^⑨，山东之国，从风而服^⑨，使赵大重。且夫苏秦特穷巷掘门桑户棬枢之士耳^⑨，伏轼撙衔^⑨，横历天下^⑨，廷说诸侯之王，杜左右之口^⑨，天下莫之能伉^⑨。

将说楚王，路过洛阳^⑨，父母闻之，清宫除道^⑨，张乐设饮^⑨，郊迎三十里；妻侧目而视，倾耳而听；嫂蛇行匍伏^⑩，四拜自跪而谢^⑩。苏秦曰："嫂何前倨而后卑也^⑩？"嫂曰："以季子之位尊而多金。"苏秦曰："嗟乎！贫穷则父母不子，富贵则亲戚畏惧^⑩。人生世上，势位富贵盖可忽乎哉^⑩！"

【注释】

①苏秦：东周洛阳人，字季子，著名纵横家。齐闵王末年被任命为相国。后因反间活动暴露，被车裂而死。赵惠文王时被封为武安君。将：以，用。连横：指与秦国联合攻击他国；秦在西，六国在东，东西为横，故称。秦惠王：秦国君。孝公之子，名驷，谥惠文，又称惠文君，前337—前311年在位。　②巴、蜀：古国名。巴在今四川东部，蜀在今四川西部。前316年秦惠王灭巴、蜀，分置巴、蜀二郡。汉中：在今陕西南部、湖北西北部。前312年秦惠王置郡。利：富饶。　③胡貉：北方的少数民族。代马：指代郡马邑，所指不详。用：资材。　④巫山：在今四川、湖北边境。北与大巴山相连，形如"巫"字，故名。黔中：郡名，在今湖南西北部和湖北西南部一带。　⑤肴：通"崤"，即崤塞，古九塞之一，在今河南洛宁北。函：即函谷关，在今河南灵宝境。因其路在谷中，深险如函，故名。固：坚固。特指地形险要。　⑥殷：富足，富裕。　⑦奋击：敢于冲锋陷阵、勇于殊死决战的士卒。　⑧饶：多。　⑨地势形便：指地势与地形便于攻守。　⑩天府：天然的府库。指肥沃、险要、物产丰富的地区。　⑪雄：强有力的，杰出的。　⑫用：备。　⑬教：训练，练习。　⑭少：稍，稍微。　⑮奏：陈述。效：效验。　⑯文章：礼乐法度。　⑰诛罚：惩罚。　⑱俨

然：庄重的样子。庭教之：在朝廷上指教我。庭，通"廷"。　⑲以：于。异日：改日。　⑳神农：传说中农业和医药的发明者，故号神农氏。伐：指流放。补遂：上古部落名。　㉑涿鹿：山名，在今河北涿鹿东南。禽：同"擒"，擒获、擒杀。蚩尤：传说古代九黎族首领。　㉒讙兜：尧臣，为当时四凶（讙兜、共工、鲧、三苗）之一，尧听舜言，放之于崇山。　㉓三苗：上古部落名，舜迁之于三危（今甘肃敦煌东。一说今甘肃陇西西北）。　㉔共工：尧臣，四凶之一，被流放到幽州。　㉕有夏：即夏朝。有，名词词头。㉖崇：古国名，商的与国，在今河南崇县东北。　㉗齐桓：即齐桓公，春秋时齐国君。姜姓，名小白。前685—前643年在位。任：用。伯：通"霸"。㉘恶（wū）：何，哪里。　㉙使车：使臣所乘之车。毂击：车毂相互撞击。毂，车轮中心的圆木，中有圆孔，可以插轴。按：或以为"驰"字衍；属上则缺"而"字，属下则破坏下文四字句结构。　㉚以下二十四句，两句一韵。㉛约从：即合纵，与"连横"相对，指联山东六国以抗秦。　㉜兵革不藏：言战争不止。兵革，兵器和铠甲。　㉝文士并饬：文士并以巧伪之辞说诸侯。饬，巧伪。　㉞乱惑：即惑乱，迷惑。　㉟胜：尽。理：治理。㊱科条：法令条规。备：齐备。　㊲书策：泛指文书政令。稠浊：繁多而混乱。㊳愁：怨。　㊴聊：依靠。　㊵章：明显。　㊶兵甲：指战争。　㊷伟服：奇服。　㊸厚：多。死士：勇战敢死之士。　㊹缀甲：缝制铠甲。厉兵：磨砺武器。　㊺徒处：无所为。徒，空。致利：得到好处。　㊻安坐：义同"徒处"。　㊼五帝：原始社会末期五个部落联盟的首领。一般指黄帝、颛顼、帝喾、唐尧、虞舜。三王：指夏、商、周三代开国君王，即禹、汤、文王（武王）。五伯：指春秋时诸侯中的五个霸主，战国时人通常指齐桓公、晋文公、楚庄王、吴王阖庐、越王勾践。　㊽续：继。　㊾宽：距离远。㊿迫：距离近。杖：执，持。撞：刺，击。　51凌：欺侮。万乘：指拥有万乘兵车的大国。　52诎：屈服。　53子：以……为子。元元：老百姓。54嗣主：继位之君。　55至道：主要的方法。指用兵。　56惛：不明了。教：教化。　57乱：昏乱。治：指治国之道。　58上"说"（shuì）：

劝说别人听从自己的意见。下"说"（shuō）：学说、主张。行：推行。
⑤资用：资财。　⑥赢：通"累"，缠绕。滕（téng）：绑腿布。履：踩着。蹻（juē）：通"屩"，草鞋。　⑥橐（tuó）：口袋。　⑥形容：容貌。枯槁：憔悴。
⑥黧：黑色。　⑥状：样子。归：通"愧"，惭愧。　⑥纴：织布的丝缕。指织布机。　⑥喟叹曰：鲍本"喟"下有"然"字。喟然，叹息的样子。
⑥秦：苏秦的自称。　⑥发：取出。　⑥陈：摆开。箧：小箱子。　⑦《阴符》：太公兵法。　⑦简练：选择。揣摩：指揣诸侯之情，以其所欲切摩。
⑦引：拿过来。股：大腿。　⑦足：王念孙以为当作"踵"。踵，脚后跟。　⑦期（jī）年：一周年。　⑦摩：接近。燕乌集阙：宫阙名。
⑦华屋：华丽的屋宇。　⑦抵（zhǐ）掌而谈：谈话融洽，因兴奋而拍掌。抵，拍。　⑦武安：赵国邑，在今河北武安西南。　⑦革车：一种战车。
⑧纯（tún）：匹。　⑧壁：鲍本作"璧"。　⑧溢：通"镒"，金二十两为一镒，一说二十四两。　⑧关不通：六国与秦断绝往来。关，指函谷关。
⑧权：灵活。　⑧贤：胜过。　⑧式：通"试"，用，任用。　⑧廊庙：指朝廷。廊，殿堂四周的长廊。庙，太庙。都是君臣议政的地方。　⑧隆：盛。
⑧转毂连骑：车骑之盛，奔驰不绝。转毂，车轮转动，喻其速。连骑，马匹相连，喻其多。　⑨炫熿：光耀显赫。　⑨从风：即风从，喻跟随迅速。
⑨特穷巷掘（kū）门桑户棬（quān）枢之士：苏秦只是陋巷中的穷困之士。特，只，仅。穷巷，陋巷。掘，通"窟"。桑户，用桑条编的门扇。棬枢，用树枝做的门枢。　⑨伏轼撙衔：伏身于轼，手拉马缰。轼，车厢前用作扶手的横木。撙，控制。衔，马嚼子。　⑨横历：横行，走遍。　⑨杜：堵塞。
⑨伉：通"抗"，匹敌，对等。　⑨洛阳：苏秦的故乡，在今河南洛阳。　⑨宫：室，房屋。除：修整。　⑨张：陈设。　⑩匍伏：即匍匐。　⑩谢：谢罪，道歉。　⑩倨：傲慢。　⑩亲戚：亲属。指父母妻嫂。　⑩势位：权势和地位。
贵：鲍本作"厚"。富厚，财物多。盖：通"盍"，何。忽：忽视。

【译文】

苏秦最初用连横的策略游说秦惠王，说：“大王的国家，西边有巴、蜀、汉中的物产，北边有胡貉、代马的资财，南边有巫山、黔中的险阻，东边有崤山、函谷关等要塞。田地肥沃，人民富足，战车万辆，精兵百万，沃土千里，储备充足，而地理形势便于攻守，这真是天府之国，天下最强大的国家。凭着大王的贤明，百姓的众多，车马的精良，兵法的熟练，就完全可以兼并诸侯，吞灭天下，号称帝王来统治。希望大王稍加注意，请让我说说秦国统一天下的好处。”

秦王说：“我听说，羽毛不丰满就不能高飞，礼乐制度不健全就不可以施行刑罚，恩德不深厚就不可以驱使百姓，政治教化不得力就不可以烦劳大臣。现在你俨然不远千里来朝廷赐教，还是改在别的时间吧。”

苏秦说：“我本来就料到大王不会听我的。从前神农氏流放补遂，黄帝涿鹿一战擒杀蚩尤，唐尧流放驩兜，虞舜驱逐三苗，夏禹制服共工，商汤征服夏桀，周文王消灭崇国，周武王杀死商纣，齐桓公凭借武力称霸天下。由此看来，哪有不用武力就完成大业的呢？早年各国使者，奔走于道路，车辆往来不绝，各自以言语相约，希图天下结为一体。后来相约合纵或连横，搞得战事不止。文士们竞相巧饰游说，使得诸侯迷乱昏惑，种种事端同时发生，不能一一处理；法令条规虽已齐备，但百姓更加弄虚作假；文书政令繁杂，百姓更加贫困；君臣互相怨恨，百姓更无所依靠。人们的话说得明明白白，理讲得清清楚楚，战事却频繁发生；文士们言辞巧辩，衣着奇伟，战祸却难以休止；称引繁杂，言辞华美，天下仍不得太平；说的人舌头磨破了，听的人耳朵震聋了，也没有见到什么成效；诸侯以诚信相约，行仁义之事，却不能使天下相亲。于是乎就弃文用武，重金收养敢死之士，制备铠甲，磨砺兵器，在战场上决定胜负。无所事事就能得到好处，稳坐朝堂就能扩大疆域，即使古代的五帝、三王、五霸等贤明君主，也常常希望能得到这样的效果，但实际上是不可能的，因此才用战争来实现它。两军对垒时就互相攻打，短兵相接时就持戟厮杀，这样才能建立丰功伟业。所以军队在国外取得胜利，道义在国内就能增强；上面的君主树立起权威，下面的百姓才会服从。如今想要兼并天下，凌驾于大国之上，折服敌国，控制海内，统治百姓，使诸侯臣服，那就非用武力不可。现今的君主都忽略了这个重要的道理，不明教化，暗于治理，迷惑于花言巧语，沉溺于辩言诡辞。照这样说来，大王就一定不能行使霸王之事了。"

苏秦游说秦王的奏章上了十次，可是他的主张没有被采纳。黑貂大衣穿破了，百斤黄金用尽了，生活费用花完了，只好离开秦国回家。他裹着绑腿带，穿着草鞋，背着书囊，担着行李，身体瘦弱，脸色灰黑，面带羞愧的神色。回到家里，妻子不下织机迎接，嫂子不给他做饭，父母不和他说话。苏秦长叹道："妻子不把我当丈夫，嫂子不把我当弟弟，父母不把我当儿子，这都是我的过错啊！"于是连夜取出藏书，摆出数十个书箱子，找到一本专讲谋略的《阴符》，伏案诵读，选取书中有关内容，用心揣摩天下形势。读书想打瞌睡的时候，就拿锥子刺自己的大腿，鲜血流到脚上，发愤地说："哪里有游说人君却不能让他拿出金钱财物而使自己得到卿相尊位的呢？"一年后，揣摩成熟了，说："这一次可以说服当今的君主了。"

于是来到燕乌集阙，在华丽的宫室拜见并游说赵王，侃侃而谈。赵王很高兴，封他为武安君，授予他相印，战车百辆，锦绣千匹，玉璧百双，黄金万镒，让他带着去游说各国，约定合纵，拆散连横，以便抑制强大的秦国。所以苏秦在赵国为相，六国和关外就断绝了往来。

这个时候，天下这样广大，人民这样众多，王侯这样威武，谋臣这样富于权变，但都要取决于苏秦的策略。没有破费一斗粮食，没有烦劳一个兵卒，没有派遣一个士人，没有断过一根弓弦，没有折过一支弓箭，诸侯彼此亲近，胜过亲兄弟。贤人在位，天下就归附；一人掌权，天下就顺从。所以说：要用在政治上，不要用在武力上；要用在朝廷上，不要用在国境之外。当苏秦显贵的时候，黄金万镒供他使用，车马结队相随，一路上声威显赫，山东六国，望风而服，使得赵国的地位大大提高。至于苏秦，只不过是个陋巷中的穷困书生罢了。如今他伏身车前，手勒缰绳，遍游天下，登廷游说各国君王，使得各国大臣哑口无言，天下没有人能和他抗衡。

苏秦要去游说楚王，路过洛阳，父母听说了，就打扫房屋，修整道路，准备乐器，安排酒席，到三十里的郊外去迎接他。妻子不敢正眼看他，侧着耳朵听他讲话；嫂子趴在地上像蛇一样地爬行，跪在苏秦面前拜了四拜，连连道歉。苏秦说："嫂子为什么以前那样傲慢，现在又这样卑下呢？"嫂子说："因为你地位高而且有很多钱。"苏秦说："哎呀！穷困潦倒时，就连父母也不把我当儿，一旦富贵了，连亲戚都敬畏。一个人生活在世上，权势地位和富贵怎么可以忽视呢！"

张仪说秦王

【导读】

本篇选自《秦策一》，又见于《韩非子·初见秦》，事在公元前256年。本文并非张仪说辞，虽又见于《韩非子》，也断然不是韩非的作品，当为某策士的说辞。文章主旨为破六国之纵，连续进攻，不与媾和，以成霸王之业。秦统一天下，如其所言。这篇说辞条分缕析，持之有故，言之成理，运用了排比、连珠、顶真的修辞手法，形成一种雄深质健的刚健文气，是一篇很好的历史散文。

张仪说秦王曰①："臣闻之：弗知而言为不智，知而不言为不忠。为人臣不忠当死，言不审亦当死②。虽然，臣愿悉言所闻，大王裁其罪③。臣闻天下阴燕阳魏④，连荆固齐⑤，收余韩成从⑥，将西南以与秦为难⑦。臣窃笑之。世有三亡⑧，而天下得之，其此之谓乎！臣闻之曰：'以乱攻治者亡，以邪攻正者亡，以逆攻顺者亡。'今天下之府库不盈⑨，囷仓空虚⑩，悉其士民⑪，张军数千百万⑫，白刃在前⑬，斧质在后⑭，而皆去走不能死⑮。罪其百姓不能死也⑯，其上不能杀也⑰。言赏则不与，言罚则不行，赏罚不信⑱，故民不死也。

　　"今秦出号令而行赏罚，不攻无攻相事也⑲。出其父母怀衽之中⑳，生未尝见寇也㉑，闻战顿足徒裼㉒，犯白刃㉓，蹈煨炭㉔，断死于前者比是也㉕。夫断死与断生也不同，而民为之者，是贵奋也㉖。一可以胜十，十可以胜百，百可以胜千，千可以胜万，万可以胜天下矣。今秦地形，断长续短，方数千里，名师数百万㉗，秦之号令赏罚，地形利害㉘，天下莫如也。以此与天下㉙，天下不足兼而有也㉚。是知秦战未尝不胜，攻未尝不取，所当未尝不破也㉛。开地数千里，此甚大功也。然而甲兵顿㉜，士民病㉝，蓄积索㉞，田畴荒㉟，囷仓虚，四邻诸侯不服，伯王之名不成。此无异故㊱，谋臣皆不尽其忠也。

　　"臣敢言往昔。昔者齐南破荆㊲，中破宋㊳，西服秦㊴，北破燕㊵，中使韩、魏之君㊶，地广而兵强，战胜攻取，诏令天下㊷；济清河浊㊸，足以为限；长城钜坊㊹，足以为塞㊺。齐，五战之国也㊻，一战不胜而无齐㊼。由此观之，夫战者，万乘之存亡也。且臣闻之曰：'削株掘根㊽，无与祸邻，祸乃不存。'秦与荆人战㊾，大破荆，袭郢㊿，取洞庭、五都、江南○51。荆王亡奔走○52，东伏于陈○53。当是之时，随荆以兵，则荆可举；举荆，则其民足贪也○54，地足利也。东以强齐、燕○55，中陵三晋○56。然则是一举而伯王之名可成也，四邻诸侯可朝也○57，而谋臣不为，引军而退，与荆人和○58。今荆人收亡国○59，聚散民，立社主○60，置宗庙，令帅天下西面以与秦为难○61，此固已无伯王之道一矣。天下有比志而军华下○62，大王以诈破之,兵至梁郭[㊍],围梁数旬,则梁可拔。拔梁则魏可举,举魏则荆、赵之志绝,荆、赵之志绝则赵危,赵危则荆孤。东以强齐、燕,中陵三晋。然则是一举而伯王之名可成也,四邻诸侯可朝也。而谋臣不为,引军而退,与魏氏和,令魏氏收亡国,聚散民,立社主,置宗庙,此固已无伯王之道二矣。前者穰侯之治秦也[㊎],用一国之兵,而欲以成两国之功[㊏],是故兵终身暴灵于外[㊐],士民潞病于内[㊑],伯王之名不成,此固已无伯王之道三矣。

"赵氏中央之国也[㊒],杂民之所居也[㊓],其民轻而难用[㊔],号令不治,赏罚不信,地形不便,上非能尽其民力。彼固亡国之形也,而不忧民氓[㊕],悉其士民,军于长平之下[㊖],以争韩之上党[㊗]。大王以诈破之[㊘],拔武安[㊙]。当是时,赵氏上下不相亲也[㊚],贵贱不相信[㊛]。然则是邯郸不守,拔邯郸,完河间[㊜],引军而去,西攻修武[㊝],踰羊肠[㊞],降代、上党[㊟]。代三十六县,上党十七县,不用一领甲[㊠],不苦一民,皆秦之有也。代、上党不战而已为秦矣,东阳、河外不战而已反为齐矣[㊡],中呼池以北不战而已为燕矣[㊢]。然则是举赵则韩必亡,韩亡则荆、魏不能独立。荆、魏不能独立,则是一举而坏韩、蠹魏、挟荆[㊣],以东弱齐、燕,决白马之口以流魏氏[㊤]。一举而三晋亡,从者败[㊥]。大王拱手以须[㊦],天下徧随而伏[㊧],伯王之名可成也。而谋臣不为,引军而退,与赵氏为和[㊨]。以大王之明,秦兵之强,伯王之业地[㊩],尊不可得[㊪],乃取欺于亡国[㊫],是谋臣之拙也。且夫赵当亡不亡,秦当伯不伯,天下固量秦之谋臣一矣[㊬]。乃复悉卒乃攻邯郸[㊭],不能拔也,弃甲兵怒[㊮],战栗而却,天下固量秦力二矣。军乃引退[㊯],并于李下[㊰],大王又并军而致,与战,非能厚胜之也^㊱,又交罢却^㊲,天下固量秦力三矣。内者量吾谋臣,外者极吾兵力^㊳。由是观之,臣以天下之从岂其难矣? 内者吾甲兵顿,士民病,蓄积索,田畴荒,囷仓虚;外者天下比志甚固。愿大王有以虑之也^㊴。

"且臣闻之：战战慄慄，日慎一日。苟慎其道㉒，天下可有也。何以知其然也？昔者纣为天子，帅天下将甲百万㉔，左饮于淇谷㉕，右饮于洹水㉖，淇水竭而洹水不流㉗，以与周武为难㉘。武王将素甲三千领㉙，战一日，破纣之国，禽其身，据其地，而有其民，天下莫不伤㉚。智伯帅三国之众㉛，以攻赵襄主于晋阳㉜，决水灌之，三年，城且拔矣。襄主错龟数策占兆㉝，以视利害，何国可降，而使张孟谈㉞。于是潜行而出，反智伯之约㉟，得两国之众，以攻智伯之国，禽其身，以成襄子之功。今秦地断长续短，方数千里，名师数百万，秦国号令赏罚，地形利害，天下莫如也。以此与天下，天下可兼而有也。臣昧死望见大王㊱，言所以一举破天下之从，举赵亡韩，臣荆、魏，亲齐、燕，以成伯王之名，朝四邻诸侯之道㊲。大王试听其说，一举而天下之从不破，赵不举，韩不亡，荆、魏不臣，齐、燕不亲，伯王之名不成，四邻诸侯不朝，大王斩臣以徇于国㊳，以主为谋不忠者㊴。"

【注释】

① 张仪：魏国贵族后代，著名纵横家。秦惠王十年（前328年）为秦相。游说各国连秦，瓦解齐、楚联盟。秦王：指秦昭王。时当其五十一年。　② 审：慎重。　③ 裁：裁决，判定。　④ 天下：指赵国。阴：北。阳：南。　⑤ 荆：即楚。固：固结。　⑥ 收：争取。余韩：此时韩多丧地，仅存所余国土。成从：结成合纵联盟。　⑦ 南：《韩非子》作"面"。　⑧ 三亡：指下文三种灭亡的情况。　⑨ 府库：仓库。府，收藏文书或财物的地方。库，收藏兵车的地方。　⑩ 囷（qūn）仓：粮仓。囷，圆形谷仓。　⑪ 悉：尽，全部出动。士民：军民。　⑫ 张：布置。千：《韩非子》作"十"。　⑬ 白刃：锋利的刀剑。　⑭ 斧质：古代刑具。置人于砧板，以斧砍之。　⑮ 去：《韩非子》作"却"。却，后退。走：逃跑。死：拼死。　⑯ 罪：《韩非子》及鲍本作"非"。　⑰ 杀：金正炜曰：当是"教"字之讹也。　⑱ 信：讲信用。　⑲ 不攻无攻：姚云：

曾作"有攻无攻"。按：《韩非子》同。攻，通"功"。此言有功无功，察其事迹而定。相：察看。　⑳怀衽：怀抱。衽，衣襟。　㉑寇：入侵者。　㉒顿足：以脚踩地，形容着急的样子。徒：袒露。裼(xī)：脱去上衣。　㉓犯：冒着。　㉔煨(wēi)炭：火炭。煨，热炭。　㉕断死：决意战死。比：皆。　㉖贵奋：崇尚勇敢。　㉗名师：精锐的军队。　㉘利害：指"利"，偏义复词。　㉙与：敌，对付。　㉚不足：不难。　㉛所当：遇到的敌人。　㉜甲兵：指军队。顿：疲敝。　㉝病：困苦。　㉞索：尽，完结。　㉟田畴：土地。　㊱异故：他故。异，其他，别的。　㊲破荆：前301年，齐闵王使匡章攻楚，败楚将唐昧。　㊳中：《韩非子》作"东"。破宋：指前286年灭宋。　㊴服秦：前298年齐与韩、魏共击秦，秦求和。　㊵破燕：前296年败燕，覆三军，获二将。　㊶中使韩、魏之君：指前298年齐与韩、魏共击秦，即"服秦"事。使，驱使。　㊷诏令：号令。　㊸济(jǐ)：水名，包括黄河南北两部分。河北部分源出河南济源西王屋山，在武陟南入河。河南部分从荥阳北黄河分出，至山东定陶东北入大野泽，又自北出，经济南北入海。河：黄河。　㊹长城：指齐国长城，西起今山东平阳，经泰山、沂山，东至今胶南琅琊台入海。姚云：钱、刘"坊"作"防"。按：鲍本及《韩非子》同。钜防：即防门，在今山东平阴。　㊺塞：险要的地方。　㊻五战：即上所谓"南破""东破"之类。　㊼一战不胜而无齐：指前284年燕昭王派乐毅率兵攻占了包括都城临淄在内的七十余城，齐闵王奔莒。　㊽株、根：树木在地下的部分叫根，露出地面的叫株。　㊾秦与荆人战：秦昭王二十八、二十九年(前279、前278年)，白起大举攻楚，攻占大片土地。　㊿郢：楚国都城，在今湖北江陵西北。　(51)洞庭：指洞庭湖一带。五都：《史记·苏秦列传》裴骃引《战国策》作"五渚"。五渚，在洞庭湖。沅、澧、资、湘四水自南而入，荆江自北而过，洞庭潴其间，谓之五渚。江南：指今湖北、四川长江以南地区。　(52)荆王：指楚顷襄王。亡奔走：三词同义，逃亡、逃跑。姚云：曾作"亡命"。按：鲍本无"奔"字。《韩非子》作"荆王君臣亡走"。　(53)伏：藏匿，躲藏。陈：楚国邑，在今河南淮阳。　(54)足贪：足以占有。　(55)东以强齐、燕：

吴正曰:《韩》“强”作“弱”,是。下同。 (56)中陵三晋:姚云:“中”下刘有“以”字。按:《史记》亦有。下同。陵,侵犯,欺侮。三晋,指赵、魏、韩。(57)朝:使之来朝。 (58)秦昭王二十九年(前278年)取郢后与楚王会于襄陵。(59)今:姚云:一作“令”。按:鲍本及《韩非子》同作“令”。 (60)社主:土神的牌位。 (61)与秦为难:楚顷襄王二十三年(前276年),调兵收复部分失地,抵抗秦国。 (62)有:通“又”。比志:同心。华下:韩国邑,在今河南新郑北。(63)梁郭:大梁的外城。 (64)穰侯:即魏冉,秦昭王母宣太后异父弟。昭王年幼继位,他多次任相,封于穰,号穰侯。 (65)两国:指秦和穰侯的封地陶。(66)灵:鲍本及《韩非子》作“露”。黄丕烈案:灵者,“零”之假借。“暴”谓“日”,“灵”谓“雨”也。 (67)潞(lù):通“露”,羸,疲敝。 (68)中央之国:赵都邯郸(今河北邯郸)居于诸国中央,故称。 (69)杂民:赵国国内杂居各国之民,且多工商游食者。 (70)轻:轻浮。鲍本及《史记》“用”下有“也”字,当据补。 (71)氓:百姓。 (72)长平:赵国邑,在今山西高平西北。 (73)以争韩之上党:秦昭王四十五年(前262年)攻韩,韩献上党,而上党太守以上党降赵,赵受其降,发兵拒秦。上党,郡名,在今山西东南部,治所在壶关(今长治北)。(74)大王以诈破之:秦昭王四十七年(前260年)赵中秦反间计,使赵括代廉颇,大败于长平,秦将白起坑杀赵降卒四十余万。 (75)拔武安:秦昭王四十八年(前259年),秦将王龁攻下赵地武安。武安,在今河北武安西南。(76)上下:指君臣。 (77)贵贱:指卿士。 (78)完:《韩非子》作“筦”。筦(guǎn),管辖,控制。河间:赵国邑,在今河北献县东南。 (79)修武:赵国邑,在今河南获嘉及修武。 (80)踰:同“逾”,越过。羊肠:坂道名。萦曲如羊肠,故名。在今山西晋城南太行山上。 (81)代:郡名,属赵国,在今山西东北部及河北蔚县一带。 (82)领:量词。 (83)东阳:地区名,在今河北太行山以东地区。河外:指清河以东地区。 (84)中呼池:《韩非子》作“中山、呼沱”。中山,古国名,春秋末年鲜虞族所建。战国时其境域东至今衡水,西至今井陉,南至今隆尧,北至今唐县。前296年灭于赵国。呼池:即今滹沱河,源于山西繁峙泰戏山,流经河北正定、安平等地,至天津入海。

⑧⑤坏：破坏。蠹：损害。挟：挟制。　⑧⑥白马之口：即白马津，津渡名，在今河南滑县东北。流：灌。　⑧⑦从者：合纵的国家。　⑧⑧拱手：两手在胸前相合，表示敬意。此指闲适、容易。须：等待。　⑧⑨伏：降伏。　⑨⓪按：长平之战次年，秦相范雎惧白起功过于己，遂命罢兵，与赵和。　⑨①伯王之业地：姚云：刘作"伯王之业也"。　⑨②尊：《韩非子》作"曾"。曾，乃，竟。　⑨③乃：却。亡国：指赵国。　⑨④量：衡量。　⑨⑤乃复：于是又。下"乃"字，姚云：一作"以"。按：鲍本及《韩非子》作"以"。攻邯郸：秦昭王四十八年至五十年（前259—前257年）间，曾先后派王陵、王龁率兵攻邯郸，不克。　⑨⑥兵怒：《韩非子》作"负弩"。负弩，背起弩弓。　⑨⑦军乃引退：金正炜曰："乃"当作"以"。以，通"已"。　⑨⑧并：合，聚集。李：在今河南温县。　⑨⑨厚：大。　⑩⓪交：并，一起。罢：疲惫。却：退兵。　⑩①极：尽。　⑩②有以：有必要，有理由。　⑩③其道：指达到目的的途径。　⑩④将甲：将士。　⑩⑤淇：水名，源于今山西陵川，流经河南林州、淇县，南入今卫河。　⑩⑥洹水：水名，源于今河南林州林虑山，流经安阳，至内黄县入卫河。　⑩⑦淇水竭而洹水不流：形容纣兵甲之众。　⑩⑧以与周武为难：纣与周武王战于牧野。　⑩⑨素甲：白色的盔甲。按：当时武王还在为文王服丧。　⑩⑩姚云：刘无"不"字。按：《韩非子》无。伤：悲伤，哀痛。　⑪①智伯：姓荀名瑶，晋国六卿之一，封于智（今山西永济北）。三国：指智、韩、魏。　⑪②赵襄主：赵鞅之子，名无恤，晋国六卿之一。晋阳：在今山西太原西南。　⑪③错龟：烧龟甲测知吉凶祸福。数策：数蓍草测知吉凶祸福。占兆：用错龟、数策的办法判断吉凶祸福。　⑪④使：派遣。张孟谈：赵襄子臣。　⑪⑤反智伯之约：智伯与韩、魏约定"胜赵而三分其地"，张孟谈说服韩、魏共攻智伯。　⑪⑥昧死：冒昧而犯死罪。这是臣表示敬畏的话。《韩非子》"昧死"下有"愿"字。　⑪⑦道：办法。　⑪⑧徇：示众。　⑪⑨主：正。此指惩戒。

【译文】

　　张仪游说秦王说："我听说，不知道就乱说是不明智，知道却不说是不忠诚。作为臣下，不忠诚应当处死，说话不慎重也应当处死。虽然如此，但是我愿意把我所知道的都说出来，希望大王判定我的罪过。我听说，赵国北面是燕国，南面是魏国，联合楚国，固结齐国，争取韩国，形成合纵联盟，将要向西和秦国为敌。我私下里感到好笑。世上有三种情况要灭亡，赵国都占上了，大概这说的就是赵国吧！我听说：'内政混乱的去攻打内政清明的要灭亡，用邪道治国的去攻打用正道治国的要灭亡，违背天理的去攻打顺应天理的要灭亡。'现在赵国的国库不充实，粮仓空虚，却出动全部军民，布置数十万的军队，面对锋利的兵器，不进则死，身后有严酷的刑罚，后退则杀。然而士兵都落荒而逃，不能去拼死。不是它的百姓不能去拼死，是因为国君不能进行教化的缘故。君主说要行赏却不兑现，说要惩罚却不实行，赏惩不讲信用，所以百姓不去拼死。

　　"现在秦国发布号令，实行赏罚，有功无功察看事迹而定。士兵们离开父母怀抱以后，有生以来不曾见过敌兵，一听说要打仗就愤怒地下定决心，迎着刀剑勇往直前，踩着火炭在所不顾，决意拼死的人比比皆是。决意拼死和一心苟活是完全不同的两回事，而百姓都想决意拼死，这是由于崇尚勇敢的缘故。一人能战胜十人，十人能战胜百人，百人能战胜千人，千人能战胜万人，万人能战胜所有诸侯。现在秦国的土地，截长补短，纵横几千里，精兵数百万；秦国的号令严明，赏罚有信，地形便利，没有哪个国家能比得上。凭着这样的条件来对付诸侯，诸侯就不难被兼并而占有。由此可知，秦国作战没有不获胜的，攻城没有攻不下的，遇到的敌兵没有不被打败的。开辟土地数千里，战功特别显著。然而军队疲惫，民众困苦，积蓄殆尽，土地荒芜，粮仓空虚，四邻的诸侯不顺服，霸王的功名没有成就，这没有别的缘故，就是因为谋臣都不能竭尽他们的忠心啊。

"我大胆地说一说从前的事。从前齐国在南面打败楚国，东面灭掉宋国，西面降服秦国，北面战胜燕国，又役使韩、魏两国的君王。地域广阔，兵力强盛，战能胜，攻能取，号令行于天下；清济浊河，足能构成险阻；长城堤防，足够构成险塞。齐国五战五胜，然而一次战役没有取胜就使齐国一蹶不振。由此看来，用兵作战关系到万乘大国的生死存亡。而且我还听说："砍树拔根，祸害不存。"秦国和楚国交战，大败楚军，攻下鄢都，夺取洞庭、五渚和江南。楚王出逃，躲藏到鄢都东面的陈城。在那个时候，秦国如果继续追击，那么就可以攻下楚国；攻下楚国，楚国的百姓和土地就能被秦国占有。进而削弱齐国和燕国，侵犯中部的韩、赵、魏三国。这样，一举就可以成就霸王的功业，使四邻的诸侯来朝拜秦国。然而谋臣不出来策划，却带领军队撤退，和楚国和解，致使楚人得以收拾残破的国家，招集散失的百姓，立神位，建宗庙，下令率军西向和秦国为敌，这样就当然失去了第一次建立霸王之业的机会。赵国又和魏国同心协力，驻军华阳之下，大王下令打败它们，军队一直攻到大梁外城，如果包围大梁数旬，那么大梁就可以攻下。攻下大梁，魏国就可以灭亡。灭亡魏国，那么楚国和赵国就会断绝联系。楚国和赵国断绝联系，那么赵国就危险了。赵国危险，楚国就会孤立。进而削弱东面的齐国和燕国，侵犯中部的韩国，这样一举就可以成就霸王的功名，使四邻的诸侯来朝拜秦国。然而谋臣不出来策划，却率军撤退，和魏国和解了，致使魏国收拾残破的国家，招集散失的百姓，立神位，建宗庙，这样就当然失去了第二次建立霸王之业的机会。以前穰侯治理秦国时，动用一国的兵力，却想成就两国的功业。所以士兵终身暴露于外，民众疲惫于内，霸王的功名不能实现，这样就当然失去了第三次建立霸王之业的机会。

"赵国位居六国的中央，是各诸侯国民众杂居的地方。赵国人民轻浮，难以任用，号令不严明，赏罚无信用，地形不便攻守，君王又不能充分调动民众的力量。赵国本来已经出现了亡国的迹象，却又不忧恤百姓，调动全部军民，驻守长平，去争夺韩国的上党。大王用反间计打败赵国，夺取武安。在那个时候，赵国君臣不和睦，卿士互相不信任。既然这样，那么邯郸就难以守住，如果攻下邯郸，控制河间，然后率军向西攻打修武，越过羊肠，降服代郡和上党郡，这样，代郡的三十六个县、上党的十七个县，无须动用一件铠甲，不用让一个人受苦就都能归秦国所有。代郡、上党不用武力就归属秦国了，东阳、河外不用武力就归属齐国了，中山、呼沱不用武力就归属燕国了。这样，攻下赵国，韩国就必然灭亡，楚国和魏国就不能单独存在。楚国和魏国不能单独存在，这样就一举破坏韩国，损害魏国，控制楚国，进而削弱齐国和燕国，再掘开白马口淹灌魏国。这样就一举灭亡赵、魏、韩三国，破坏合纵联盟。大王可以悠闲地等待，诸侯就会一个跟着一个来降服，霸王的功名就可以实现。然而谋臣不出来策划，却率军撤退，和赵国和解。凭着大王的贤明，秦国军队的强大，霸王的功业竟然不能实现，却被赵国欺骗，这说明谋臣们笨拙。况且赵国应当灭亡却没有灭亡，秦国应当称霸却没有称霸，诸侯本来就看透了秦国的谋臣，这是一。于是又调动全部兵力去攻打邯郸，没能攻取，就丢下铠甲，背起弩弓，哆哆嗦嗦地退却了，诸侯本来就看透了秦国的力量，这是二。军队已经退却，聚集到李城下，大王又合军赶到，与赵国交战，非但没有取得大胜，反而和赵国都因疲困而退兵，诸侯本来就看透了秦国的力量，这是三。对内看透了我们的谋臣，在外摸清了我们的兵力。由此看来，我认为诸侯建立合纵联盟是很容易的。从内部看，我们的军队疲惫，民众困苦，积蓄殆尽，土地荒芜，粮仓空虚；从外部看，诸侯同力抗秦的决心很牢固，愿大王能认真考虑这种形势。

"而且我还听说：战战栗栗，一天比一天谨慎。假如谨慎地掌握了达到目的的方法，天下就可以据有。怎么知道能这样呢？从前，殷纣王做天子的时候，率领天下百万将士，左饮淇水，右饮洹水，淇水被喝干，洹水也为之不流，凭着如此众多的将士来和周武王为敌。武王率领穿戴白色盔甲的士卒三千人，奋战一天，灭亡殷国，擒获商纣，占据了他的领土，占有了他的百姓，天下没有人哀痛。智伯率领智、韩、魏三国军队，在晋阳攻打赵襄主，又掘开晋水淹灌晋阳，围攻了三年，晋阳城眼看要被攻下。赵襄主用钻龟甲、数蓍草的办法判断凶吉，观察利害关系，看哪个国家可以争取过来，就派张孟谈去活动。于是张孟谈秘密出行，破坏智伯和韩、魏两国的盟约，把韩、魏两国的军队争取过来，共同攻打智伯的军队，终于擒获了智伯，成就了赵襄主的功业。现在秦国的领土截长补短，纵横几千里，精兵数百万，秦国号令严明，赏罚有信，地形便利，没有哪个国家能比得上。凭着这样的条件来对付诸侯，天下就可以兼并而占有。我冒死请求拜见大王，说说一举而破坏诸侯的合纵联盟，攻下赵国，灭亡韩国，臣服楚、魏两国，使齐国和燕来亲附，成就霸王的功名，使四邻诸侯来朝拜的办法。大王姑且听听我的主张，一举不能破坏诸侯合纵联盟，赵国攻不下来，韩国灭亡不了，楚、魏两国不来臣服，齐、燕两国不来亲附，霸王的功名不能成就，四邻诸侯不来朝拜，大王就杀了我在全国示众，以此惩戒为大王出谋划策不忠心的人。"

司马错与张仪争论于秦惠王前

【导读】

本篇选自《秦策一》，又见于《史记·张仪列传》和《新序·善谋九》，事在公元前306年。文章记叙了秦国在伐韩与伐蜀这一战略进攻方向上的争论。张仪主张伐韩，司马错认为应先夺取巴、蜀作为后方。经过激烈争辩，秦惠王采纳了司马错的意见。这一战略的实施，不但大范围地扩张了国土，而且使秦国更加富庶。这是我们了解秦国富强，了解中国文化史上大西南开发情况的重要史料。就政治论战的辩才来说，本篇说理分析也很深刻细致。

司马错与张仪争论于秦惠王前①。司马错欲伐蜀,张仪曰：
"不如伐韩。"王曰："请闻其说②。"对曰："亲魏善楚,下兵三
川③,塞轘辕、缑氏之口④,当屯留之道⑤,魏绝南阳⑥,楚临南
郑⑦,秦攻新城、宜阳⑧,以临二周之郊⑨,诛周主之罪⑩,侵楚、
魏之地⑪,周自知不救,九鼎宝器必出。据九鼎⑫,桉图籍⑬,挟
天子以令天下⑭,天下莫敢不听,此王业也。今夫蜀,西僻之国
而戎狄之长也⑮,弊兵劳众,不足以成名,得其地不足以为利。
臣闻'争名者于朝,争利者于市'。今三川、周室,天下之市朝
也,而王不争焉,顾争于戎狄,去王业远矣⑰。"

　　司马错曰："不然。臣闻之：欲富国者务广其地⑱,欲强兵
者务富其民,欲王者务博其德。三资者备⑲,而王随之矣。今王
之地小民贫,故臣愿从事于易。夫蜀,西僻之国也,而戎狄之长
也,而有桀、纣之乱。以秦攻之,譬如使豺狼逐群羊也。取其地
足以广国也,得其财足以富民,缮兵不伤众而彼已服矣⑳。故拔
一国而天下不以为暴；利尽西海㉑,诸侯不以为贪。是我一举
而名实两附㉒,而又有禁暴正乱之名。今攻韩㉓,劫天子㉔,劫天
子,恶名也,而未必利也,又有不义之名,而攻天下之所不欲,危
㉕。臣请谒其故㉖：周,天下之宗室也㉗；齐,韩之与国也㉘。周自知失
九鼎,韩自知亡三川,则必将二国并力合谋,以因于齐、赵㉙,而求
解乎楚、魏；以鼎与楚,以地与魏,王不能禁。此臣所谓危,不如
伐蜀之完也㉚。"

　　惠王曰："善！寡人听子。"卒起兵伐蜀㉛,十月取之,遂定
蜀。蜀主更号为侯,而使陈庄相蜀㉜。蜀既属㉝,秦益强富厚㉞,
轻诸侯。

【注释】

①司马错：秦惠王时将领。　②说：主张。　③下兵：出兵。三川：指

河、洛、伊三水之间地。其中包括东周、西周,在今河南西部。　④辕辕:山名及关口名,在今河南偃师东南,接巩县、登封界。因山路盘旋往还十二曲而得名。中有辕辕关,为历代控守要地。缑氏:在今河南偃师东南,因山得名。地当伊洛平原东部嵩山口,历来为军事要地。　⑤当:把守。屯留:在今山西屯留东南。道:即羊肠坂道。　⑥绝:断绝。南阳:地区名,属魏国,在今河南济源至沁阳一带。因在太行山南,黄河之北,故名。⑦南郑:韩国都城,在今河南新郑。　⑧新城:韩国邑,在今河南汤阴境。⑨二周:东周国、西周国。　⑩诛:谴责,声讨。周主:二周君。⑪侵楚、魏之地:此句与上"亲魏善楚"不合,疑"楚魏"当为"三川"。⑫据:占有。　⑬桉:同"案",考察。图籍:地图和户籍。　⑭挟:胁迫。令:号令,指挥。　⑮辟:同"僻",偏僻。长:首领。《史记》《新序》作"伦"。伦,同类。有轻蔑之意。　⑯顾:反而,却。　⑰去王业远矣:姚云:曾、钱、刘无"业"字。王念孙曰:此涉上文"王业"而误衍。"王"读"王天下"之"王"。按:下文"而王随之矣"读同。　⑱务:务必,一定。⑲三资:指地、民、德。资,条件。　⑳缮兵:使军队强劲。缮,劲。㉑西海:指西部地区。海,荒远之地。　㉒附:归附,归属。　㉓今:若。㉔劫:威逼,胁迫。天子:指周慎靓王。　㉕危:《史记》《新序》"危"下均有"矣"字,当据补。　㉖谒:告诉,陈述。　㉗宗室:周室为天下所宗仰,故称。　㉘与国:盟国。　㉙因:依靠,凭借。　㉚完:完美,万全,稳妥。　㉛卒起兵伐蜀:事在秦惠王更元九年(前316年)。　㉜陈庄:秦国臣。　㉝属:归属,隶属。　㉞厚:富裕。

【译文】

　　司马错和张仪在秦惠王面前争论。司马错打算攻打蜀国,张仪说:"不如攻打韩国。"秦惠王说:"请让我听听你们的意见。"张仪回答说:"我们先去亲近魏国,和楚国友好,然后出兵三川,阻塞辕辕、缑氏山口,把守屯留道口,让魏国断绝南阳通往韩国的道路,让楚国进攻韩都南郑,我们攻打新城和宜阳,一直打到东周、西周的城郊,声讨周君的罪行,占领三川一带的土地。二周之君知道自己已无法解救,肯定要献出九鼎宝器。我们占有了九鼎,掌握了地图和户籍,胁迫天子以号令天下,诸侯没有敢不听从的,这是成就帝王的大业啊。现在蜀国是西方偏僻的小国,和戎族、狄族同属一类,我们进攻它,使军队疲惫、民众劳苦,却不能成就帝王之名,夺取那块土地不能获得实际利益。我听说:'争名的人要到朝廷去,争利的人要到市场去。'如今三川、周室就好比是天下的朝廷和市场,大王不到那里去争夺,反而到戎、狄一类的地区去争夺,这距离称王天下太远了。"

司马错说:"不是这样。我听说,想要国家富强,务必开拓疆土;想要军队强大,一定要使人民富足;想要成为帝王,必须广施恩泽。这三个条件齐备了,统一天下的大业也就随之而来。如今大王的土地狭小,百姓贫穷,所以我希望从容易的事情着手。蜀国是西方偏僻的国家,和戎族、狄族同属一类,又有夏桀、商纣之类的祸乱。我们去攻打它,就像是让豺狼去驱赶羊群一样。占领它的土地足以扩大我们的国土,夺取它的财富足以使民富军强,不用损伤民众,蜀国就已经归服了。所以灭掉一个国家,天下的人也不认为我们残暴;占有西部地区的全部财富,诸侯也不会认为我们贪婪。这样,我们用兵一次就可以名利双收,而且还能得到勘定暴乱的好名声。如果去攻打韩国,胁迫天子,那么胁迫天子是很坏的名声,而且未必能得到什么好处,又落得个不义的名声。攻打天下人不愿意攻打的国家,实在危险。请让我说明其中的缘故:周国,是天下尊奉的王室;齐、赵,是韩、周的盟国。周国知道自己将会失去九鼎,韩国知道自己将要失去三川,那么这两个国家一定协力合谋,并通过齐国和赵国,向楚国和魏国请求援救。周国把九鼎送给楚国,韩国把土地让给魏国,大王也不能禁止它们这样做。这就是我所说的危险,不如攻打蜀国稳妥。"

秦惠王说:"好!我听从你的意见。"秦国终于出兵进攻蜀国,秦惠王更元九年十月攻取蜀国，于是平定蜀乱。秦惠王把蜀国君王贬为侯，并派陈庄去做蜀国的相国。蜀国归属秦国以后，秦国就愈加强大富足起来，不把诸侯放在眼里。

齐助楚攻秦

【导读】

本篇选自《秦策二》，又见于《史记·张仪列传》。据《史记·楚世家》载，事在楚怀王十六年（前313年）。文章主旨为张仪以商於之地诈楚绝齐，然此计为陈轸窥破，力谏怀王而不听，终至兵败失地，自食其果。受骗是小事，关键是"绝齐于楚"成了秦国兼并六国的重要转折点，这充分表现了怀王的短视和愚蠢。然张仪以商於诳楚及陈轸之谋，颇有附会失实之处。

齐助楚攻秦，取曲沃①。其后，秦欲伐齐，齐、楚之交善，惠王患之②，谓张仪曰："吾欲伐齐，齐、楚方欢③，子为寡人虑之，奈何？"张仪曰："王其为臣约车并币④，臣请试之。"

张仪南见楚王⑤，曰："弊邑之王所说甚者⑥，无大大王⑦；唯仪之所甚愿为臣者⑧，亦无大大王。弊邑之王所甚憎者，亦无先齐王⑨；唯仪之甚憎者⑩，亦无大齐王。今齐王之罪，其于弊邑之王甚厚⑪，弊邑欲伐之，而大国与之欢，是以弊邑之王不得事令而仪不得为臣也⑫。大王苟能闭关绝齐⑬，臣请使秦王献商於之地⑭，方六百里。若此，齐必弱，齐弱则必为王役矣⑮。则是北弱齐，西德于秦⑯，而私商於之地以为利也⑰。则此一计而三利俱至。"

楚王大说，宣言之于朝廷⑱，曰："不穀得商於之田⑲，方六百里。"群臣闻见者毕贺⑳，陈轸后见㉑，独不贺。楚王曰：

"不毂不烦一兵，不伤一人，而得商於之地六百里，寡人自以为智矣。诸士大夫皆贺，子独不贺，何也？"陈轸对曰："臣见商於之地不可得，而患必至也，故不敢妄贺。"王曰："何也？"对曰："夫秦所以重王者，以王有齐也。今地未可得，而齐先绝，是楚孤也，秦又何重孤国？且先出地绝齐㉒，秦计必弗为也。先绝齐，后责地㉓，且必受欺于张仪。受欺于张仪，王必惋之㉔。是西生秦患，北绝齐交，则两国兵必至矣。"楚王不听，曰："吾事善矣！子其弭口无言㉕，以待吾事㉖。"楚王使人绝齐，使者未来㉗，又重绝之。

张仪反㉘，秦使人使齐，齐、秦之交阴合㉙。楚因使一将军受地于秦。张仪至，称病不朝。楚王曰："张子以寡人不绝齐乎？"乃使勇士往詈齐王㉚。张仪知楚绝齐也，乃出见使者，曰："从某至某，广从六里㉛。"使者曰："臣闻六百里，不闻六里。"仪曰："仪固以小人㉜，安得六百里？"使者反报楚王，楚王大怒，欲兴师伐秦。陈轸曰："臣可以言乎？"王曰："可矣。"轸曰："伐秦非计也，王不如因而赂之一名都㉝，与之伐齐，是我亡于秦而取偿于齐也㉞，楚国不尚全事㉟？王今已绝齐，而责欺于秦㊱，是吾合齐、秦之交也，固必大伤㊲。"

楚王不听，遂举兵伐秦。秦与齐合，韩氏从之。楚兵大败于杜陵㊳。故楚之土壤士民非削弱，仅以救亡者㊴，计失于陈轸，过听于张仪。

【注释】

①曲沃：本魏国邑，在今河南三门峡西南。前314年入秦。　②惠王：秦惠王。时当其更元十二年。　③欢：交好，友好。　④约车并币：准备好车马和礼物。约，准备。币，用作礼物的玉、帛等。　⑤楚王：指楚怀王。时当其十六年。　⑥弊邑之王：指秦王。说：同"悦"，悦服。　⑦大：超

过。大王：指楚王。　⑧唯：同"虽"，即使。　⑨亦无先齐王：鲍注：衍"亦"字，"先"作"大"。齐王，指齐宣王。时当其七年。　⑩唯仪之甚憎者：鲍注："甚"上补"所"字。　⑪厚：重。　⑫按：王念孙曰："不得事"下当有"王"字，"令"字当在"而"字下。令者，使也。"是以弊邑之王不得事王"为句，"而令仪不得为臣也"为句。　⑬苟：假如。　⑭商於：地区名，在今陕西商县至河南西峡一带。文中所指为汉中之地。　⑮役：役使。　⑯德：感恩。　⑰私：独自占有。　⑱宣言：宣布。　⑲不穀：君王自称的谦辞。鲍本"田"作"地"。　⑳闻见：得知，听说。毕：全、都。㉑陈轸：著名策士，仕楚。　㉒且先出地绝齐：金正炜曰："先出地"下当有"后"字而误脱也。　㉓责：索取。　㉔惋：怨恨。　㉕其：表示命令的语气副词。弭口：闭口。弭，止。　㉖以待吾事：言等待事情成功。　㉗来：还，反。　㉘反：同"返"。　㉙阴：暗中。　㉚詈：骂。　㉛广从（zòng）：宽长。东西距离曰广，南北距离曰从。　㉜固以小人：本为贱臣。以，为。㉝赂：奉送。名都：大都邑。　㉞亡：丧失。偿：偿还。　㉟全：完。高注：事，一云"乎"。　㊱责：追究。　㊲固必大伤：姚云：曾"固"作"国"。按：鲍本及《史记·楚世家》并作"国"。　㊳杜陵：秦国邑，在今陕西西安东南。㊴仅以救亡：仅使国家不亡。

【译文】

　　齐国帮助楚国攻打秦国，夺取了秦国的曲沃。后来，秦国想去讨伐齐国，可是齐、楚两国交情很好，秦惠王很担心，对张仪说："我想去讨伐齐国，但是齐国和楚国正打得火热，你替我筹划一下，怎么办？"张仪说："请大王给我准备好车马和礼物，让我去试试看。"

　　张仪到南方去见楚王，说道："我们君王最敬重的人，没有胜过大王的了；即使是我张仪最愿意向他称臣的，也唯有大王您了。我们君王最憎恶的人，没有超过齐王的了；即使是我张仪最厌恶的人，也唯有齐王了。现在齐王的罪恶，对于我们君王来说很是深重，我们想去讨伐齐国,可是贵国和齐国的关系很好。因此,我们君王不能侍奉大王,而使我张仪也不能来做您的臣下。大王如果能封闭关口,与齐国绝交,我就请求我们君王献上商於这块面积六百里的土地。如果这样,齐国一定会衰弱,就必然会听从大王的役使。这样一来,贵国在北面削弱了齐国,在西面给了秦国恩惠,而又能享受商於这个地方的利益,那么用一个计策就能同时得到三种好处。”

楚王非常高兴,就在朝廷宣告说:“我将得到商於六百里的土地。”大臣们听到这个消息都来祝贺,陈轸最后才来,只有他不贺喜。楚王说:“我没有烦劳一兵,没有死伤一人,却得到商於六百里的土地,我自以为是很明智的事。群臣百官都向我祝贺,唯独你不祝贺,为什么呢?”陈轸回答说:“依我看,商於这块土地不但得不到,而且祸患必将临头,所以不敢胡乱祝贺。”楚王问:“这是什么缘故?”陈轸答道:“秦国之所以看重大王,是因为大王有齐国这个盟友。现在土地未必能到手,却先和齐国绝交,这样我国就陷入孤立,秦国又怎么能看重一个孤立的国家呢?况且,如果先让秦国交出土地,然后再与齐国绝交,估计秦国必定不肯这样做。我们先跟齐国绝交,然后再向秦国索取土地,就必将受到张仪的欺骗。受到张仪的欺骗,大王一定会悔恨的。这样一来,西面惹出秦国的祸患,北面和齐国断绝邦交,那么,秦、齐两国的军队一定会打到我们这里来。”楚王不听陈轸的劝告,说:“我这件事办得很好,请闭上你的嘴巴别说了,等着我成功吧!”楚王派人去和齐国断交,使者还没有回来,又急着派人去宣布绝交。

张仪返回秦国,秦国就派人出使齐国,齐、秦两国暗中结成联盟。楚国随即派了一位将军去秦国接受土地。楚国将军到了秦国,张仪推说有病,不去上朝。楚王说:“张仪认为我没有和齐国断交吗?”于是又派勇士去大骂齐王。张仪知道楚国确实已经和齐国断交了,这才出来接见楚国使者,说:“从某处到某处,长宽六里。”

楚国使者说："我听说是六百里,没听说是六里。"张仪说："我本来就是个极普通的人,哪里会有六百里土地呢?"使者回去报告楚王,楚王大怒,想要出兵讨伐秦国。陈轸说:"我可以讲话了吗?"楚王说:"可以讲。"陈轸说:"讨伐秦国不是个好主意,大王不如趁机送给秦国一个大都邑,和秦国一起去讨伐齐国。这样,我们虽然有一个都邑落到秦国的手里,但是可以从齐国补偿回来,楚国不还是完整无缺吗?大王现在已经和齐国断交,又去谴责秦国欺骗我们,这样做等于是我们促使齐、秦两国联合,我们国家必然会受到更大的损失。"

楚王不听陈轸的话,于是发兵攻打秦国。秦国与齐国联合作战,韩国也出兵跟随它们。楚国军队在杜陵打了个大败仗。本来楚国的土地并不狭小,人民并不懦弱,却只落得个免于灭亡的地步,是因为不采纳陈轸的计策,而错误地听信了张仪诡计的缘故。

秦武王谓甘茂

【导读】

本篇选自《秦策二》,又见于《史记·甘茂列传》《新序·杂事二》,事在前308—前307年。宜阳之战是秦国向中原地区发展的关键一战,秦武王很重视。但受命攻打宜阳的甘茂担心会因内部的掣肘而失败,于是先和武王盟于息壤,而终于攻下宜阳。君臣盟约虽属罕见,但能说明任人专一是事情成功的必要条件。甘茂用"曾参杀人"的故事说明自己的处境,贴切自然,形象生动。

秦武王谓甘茂曰①:"寡人欲车通三川②,以窥周室③,而寡人死不朽乎④!"甘茂对曰:"请之魏,约伐韩。"王令向寿辅行⑤。

甘茂至魏,谓向寿⑥:"子归告王曰:'魏听臣矣,然愿王勿攻也。'事成,尽以为子功。"向寿归以告王,王迎甘茂于息壤⑦。

甘茂至，王问其故，对曰："宜阳，大县也，上党、南阳⑧，积之久矣⑨，名为县，其实郡也。今王倍数险⑩，行千里而攻之，难矣。臣闻张仪西并巴、蜀之地，北取西河之外⑪，南取上庸⑫，天下不以为多张仪而贤先王⑬。魏文侯令乐羊将⑭，攻中山，三年而拔之⑮。乐羊反而语功⑯，文侯示之谤书一箧⑰，乐羊再拜稽首⑱，曰：'此非臣之功，主君之力也⑲。'今臣羁旅之臣也，樗里疾、公孙衍二人者挟韩而议⑳，王必听之，是王欺魏，而臣受公仲侈之怨也。昔者曾子处费㉑，费人有与曾子同名族者而杀人㉒，人告曾子母曰：'曾参杀人。'曾子之母曰：'吾子不杀人。'织自若㉓。有顷焉㉔，人又曰：'曾参杀人。'其母尚织自若也。顷之，一人又告之，曰：'曾参杀人。'其母惧，投杼踰墙而走㉕。夫以曾参之贤与母之信也，而三人疑㉖，则慈母不能信也。今臣之贤不及曾子，而王之信臣又未若曾子之母也。疑臣者不适三人㉗，臣恐王为臣之投杼也㉘。"王曰："寡人不听也，请与子盟。"于是与之盟于息壤。

果攻宜阳，五月而不能拔也。樗里疾、公孙衍二人在㉙，争之王㉚。王将听之，召甘茂而告之。甘茂对曰："息壤在彼㉛。"王曰："有之。"因悉起兵，复使甘茂攻之，遂拔宜阳㉜。

【注释】

①秦武王：秦国君。名荡，惠王之子，前310—前307年在位。　②寡人欲车通三川：金正炜曰："车"乃"东"之讹。　③窥：窥伺，观察。　④而：犹"则"。朽：黄丕烈曰：今本作"朽"。死不朽，谓至死不忘。乎：姚云：一作"矣"。　⑤向寿：秦昭王母宣太后的外族，武王近臣。辅行：副使。⑥谓向寿：《史记》《新序》"寿"下均有"曰"字，当据补。　⑦息壤：秦国邑，在今陕西咸阳东郊。　⑧南阳：地区名，分属楚、韩两国，在今河南西南部一带。　⑨积：指聚积的商人和货物。　⑩倍：同"背"，违。此指面临。

⑪西河：魏国郡，在今陕西东部黄河（古西河）西岸地区。事在秦惠王八年（前330年）。　⑫上庸：县名。本为庸国，春秋时楚国置县，在今湖北竹山。事在秦惠王更元十三年（前312年）。　⑬不以多张仪而贤先王：姚云：钱、刘本作"不以多张子"。鲍注：衍"为"字。以，因。多，称赞。　⑭魏文侯：战国时魏国的建立者，名斯，前445—前396年在位。令：派。乐羊：魏文侯将领。　⑮三年而拔之：魏文侯三十八年（前408年）始攻中山，四十年灭之。　⑯语：谈论。　⑰谤书：指责的书信。谤，公开指责别人的过失。　⑱稽首：古代一种最恭敬的跪拜礼。拱手至地，头也至地，且作长时间的停留。稽，留。　⑲主君：指君王。　⑳樗里疾：秦国贵族，惠王异母弟，名疾，因居于樗里（今陕西渭南），故名。武王时为丞相。为人滑稽多智，人称"智囊"。公孙衍：即公孙郝，秦国公子。樗里疾、公孙郝的母亲都是韩国人。挟：依仗。议：非议。　㉑曾子：即曾参（shēn），春秋时鲁国人，字子舆。孔子弟子。费（bì）：鲁国邑，在今山东费县西北。　㉒同名族：同名同姓。名，字。族，姓。　㉓自若：自如，镇定如常。　㉔有顷：不久。下"顷之"同。　㉕杼：织布的梭子。走：跑。　㉖疑：迷惑。　㉗不适：不但，不只。适，同"啻"，但，只。　㉘之：犹"而"。投杼：喻不信任。　㉙按：事在秦武王三年（前308年）。　㉚争：争辩，争论。　㉛息壤在彼：息壤之盟在彼。　㉜遂拔宜阳：事在秦武王四年（前307年）。

【译文】

秦武王对甘茂说："我想向东打通韩国的三川，以便伺机吞并周室，那么就会死而不朽了。"甘茂答道："请让我到魏国去，约它一起讨伐韩国。"秦武王就派向寿做副使一起出行。

甘茂到了魏国，对向寿说："你回去报告大王，说：'魏国答应我的要求了，但我希望大王不要马上出兵。'这件事办成了，功劳都归你。"向寿回到秦国，把甘茂的话告诉了秦王，秦王就把甘茂召到了息壤。

甘茂到了息壤，秦王问他不让发兵的缘故。甘茂答道："宜阳是韩国的大县，上党、南阳两地的财力积聚在那里已经很久了，其名义是个县，实际上相当于一个郡。现在大王派军队去要面临很多险要的地方，千里行军去攻打它，难啊！我听说张仪为秦国在西面吞并了巴、蜀，在北面攻下了西河以西，在南面又夺取了上庸，可是人们不因此而称赞张仪，而是颂扬先王贤明。魏文侯派乐羊带领军队攻打中山，攻了三年才攻下来。乐羊回来数说自己的功劳，魏文侯就把一箱子诽谤他的书信给他看。乐羊叩头拜谢，说：'这不是我的功劳，全仗着大王的支持啊！'如今，我是一个客居秦国的人，樗里疾、公孙奭两个人如果怀着对韩国的偏袒而非议我，大王一定会听信他们。这样，大王欺骗了魏国，而我也受到韩相公孙朋的怨恨了。从前，曾子住在费邑，费邑有一个和曾子同名同姓的人杀了人。有人去告诉曾子的母亲，说：'曾参杀了人。'曾子的母亲说：'我的儿子不会杀人。'曾母仍然自若地织布。过了一会儿，又有人来告诉曾母说：'曾参杀人了。'曾母仍然照样织布。过了一会儿，又有人来告诉曾母说：'曾参杀人了。'曾母就害怕了，扔下梭子，跳墙逃走了。像曾参这样有德行的人，母亲又对他十分信任，可是因为有三个人来迷惑他母亲，结果连这位慈母也不敢给曾子打保票了。现在我的德行不如曾子，而大王对我又不如曾母对曾子那样信任，怀疑我的人又不止三人，我担心大王也会为我扔掉梭子的。"秦武王说："我不会听那些话的，请让我跟你订立盟约吧。"于是秦王跟甘茂在息壤订立了盟约。

甘茂果然攻打宜阳，但五个月还没有攻下。樗里疾、公孙奭二人都在，就在秦王面前争论起来。秦王打算听他们俩的话，便召回甘茂告诉他撤军的事。甘茂说："息壤立下的盟约还在那里呀！"秦王说："是的。"于是把全国的军队都调动起来，让甘茂继续攻打宜阳，终于攻克了宜阳。

范睢至

【导读】

　　本篇选自《秦策三》，又见于《史记·范睢列传》，事在公元前271年，是范睢初见昭王时的说辞。这一段说辞，先是引而不发，逐步积累力量，积蓄气势，然后全面铺开，倾泻而出，纵横恣肆，变化莫测。在论辩中出入古今，纵横南北，引述具体生动的历史故事，比附现实，表情达意，其艺术效果显而易见。文章层次分明，语言明快，对话体现了人物的性格特征。

　　范睢至^①，秦王庭迎^②，谓范睢曰："寡人宜以身受令久矣^③，今者义渠之事急^④，寡人日自请太后^⑤；今义渠之事已^⑥，寡人乃得以身受命。躬窃闵然不敏^⑦，敬执宾主之礼^⑧。"范睢辞让。是日见范睢见者^⑨，无不变色易容者^⑩。

　　秦王屏左右^⑪，宫中虚无人。秦王跪而请曰^⑫："先生何以幸教寡人^⑬？"范睢曰："唯唯^⑭。"有间^⑮，秦王复请，范睢曰："唯唯。"若是者三。秦王跽曰^⑯："先生不幸教寡人乎？"范睢谢曰："非敢然也。臣闻始时吕尚之遇文王也^⑰，身为渔父而钓于渭阳之滨耳^⑱，若是者交疏也^⑲。已一说而立为太师^⑳，载与俱归者，其言深也。故文王果收功于吕尚^㉑，卒擅天下^㉒，而身立为帝王。即使文王疏吕望而弗与深言^㉓，是周无天子之德，而文、武无与成其王也。今臣羁旅之臣也，交疏于王，而所愿陈者皆匡君之之事^㉔，处人骨肉之间^㉕，愿以陈臣之陋忠^㉖，而未知王心也，所以王三问而不对者是也。臣非有所畏而不敢言也，知今日言之于前，而明日伏诛于后^㉗，然臣弗敢畏也。大王信行臣之言^㉘，死不足以为臣患，亡不足以为臣忧，漆身而为厉^㉙，被发而为狂^㉚，不足以为臣耻。五帝之圣而死^㉛，三王之仁而死,五伯之贤而死,乌获之力而死[32],奔、育之勇焉而死[33]。死者,人之所必不免也。处必然之势,可以少有补于秦[34],此臣之所大愿也,臣何患乎? 伍子胥橐载而出昭关[35],夜行而昼伏,至于淩水[36],无以饵其口[37],坐行蒲服[38],乞食于吴市,卒兴吴国,阖庐为霸[39]。使臣得进谋如伍子胥,加之以幽囚[40],终身不复见,是臣说之行也,臣何忧乎? 箕子、接舆[41],漆身而为厉,被发而为狂,无益于殷、楚。使臣得同行于箕子、接舆[42],漆身可以补所贤之主[43],是臣之大荣也,臣又何耻乎? 臣之所恐者,独恐臣死之后,天下见臣尽忠而身蹶也[44],是以杜口裹足[45],莫肯即秦耳[46]。足下上畏太后之严,下惑奸臣之态[47];居深宫之中,不离保傅之手[48];终身暗惑[49],无与照奸[50];大者宗庙灭覆,小者身以孤危。此臣之所恐耳。若夫穷辱之事[51],死亡之患,臣弗敢畏也。臣死而秦治,贤于生也[52]。”

秦王跽曰:“先生是何言也! 夫秦国僻远[53],寡人愚不肖[54],先生乃幸至此,此天以寡人恩先生[55],而存先王之庙也[56]。寡人得受命于先生,此天所以幸先王而不弃其孤也[57]。先生奈何而言若此? 事无大小,上及太后,下至大臣,愿先生悉以教寡人,无疑寡人也。”范雎再拜,秦王亦再拜。

范雎曰:“大王之国,北有甘泉、谷口[58],南带泾、渭[59],右陇、蜀[60],左关、阪[61];战车千乘,奋击百万。以秦卒之勇,车骑之多,以当诸侯[62],譬若驰韩卢而逐蹇兔也[63],霸王之业可致。今反闭而不敢窥兵于山东者[64],是穰侯为国谋不忠,而大王之计有所失也。”

王曰:“愿闻所失计。”

雎曰:“大王越韩、魏而攻强齐,非计也。少出师则不足以伤齐,多之则害于秦。臣意王之计[65],欲少出师而悉韩、魏之兵,则不义矣[66]。今见与国之不可亲,越人之国而攻,可乎? 疏于计矣。昔者,齐人伐楚^{⑥⑦},战胜,破军杀将,再辟千里^{⑥⑧},肤寸之地无得者^{⑥⑨},岂齐不欲地哉？形弗能有也^{⑦⑩}。诸侯见齐之罢露^{⑦①},君臣之不亲,举兵而伐之^{⑦②},主辱军破^{⑦③},为天下笑。所以然者,以其伐楚而肥韩、魏也^{⑦④}。此所谓藉贼兵而赍盗食者也^{⑦⑤}。王不如远交而近攻,得寸则王之寸,得尺亦王之尺也。今舍此而远攻,不亦缪乎^{⑦⑥}？且昔者,中山之地方五百里,赵独擅之^{⑦⑦},功成、名立、利附,则天下莫能害^{⑦⑧}。今韩、魏,中国之处而天下之枢也^{⑦⑨}。王若欲霸,必亲中国而以为天下枢,以威楚、赵。赵强则楚附^{⑧⑩},楚强则赵附。楚、赵附则齐必惧,惧必卑辞重币以事秦^{⑧①},齐附而韩、魏可虚也^{⑧②}。"王曰:"寡人欲亲魏,魏多变之国也,寡人不能亲。请问亲魏奈何？"范雎曰:"卑辞重币以事之？不可;削地而赂之？不可;举兵而伐之！"于是举兵而攻邢丘^{⑧③},邢丘拔而魏请附。

曰:"秦、韩之地形,相错如绣,秦之有韩,若木之有蠹^{⑧④},人之病心腹。天下有变,为秦害者,莫大于韩。王不如收韩^{⑧⑤}。"王曰:"寡人欲收韩,不听,为之奈何？"范雎曰:"举兵而攻荥阳^{⑧⑥},则成皋之路不通^{⑧⑦};北斩太行之道^{⑧⑧},则上党之兵不下;一举而其国断而为三。魏、韩见必亡^{⑧⑨},焉得不听？韩听而霸事可成也。"王曰:"善。"

【注释】

①范雎:魏国人,字叔。化名张禄,入秦说昭王。前266年任秦相,封于应(今河南鲁山东),号应侯。至:至秦宫。 ②秦王:指秦昭王。时当其三十六年。 ③宜:应该。以身:亲自。令:教命。 ④今者义渠之事急:王念孙曰:"今者"二字,即一"会"字讹。按:会:正赶上。义渠之事是指义渠戎王与宣太后私通,生有二子。宣太后用诈谋杀了义渠戎王,起兵攻灭义渠。事在上年。义渠,西戎民族名,分布于岐山、泾水、漆水以北,即今甘

肃庆阳及泾川一带。 ⑤请：请示。太后：秦昭王母，芈姓。昭王年幼即位，由她执掌政权，号宣太后。 ⑥已：完结。 ⑦躬：自身。闵然：昏昧的样子。敏：聪明。 ⑧执：施行。 ⑨上"见"：观看。下"见"（xiàn）：被接见。 ⑩易容：同"变色"。易，改变。 ⑪屏（bǐng）：除去，遣退。⑫跪：古人席地而坐，两膝据地以臀着足跟。跪则伸直腰腿，以示庄重。⑬幸：表敬之词。 ⑭唯唯：应答之声。连声答应而不言语。 ⑮有间：过了一会儿。⑯跽（jì）：长跪。双膝着地，上身挺直。表示郑重、尊敬。⑰吕尚：即姜太公。姜姓，吕氏，字子牙，号太公望。西周初年立为师（武官名），辅佐文王、武王灭商，封于齐，为齐国始祖。文王：指周文王。 ⑱渭：水名，源出甘肃渭源鸟鼠山，流经陕西与泾水、北洛河汇合，至潼关入黄河。阳：水的北岸。 ⑲交疏：交往不密切。疏，疏远。 ⑳已：过后。意同"已而"。太师：古代三公最高的官，相当于宰相。 ㉑果：果然。功：功效。 ㉒擅：拥有。 ㉓即使：如使，假使。望：据上文及《史记》，当作"尚"。㉔陈：陈述。匡：正。当据《史记》删一"之"字。㉕处：在，居中。骨肉：比喻父母兄弟子女等至亲关系。宣太后与昭王为母子，穰侯与昭王为舅甥。 ㉖陋忠：浅陋的忠心。 ㉗伏诛：受死刑。 ㉘信：果真。㉙漆身：以漆涂身。厉（lài）：通"癞"。 ㉚被发：披散着头发。㉛姚云：钱"圣"下、"仁"下、"贤"下、"力"下皆有"焉"字。按：《史记》同，当据补。 ㉜乌获：秦武王时的力士。 ㉝奔：一作"贲"，即孟贲。育：即夏育。二人都是古代著名勇士。 ㉞少：稍微。 ㉟伍子胥：名员（yún），字子胥，楚大夫伍奢之子。楚平王杀其父兄，子胥奔吴，佐吴王阖庐伐楚，得报父兄之仇。橐：口袋。伍子胥奔吴时，藏在囊中。昭关：楚国关名，为楚、吴边境要隘，在今安徽含山西北。 ㊱溇水：即溧水，源出今安徽芜湖，东流入江苏太湖。 ㊲饵：吃，使吃。㊳坐行：即"膝行"，跪着走路。蒲服：同"匍匐"，爬行。 ㊴阖庐：春秋末年吴国君，名光。吴王诸樊之子，前514—前496年在位。 ㊵加：施行。幽囚：囚禁。 ㊶箕子：商代贵族，纣王叔父，封于箕。接舆：卫嗣君宠臣。 ㊷同行：行为相同。

㊸漆身可以补所贤之主：姚云：一本无"漆身"二字。按：《史记》无。　㊹身躓：指死。躓，倒下。　㊺杜口：闭上嘴不说话。裹足：缠上脚不前进。
㊻即：走近，靠近。　㊼忒：通"慝"，邪恶。　㊽保傅：保育辅导贵族子弟及未成年天子、诸侯的男女官员。　㊾暗惑：昏昧糊涂。　㊿照奸：察知邪恶。照，察知。　51若夫：至于。穷辱：困窘受辱。　52贤：胜过，甚于。
53僻远：偏僻荒远。　54不肖：不贤。　55恩（hùn）：玷辱。　56庙：当据《史记》作"宗庙"。　57幸：哀怜，同情。孤：年幼丧父，孤儿。昭王自指。
58甘泉：山名，在今陕西淳化西北。谷口：即寒门，为泾水出山之处，在今陕西礼泉东北。　59带：围绕。泾：水名，源出今宁夏六盘山东麓，流经陕西中部，至高陵入渭水。　60右：指西。陇：指陇西郡，治在狄道（今甘肃临洮南）。　61左：指东。关：指函谷关。阪：指殽山，因其山上有峻坡，又称殽阪山。　62当：抵挡。　63驰：驱使。韩卢：韩国名犬。因毛色而得名。卢，黑色。蹇：跛。　64今反闭而不敢窥兵于山东者：姚注：李善引（"闭"下）有"关"字。按：鲍本及《史记》有。窥兵，侦察兵力。山东，指韩、魏。
65意：猜想。　66义：宜，应该。　67齐人伐楚：前301年，齐、魏、韩攻楚，大败楚军于重丘，杀死楚将唐昧。楚宛、叶以北地为魏、韩所得。　68辟：开辟。
69肤寸：古代长度单位。一指宽为寸，四指为肤。比喻微小。　70形势。　71罢（pí）露：羸弱困乏。　72举兵而伐之：指前284年，乐毅率燕、秦、赵、魏、韩五国之兵伐齐之事。　73主辱：指乐毅攻入齐都临淄，齐闵王逃至莒。军破：指齐军败于济西。　74肥：利。　75藉：同"借"。贼：敌人。赍（jī）：送物给人。盗：小偷。　76缪：通"谬"，错误，荒谬。　77擅：拥有。　78则：犹"而"。　79中国：中原地区。处：居。枢：枢纽，中心。
80附：亲附，顺从。　81卑：谦卑。　82可虚：可使成为废墟。虚，同"墟"。　83于是举兵而攻邢丘：以下事当在秦昭王四十一年（前266年）。邢丘，魏国邑，在今河南温县东南。　84蠹：蛀虫。　85收：收服，制服对方。　86荥阳：韩国邑，在今河南荥阳东北。　87成皋：即成皋，韩国邑，在今河南荥阳汜水镇。　88太行：即今山西、河南、河北境内的太行山脉。　89鲍注：

衍"魏"字。

【译文】

　　范雎到了秦宫，秦王到庭院中迎接，对范雎说："我早就应该亲自向你请教了，正赶上义渠的事情紧急，我每天要亲自请示太后；现在义渠的事情已经完结，我才能亲自受教。我这人昏昧迟钝不聪明，让我恭敬地施行宾主的礼节。"范雎推辞礼让。这一天观看范雎被接见的人，没有不改颜换色肃然起敬的。

　　秦王让左右的人退去，宫中再没有其他人。秦王跪在坐席上向范雎请教说："先生用什么来指教我？"范雎说："是，是。"过了一会儿，秦王又问，范雎还是说："是，是。"一连三次都是这样。秦王长跪在坐席上说："先生不肯指教我吗？"范雎道歉说："不敢这样。我听说当初吕尚遇见周文王的时候，只是个渔夫，在渭水北岸钓鱼罢了。像这样的话，他们的关系很疏远。不久，文王听了他的一席话，就封他为太师，和他乘车一起回去，是因为他们谈得很投机。所以文王果然从吕尚身上收到了功效，终于取得天下，自己当上了帝王。假使文王疏远吕尚而不肯和他深切长谈，这就说明周族没有做天子的德行，而文王、武王也就没有人辅佐成就帝王大业了。现在我只不过是个寄居秦国作客的人，和大王的关系疏远，我想说的又都是匡正君王的大事，处在人家至亲骨肉之间，虽然很想献出自己浅陋的忠心，却不了解大王的心意，这就是大王三次发问而我不敢对答的原因。我不是有所畏惧才不敢说话，明知今天把话说了，明天就可能被处死，但我也不敢有所畏惧。大王果真采纳我的意见，那么处死不值得我忧虑，流亡不值得我担忧，漆身生癞、披发装疯也不会使我感到耻辱。像五帝这样圣明的人也要死，像三王这样仁义的人也要死，像五霸这样贤能的人也要死，像乌获这样有气力的人也要死，像孟奔、夏育这样勇武的人也要死。

死亡是人们一定不能避免的。处在这样一定不能避免的情况下，可以对秦国稍有补益，这就是我最大的愿望，我还忧虑什么呢？伍子胥被装在口袋里逃出昭关，夜晚行动，白天躲藏，到达溧水后，没有什么东西用来糊口，跪着爬行，在吴国街市上讨饭，最终复兴了吴国，使阖庐成就了霸业。假使我能像伍子胥一样进献计谋，即使把我囚禁起来，一辈子不再露面，只要我的主张得以施行，我还担心什么呢？箕子、接舆，漆身生癞，披发装疯，对于殷、楚无所补益。假使我的行为和箕子、接舆相同，可以对我认为贤明的君主有所补益，这是我最大的荣幸，我又有什么耻辱呢？我所担心的是，只怕我死了以后，天下的人见我为大王尽忠而自己招致死亡，因此就闭口不言，裹足不前，没有人肯到秦国来了。大王您上怕太后的威严，下被奸臣的邪恶所迷惑；居住在深宫里面，离不开保傅的照料；终身昏昧糊涂，没有人替您察知邪恶；大则国家灭亡，小则身处孤危。这才是我所担心的。至于我个人困窘受辱的事，死亡流放的灾祸，我都不畏惧。如果我死了却能让秦国大治，这比我活着要好。"

秦王长跪在坐席上，说："先生这是说的什么话呀！秦国偏僻荒远，我又愚昧无能，先生竟然荣幸地到这里来，这是上天让我烦劳先生，来保存先王的宗庙啊。我能受教于先生，这也是上天同情先王而不抛弃他的遗孤啊。先生怎么说这样的话呢？事情无论大小，上自太后，下至大臣，希望先生都能给我指点，不要对我有疑虑。"范雎向秦王拜了两拜，秦王也再拜还礼。

范雎说："大王的国家，北面有甘泉、谷口，南面环绕着泾水、渭水，西面有陇西、蜀郡，东面有函谷关、崤山，并且有战车千辆，雄兵百万。凭着秦国勇猛的士兵和众多的车骑，和诸侯周旋，就像驱赶韩卢犬追逐跛脚兔，成就霸王的功业是完全可以办到的。可是现在却闭关自守，不敢出兵窥伺韩、魏，这是因为穰侯不能为国家忠心谋划，而大王的策略也有失误的地方。"

秦王说："我愿意听听失误在什么地方。"

范雎说："大王越过韩国和魏国去攻打强大的齐国，这个策略失当。出兵少就不能损伤齐国，出兵多就对秦国造成危害。我猜想大王的打算是想让秦国少出兵，而让韩国和魏国出动全部军队，这是没有道理的。现在发现盟国不太可靠，就要越过他们的国境去攻打另一个国家，这行吗？这是策略上的失误。从前，齐国攻打楚国，获得胜利，打败了楚军，杀死了楚将，又开辟了千里土地，可是最后连尺寸之地都没有得到，难道齐国不想要土地吗？是形势迫使它不能占有啊。韩、魏看到齐国羸弱困之，君臣之间不和睦，于是就出兵攻打它，齐闵王蒙受侮辱，军队惨遭失败，被天下人所耻笑。造成这种结局的原因，是因为它去攻打楚国却让韩、魏两国得到便宜。这就是所谓借武器给敌人，送粮食给小偷啊。大王不如结交远处的国家而攻打近处的国家，这样，得到一寸土地就是大王的一寸土地，得到一尺土地也是大王的一尺土地。现在大王不用这样的策略而去攻打远处的国家，难道不是错误的吗？再说从前中山国的土地纵横五百里，赵国独自占有了它，功成名就，利益全归赵国，可是天下没有谁能制止它。现在韩国和魏国处在中原地区，是天下的枢纽。大王如果想要称霸，就一定要亲近中原的国家以便控制天下的枢纽。这样就可以威慑楚国和赵国。赵国强大，那么楚国就会归附；楚国强大，赵国就来归附。楚国和赵国都来归附，齐国就一定会害怕，齐国害怕就必然会用谦卑的言词和丰厚的礼物来侍奉秦国。齐国归附了，韩国和魏国就可以攻灭了。"秦王说："我想亲近魏国，但魏国是个反复无常的国家，我无法亲近它。请问怎么亲近魏国呢？"范雎说："用谦卑的言词和丰厚的礼物去侍奉它？不行；割地送给它？也不行；出兵去攻打它！"于是，秦国出兵攻打邢丘，邢丘攻下以后魏国请求依附秦国。

范雎说："秦国和韩国的地形，像绣花一样犬牙交错，秦国旁边有韩国，就像树木上有蛀虫，人体内有疾病。天下如有变故，对秦国构成危害的莫过于韩国。大王不如收服韩国。"秦王说："我想收服韩国，韩国不服从，对它怎么办呢？"范雎说："出兵攻打荥阳，那么成皋之路就不通了；向北截断太行山的隘道，那么上党地区的军队就不能南下；一次行动韩国就会被割成三块。韩国预见到必然要灭亡，怎么能不服从？韩国服从了，秦国的霸业就可以成功了。"秦王说："好。"

范雎曰臣居山东

【导读】

　　本篇选自《秦策三》，又见于《史记·范雎列传》，事在公元前266年。范雎冒着极大的政治风险，建议铲除危害昭王利益和秦国发展的"四贵"，使昭王能"内固其威，外重其权"，体现了范雎的胆识和魄力。后来李斯对此给予很高的评价："昭王得范雎，废穰侯，逐华阳，强公室，杜私门，蚕食诸侯，使秦成帝业。"（《谏逐客书》）

　　范雎曰："臣居山东①，闻齐之内有田单②，不闻其王。闻秦之有太后、穰侯、泾阳、华阳③，不闻其有王。夫擅国之谓王④，能专利害之谓王，制杀生之威之谓王⑤。今太后擅行不顾，穰侯出使不报，泾阳、华阳击断无讳⑥，四贵备而国不危者，未之有也。为此四者下⑦，乃所谓无王已。然则权焉得不倾⑧，而令焉得从王出乎？臣闻善为国者，内固其威，而外重其权⑨。穰侯使者操王之重⑩，决裂诸侯，剖符于天下⑪，征敌伐国，莫敢不听。战胜攻取，则利归于陶，国弊御于诸侯⑫；战败则怨结于百姓，而祸归社稷⑬。《诗》曰⑭：'木实繁者披其枝⑮，披其枝者伤其心。大其都者危其国⑯，尊其臣者卑其主。'淖齿管齐之权⑰，缩闵王之筋⑱，县之庙梁⑲，宿昔而死⑳。李兑用赵㉑，减食主父㉒，百日而饿死。今秦太后、穰侯用事，高陵、泾阳佐之㉓，卒无秦王，此亦淖齿、李兑之类已。臣今见王独立于庙朝矣㉔，且臣将恐后世之有秦国者，非王之子孙也。"

秦王惧，于是乃废太后㉕，逐穰侯，出高陵、泾阳于关外㉖。昭王谓范雎曰㉗："昔者齐公得管仲㉘，时以为仲父㉙。今吾得子，亦以为父㉚。"

【注释】

①山东：指魏。 ②闻齐之内有田单：姚云：一无"内"字。田单，齐国名将，临淄人。燕国将领乐毅破齐后，坚守即墨五年。后行反间计，出奇兵一举收复失地七十余城，迎立襄王，被任为相国，封安平君。 ③泾阳：秦昭王弟公子市。华阳：即芈戎，秦宣太后同父弟，昭王之舅，入秦后封为华阳君，又封为新城君。鲍注：四贵者，穰侯、泾阳、华阳、高陵也。黄丕烈曰：此文《史记》作"穰侯、华阳、高陵、泾阳"。按：当补"高陵"。高陵，即高陵君，昭王同母弟。名悝，号高陵君。 ④擅国：专擅国政。 ⑤制：控制，掌握。 ⑥击断：专断，决断。讳：忌讳。姚云：曾下有"高陵进退不请"六字。按：《史记》有。推荐罢黜官吏不请示于王。 ⑦为：处，居。 ⑧焉：何，怎么。 ⑨重：重视。 ⑩操：持，掌握。重：威权。 ⑪剖符：指与各国断绝外交关系。剖，分，坏。符，信符。 ⑫御：驾驭，控制。 ⑬社稷：指国家。 ⑭《诗》曰：《逸周书·周祝》："叶之美也解其柯，柯之美也离其枝，枝之美也拔其本。"与此文相近。古书引《逸周书》或通称《诗》。 ⑮实：果实。披：折裂。 ⑯都：大城市。指封邑。 ⑰淖齿：楚国将领。乐毅讨伐齐国时，楚国派他解救齐国，被任为齐国相。管：执，掌。 ⑱缩：抽取。闵王：齐国君。田氏，名地。宣王之子，前300—前284年在位。 ⑲县：通"悬"。 ⑳宿昔：一夜之间。昔，通"夕"。 ㉑李兑：

赵国司寇,惠文王时为相,封奉阳君。用赵:在赵国掌权。　㉒减食:犹"断食"。主父:即赵武灵王,名雍,前325—前299年在位。前299年传位给王子何(即惠文王),自号主父。　㉓高陵、泾阳佐之:姚云:曾("泾阳")下有"华阳"二字。　㉔今:即。独立:孤立无依。庙朝:宗庙和朝廷。古代帝王、诸侯都有三朝,宗庙在中朝之左,聘享、命官等事在此举行,与朝廷出政令并重,故称。　㉕于是乃废太后:史无废太后事,仅夺其权。　㉖出高陵、泾阳于关外:姚云:曾("泾阳")下有"华阳"二字。关:函谷关。㉗昭王:秦国君。名稷,一名侧,秦武王异母弟,前306—前251年在位。㉘齐公:即齐桓公。管仲:即管敬仲,名夷吾,字仲,颍上人。由鲍叔牙推荐,被齐桓任命为卿。　㉙时:当时的人。仲父:对管仲的尊称。仲,管仲的字。父,事之如父。　㉚亦以为父:金正炜曰:当作"亦以为叔父"。叔,雎之字也。《史记·范雎列传》"今范君亦寡人之叔父也",可证。

【译文】

范雎说:"我在魏国时,只听说齐国有田单,不曾听说齐国有君王。只听说秦国有太后、穰侯、泾阳君、华阳君、高陵君,不曾听说秦国有大王您。能掌握整个国家才称得上是王,能决断国家大事才称得上是王,能控制生杀大权才称得上是王。现在太后独断专行,无所顾忌;穰侯擅派使者,不向大王报告;泾阳君、华阳君处理政事毫无忌讳;高陵君罢免升迁官吏也不请示。四个权贵齐备了而国家不陷入危亡,是从来没有过的。人们处在这四个权贵的控制下,心目中就没有大王了。既然这样,那么国家的政权哪能不受危害,政令哪能由大王发出呢? 我听说:'善于治理国家的君主,对内要加强自己的威严,对外要重视自己的威权。'穰侯手下的人凭借大王的权势,分割诸侯的土地,与各国断绝外交关系,征伐敌国,没有人敢不听从。打了胜仗,攻占了土地,利益就归他自己,国家困乏而被诸侯控制;打了败仗,就跟百姓结下怨仇,而灾祸归于国家。《逸周书》上说:'果实太多了，树枝就会折断；树枝折断了，树心就要受伤害。封地太大了，国家就有危险；臣子地位尊贵了，国君地位就要降低。'淖齿掌握了齐国的大权，就抽取齐闵王的筋，把他吊在庙堂的大梁上，一夜之间就死了。李兑在赵国掌权，不给主父供应饮食，一百天后就饿死了。现在秦太后、穰侯掌权，高陵君、泾阳君、华阳君辅佐他们，终究会取代大王。这也是淖齿、李兑一类的人啊。我即将见到大王在宗庙和朝廷上孤立无援，我担心后世统治秦国的将不是大王的子孙。"

秦昭王听了很害怕，于是就削弱了太后的权力，驱逐穰侯，把高陵君、泾阳君、华阳君驱逐到函谷关以外。秦昭王对范雎说："从前齐桓公得到管仲，当时的人尊称他为'仲父'。现在我得到了你，也称你为'叔父'吧。"

蔡泽见逐于赵

【导读】

本篇选自《秦策三》，又见于《史记·蔡泽列传》，事在公元前255年。蔡泽入秦说范雎，志在乘人之危，夺取相位。这一方面是由于范雎正处于困境之中，另一方面也是因为蔡泽的说辞确有特色。他以确凿的历史教训，即国君忌害功臣和明智之士得以全身的事实，提出了一个君臣关系中带有普遍性的问题：是功成身退，还是贪位招祸，迫使范雎做出抉择。蔡泽反复对比，层层剖析，语气平缓委婉，增强了说辞的说服力，致使范雎急流勇退。

蔡泽见逐于赵①，而入韩、魏，遇夺釜鬲于涂②。闻应侯任郑安平、王稽皆负重罪③，应侯内惭，乃西入秦。将见昭王④，使人宣言以感怒应侯⑤，曰："燕客蔡泽，天下骏雄弘辩之士也⑥。彼一见秦王，秦王必相之而夺君位。"

应侯闻之，使人召蔡泽。蔡泽入，则揖应侯⑦，应侯固不快⑧；及见之，又倨⑨。应侯因让之⑩，曰："子常宣言代我相秦⑪，岂有此乎？"对曰："然。"应侯曰："请闻其说。"蔡泽曰："吁⑫！何君见之晚也⑬？夫四时之序⑭，成功者去⑮。夫人生手足坚强，耳目聪明圣知⑯，岂非士之所愿与？"应侯曰："然。"蔡泽曰："质仁秉义⑰，行道施德于天下，天下怀乐敬爱⑱，愿以为君王，岂不辩智之期与⑲？"应侯曰："然。"蔡泽复曰："富贵显荣，成理万物⑳，万物各得其所；生命寿长，终其年而不夭伤㉑；天下继其统㉒，守其业，传之无穷，名实纯粹㉓，泽流千世㉔，称之而毋绝，与天下终㉕。岂非道之符㉖，而圣人所谓吉祥善事与？"应侯曰："然。"泽曰："若秦之商君㉗，楚之吴起㉘，越之大夫种㉙，其卒亦可愿矣㉚？"

应侯知蔡泽之欲困己以说㉛，复曰："何为不可？夫公孙鞅事孝公㉜，极身毋二㉝，尽公不还私㉞，信赏罚以致治，竭智能，示情素㉟，蒙怨咎㊱，欺旧交㊲，虏魏公子卬㊳，卒为秦禽将破军，攘地千里㊴。吴起事悼王㊵，使私不害公，谗不蔽忠，言不取苟合，行不取苟容㊷，行义不固毁誉㊸，必有伯主强国，不辞祸凶。大夫种事越王㊹，主离困辱㊺，悉忠而不解㊻，主虽亡绝，尽能而不离，多功而不矜㊽，富贵不骄怠㊾。若此三子者，义之至，忠之节也㊿。故君子杀身以成名，义之所在，身虽死，无憾悔，何为不可哉？"

蔡泽曰："主圣臣贤，天下之福也；君明臣忠，国之福也；父慈子孝，夫信妇贞，家之福也。故比干忠不能存殷[51]；子胥知不能存吴[52]；申生孝而晋惑乱[53]。是有忠臣孝子，国家灭乱，何也？无明君贤父以听之。故天下以其君父为戮辱怜其臣子[54]。夫待死而后可以立忠成名，是微子不足仁[55]，孔子不足圣[56]，管仲不足大也[57]。"于是应侯称善。

蔡泽得少间^{⑤⑧}，因曰："商君、吴起、大夫种，其为人臣尽忠致功^{⑤⑨}，则可愿矣。闳夭事文王^{⑥⑩}，周公辅成王也^{⑥①}，岂不亦忠乎？以君臣论之，商君、吴起、大夫种，其可愿孰与闳夭、周公哉^{⑥②}？"应侯曰："商君、吴起、大夫种不若也。"蔡泽曰："然则君之主^{⑥③}，仁慈任忠^{⑥④}，不欺旧故，孰与秦孝公、楚悼王、越王乎？"应侯曰："未知何如也。"蔡泽曰："主固亲忠臣^{⑥⑤}，不过秦孝、越王、楚悼。君之为主正乱、批患、折难^{⑥⑥}，广地、殖谷^{⑥⑦}，富国、足家、强主，威盖海内，功章万里之外^{⑥⑧}，不过商君、吴起、大夫种。而君之禄位贵盛，私家之富过于三子，而身不退，窃为君危之。语曰：'日中则移，月满则亏。'物盛则衰，天之常数也^{⑥⑨}；进退盈缩变化，圣人之常道也。昔者，齐桓公九合诸侯^{⑦⑩}，一匡天下^{⑦①}，至葵丘之会^{⑦②}，有骄矜之色^{⑦③}，畔者九国^{⑦④}。吴王夫差无适于天下^{⑦⑤}，轻诸侯，凌齐、晋^{⑦⑥}，遂以杀身亡国^{⑦⑦}。夏育、太史启叱呼骇三军^{⑦⑧}，然而身死于庸夫。此皆乘至盛不及道理也^{⑦⑨}。夫商君为孝公平权衡、正度量、调轻重^{⑧⑩}，决裂阡陌^{⑧①}，教民耕战，是以兵动而地广，兵休而国富，故秦无敌于天下，立威诸侯，功已成^{⑧②}，遂以车裂。楚地持戟百万^{⑧③}，白起率数万之师以与楚战，一战举鄢郢^{⑧④}，再战烧夷陵^{⑧⑤}，南并蜀汉^{⑧⑥}，又越韩、魏攻强赵，北阬马服^{⑧⑦}，诛屠四十余万之众，流血成川，沸声若雷，使秦业帝^{⑧⑧}。自是之后，赵、楚慑服^{⑧⑨}，不敢攻秦者，白起之势也^{⑨⑩}。身所服者七十余城^{⑨①}，功已成矣，赐死于杜邮^{⑨②}。吴起为楚悼罢无能，废无用，损不急之官^{⑨③}，塞私门之请，壹楚国之俗^{⑨④}，南攻杨越^{⑨⑤}，北并陈、蔡^{⑨⑥}，破横散从，使驰说之士无所开其口^{⑨⑦}，功已成矣，卒支解^{⑨⑧}。大夫种为越王垦草创邑，辟地殖谷，率四方士，上下之力^{⑨⑨}，以禽劲吴^{⑩⑩}，成霸功，勾践终棓而杀之^{⑩①}。此四子者，成功而不去，祸至于此。此所谓信而不能诎^{⑩②}，往而不能反者也。范蠡知之^{⑩③}，超然避世，长为陶朱。君独不观博者乎^{⑩④}？或欲分大投⑩，或欲分功⑩，此皆君之所明知也。今君相秦，计不下席，谋不出廊庙，坐制诸侯，利施三川，以实宜阳⑩，决羊肠之险⑩，塞太行之口，又斩范、中行之途⑩，栈道千里于蜀汉⑩，使天下皆畏秦。秦之欲得矣⑪，君之功极矣⑫，此亦秦之分功之时也。如是不退，则商君、白公、吴起、大夫种是也。君何不以此时归相印，让贤者授之？必有伯夷之廉⑬，长为应侯，世世称孤⑭，而有乔、松之寿⑮，孰与以祸终哉？此则君何居焉⑯？"

应侯曰："善。"乃延入坐为上客⑰。

后数日，入朝，言于秦昭王曰⑱："客新有从山东来者蔡泽，其人辩士，臣之见人甚众，莫有及者，臣不如也。"秦昭王召见，与语，大说之，拜为客卿⑲。应侯因谢病⑳，请归相印。昭王强起应侯㉑，应侯遂称笃㉒，因免相。昭王新说蔡泽计画㉓，遂拜为秦相㉔，东收周室㉕。

蔡泽相秦王数月，人或恶之，惧诛，乃谢病归相印，号为刚成君。秦十余年㉖，昭王、孝文王、庄襄王㉗，卒事始皇帝㉘。为秦使于燕，三年而燕使太子丹入质于秦㉙。

【注释】

①蔡泽：燕国人，曾游说各国，均不被任用。闻范雎因攻赵不成而失意，入秦劝说范雎隐退，被任为国相。数月后辞位，封刚成（今河南许昌东北）君。见逐：被逐。　②釜：锅。鬲（lì）：空足鼎。涂：道路。　③按：范雎荐举郑安平为将，王稽为河内太守。后郑安平兵败降赵，王稽与诸侯通。据秦法，被保举人犯罪，保举者同罪。应侯：即范雎。郑安平：魏国人。曾救范雎，与范雎同至秦国。王稽：秦国谒者令，因荐范雎，任为河东郡太守。　④时当秦昭王五十二年。　⑤宣言：扬言。感怒：激怒。⑥骏雄：才智超群。弘辩：辩才高超。　⑦揖：拱手作揖。　⑧蔡泽以布衣身份揖卿相而不跪拜，是为不恭，故不快。　⑨倨（jù）：傲慢。

⑩让：责备，指责。　⑪常：通"尝"，曾经。姚云：一本（"宣言"）下有

"欲"字。　⑫吁（xū）：表示惊叹。　⑬何君：姚云：刘一作"君何"。

按：鲍本及《史记》同。见：见识。　⑭四时：四季。之：犹"以"。序：

顺序，规律。　⑮春生、夏长、秋收、冬藏，四季各司其职，代相更迭。喻人

应功成身退。　⑯圣知：《史记》"圣知"上有"而心"二字。圣知，聪明。

⑰质：本体，本质。秉：持，执。　⑱怀乐：内心乐于。　⑲不：非。辩

智：聪明善辩。期：期望。　⑳成：长养。　㉑夭：年未三十而死。　㉒统：

世代相传的系统。　㉓纯粹：精美无瑕，完美无缺。　㉔泽：恩泽，恩惠。

㉕与天下终：《史记》作"与天地终始"。　㉖符：验证，效果。　㉗商君：

卫国公子，公孙氏，名鞅。初为魏相公孙痤家臣，痤病，荐为相。后亡魏

入秦，说孝公，任左庶长，升为大良造，因功封于商，称商君。秦惠王时被

车裂而死。　㉘吴起：卫国人。初为鲁国将领，后任魏国西河太守。因

遭陷害，逃奔楚国，为令尹，辅佐悼王变法。悼王死，宗室大臣作乱，被射

杀。　㉙大夫种：即文种，春秋末年越国大夫，字少禽。曾辅佐越王勾践

保国灭吴，后被勾践赐剑自杀。　㉚可愿：如愿。　㉛困己以说：以辩

辞使己陷于困境。　㉜公孙鞅：即商鞅。孝公：秦国君。名渠梁，献公

之子，前361—前338年在位。　㉝极身：终身。二：二心。　㉞还：顾。

㉟示：显示。情素：真情实意。素，同"愫"，真情。　㊱蒙：遭受。咎：

责难。　㊲公子卬本为商鞅旧友，故曰欺旧交。　㊳公子卬：魏惠王之

子，魏将。　㊴攘：侵夺，夺取。　㊵悼王：楚国君。声王之子，名类，前

401—前381年在位。　㊶苟合：随便附和。　㊷苟容：苟且容身于世。

㊸固：姚云：曾一作"顾"。鲍本同。　㊹越王：指勾践，春秋末年越国

君，允常之子，前497—前465年在位。曾被吴国打败，屈服求和。后用范

蠡、文种等人整顿国政，转弱为强，灭亡吴国，成为霸主。　㊺离：通"罹"，

遭遇。　㊻悉：尽。解：同"懈"，懈怠。　㊼主虽亡绝：君主处于亡国

绝世之境。　㊽矜（jīn）：夸耀。　㊾骄怠：傲慢。怠，轻慢，不恭敬。

㊿节：准则，标准。　51比干：殷末大臣，纣王叔父，官少师。曾屡次劝

谏纣王，被剖心而死。姚云：钱“忠”下有“而”字。按：《史记》同钱本。(52)子胥：即伍子胥。后因劝谏吴王夫差拒绝越国求和而被疏远，夫差赐剑令其自杀。知：同“智”。“知”下当补“而”字。(53)申生：春秋时晋献公太子。献公宠爱骊姬，骊姬诬陷申生，毒杀献公。申生为了全孝，不作申辩，自杀而死。惑：姚云：一作“国”。按：《史记》同。(54)戮辱：侮辱。戮，通“僇”，侮辱。姚云：曾本“辱”下有“而”字。按：《史记》亦有“而”字。(55)微子：商纣王之兄，名启。纣王乱政，微子谏而不听，佯狂避祸，亡命于外。(56)孔子有言：“邦有道则仕，邦无道则可卷而怀之”，“危邦不入，乱邦不居”。(57)大：指高尚。(58)少间：一点空隙，一个机会。(59)致功：致力于功业。(60)闳夭：周文王、武王时大臣，辅佐武王伐商，成就王业。(61)成王：西周君。武王之子，名诵。(62)孰与：表示比较的习惯说法，用来询问互相比较的结果。(63)君之主：指秦昭王。主，国君。(64)任忠：信任忠臣。(65)主固亲忠臣：《史记》“主”上有“今”字。固，固然。(66)正乱：拨乱反正。批患：排除祸患。批，排除。折难：消除灾难。(67)广地：扩大疆土。殖谷：种植粮食。(68)章：通“彰”，显著。(69)常数：一定的规律。数，规律，必然性。(70)九合：多次聚合。(71)一匡天下：齐桓公定周襄王太子之位，避免了周室之乱。匡，正。(72)至葵丘之会：在齐桓公三十五年（前651年）。葵丘，春秋宋国地，在今河南兰考境内。(73)骄矜：骄傲。矜，骄傲。色：表情，神情。(74)畔：通“叛”，背叛。九国：多国。(75)夫差（chāi）：春秋末年吴国君，阖庐之子，前495—前473年在位。适（dí）：通“敌”。(76)前484年，吴救鲁与齐战于艾陵，大破齐军。前482年，诸侯会盟于黄池，吴与晋争霸。凌：欺凌。(77)越乘虚攻入吴都，灭吴国，夫差自杀。(78)太史启：姓太史，名启，古代勇士。叱呼：大声呼喊。(79)至盛：指名声大盛。及：达，通晓。(80)平权衡、正度量：指商鞅变法时统一度量衡，颁布标准的度量衡器。权，秤锤。衡，秤杆。调轻重：指调整赋税的轻重。(81)指商鞅变法时破除井田制的疆界，重新划分土地。阡陌：田间小路。南北曰阡，东西曰陌。　⑧功已成：鲍本"成"下补"矣"字。　⑧持戟：持戟之人，士兵。戟，兵器。　⑧一战举鄢郢：事在前279年。鄢郢，楚国都城。前278年被白起攻破，地入秦。　⑧再战烧夷陵：事在前278年。夷陵，楚国邑，在今湖北宜昌东南。　⑧南并蜀汉：事在秦惠王更元九年（前316年），不关白起事。蜀汉：指蜀郡和汉中一带。或当为"巫、黔中"之误。⑧阬：同"坑"，活埋。马服：指赵括，马服君赵奢之子，亦称马服子。空谈其父所传兵法，实际不会指挥作战。　⑧业帝：成就帝王之业。⑧慑服：畏惧威势而屈服。慑，恐惧。　⑩势：力量，威力。　⑪服：降，攻下。　⑫赐死于杜邮：事在前257年。秦攻赵都邯郸，白起与昭王、范雎意见不合，被迫自杀。杜邮，又名杜邮亭，秦国邑，在今陕西咸阳东。　⑬损：减少。不急之官：即冗员。　⑭壹：统一。　⑮攻：《史记》作"收"。王念孙曰：作"收"者是也。杨越：即扬越，古族名。百越的一支，在今广东。⑯北并陈、蔡：事当在吴起相楚前数十年，此说有误。陈，周武王灭商后所封的诸侯国，妫（guī）姓，建都宛丘（今河南淮阳）。前478年为楚惠王所灭。蔡，西周时分封的诸侯国，姬姓。周武王封其弟叔度于蔡，以监殷。因叛乱被逐。立其子蔡仲胡，都上蔡（今河南上蔡西），后迁新蔡（今河南新蔡），又迁州来，谓之下蔡。前447年为楚所灭。　⑰驰说：游说。驰，传扬，传播。　⑱支解：分解肢体。　⑲上下之力：《史记》作"专上下之力"。专，通"抟"，结聚。　⑳以禽劲吴：吴王夫差反被逼杀。㉑勾践终棓而杀之：棓，王念孙曰：当为"倍"字之误也。"倍"与"背"同。按：即负心，忘恩负义。　㉒信（shēn）：同"伸"。诎（qū）：同"屈"。㉓范蠡：春秋末年楚国人，子少伯，越国大夫。越被吴所败时，曾质于吴。回越后与文种辅佐勾践灭吴。功成不居，游于齐，自称鸱夷子皮。后居陶，自称陶朱公，以经商致富。㉔博：通"簙"，古代的一种棋戏。　㉕姚云：一本无"分"字。按：《史记》无。大投：孤注一掷。　㉖分功：一步一步取胜。　㉗实：充实。指兵力。㉘决：断。　㉙斩：断。范、中行：春秋末年晋国六卿之二。此指三晋。㉚栈道千里于蜀汉：鲍本"于"上补"通"字。《史记》有。　㉛欲：欲望。

得：得到，实现。 ⑪极：达到顶点。 ⑬伯夷：商末孤竹君之子，与弟叔齐互让君位，逃至周。至周，反对武王灭商，又逃到首阳山，不食周粟而死。 ⑭孤：古代王侯对自己的谦称。 ⑮乔：王子乔。松：赤松子。相传二人为仙，长生不死。 ⑯何居：选择哪一种。居，处。 ⑰延：引进。 ⑱言：告诉。 ⑲客卿：外国人来本国做官，地位相当于卿，而以客礼待之者。 ⑳谢病：称病辞官。 ㉑强起：勉强他出来视事，即挽留。 ㉒笃：病重。 ㉓计画：计策。 ㉔遂拜为秦相：事在秦昭王五十二年（前255年）。 ㉕东收周室：周民东亡，九鼎入秦。 ㉖秦十余年：姚云：一本（"秦"上）有"居"字。按：鲍本及《史记》有。梁玉绳曰："十"字必"廿"字。 ㉗昭王、孝文王、庄襄王：鲍本"昭"上补"事"字。按：《史记》有。孝文王：秦国君。名柱，昭王之子，前250年在位一年。庄襄王：秦国君。名异人，易名子楚，孝文王之子，前249—前247年在位。 ㉘始皇帝：即秦始皇，名政，前246—前210年在位。 ㉙三年而燕使太子丹入质于秦：事在前235年。入质，到秦国做人质。

【译文】

蔡泽被赵国驱逐，到韩国和魏国去，途中被人夺去锅、鼎等炊具。他听说范雎任用的郑安平、王稽等都身负重罪，范雎心里很惭愧，于是就往西进入秦国。蔡泽将去拜见秦昭王，就先派人扬言以激怒范雎，说："燕人蔡泽，是当今天下才智超群、辩才高超的人，他一见秦王，秦王就一定用他为相而夺去你的官位。"

范雎听说后，派人去请蔡泽。蔡泽进来就向范雎拱手作揖，范雎本来就不高兴，等到走近了看他，他的态度又很傲慢。范雎就责备他说："你曾经扬言要代替我做秦国的丞相，难道真有这样的事吗？"蔡泽回答说："是的。"范雎说："请让我听听你的高论。"蔡泽说："啊！你怎么这么没有见识啊！四季循环往复，完成自己的任务就过去了。一个人活着，手足坚强，耳聪目明，心灵聪慧，难道不是士人的愿望吗？"范雎说："是的。"蔡泽说："以仁为本，主持正义，在天下行道施德，天下的人乐于敬爱他，希望他做君王，难道不是聪明才辩之士所期望的吗？"范雎说："是的。"蔡泽又说："富贵显荣，护养治理万物，让万物各得其所；寿命长久，享尽天年而不夭折；让天下继承他的统系，坚守他的事业，无穷无尽地流传下去，名声与实际都完美无缺，恩泽施及千代，后人称颂不绝，与天地一样永存，这难道不是行道的效果和圣人所说的吉祥善事吗？"范雎说："是的。"蔡泽说："至于秦国的商君、楚国的吴起、越国的大夫种，他们最终如愿了吗？"

范雎知道蔡泽要用辩词使自己处于困窘的境地，于是又说："为什么不可以呢？公孙鞅为秦孝公服务，竭尽自己的才智，没有二心，尽忠国家而不顾自己，赏罚分明，以达到境内大治；表现出真情实意，遭受了怨恨和责难；欺骗老朋友，俘虏了魏国的公子卬，终于为秦国擒获敌将打败敌军，夺取了千里土地。吴起侍奉楚悼王，使得私家不能损害公家，使谗言不能壅蔽忠良，说话不随便附和，做事不苟且相容，坚持正义，不顾忌诽谤和赞誉，为了使君主称霸，国家强盛，不躲避灾祸。大夫种服侍越王勾践，越王遭受围困和凌辱，他竭尽忠心毫不懈怠，越王虽然处于亡国绝世的境地，他竭尽全力而不离开，虽然功劳很大但不自我夸耀，虽然荣华富贵但不傲慢。像这三个人，达到节义的顶点和忠贞的标准。所以君子甘愿牺牲自己来成就美名，只要是节义存在的地方，即使为它去死也没有遗憾和悔恨，为什么不可以呢？"

蔡泽说："君主圣明，臣下贤良，是天下人的福分；君主英明，臣下忠诚，是国家的福气；父亲慈爱，儿子孝顺，丈夫诚实，妻子贞节，是家庭的幸福。所以比干忠心，但不能保住殷朝；子胥聪明，可不能保住吴国；申生孝顺，晋国却发生内乱。这些人都是忠臣孝子，可是国家或灭亡或内乱，为什么呢？是因为没有英明的君主和贤良的父亲来听取他们的意见。所以天下以这样的昏君愚父为耻辱，却同情他们的忠臣和孝子。如果等到死了以后才能够立忠成名，那么微子就不足以称为仁人，孔子不值得称为圣人，管仲不配称为高尚的人。"这时，范雎连连称赞蔡泽讲得好。

蔡泽抓住一个机会，于是又说："商君、吴起、大夫种，他们作为臣下，竭尽忠心，建立功业，算得上是如愿了。闳夭侍奉周文王，周公辅佐周成王，难道不也是忠心耿耿吗？从君臣关系来看，在如愿这方面，商君、吴起、大夫种和闳夭、周公相比怎么样？"范雎说："商君、吴起、大夫种比不上闳夭和周公。"蔡泽说："既然这样，那么你的国君在慈爱仁德、信任忠臣、不欺骗老友这方面，和秦孝公、楚悼王、越王勾践相比怎么样？"范雎说："不知道怎么样。"蔡泽说："你的国君固然亲近忠臣，但比不上秦孝公、越王勾践和楚悼王。你为你的国君拨乱反正，排除患难，扩大疆土，发展农业，富国富民，使国君强大，威力超过天下诸侯，功业昭著万里之外，也还超不过商君、吴起、大夫种。可是你的地位尊贵，俸禄丰厚，家里的财富超过他们三人，你自己却不引退，我私下里替你感到危险。俗话说：'太阳当顶就要偏斜，月亮圆满就要亏缺。'事物发展到顶点就要衰败，这是自然界的普遍规律；前进后退，扩展收缩，随着时间的推移而变化，这是圣人通常遵循的准则。从前，齐桓公多次主持诸侯盟会，一次就匡正了天下，到葵丘之会的时候，就表现出骄傲自大的情绪，结果有多个国家背叛了他。吴王夫差无敌于天下，轻视诸侯，欺凌齐国和晋国，终于因此而身死国亡。夏育、太史启一声呼喊，能吓倒三军，然而自己却死于平庸之辈的手下。这些人都是在声名大盛的时候不明白道理。商君为秦孝公统一度量衡，颁布标准的度量衡器，调整赋税的轻重，破除井田的疆界，重新划分土地，教育百姓学习耕种，操练军事，因此，军队一出动就能扩大领土，军队休整下来国家就能富强，所以秦国无敌于天下，在诸侯中树立了威信。功业已经成就，最终被五马分尸。楚国的士兵有上百万,白起率领几万人的军队和楚军作战,第一次交战就攻破鄢郢,第二次交锋又烧毁夷陵,南面吞并蜀、汉,又越过韩国和魏国进攻强大的赵国,北面活埋马服子的军队,屠杀四十多万士兵,血流成河,吼声如雷,使秦国成就了帝业。从此以后,赵国和楚国畏惧秦国的威势而屈服,它们不敢进攻秦国,这是由于白起的威力。白起亲自降服的就有七十余城。功业已经成就,却终于被秦昭王赐死在杜邮。吴起为楚悼王罢免没有才能的人,废除没用的制度,裁减不需要的官员,堵塞私家的请托,统一楚国的习俗,南面攻打扬越,北面吞并陈国和蔡国,破除连横,解散合纵,使四处奔走游说的人没有地方开口。功业已经成就,最终被肢解而死。大夫种为越王勾践开垦荒地,创建城邑,开垦田地,种植庄稼,率领四方人士,团结上下力量,降服强劲的吴国,成就霸王的功业。勾践到底还是负心杀了他。这四个人,成就了功业而不离去,以致身受灾祸到了这种地步。这就是人们所说的能伸不能屈,能进不能退的后果啊。范蠡懂得这些道理,超脱地避开世俗,长久地做经商致富的陶朱公。你难道没有见过玩棋戏的人吗?有人想孤注一掷,有人想步步为营,这些都是你所明白知道的啊。现在你身为秦国丞相,出主意不用离开坐席,定谋略不用走出朝廷,坐在家里控制诸侯,威权行于三川,以充实宜阳的兵力,截断羊肠阪道的险塞,堵塞太行山的入口,断绝三晋的要道,修筑千里栈道,通向蜀、汉,使天下都畏惧秦国。秦国的欲望实现了,你的功劳也达到了顶点。这也正是你在秦国考虑步步为营的时候了。如果这时候不隐退,那就是商君、白起、吴起、大夫种的下场。你为什么不趁这个时候归还相印,让位给贤德的人?你这样做,一定会获得伯夷那样廉洁的声誉,长久地享受应侯的爵位,世世代代称孤道寡,而且还能像王子乔、赤松子一样长寿,这和遭受祸患而告终的结局相比哪个更好呢?那么你将选择哪种做法呢?"

范雎说:"对。"于是请蔡泽入座,尊为上客。

过了几天，范雎上朝，对秦昭王说道："有一位新近从山东来的客人蔡泽，这人是一位辩士。我所见过的人很多，没有一个能赶得上他，我自愧不如。"秦昭王召见蔡泽，和他交谈，很喜欢他，授予他客卿的职位。范雎于是称病辞官，请求归还相印。秦昭王挽留他，他就声称病情严重，于是免去他丞相的职位。秦昭王一开始就赞赏蔡泽的谋划，于是就授予他秦国丞相的职位，向东收服周王室。

蔡泽辅佐秦昭王几个月后，有人说他坏话，他害怕被杀，就称病归还相印，秦昭王封他为刚成君。他在秦国居留了十多年，侍奉昭王、孝文王、庄襄王，最后服侍秦始皇。替秦国出使到燕国，三年以后燕国派太子丹到秦国来做人质。

顷襄王二十年

【导读】

本篇选自《秦策四》，又见于《史记·春申君列传》和《新序·善谋》，事在公元前235年。这是一篇为楚说秦王的说辞，无说者姓名。文章首先说明秦王在当时极具威势的情况下应适可而止，以免物极必反；然后说明韩、魏为秦之仇雠，信韩、魏而伐楚则后患无穷，秦、楚构兵只能让齐、魏、韩得利；最后阐述秦、楚交好，秦可坐收其利。整篇说辞引经据典，极尽纵横捭阖之能事。

顷襄王二十年①，秦白起拔楚西陵②，或拔鄢郢、夷陵③，烧先王之墓。王徙东北，保于陈城④。楚遂削弱，为秦所轻，于是白起又将兵来伐。楚人有黄歇者⑤，游学博闻，襄王以为辩⑥，故使于秦。说昭王曰⑦："天下莫强于秦、楚，今闻大王欲伐楚，此犹两虎相斗，而驽犬受其弊⑧，不如善楚。臣请言其说。臣闻之⑨：'物至而反⑩，冬夏是也；致至而危⑪，累棋是也⑫。今大国之地半天下，有二垂⑬，此从生民以来，万乘之地未尝有也。先帝文王、庄王、王之身⑭，三世而不接地于齐⑮，以绝从亲之要⑯。今王三使盛桥守事于韩⑰，成桥以北入燕⑱。是王不用甲，不伸威⑲，而出百里之地⑳，王可谓能矣。王又举甲兵而攻魏㉑，杜大梁之门㉒，举河内㉓，拔燕、酸枣、虚、桃人㉔，楚、魏之兵云翔不敢校㉕，王之功亦多矣。王申息众二年然后复之㉖，又取蒲、衍、首垣㉗，以临仁、平兵㉘，小黄、济阳婴城㉙，而魏氏服矣。王又割濮、磿之北㉚，属之燕㉛，断齐、秦之要，绝楚、魏之脊㉜。天下五合六聚而不敢救也，王之威亦惮矣㉝。王若能持功守威，省攻伐之心㉞，而肥仁义之诚㉟，使无复后患，三王不足四㊱，五伯不足六也。

　'王若负人徒之众㊲，材兵甲之强㊳，壹毁魏氏之威㊴，而欲以力臣天下之主㊵，臣恐有后患。《诗》云㊶："靡不有初㊷，鲜克有终㊸。"《易》曰㊹："狐濡其尾㊺。"此言始之易，终之难也。何以知其然也？智氏见伐赵之利㊻，而不知榆次之祸也㊼；吴见伐齐之便，而不知干隧之败也㊽。此二国者非无大功也，设利于前㊾，而易患于后也㊿。吴之信越也，从而伐齐，既胜齐人于艾陵[51]，还为越王禽于三江之浦[52]。智氏信韩、魏，从而伐赵，攻晋阳之城，胜有日矣，韩、魏反之，杀智伯瑶于凿台之上[53]。今王妒楚之不毁也[54]，而忘毁楚之强魏也[55]。臣为大王虑而不取。《诗》云[56]："大武远宅不涉[57]。"从此观之，楚国援也，邻国敌也。《诗》云[58]："他人有心，予忖度之[59]。跃跃毚兔[60]，遇犬获之。"今王中道而信韩、魏之善王也[61]，此正吴信越也。臣闻敌不可易，时不可失，臣恐韩、魏之卑辞虑患而实欺大国也[62]。此何也[63]？王既无重世之德于韩、魏[64]，而有累世之怨矣。韩、魏父子兄弟接踵而死于秦者，百世矣[65]。本国残，社稷坏，宗庙隳[66]，刳腹折颐[67]，首身分离，暴骨草泽，头颅僵仆[68]，相望于境，父子老弱系虏[69]，相随于路，鬼神狐祥[70]，无所食[71]，百姓不聊生，族类离散[72]，流亡为臣妾满海内矣㉗。韩、魏之不亡，秦社稷之忧也。今王之攻楚，不亦失乎？ 是王攻楚之日㉘，则恶出兵㉙？ 王将藉路于仇雠之韩、魏乎㉚？ 兵出之日，而王忧其不反也，是王以兵资于仇雠之韩、魏。王若不藉路于仇雠之韩、魏，必攻随阳右壤㉛。随阳右壤，此皆广川大水，山林溪谷不食之地㉜，王虽有之，不为得地。是王有毁楚之名，无得地之实也。且王攻楚之日，四国必应悉起应王㉝。秦、楚之构而不离㉞，魏氏将出兵而攻留、方与、铚、胡陵、砀、萧、相㉟，故宋必尽㊱。齐人南面㊲，泗北必举㊳。此皆平原四达膏腴之地也㊴，而王使之独攻。王破楚于以肥韩、魏于中国而劲齐㊵。韩、魏之强足以校于秦矣㊶，齐南以泗为境，东负海㊷，北倚河㊸，而无后患，天下之国莫强于齐。齐、魏得地葆利而详事下吏㊹，一年之后，为帝若未能，于以禁王之为帝有余㊺。夫以王壤土之博，人徒之众，兵革之强，一举众而注地于楚㊻，讪令韩、魏归帝重于齐㊼，是王失计也。

　　‘臣为王虑，莫若善楚。秦、楚合而为一，临以韩㊽，韩必授首㊾。王襟以山东之险㊿，带以河曲之利，韩必为关中之候（51）。若是，王以十成郑（52），梁氏寒心（53），许、鄢陵婴城（54），上蔡、召陵不往来也（55）。如此而魏亦关内候矣。王一善楚，而关内二万乘之主注地于齐（56），齐之右壤可拱手而取也（57）。是王之地一任两海，要绝天下也（58）。是燕、赵无齐、楚，无燕、赵也（59）。然后危动燕、赵（60），持齐、楚（61），此四国者，不待痛而服矣（62）。’”

【注释】

①顷襄王：楚国君，怀王之子，名横，前298—前263年在位。二十年：当为周赧王三十六年（前279年）。　②西陵：在今湖北宜昌西北。　③或拔鄢郢、夷陵：事在前278年。或，犹“又”。　④保：居，占据。　⑤黄歇：楚国贵族。顷襄王时任左徒，考烈王时任令尹，号春申君。门下有食客

三千。考烈王死后被杀。　　⑥辩：有口才。　　⑦昭王：秦国君。按：据下文，称文王、庄王为先帝，又历述秦王政五年、九年之战事，则显系说秦王政之辞。"今王之攻楚"，即秦王政十二年"发四郡兵助魏击楚"(《史记·六国年表》)之事，而黄歇死于秦王政九年(前238年)，则断非黄歇之说辞。说者失其名。　　⑧驽犬：劣犬。受：承受。　　⑨臣闻之：鲍本无"顷襄王二十年"至"臣闻之"一百十字，有"说秦王曰"四字。黄丕烈曰：策文但当作"说秦王曰，物至而反"云云。　　⑩至：极。　　⑪致(zhì)：积累。　　⑫累碁：堆叠棋子。碁，同"棋"。　　⑬垂：通"陲"，边疆。　　⑭文王：指秦孝文王。庄王：即秦庄襄王。　　⑮接地于齐：使秦与齐接壤。秦、齐中隔韩、魏、赵，即不忘吞并三国。　　⑯绝：切断。从亲：合纵联盟。要：同"腰"。　　⑰今王三使盛桥守事于韩：鲍本无"三"字。盛桥，即秦王政之弟成蟜。守事于韩，入韩为臣，为秦监守。守事，奉行公事。　　⑱以北入燕：《史记》《新序》作"以其地入秦"。　　⑲伸：展示。　　⑳出：使……出。　　㉑举：起，发动。　　㉒大梁：魏国都城，在今河南开封。　　㉓举：占据。河内：指今河南黄河以北地区。　　㉔拔燕、酸枣、虚、桃人：事在秦王政五年(前242年)。燕，在今河南延津东北。酸枣，在今河南延津西。虚，在今河南延津东。桃人，在今河南长垣西北。　　㉕楚、魏：《史记》《新序》作"邢、魏"。疑"邢"当为"荆"之讹。荆，即楚。云翔：盘旋反顾。校(jiào)：对抗，较量。　　㉖申：《史记》《新序》作"休甲"。二年：当为"三年"。之：出。　　㉗又取蒲、衍、首垣：事在秦王政九年(前238年)。蒲，又称"蒲阪"，在今河南长垣西南。衍，又称衍氏，在今河南郑州北。首垣，又称"长垣"，在今河南长垣东北。　　㉘仁：未详，当与平丘近。兵：鲍本作"丘"。平丘，在今河南封丘东。　　㉙小黄：又称"黄"，在今河南开封东北。济阳：在今河南兰考东北。婴城：绕城自守。　　㉚磨：黄丕烈曰："历"字之误。濮、历之北，指今河南濮阳地区。　　㉛属(zhǔ)：连接。　　㉜断齐、秦之要，绝楚、魏之脊：横田惟孝引关君长曰：此说秦王，不宜谓秦，"秦"或"韩"字讹。魏已服矣，"魏"当依《史记》作"赵"。此句是说秦中断四国，令不得相救援也。　　㉝悍：

盛，强。㉞省：减。㉟肥：厚，加重。按：据高注，“诚”原当作“地”。《史记》《新序》作“地”。地，犹“道”。㊱不足：不难。足，难。常与“不”连用。㊲负：依仗。人徒：庶民，民众。㊳材：鲍本“材”作“恃”，《史记》作“仗”。按：皆凭恃义。兵甲：军队。㊴壹：《史记》《新序》作“乘”。乘，趁。毁：坏，击败。㊵臣：使臣服。主：指诸侯。㊶见《诗·大雅·荡》。㊷靡：无，没有。㊸鲜：少。克：能。㊹《易》曰：见《易·未济》。㊺狐濡其尾：原文作“小狐汔济，濡其尾”，是说小狐渡河，水漫其尾，故无后劲，终难渡河。濡，浸湿。㊻智氏：指智伯。㊼榆次：在今山西榆次北。㊽干隧：吴国地，在今江苏苏州西北。㊾设：姚云：刘本一作“没”。按：《史记》《新序》、鲍本并作“没”。没，贪。㊿易：轻视。(51)艾陵：齐国邑，在今山东莱芜东北。(52)还：反而。三江：指江苏境内的娄江、松江、东江。浦：岸边。(53)凿台：台名，在今山西榆次南。(54)毁：伤，败。(55)而忘毁楚之强魏也：《史记》《新序》“魏”上有“韩”字。(56)《诗》：当为《逸周书》，见《大武》。(57)宅：居处。涉：进入，到。(58)《诗》云：见《诗·小雅·巧言》。(59)忖度：推测。(60)跃跃：跳跃急速的样子。毚（chán）：狡猾。(61)中道：中途。(62)虑患：金正炜曰：疑当作“虚意”，形似而讹也。大国：指秦国。(63)此何也：鲍本、《史记》《新序》并无此三字。(64)重（chóng）世：累世，连续几代。(65)百：姚云：一作“累”。(66)隳（huī）：毁坏。(67)刳（kū）：剖开。颐：面颊。(68)僵仆：倒下。僵，向后倒。仆，向前倒。(69)系虏：俘获。(70)狐祥：妖怪。(71)无所食：“食”上《史记》有“血”字。血食，受祭祀。(72)族类：同类。(73)臣妾：奴隶。男曰臣，女曰妾。《史记》《新序》“臣妾”下有“者”字。(74)是：鲍本、《史记》《新序》并作“且”。(75)恶：何，怎么。(76)藉（jiè）：通“借”。仇雠：仇敌。(77)必攻阳右壤：姚云：一本“攻”下有“随”字。随阳右壤，指随水之西，即今湖北隧县西部地区。(78)不食之地：不长庄稼的地方。(79)四国：指韩、魏、赵、齐。姚云：一本（“必”下）无“应”字。应：对抗。(80)秦、楚之构而不离：鲍本“之”下有“兵”字。兵构，交战。不离，不分，不得抽身。 ⑧留：在今江苏沛县东南。方与：在今山东鱼台西。铚：在今安徽宿县西南。砀（dàng）：在今河南夏邑南。萧：在今江苏萧县西北。相：在今安徽濉溪西北。 ⑧故宋：指上七邑。 ⑧南面：面向南。指攻楚。 ⑧泗：水名，在今山东中部。源出山东泗水东蒙山南麓，因四源并发，故名。 ⑧四达：通达四方。膏腴：肥沃。 ⑧楚：姚云：刘本无（"楚"下）"于"字。肥：壮大。劲（jìng）：加强。 ⑧校：较量，对抗。 ⑧负：背靠。海：东海。 ⑧河：黄河，时黄河在天津入海。齐北以河与燕、赵为界。 ⑨葆：通"保"。详（yáng）：通"佯"，假装。下吏：低级官吏。不直称秦王，故言下吏。 ⑨姚云：刘本"余"字下有"矣"字。 ⑨众：《史记》《新序》作"事"。高注：事，战事也。注：属。金正炜曰："地"当作"怨"，"怨"损半字，因误为"地"。注怨，属怨，结怨。 ⑨诎：反而。重：权势。 ⑨临以：姚云：刘本"临以"作"以临"。临，进逼，威胁。 ⑨授首：投降。 ⑨襟：屏障。山东：指崤山以东。 ⑨候：通"侯"。 ⑨十：鲍本"十"下补"万"字，"成"作"戍"。郑：即韩国。 ⑨寒心：畏惧。 ⑩许：魏国邑，在今河南许昌东。鄢陵：即安陵，魏国邑，在今河南鄢陵北。 ⑩上蔡：楚国邑，在今河南上蔡西南。 ⑩二万乘之主：指韩、魏。注：连接。 ⑩右壤：西部地区。拱手：敛手，不费劲儿。 ⑩要绝：中断。 ⑩无：《史记》《新序》"无"上复有"齐、楚"二字。 ⑩危动：使惊惧。 ⑩持：控制，挟制。 ⑩痛：急，急攻。

【译文】

有人游说秦王政说："事情发展到极点就要向反面发展，冬去夏来就是这样；东西堆叠到最高点就很危险，堆叠棋子就是这样。现在大王的领土占了天下的一半，拥有西、北两大边疆，从有人类以来，大国的领地不曾有这样广大的。先帝孝文王、庄襄王以及大王本身，三代人都没有忘记吞并韩、魏、赵，使领土与齐国相连，以便切断合纵联盟的中枢。现在大王多次派遣盛桥到韩国奉行公事，结果盛桥把北燕之地并入了秦国。这表明大王不动用军队,不展示声威,就得到百里之地,可见大王确实有才能。大王又出动军队进攻魏国,堵塞大梁的要道,占据河内,攻下燕、酸枣、虚、桃人等地,楚国和魏国的军队盘旋反顾,不敢和秦军较量,大王的功劳也够多啦。大王让军民休整,三年以后再度出兵,又占领了蒲、衍、首垣等地,进逼仁和平丘,小黄和济阳只得环兵自守,于是魏国屈服了。大王又割取濮上、历山以北地区,以与南燕相连接,切断齐、韩两国的联系,截断楚、赵两国的通道。诸侯五合六聚也不敢相互救援,大王的声威也确实够大啦。大王如果能保持已经取得的功绩,守住已有的威势,收敛攻伐的欲望,加强仁义之道,使国家没有后顾之忧,这样,三王就不难成为四王,五霸就不难成为六霸了。

"大王如果依仗人口众多,凭恃军队强大,趁着击败魏国的威势,就想用武力使诸侯臣服,我担心会有后顾。《诗经》说:'做任何事情总有个开头,但很少能善始善终。'《周易》说:'小狐狸渡河,被水沾湿尾巴而不能成济。'这都是说开头容易,结局困难。怎么知道是这样的呢?从前智伯只看到了进攻赵氏的好处,却不能预知榆次的灾祸;吴国只看到进攻齐国的好处,却不能预料干隧的失败。这两个国家并不是没有大的功绩,只是贪图眼前的利益,就忽视了以后的祸患。吴国相信了越国,舍弃越国而去攻打齐国,在艾陵战胜了齐军以后,反而在三江水边被越王擒杀。智伯信任韩氏和魏氏,舍弃韩、魏而去攻打赵氏,围攻晋阳,胜利指日可待了,韩氏和魏氏背叛了他,把智伯瑶杀死在凿台之下。现在大王嫉妒楚国不战败,却忘记了毁灭楚国反而会加强韩国和魏国。我替大王考虑这样做是不可取的。《逸周书》说:'不入侵远处的地方。'由此看来,楚国是秦国的友邦,而邻国才是秦国的敌人。《诗经》说:'别人怀着害人之心,我能揣度出来。急速蹦跳的狡猾兔子,一旦遇到猎犬也会被捕获。'现在大王中途相信魏、韩二国和秦国友好,这正和当初吴国相信越国一样。我听说，不能轻视敌人，不能错过时机。我担心韩、魏二国言辞谦卑虚情假意，实际上是想欺骗秦国。大王既历来对韩国和魏国没有恩德，又世代和它们结有怨仇，它们的父子兄弟连接被秦国杀害的有几代人了。国家被损害，土神谷神庙被破坏，宗庙被毁坏；剖腹断颈，头身分离，尸骨暴露在荒野沼泽，头颅丢在地上，这种情况随处可见；老父弱子被俘获，一个挨一个走在路上；死者孤魂，没人祭祀；百姓民不聊生，家族分离失散，流浪逃亡成为奴仆婢妾的到处都有。韩国和魏国不灭亡，将是秦国的忧患。现在大王要攻打楚国，难道不是错误的吗？再说，大王攻打楚国的时候，将怎么出兵呢？大王将向仇敌韩国和魏国借路吗？大王从军队出发的那天起，就要担心他们不能返回了。这样，大王是用军队来资助仇敌韩国和魏国。大王如果不向仇敌韩国和魏国借路，一定要攻打随水西边的地区。那里都是大河大水、山林深谷等不长庄稼的地方，大王即使占领了它，也没有用处。这样，大王有攻下楚国的名声，却没有得到土地的实惠。况且，大王进攻楚国的时候，赵、韩、魏、齐四国一定都会出兵对付秦国。秦、楚交战，无暇他顾，魏国就会出兵攻打留、方与、铚、胡陵、砀、萧、相等地，原来属于宋国的那块地盘一定全部被魏国占有。齐国南进，一定会占领泗水以北的地盘。这都是四通八达、肥沃富饶的平原地区，而大王却让它们独自占领。大王打败楚国，将使韩、魏在中原地区壮大起来，也使齐国更强劲。韩、魏强大了足以跟秦国对抗；齐国南面以泗水为界，东面背靠大海，北面依仗黄河，没有后患，天下诸侯就没有比齐国更强大的了。齐国和魏国扩大了领土，确保了利益，假意讨好大王，一年以后，虽然不能称帝，但是阻止大王称帝的力量还是绰绰有余的。凭着大王宽广的领土，众多的人口，强大的武装，一出战就会和楚国结怨，反而让韩、魏把帝王的权势送给齐国，这样做大王就失算了。

　　"我替大王考虑，不如和楚国亲善。秦、楚两国联合起来团结一致，以威逼韩国，韩国一定投降。大王凭借山东险要的地势，依仗河曲富饶的物产，韩国一定就像是秦国所封的关内侯。如果能这样，大王派十万军队驻守韩国，魏国一定害怕，许和鄢陵闭关自守，就和上蔡、召陵断绝了往来。如果这样，魏国也就像秦国所封的关内侯了。大王一经与楚国结盟，关内两个关内侯的大国就都和齐国连接起来，齐国西部地区就会轻而易举地被大王得到。这样，大王的领土和齐国连通，就切断了山东六国。这样，燕、赵就不能依靠齐、楚，齐、楚也不能依靠燕、赵了。如此就会使燕、赵惊惧，从而控制齐、楚，这四个国家无须急攻就会俯首帖耳了。"

濮阳人吕不韦贾于邯郸

【导读】

本篇选自《秦策五》，所记内容与《史记·吕不韦列传》不尽相同。吕不韦与他父亲的一段问答，是一个商人在改做政治交易前的盘算。在这个大商人眼里，异人被看作"奇货可居"的商品，他就是带着赢利无数的意图，转而从事政治投机活动的。经过他的一番奔走游说，居然如愿以偿，大商贾摇身一变而为侯爵之尊，一番政治交易赢得了预期的成功。历来被认为是"杂家"代表的吕不韦，更像是一个由商入政的策士，他的"赢利"说，充分体现了当时策士的思想特征。

濮阳人吕不韦贾于邯郸①，见秦质子异人②，归而谓父曰③："耕田之利几倍？"曰："十倍。""珠玉之赢几倍④？"曰："百倍。""立国家之主赢几倍？"曰："无数。"曰："今力田疾作不得暖衣余食⑤；今建国立君，泽可以遗世⑥。愿往事之⑦。"

秦子异人质于赵，处于𪩘城⑧，故往说之，曰："子傒有承国之业⑨，又有母在中⑩。今子无母于中，外托于不可知之国⑪，一日倍约⑫，身为粪土。今子听吾计事，求归，可以有秦国。吾为子使秦，必来请子。"

乃说秦王后弟阳泉君曰⑬："君之罪至死⑭，君知之乎？君之门下无不居高尊位⑮，太子门下无贵者。君之府藏珍珠宝玉，君之骏马盈外厩⑯，美女充后庭。王之春秋高⑰，一日山陵崩⑱，太子用事⑲，君危于累卵，而不寿于朝生⑳。说有可以一切而使君富贵千万岁㉑，其宁于太山四维㉒，必无危亡之患矣。"阳泉君避席㉓："请闻其说。"不韦曰："王年高矣，王后无子。子傒有承国之业，士仓又辅之㉔。王一日山陵崩，子傒立，士仓用事，王后之门必生蓬蒿㉕。子异人贤材也，弃在于赵，无母于内，引领西望㉖，而愿一得归。王后诚请而立之，是子异人无国而有国，王后无子而有子也。"阳泉君曰："然。"入说王后，王后乃请赵而归之。

赵未之遣㉗，不韦说赵曰："子异人，秦之宠子也，无母于中，王后欲取而子之㉘。使秦而欲屠赵㉙，不顾一子以留计㉚，是抱空质也㉛。若使子异人归而得立，赵厚送遣之，是不敢倍德畔施㉜，是自为德讲㉝。秦王老矣，一日晏驾㉞，虽有子异人，不足以结秦。"赵乃遣之。

异人至，不韦使楚服而见㉟。王后悦其状㊱，高其知㊲，曰："吾楚人也。"而自子之，乃变其名曰楚。王使子诵，子曰："少弃捐在外㊳，尝无师傅所教学㊴，不习于诵㊵。"王罢之，乃留止㊶。间曰㊷："陛下尝轫车于赵矣㊸，赵之豪桀得知名者不少。今大王反国，皆西面而望。大王无一介之使以存之㊹，臣恐其皆有怨心，使边境早闭晚开。"王以为然，奇其材㊺。王后劝立之。王乃召相，令之曰："寡人子莫若楚。"立以为太子。

子楚立，以不韦为相，号曰文信侯，食蓝田十二县㊻。王后为华阳太后,诸侯皆致秦邑⁴⁷。

【注释】

①濮阳:卫国邑,在今河南濮阳西南。吕不韦:卫国濮阳人,早年为大商人,因帮助异人继承王位,任为相,封文信侯。秦王政即位,尊为"仲父"。后因嫪毐事免相自杀。贾(gǔ):做买卖。邯郸:赵国都城,在今河北邯郸。
②质子:两国交往派到对方做人质的太子或宗室子弟。异人:即子楚,秦昭王之孙,孝文王之子。时在赵为质。　③《史记·吕不韦列传》正义引此"谓"下有"其"字。　④赢:余利,利润。　⑤力田:努力耕田。疾作:辛勤劳作。　⑥泽:恩泽,恩惠。遗世:流传后世。　⑦事:从事,做。
⑧屛城:地不详,当是赵国邑,或作"聊城"。按:横田惟孝说,此二句当在上段"愿往事之"句前。　⑨子傒:秦孝文王的太子,异人的异母兄弟。业:指条件。　⑩中:指宫中。　⑪不可知之国:指赵。赵国多变,不可预测。　⑫倍:同"背"。　⑬阳泉君:秦孝文王之妻华阳夫人的弟弟,封阳泉君。　⑭罪:祸殃。　⑮《史记·吕不韦列传》正义引此"高"下有"官"字。　⑯厩:马棚。　⑰王:指秦孝文王。春秋高:年岁大。
⑱一日:一旦。山陵崩:喻王死。　⑲用事:执政。　⑳朝生:指朝生暮死的生物。　㉑说:计谋,办法。一切:权宜,变通。　㉒宁:安定。太山:即泰山。四维:四个支柱。　㉓避席:离开坐席而起,表示谦敬的礼节。《史记·吕不韦列传》正义引此有"曰"字。　㉔士仓:当为"杜仓",秦昭王时丞相。　㉕蓬蒿:蓬草蒿草。此句是说无人迹,门庭冷落。
㉖引领:伸长脖子。　㉗未之遣:未遣之(异人)。遣,送,送走。　㉘子之:以之(异人)为子。　㉙使:假使。屠:取城杀人。　㉚顾:顾惜。留计:停止攻赵的计划。　㉛抱:拥有。空质:没有实际用处的人质。
㉜施:给予的恩惠。　㉝为:犹"以"。讲:和解,修好。　㉞晏驾:君王死的讳称。　㉟楚服:穿楚国服装。华阳夫人为楚人,以使她高兴。
㊱状:样子,仪表。　㊲高:赞赏,赏识。知:通"智",见识。　㊳捐:弃。

㊴所：犹"可"。　㊵习：熟悉。　㊶留止：留居。　㊷间：空隙。　㊸陛下：指孝文王。轫车于赵：在赵居留。轫车，止车。轫，阻止车轮转动的木头。孝文王从前曾出质于赵，讳言"质"，故言"轫车于赵"。　㊹一介：一个。存：看望，问候。　㊺奇其材：对他的才能感到惊异。　㊻蓝田：楚国邑，在今湖北宜城东南。此句是说以蓝田十二县的租税为其俸禄。　㊼秦：王念孙曰："秦"当为"奉"字之误也。奉邑，供养之地。该地的收入归私人所有。

【译文】

濮阳人吕不韦在邯郸经商，见到秦国在赵国做人质的异人，回家后问他的父亲说："种田能得到几倍利益？"他父亲答道："十倍。"他又问："做珠宝生意能有几倍的赢利？"回答说："百倍。"又问："拥立一个国家的君主能有几倍的赢利？"答道："不计其数。"吕不韦说："现在努力耕田，辛勤劳作，还是穿不暖，吃不饱；如果建国立君，所得到的好处可以传给后代。秦国王子异人在赵国做人质，住在聊城，我愿意去做这样的事。"

吕不韦特意去对异人说："子傒有继承秦国的条件，他的母亲又在宫廷中。现在你的母亲不得宠，你又在多变难测的赵国做人质，一旦赵国撕毁盟约，你的身体将化为粪土。现在你听从我的计策行事，设法回到秦国去，就可以拥有秦国。我替你到秦国去活动，秦国一定会请你回去。"

于是吕不韦到秦国，对秦王后的弟弟阳泉君说："你的祸殃可以致死，你知道吗？你门下的人没有不是官高位尊的，可是太子门下却没有一个显贵的人。你的仓库里藏满了珍珠宝玉，你的马棚里养的都是骏马，后院里住满了美女。君王已经年老，一旦去世，太子掌了大权，你的处境就危如累卵，性命像朝生暮死的生物一样朝不保夕。有一个权宜之计可以使你富贵千万年，比支撑泰山的四柱还要安稳牢固，绝无危亡的忧患。"阳泉君离开了坐席，向吕不韦求教。

吕不韦说："君王年事已高，王后没有儿子。子傒有继承国家基业的条件，又有士仓辅佐。大王一旦去世，子傒继位，士仓掌权，王后的门庭一定会冷落得长出杂草。王子异人是个贤能的人，如今被抛弃在赵国，宫廷里没有得宠的母亲，他每天伸长脖子向西遥望，希望有朝一日能够回国。如果王后能够请求秦王立他为太子，这样本来不能继承王位的异人就能继承王位了，没有儿子的王后也就有儿子了。"阳泉君说："对！"于是进宫劝说王后，王后就请赵国让异人回来。

赵国没有送异人回来，吕不韦就去对赵王说："王子异人是秦王宠爱的儿子，他的母亲在宫中没有地位，王后想接他回去做儿子。假使秦国真想灭掉赵国，就不会顾惜一个儿子做人质而停止攻赵的计划，这样，赵国只是拥有一个没有实际用处的人质。如果让王子异人回国能立为太子，赵国用厚礼送他回去，异人是不敢忘恩负义的，这是赵国自己用恩德与秦国结好。秦王已经老了，一旦去世，即使赵国掌握着王子异人，也不能与秦国结好。"于是，赵国就把异人送了回去。

异人回到秦国，吕不韦让他穿上楚国服装去拜见王后。王后很喜欢他的仪表，认为他聪明过人，说道："我本是楚国人啊。"就把异人认作自己的儿子，给他改名叫"楚"。秦王让子楚诵读经书，子楚说："我很小就出质在赵国，没有老师可教学，不熟悉诵经。"秦王作罢，把他留在宫中居住。异人闲着没事时对秦王说："陛下当初也曾经在赵国住过，赵国有名望的人，您结识的不少。现在大王回国了，他们都向西遥望，可是大王并没有派出一个使者去慰问他们，我担心他们对大王都有怨恨之心，还是让边境早关晚开为好。"秦王认为他说得有道理，对他的才能感到惊异。王后劝秦王立他为太子。秦王于是把相国召来，下令说："我的儿子中没有人能比得上楚。"于是就把子楚立为太子。

子楚即位,拜吕不韦为相,封他为文信侯,以蓝田十二县的租赋供他享用。王后被尊为华阳太后,诸侯都向太后进献养地。

文信侯欲攻赵以广河间

【导读】

本篇选自《秦策五》,又见于《史记·甘茂列传》,描绘了一个智勇双全的少年形象。文中以甘罗为中心写了四个人物。文信侯碰了张唐的钉子,郁郁不乐,张唐害怕被抓,拒绝相燕,都是为甘罗陪衬;而张唐和赵王的先后折服,则正面表现了甘罗的勇与谋,从而有力地突出了这个少年的形象。

文信侯欲攻赵以广河间^①,使刚成君蔡泽事燕^②,三年,而燕太子质于秦^③。文信侯因请张唐相燕^④,欲与燕共伐赵以广河间之地^⑤。张唐辞曰:"燕者必径于赵^⑥,赵人得唐者,受百里之地。"文信侯去而不快^⑦。少庶子甘罗曰^⑧:"君侯何不快甚也^⑨?"文信侯曰:"吾令刚成君蔡泽事燕三年,而燕太子已入质矣。今吾自请张卿相燕而不肯行^⑩。"甘罗曰:"臣行之^⑪。"文信君叱去曰^⑫:"我自行之而不肯,汝安能行之也?"甘罗曰:"夫项橐生七岁而为孔子师^⑬,今臣生十二岁于兹矣,君其试臣,奚以遽言叱也^⑭?"

甘罗见张唐,曰:"卿之功孰与武安君^⑮?"唐曰:"武安君战胜攻取不知其数,攻城堕邑不知其数^⑯;臣之功不如武安君也。"甘罗曰:"卿明知功之不如武安君欤?"曰:"知之。""应侯之用秦也孰与文信侯专^⑰?"曰:"应侯不如文信侯专。"曰:"卿明知为不如文信侯专欤?"曰:"知之。"甘罗曰:"应侯欲伐赵,武安君难之^⑱,去咸阳七里^⑲,绞而杀之。今文信侯自请卿相燕，而卿不肯行，臣不知卿所死之处矣！"唐曰："请因孺子而行⑳。"令库具车㉑，厩具马，府具币，行有日矣㉒。甘罗谓文信侯曰："借臣车五乘，请为张唐先报赵㉓。"

见赵王，赵王郊迎。谓赵王曰："闻燕太子丹之入秦与？"曰："闻之。""闻张唐之相燕与？"曰："闻之。""燕太子入秦者，燕不欺秦也；张唐相燕者，秦不欺燕也。秦、燕不相欺，则伐赵，危矣。燕、秦所以不相欺者，无异故，欲攻赵而广河间也。今王赍臣五城以广河间，请归燕太子，与强赵攻弱燕。"赵王立割五城以广河间。归燕太子。赵攻燕，得上谷三十六县㉔，与秦什一㉕。

【注释】

① 文信侯：即吕不韦。广河间：扩大河间的封地。 ② 事燕：致力于燕、秦的关系。 ③ 质：做人质。 ④ 张唐：秦国臣，昭王时为将军。 ⑤ 鲍本无"欲与燕共伐赵以广河间之地"十二字。 ⑥ 燕：据《史记》"燕"上脱"之"字。之，往。径：经过。 ⑦ 去：遣去。快：高兴。 ⑧ 少庶子：家臣。甘罗：甘茂之孙。 ⑨ 君侯：对列侯的尊称。 ⑩ 张卿：即张唐。卿，对人表示亲热的称呼。 ⑪ 臣：姚云：一本"臣"下有"请"字。行之：使之行。 ⑫ 君：鲍本作"侯"。叱去：叱之使去。叱，大声呵斥。 ⑬ 橐：鲍本作"橐"。项橐，春秋时人。国籍未详。 ⑭ 奚以：何以，为什么。遽：匆忙。 ⑮ 武安君：即白起。 ⑯ 堕（huī）：同"隳"，毁坏。 ⑰ 用秦：在秦执政。专：擅权，权重。 ⑱ 难之：责备应侯。指不受命。 ⑲ 咸阳：秦国都城，在今陕西咸阳东北。 ⑳ 因：通过。孺子：童子。指甘罗。 ㉑ 库：存放军用品的仓库。具：准备。 ㉒ 言行期已定。 ㉓ 报：告知。 ㉔ 上谷：燕国郡，在今河北宣化、涿鹿一带。 ㉕ 什一：十分之一。按：本章事多与史实不符。

【译文】

　　文信侯吕不韦打算攻打赵国以扩大他在河间的封地,派遣刚成君蔡泽到燕国办事,过了三年,燕国送太子丹到秦国做人质。文信侯因而请张唐去辅佐燕国,想和燕国共同伐赵,以扩大河间的封地。张唐推辞说:"到燕国去一定要经过赵国,赵国人如果抓到我,能得到百里封地。"文信侯把他打发走后,心里很不愉快。少庶子甘罗说:"君侯为什么这么不高兴啊?"文信侯说:"我派刚成君到燕国办事三年,燕太子丹已经到我国做人质了。今天我亲自请张唐去辅助燕国,他却不肯去。"甘罗说:"我能让他去。"文信侯呵斥说:"算了吧,我亲自请他去他都不肯,你怎么能让他去呢?"甘罗说:"项橐才七岁就做了孔子的老师,我现在已经十二岁了,您还是让我试试吧,为什么这样匆忙地呵斥呢?"

　　甘罗去见张唐,问道:"您跟武安君白起比,谁的功劳大?"张唐说:"武安君战必胜,攻必取,打的胜仗不计其数,攻下的城池数不清。我的功劳比不上武安君。"甘罗说:"您真的知道自己的功劳比不上武安君吗?"张唐说:"知道。"甘罗又问:"应侯范雎和文信侯相比,谁在秦国的权力大?"张唐答道:"应侯比不上文信侯的权力大。"甘罗又问:"您真的知道应侯比不上文信侯权力大吗?"张唐答道:"知道。"甘罗说:"当初应侯要去攻打赵国,武安君责难他,结果在距离咸阳七里的地方被绞死了。如今文信侯亲自请您去辅助燕国,而您不肯去,我不知道您将会死在什么地方了!"张唐说:"请让我通过你请示文信侯让我去吧!"于是吩咐车库准备车辆,马厩准备马匹,仓库准备礼物,行期也定下来了。甘罗于是对文信侯说:"借给我五辆车,让我替张唐先去通报赵国一声。"

　　甘罗去见赵王,赵王到郊外迎接他。甘罗问赵王道:"大王听说燕太子丹到秦国做人质的事了吗?"赵王说:"听说了。"甘罗问:"听说张唐去辅助燕国的事了吗?"赵王答道:"听说了。"甘罗接着说："燕太子丹到秦国做人质，说明燕国不欺骗秦国；张唐辅助燕国，说明秦国不欺骗燕国。秦、燕两国互不欺骗，那么就要联合起来攻打赵国，赵国就危险了。燕、秦两国所以互不欺骗，没有别的缘故，就是想攻打赵国来扩大河间的地盘。现在请大王送给我五座城邑扩大河间的地盘，我能请秦王让燕太子丹回国，和强大的赵国一起攻打燕国。"赵王听了，立刻割让五座城邑给秦，来扩大河间的地盘。秦国把燕太子丹送回国。赵国于是攻打燕国，夺取上谷三十六县，送给秦国十分之一。

文信侯出走

【导读】

本篇选自《秦策五》。本文试图说明赵国灭亡的原因所在，便直截了当地归之于"贤人"司空马的辞赵而去。其实赵之亡自有其内外政治、经济、军事、外交等诸多因素，岂止"去司空马"之故！重视人的作用在当时有一定的进步意义，但把所谓"贤人"的作用无限夸大，则是"英雄创造历史"的唯心史观。然而文中指出了"国亡者，非无贤人，不能用也"这一症结，毕竟是颇有见地的。

文信侯出走①，司空马之赵②，赵以为守相③。秦下甲而攻赵④。司空马说赵王曰⑤："文信侯相秦，臣事之为尚书⑥，习秦事。今大王使守小官习赵事⑦。请为大王设秦、赵之战⑧，而亲观其孰胜，赵孰与秦大？"曰："不如。""民孰与之众？"曰："不如。""金钱粟孰与之富⑨？"曰："弗如。""国孰与之治⑩？"曰："不如。""相孰与之贤？"曰："不如。""将孰与之武⑪？"曰："不如。""律令孰与之明⑫？"曰："不如。"司空马曰："然则大王之国百举而无如及秦者，大王之国亡。"赵王曰："卿不远赵而悉教以国事⑬，愿于因计⑭。"司空马曰："大王裂赵之半以赂秦，秦不接刃而得赵之半⑮，秦必悦。内恶赵之守⑯，外恐诸侯之救，秦必受之。秦受地而郄兵⑰，赵守半国以自存。秦衔赂以自强⑱，山东必恐；亡赵自危，诸侯必惧。惧而相救⑲，则从事可成⑳。臣请大王约从㉑。从事成，则是大王名亡赵之半，实得山东以敌秦，秦不足亡㉒。"赵王曰："前日秦下甲攻赵㉓，赵赂以河间十二县，地削兵弱，卒不免秦患。今又割赵之半以强秦，力不能自存，因以亡矣。愿卿之更计。"司空马曰："臣少为秦刀笔以官㉔，长而守小官，未尝为兵首㉕，请为大王悉赵兵以遇㉖。"赵王不能将㉗。司空马曰："臣效愚计，大王不用，是臣无以事大王㉘，愿自请㉙。"

司空马去赵，渡平原㉚。平原津令郭遗劳而问㉛："秦兵下赵㉜，上客从赵来㉝，赵事何如？"司空马言其为赵王计而弗用，赵必亡。平原令曰："以上客料之，赵何时亡？"司空马曰："赵将武安君期年而亡㉞；若杀武安君，不过半年。赵王之臣有韩仓者㉟，以曲合于赵王㊱，其交甚亲，其为人疾贤妒功臣㊲。今国危亡，王必用其言，武安君必死。"

韩仓果恶之㊳，王使人代㊴。武安君至，使韩仓数之曰㊵："将军战胜，王觞将军㊶。将军为寿于前而捍匕首㊷，当死。"武安君曰："繓病钩㊸，身大臂短，不能及地，起居不敬㊹，恐惧死罪于前，故使工人为木材以接手㊺。上若不信，繓请以出示。"出之袖中，以示韩仓，状如振捆㊻，缠之以布。"愿公入明之。"韩仓曰："受命于王㊼，赐将军死，不赦，臣不敢言。"武安君北面再拜赐死㊽，缩剑将自诛㊾，乃曰："人臣不得自杀宫中。"遇司空马门㊿，趣甚疾(51)，出诔门也(52)，右举剑将自诛，臂短不能及，衔剑征之于柱以自刺(53)。武安君死(54)，五月赵亡。

平原令见诸公，必为言之，曰："嗟嗞乎(55)，司空马！"又以为司空马逐于秦，非不知也；去赵，非不肖也⑤⑥。赵去司空马而国亡⑤⑦。国亡者，非无贤人，不能用也。

【注释】

①秦王政十年（前237年），吕不韦免相就国，十二年徙蜀。出走：指离开。　②司空马：吕不韦属吏。　③守相：代理丞相。守（shòu），犹"摄"，暂时代理职务。　④下甲：出兵。　⑤赵王：指赵王迁。时当其七年（前229年）。　⑥尚书：又称掌书，为少府属官。此指秦相属官。　⑦守：犹"任"。　⑧设：假设。　⑨粟：金正炜曰：此文"粟"下亦当有"米"字而误脱也。　⑩治：治理得好。　⑪武：勇猛。　⑫律令：法律。明：严明。　⑬远：疏远。悉：全部，无保留地。　⑭于：犹"为"。因：犹"受"。　⑮接刃：交战。　⑯恶：犹"畏"。　⑰郄：姚云：一作"却"。　⑱衔：控制，支配。　⑲捄：同"救"。　⑳从事：合纵之事。　㉑请：鲍本"请"下有"为"字。　㉒不足：不难。　㉓前日：从前。　㉔刀笔：指刀笔吏，主办文案的官。以：疑为"之"字之讹。　㉕兵首：带兵的人。　㉖遇：敌，对抗。　㉗将：使为将。　㉘事：侍奉，效劳。　㉙愿自请：自请而去。　㉚平原：津渡名，在今山东平原与高唐之间。　㉛津：渡口。郭遗：平原津令。劳：慰劳。　㉜下：攻打。　㉝上客：尊客。　㉞武安君：指李牧，赵国将领，屡建战功，封武安君。　㉟韩仓：赵国臣。　㊱曲合：阿谀奉承地迎合。曲，偏邪，不正常。　㊲疾：同"嫉"，妒忌。　㊳恶：诽谤，诋毁。　㊴代：代李牧为将。　㊵数：责备，列举罪状。　㊶觞（shāng）：进酒，欢饮。　㊷为寿：祝寿，祝酒。捍：姚云：刘一作"捭"。捭（bǎi），两手横向旁击。　㊸瘳（zuǒ）：病名。臂短屈不能伸。李牧以病自名。病钩：患了拘挛病。　㊹此句是说与王相处，因臂短不能及地，礼仪不周而失敬。　㊺此句王念孙曰：《文选》谢灵运《初发都》诗注引此，"惧"作"获"，"材"作"杖"，于义为长。　㊻振：黄丕烈曰：乃状木材所如之物者，其字以有讹，当阑。按：似当为"枨"（chéng），古代门两旁所竖的长木

柱,用以防止车过触门。捆:黄丕烈曰:乃"梱"字形近之讹。梱(kǔn),门槛。 ㊼受命于王:以病情告于王。 ㊽再拜赐死:再拜赐死之命。 ㊾缩:抽取。 ㊿遇:鲍本作"过"。鲍注:衍"空"字。司马门:皇宫的外门。 ㉛趣:趋向,奔走。疾:快,迅速。 ㉜诚:金正炜曰:"诚"(jí)当为"诔"(jí)。诔门即棘门,声之误也。司马门之外,故知当为棘门。按:古代宫门插戟,故称宫门为棘门。 ㉝征:证明。 ㉞武安君死:事在前229年冬。 ㉟嗟嗞:赞叹声。 ㊱不肖:没有出息。 ㊲去:指不任用。

【译文】

文信侯吕不韦被驱逐出境,他的部下司空马逃到赵国,赵国任命他为代理相国。秦国于是出兵进攻赵国。

司空马游说赵王说:"文信侯做秦国丞相时,我是他的下属,担任掌书职务,熟悉秦国的情况。现在大王让我担任代理相国,我也熟悉赵国的情况。请让我为大王假设秦、赵两国要交战,让我们来看看谁能取胜。您看赵国和秦国哪个强大?"赵王说:"赵国不如秦国强大。"司空马又问:"赵国和秦国的民众哪个多?"赵王说:"赵国不如秦国人多。"司空马又问:"金钱、粮食哪个更富有?"赵王说:"赵国不如秦国富有。"司空马又问:"国家哪个治理得好?"赵王说:"赵国不如秦国。"司空马又问:"哪一国的丞相贤能?"赵王说:"不如秦国丞相贤能。"司空马又问:"哪一国的将领勇猛?"赵王说:"不如秦国将领勇猛。"司空马又问:"哪一国的法令更严明?"赵王说:"不如秦国的严明。"司空马说:"既然这样,那么大王的国家哪一方面也比不上秦国,赵国就要灭亡了。"赵王说:"您对赵国不见外,请毫不保留地把治国方略教给我,我愿意为国家来打算。"司空马说:"大王分出赵国一半土地送给秦国,秦国不用武力就能得到半个赵国,秦国一定很高兴。秦国担心赵国内部有守备,又担心诸侯从外部救援,必然会马上接受赵国的割地。秦国接受了赵国的割地就会撤军，赵国守住一半国土还可以生存。秦国得到赵国的割地就自然会更加强大，山东各国担心失去赵国会危及自己，一定很恐惧。它们恐惧就会来援救赵国，那么合纵联盟就可以成功。我请求替大王组织合纵联盟。合纵联盟一旦成功，那么大王虽然名义上失去了半个赵国，但实际上得到了山东各国来抵抗秦国，秦国就不难被灭亡了。"赵王说："从前秦国出兵攻打赵国，赵国割让了河间十二个县，虽然土地减少了，兵力削弱了，可是最终仍然免不了秦国的祸患。现在又要割让赵国的一半去加强秦国，我们实在无力自存，因此就要灭亡了。希望您考虑别的办法。"司空马说："我年轻的时候在秦国当过主办文案的小吏，年长以后做过小官，可从来没有带过兵，我请求为大王带领赵国的全部军队去抗击秦国。"赵王没有任用司空马做将领。司空马说："我奉献的计策大王不能采纳，这样，我也没有什么可以用来为大王效力的了，希望大王让我离开赵国。"

司空马离开赵国，通过平原津。平原津守令郭遗慰劳司空马，问道："秦国出兵攻打赵国，您从赵国来，赵国的情况怎么样？"司空马说他为赵王献计，赵王不肯采纳，赵国一定要灭亡。平原津守令问道："据您估计，赵国什么时候灭亡？"司空马说："赵国如果用武安君李牧为将，一年之内就灭亡；如果杀了武安君，不过半年就会灭亡。赵王有一个叫韩仓的臣子，他常阿谀奉承地迎合赵王，和赵王的关系很亲密，这个人嫉贤妒能。现在赵国正处于危急之际，赵王一定听从他的话，武安君必定被谗害而死。"

韩仓果真中伤武安君，赵王派人取代了他的职务。武安君回到京城，赵王让韩仓数落他说："将军打了胜仗，大王给你敬酒。将军给大王祝酒时却挥动匕首，应当处死。"武安君说："我得过拘挛病，身子长胳膊短，手不能触地，向大王行礼时就不够恭敬，我担心遭受死罪，所以让工匠做了一个木杖接在手上。大王如果不信，请让我拿出来给您看。"于是伸出胳膊给韩仓看，形状像是个木杖，用布缠捆着。武安君说："请您到大王面前说明这些情况。"韩仓说："我把你的情况报告给大王，大王赐死将军，不可赦免，我不敢替你代言。"武安君向北拜了两拜，感谢赐死之恩，抽出剑来就要自杀，说道："臣子不能在宫中自杀。"于是穿过司马门，匆匆走出棘门，右手举起剑来准备自刎，因为胳臂短，剑刃够不到脖颈，就把剑插入屋柱来自杀。武安君死后，五个月赵国就灭亡了。

平原津令见到他的朋友时，必为司空马叹息："哎，司空马！"又认为司空马被秦国驱逐，不是因为他没有才智；离开赵国，也不是因为他没有出息。赵国不用司空马，国家就灭亡了。赵国之所以灭亡，不是因为没有贤能的人，而是不能任用贤才啊。

齐策

导　读

　　齐国，从西周封姜太公（吕尚）于营丘开始，绵延将近七百年，二十九传到齐康公，他于公元前379年死在被废黜的地方，姜姓的齐国系统算是彻底结束了。

　　早在公元前672年，陈国厉公之子陈完，避难逃到齐国。齐桓公以陈完为工正（掌百工之事），职位不算高。陈完定居下来，很注意培植自己的势力，收买人心，逐步成为能够左右姜齐国政的卿大夫权势家族（崔、庆、栾、高、陈、鲍）之一。上古音里面"陈""田"非常近似，陈完的后代子孙，夺取姜齐政权之前已称为田氏家族。在公元前386年，田和把姜齐的康公废黜驱逐掉，统治了姜齐的全部土地，被称为田齐的第一代开国君主，也称为"太公"，国都仍在临淄。

　　田齐建国已是战国的中期。田和的孙子也被称为"桓公"，在国都临淄的稷门附近（称为"稷下"）设置学宫，成为学术中心（有的学者认为稷下得名另有原因，也有学者认为创建应始于"桓公"之子齐威王）。稷下的学派很多，学士被称为"先生"，著名的有淳于髡、慎到、邹衍、宋钘、尹文、接子（或作捷子）、彭蒙、田骈、环渊（或作蜎渊）、荀卿等。这些人不但见于先秦诸子书、《史记》《汉书·艺文志》中，也见于《战国策》。孟轲是不是加入过稷下也很难说。

齐威王文用邹忌，武用孙膑、田忌，既改革政治，又扩张兵力，田齐从此强盛起来。公元前353年，齐、魏两军桂陵之战，齐大胜。公元前341年，齐、魏马陵之战，魏又大败，统帅庞涓自杀，魏太子申被俘。战国前期，东方诸国魏为最强，从此魏国逐渐转衰而齐崛起拥有东方强国的地位。公元前334年，齐威王与魏惠王（或称梁惠王）在徐州会盟，相互抬高身价，承认对方为王。到了齐威王晚年，邹忌与田忌相互倾轧争掌大权，终于诉诸武力。田忌失败，于公元前322年逃往楚国。齐宣王继位，公元前315年，燕国发生内乱，第二年，齐宣王派匡章伐燕，大约五十天即占领燕国，不久退出。

在战国晚期，最初齐仍保持着东方强国的地位。公元前301年，齐联合韩、魏攻楚，垂沙之战大败楚军。公元前300年，齐闵王即位。就《战国策》本身来说，应注意到一件事，即各国的权贵纷纷养"士"，最出名的有魏信陵君、赵平原君、齐孟尝君、楚春申君。被养的士就是这些贵族公子的谋士和爪牙。

公元前298—前296年，齐国多次联合韩、魏进攻秦国，打进函谷关，迫使秦国退还所侵占的韩、魏的一些地方。齐又伐燕，"覆三军，获二将"，使燕昭王不敢不服。公元前288年十月，秦约齐一同称帝，秦为西帝，齐为东帝。同年十二月，齐听苏秦之议，自动取消东帝称号。公元前287年，苏秦、李兑联合赵、齐、楚、魏、韩五国攻秦，罢于成皋，但也迫使秦把侵占赵、魏的部分地方退还以讲和。公元前286年，齐闵王灭宋，宋当时已是相当强盛的中等国家。齐闵王连年用兵，国力消耗殆尽。公元前284年，燕昭王以乐毅为上将军，联合秦、韩、赵、魏，五国合力攻齐，势如破竹，攻入齐都临淄，一连攻下齐国七十余城，只有莒和即墨二城坚守。齐闵王被楚将所杀，莒人拥立闵王之子齐襄王。即墨由田单出任守将。两城与燕军相持不下达五年之久。公元前279年，燕昭王死，田单以反间计使燕惠王撤换乐毅，并用"火牛阵"大破燕军，一举光复齐国。但齐已被削弱，自保而已。齐襄王死，其子齐王建继位，建之母君王后执政十余年，为战国时期杰出的女主之一。君王后死，又二十余年，秦已灭韩、魏、楚。公元前222年，秦灭燕、代、赵。公元前221年，秦兵自燕南下，齐亡。

　　田齐君主共八世，《战国策》所载仅为后五世（威王、宣王、闵王、襄王、王建）之事而已。

　　《齐策》六卷，五十九章，一万七千一百八十六字。实际篇幅少于四卷之《赵策》、五卷之《秦策》，位居第三。

　　《齐策》策文之中，名篇较多，既有齐威王重用邹忌、田忌、孙膑、章子（匡章）、淳于髡等使齐国富强，令人赞许的这一方面，又有邹忌不择手段地倾轧、陷害田忌，令人厌恶的那一方面。又如：以靖郭君田婴、孟尝君田文父子为中心的若干人和事，既反映出权臣的政治手腕，又反映出"士"在这一时期的地位与作用。苏秦、张仪、陈轸、公孙衍（犀首）、鲁仲连以及冯谖、颜斶、王斗等等知名度虽不甚高而能量却不小的许多人物，都很活跃。

靖郭君将城薛

【导读】

本篇选自《齐策一》，又见于《韩非子·说林下》《淮南子·人间训》《新序·杂事二》，事在公元前322年。靖郭君城薛是发展私人势力的行为，这既不利于国家利益，也不利于个人的长远利益。齐客以"海大鱼"为喻，恰当地说明了个人与国家的关系就犹如鱼和海的关系，帮助靖郭君摆正了个人与国家的位置。

靖郭君将城薛①，客多以谏②。靖郭君谓谒者③："无为客通④。"齐人有请者，曰："臣请三言而已矣⑤。益一言，臣请烹⑥。"靖郭君因见之。客趋而进曰⑦："海大鱼。"因反走⑧。君曰："客有于此⑨！"客曰："鄙臣不敢以死为戏。"君曰："亡⑩，更言之⑪。"对曰："君不闻大鱼乎⑫？网不能止⑬，钩不能牵⑭，荡而失水，则蝼蚁得意焉⑮。今夫齐，亦君之水也。君长有齐阴⑯，奚以薛为⑰？夫齐⑱，虽隆薛之城到于天，犹之无益也⑲。"君曰："善。"乃辍城薛⑳。

【注释】

①靖郭君：即田婴，齐威王少子，孟尝君父。曾任齐国相，封于薛（今山东滕县西），称薛公，号靖郭君。城薛：在薛地修筑城墙。　②谏：规劝。　③谒者：负责通报传达之事的近侍。　④通：通报。⑤三言：三个字。已：止。⑥烹：古代的一种酷刑，用鼎煮杀人。　⑦进：进言。⑧反走：回头就跑。　⑨客有于此：意即说"海大鱼"之意。　⑩亡：不然。　⑪更：复，再。⑫大鱼：《淮南子》《新序》"大鱼"上有"海"字。　⑬止：网住，获得。　⑭牵：引，钩住。　⑮蝼蚁：蝼蛄和蚂蚁。得意：得逞其意。⑯阴：姚云：别本无"阴"字。黄丕烈曰：此有者，当读"阴"为"荫"。按：荫（yìn），庇荫、庇

护。　⑰奚以薛为：还要薛干什么。　⑱夫：黄丕烈曰："夫"乃"失"字形近之讹。王念孙说同。　⑲犹之：仍旧，仍然。　⑳辍：停止。

【译文】

靖郭君要在薛地修筑城墙，他的门客大都劝他别这样做。靖郭君对负责传达的人说："不要为求见的门客通报了。"有个齐国人请求接见，说："请让我说三个字就行了。如果多一个字，我情愿受烹刑！"于是靖郭君接见了他。这个门客快步向前，说了声"海大鱼"，回头就跑。靖郭君说："请你把话说明白！"门客说："我不敢拿性命当儿戏。"靖郭君说："不要紧，你再说下去。"门客说道："您没有听说过海大鱼吧，渔网不能兜住它，鱼钩不能钓上它，如果一旦离开了水，那么连蝼蛄和蚂蚁也能对它任意而为了。现在齐国就是您的水啊，您长久拥有齐国，还要薛地干什么呢？失去了齐国，即使您把薛的城墙筑得天一般高，也还是没有用啊！"靖郭君说："对！"于是停止在薛地筑城。

靖郭君善齐貌辨

【导读】

本篇选自《齐策一》，又见于《吕氏春秋·知士》，事在公元前320年。齐貌辨是一个不修细行、缺点甚多的人，门人不喜欢他，孟尝君也对他颇有微词，但靖郭君力排众议，给予他优厚礼遇。看来这不是简单的偏爱，而是出于知人之明，这一点颇有启发性。文章开头祖护齐貌辨的话，说得那么激烈而动感情，突如其来，出人意料，起到引人入胜的作用，为文章增色。

靖郭君善齐貌辨①。齐貌辨之为人也多疵②，门人弗说。士尉以证靖郭君③,靖郭君不听,士尉辞而去。孟尝君又窃以谏④,靖郭君大怒,曰:"刬而类⑤,破吾家,苟可慊齐貌辨者⑥,吾无辞为之⑦。"于是舍之上舍⑧,令长子御⑨,旦暮进食。

数年,威王薨⑩,宣王立⑪。靖郭君之交大不善于宣王,辞而之薛,与齐貌辨俱留⑫。无几何⑬,齐貌辨辞而行,请见宣王。靖郭君曰:"王之不说婴甚,公往,必得死焉。"齐貌辨曰:"固不求生也,请必行。"靖郭君不能止。

齐貌辨行至齐,宣王闻之,藏怒以待之⑭。齐貌辨见宣王,王曰:"子,靖郭君之所听爱夫⑮!"齐貌辨曰:"爱则有之,听则无有。王之方为太子之时,辨谓靖郭君曰:'太子相不仁⑯,过颐豕视⑰,若是者信反⑱。不若废太子,更立卫姬婴儿郊师⑲。'靖郭君泣而曰:'不可,吾不忍也。'若听辨而为之,必无今日之患也。此为一。至于薛,昭阳请以数倍之地易薛⑳。辨又曰:'必听之。'靖郭君曰:'受薛于先王㉑,虽恶于后王㉒,吾独谓先王何乎㉓?且先王之庙在薛,吾岂可以先王之庙与楚乎?'又不肯听辨。此为二。"宣王大息㉔,动于颜色㉕,曰:"靖郭君之于寡人一至此乎㉖!寡人少,殊不知此㉗。客肯为寡人来靖郭君乎㉘?"齐貌辨对曰:"敬诺。"

靖郭君衣威王之衣冠㉙,舞其剑㉚。宣王自迎靖郭君于郊,望之而泣。靖郭君至,因请相之㉛。靖郭君辞,不得已而受。七日谢病,强辞,靖郭君辞不得㉜,三日而听㉝。

当是时,靖郭君可谓能自知人矣㉞。能自知人,故人非之不为沮㉟。此齐貌辨之所以外生乐患趣难者也㊱。

【注释】

①齐貌辨:齐国贤士。 ②疵:缺点,过失。 ③士尉:齐国人,靖郭君门客。证:谏正。 ④孟尝君:即田文,齐国贵族,袭其父田婴的封爵,亦

称薛公，号孟尝君。齐闵王时任相国。有门客数千。　⑤划（chǎn）：同
"铲"，灭。而类：你们这些人。而，你。　⑥慊（qiè）：满足。　⑦辞：推
辞。　⑧舍：住。上舍：上等住宅。　⑨御：侍奉。　⑩威王：齐国君。
田氏，名婴（因）齐，前356—前320年在位。　⑪宣王：齐国君。名辟疆，威
王之子，前319—前301年在位。　⑫俱：一起。　⑬无几何：不多久。
⑭藏：怀。　⑮听爱：听信喜爱。夫：语气词，犹"吧"。　⑯相：相貌。
⑰过颐：耳后见腮，面颊过长。豕视：下邪偷视，眼神不正。　⑱信：黄丕烈
曰："信"即"倍"之讹。王念孙说同。倍反，背叛。　⑲更：另。婴儿：刚
出生的小孩，也可指三四岁至十几岁的孩子。郊师：卫姬之子，齐宣王庶弟。
⑳昭阳：楚国令尹。易：交换。　㉑先王：指齐威王。　㉒后王：指齐宣
王。　㉓独：却。　㉔大息：出声长叹。大，同"太"。　㉕动：改变。颜色：
脸色。　㉖一：乃，竟。　㉗殊：一点不。　㉘客：指齐貌辨。来：使来，请来。
㉙靖郭君：王念孙曰："靖郭君"下有"来"字。"冠"下亦当有"其冠"二
字。　㉚舞：姚云：刘作"带"。　㉛相之：以之为相。　㉜靖郭君辞不得：
黄丕烈曰：《吕氏春秋》无"靖郭君辞不得"六字为是。　㉝听：允许，同意。
㉞知：识别。　㉟非：批评。沮：止，终止。　㊱外生：置生死于度外。乐
患：乐于解人忧患。趣难：救人危难。趣，同"趋"，奔赴。

【译文】

靖郭君对齐貌辨非常好。齐貌辨这个人有不少毛病，靖郭君的
门客都不喜欢他。士尉因此劝说靖郭君，靖郭君不听，士尉于是辞别
靖郭君走了。孟尝君又私下里劝说靖郭君，靖郭君勃然大怒，说：
"铲除你们这些人，破坏我的家，如果能让齐貌辨感到满足，我都不
会拒绝做。"于是把齐貌辨安置在上等住宅中，让长子侍候，早晚按
时给他送饭。

过了几年，齐威王死了，齐宣王即位。靖郭君和齐宣王的关系很
不好，于是辞别宣王到封地薛邑去了，和齐貌辨住在一起。没多久，

齐貌辨向靖郭君告别，请求去拜见齐宣王。靖郭君说："大王很不喜欢我，你去见他一定会死在那里。"齐貌辨说："我本来就不是为了求生才去的，请你务必让我去。"靖郭君没能阻止住他。

齐貌辨来到齐都，齐宣王听说他要来，满怀怒气地等着他。齐貌辨拜见齐宣王，宣王说："你就是靖郭君所听信和喜爱的人吧？"齐貌辨说："喜爱倒是事实，听信却谈不上。正当大王您做太子的时候，我曾对靖郭君说：'太子的相貌不好，面颊过长，眼神不正，像这样的人容易反叛。不如把太子废掉，另立卫姬的儿子郊师。'靖郭君哭着说：'不行，我不忍心这样做。'如果靖郭君能照我的话去办，就一定不会有今天的忧患了。这是第一件事。到了薛地以后，楚将昭阳请求用比薛大几倍的地方来交换薛地。我又说：'一定要答应这件事。'靖郭君说：'我从先王那里接受了薛地，虽然现在得罪了后王，如果把薛地换出去，我却如何向先王交代呢？再说先王的宗庙还在薛地，我难道能把先王的宗庙交给楚国吗？'靖郭君又不肯听我的。这是第二件事。"齐宣王听罢不禁大声叹息，表情有所改变，说道："靖郭君对我竟然好到这种地步呀！我年轻，一点儿也不知道这些事，你能替我把靖郭君请回来吗？"齐貌辨说："好吧。"

靖郭君来后，穿上齐威王的衣服，戴上他的帽子，佩带他的宝剑。齐宣王亲自到郊外迎接靖郭君，看到他就流下眼泪。靖郭君到了朝廷，宣王就请他做相国。靖郭君再三推辞，不得已才接受。过了七天，靖郭君称病竭力辞去相位，过了三天，齐宣王才答应。

在当时，靖郭君可以称得上能识人的人了。他自己能识人，所以别人非难他也不改变看法。这就是齐貌辨不贪生、乐于替人解忧、救人之难的原因啊。

邹忌修八尺有余

【导读】

　　本篇选自《齐策一》，说明人君纳谏的重要性。文章通过人物的外貌、语言、行动、心理的描写，刻画了谋臣邹忌的鲜明形象。邹忌头脑冷静，善于思考，娴于辞令，由耐人寻味的生活小事，推己及人，引出深刻道理，寓说理于叙事之中，言简意赅，发人深思。邹忌两次窥镜，与妻、妾、客的三问三答，富于戏剧性，颇类寓言故事。

　　邹忌修八尺有余①，身体昳丽②。朝服衣冠③，窥镜④，谓其妻曰："我孰与城北徐公美⑤？"其妻曰："君美甚，徐公何能及公也⑥！"城北徐公，齐国之美丽者也。忌不自信，而复问其妾曰："吾孰与徐公美？"妾曰："徐公何能及君也！"旦日⑦，客从外来，与坐谈，问之客曰⑧："吾与徐公孰美？"客曰："徐公不若君之美也！"明日，徐公来，孰视之⑨，自以为不如；窥镜而自视，又弗如远甚。暮，寝而思之，曰："吾妻之美我者⑩，私我也⑪；妾之美我者，畏我也；客之美我者，欲有求于我也。"

　　于是入朝见威王曰⑫："臣诚知不如徐公美，臣之妻私臣，臣之妾畏臣，臣之客欲有求于臣，皆以美于徐公。今齐地方千里，百二十城，宫妇左右⑬，莫不私王；朝廷之臣，莫不畏王；四境之内，莫不有求于王。由此观之，王之蔽甚矣⑭！"王曰："善。"乃下令："群臣吏民能面刺寡人之过者⑮，受上赏；上书谏寡人者，受中赏；能谤议于市朝⑯，闻寡人之耳者⑰，受下赏。"

　　令初下，群臣进谏，门庭若市。数月之后，时时而间进⑱。期年之后，虽欲言，无可进者。燕、赵、韩、魏闻之，皆朝于齐。此所谓战胜于朝廷⑲。

①邹忌：齐国人，以鼓瑟游说齐威王，被任命为相国。先封于下邳，后封于成，号成侯。修：长，身高。八尺：约相当于今市尺五尺三寸。　②身体：鲍本作"而形貌"。昳（yì）丽：光艳漂亮。　③朝：早晨。服：穿戴。　④窥镜：对着镜子端详自己。　⑤徐公：即徐君平，齐国人。　⑥公，鲍本作"君"。　⑦旦日：白天。　⑧客：姚云：一无"客"字。　⑨孰视：仔细看。孰，同"熟"。　⑩美我：认为我美。　⑪私：偏爱。　⑫于是：姚云：一无"于是"二字。威：一无"威"字。　⑬宫妇左右：指宫中的侍妾和侍臣。　⑭蔽：受蒙蔽。　⑮面刺：当面指责。　⑯谤议：批评议论。谤，公开指责别人的过失。市朝：人众聚集的公共场所。　⑰闻：使……闻。　⑱间（jiàn）进：断断续续地进谏。　⑲此所谓战胜于朝廷：修明政治，则可战胜外部敌人。

【译文】

　　邹忌身高八尺有余，容貌光艳漂亮。早晨穿戴完毕，对着镜子端详自己，对他的妻子说："我和城北徐公相比谁漂亮？"他的妻子说："你漂亮极了，徐公哪里比得上你！"城北徐公，是齐国有名的美男子。邹忌不信自己比徐公还漂亮，又问他的妾说："我和徐公比谁漂亮？"妾说："徐公哪能比得上您呢！"白天，从外边来了一个客人，邹忌同他交谈，又问他说："我和徐公比谁漂亮？"客人回答说："徐公比不上您漂亮！"第二天，徐公来了，邹忌仔细端详他，自以为不如徐公漂亮；又对着镜子端详自己，更觉得比徐公差远了。晚上睡觉时考虑这件事，醒悟道："我的妻子认为我漂亮，是因为她偏爱我；妾说我漂亮，是因为她害怕我；客人夸我漂亮，是因为他有求于我！"

　　于是，邹忌上朝去见齐王，说："我确实知道自己不如徐公漂亮，我的妻子偏爱我，我的妾害怕我，我的客人有求于我，都说我比徐公漂亮。现在齐国土地纵横千里，有一百二十座城邑，宫中的后妃和侍臣，没有一个不偏爱大王；朝廷里的臣下，没有一个不害怕大王；全国的百姓，没有一个不有求于大王。由此看来，大王所受的蒙蔽实在太厉害了！"齐王说："你说得对！"于是下了一道命令："凡是臣民能当面指责我过错的，给予上等奖赏；能上书直言规劝我的，给予中等奖赏；能在公共场合批评我并能传到我耳朵里的，给予下等奖赏。"

命令刚公布的时候，群臣纷纷进言规劝，宫廷门前就像集市一样拥挤。几个月后，有时还断断续续地有人来进言规劝。一年以后，即使想进言规劝，也没有什么可说的了。燕、赵、韩、魏等国听说了这件事，都来朝见齐王。这就是所谓的身在朝廷，不出兵作战，就可战胜敌人。

昭阳为楚伐魏

【导读】

本篇选自《齐策二》，又见于《史记·楚世家》，事在公元前323年。"画蛇添足"这个成语就出于此篇。陈轸说昭阳为楚伐魏已立战功，又移兵攻齐，是画蛇添足。他用私人的利益打动昭阳，这是游说之士的惯技。这个寓言很有意义，从古至今，常常被人引用，讽刺那些不顾客观实际，只凭主观臆断的人。

昭阳为楚伐魏，覆军杀将[1]，得八城，移兵而攻齐。陈轸为齐王使[2]，见昭阳，再拜贺战胜，起而问："楚之法，覆军杀将，其官爵何也？"昭阳曰："官为上柱国[3]，爵为上执珪[4]。"陈轸曰："异贵于此者何也[5]？"曰："唯令尹耳[6]。"陈轸曰："令尹贵矣，王非置两令尹也。臣窃为公譬可也[7]？楚有祠者[8]，赐其舍人卮酒[9]。舍人相谓曰：'数人饮之不足，一人饮之有余。请画地为蛇，先成者饮酒。'一人蛇先成，引酒且饮之^⑩，乃左手持卮，右手画蛇，曰：'吾能为之足^⑪。'未成，一人之蛇成，夺其卮曰：'蛇固无足，子安能为之足？'遂饮其酒。为蛇足者终亡其酒。今君相楚而攻魏，破军杀将得八城，不弱兵欲攻齐^⑫。齐畏公甚，公以是为名居足矣^⑬，官之上非可重也^⑭。战无不胜而不知止者，身且死，爵且后归，犹为蛇足也。"昭阳以为然，解军而去^⑮。

【注释】

①覆军：使魏军覆没。　②齐王：指齐威王。时当其三十四年。使：出使。③上柱国：又称"柱国"，楚国最高武官。　④上执珪：又称"执圭"，楚国最高官爵。　⑤异：其他，别的。　⑥令尹：楚国最高行政长官，相当于其他诸侯国的相国。　⑦譬：打比方。　⑧祠：祭祀。　⑨舍人：门客。卮：盛酒的器皿。王念孙曰："卮"上当有"一"字。　⑩引：拿，拿过来。⑪为之足：给蛇画脚。　⑫不弱兵：《史记》作"又移兵"。　⑬居：姚云：一本去"居"字。鲍本"居"作"亦"。　⑭重：增加。　⑮解军：撤兵。

【译文】

昭阳为楚国攻打魏国，击溃魏军，杀死魏将，占领了八座城池，然后又调动军队去攻打齐国。陈轸为齐王出使，见到昭阳，再拜致意，祝贺他打了胜仗，起身问昭阳："依照楚国的规定，击溃敌军，杀死敌将，能够得到什么样的官爵？"昭阳说："官为上柱国，爵为上执珪。"陈轸说："此外还有比这更高的官爵吗？"昭阳说："只有令尹了。"陈轸说："令尹是最尊贵的官，楚王该不会设置两个令尹的。让我为您打个比方可以吗？楚国有祭祀的人，赏赐给他的门客们一壶酒。门客们一起说道：'几个人喝这壶酒不够，一个人喝又有剩余。让我们在地上画蛇，先画成的人就喝酒。'其中一个人先把蛇画成了,拿过酒来要喝,便左手拿着酒壶,右手去画蛇,说:'我能给它画上脚。'蛇脚还没画完,另一个人把蛇画完了,夺过那酒壶,说:'蛇本来没有脚,你怎么能给它画上脚呢?'便喝了那壶酒。给蛇画脚的人最终失去了那壶酒。现在你身为楚相而攻打魏国,击溃魏军,杀死魏将,还占领了八座城池,你又调动军队想要攻打齐国。齐国很畏惧你,你有这样的威名也就够了,官爵也不可能再增加了。每次都打胜仗却不知适可而止的人,将会死于战事,死后爵位也要归还国君,这就像画蛇添足一样啊。"昭阳认为陈轸的话有道理,就撤军回国了。

孟尝君有舍人而弗悦

【导读】

本篇选自《齐策三》。鲁仲连在这里提出一个具有启发性的问题:用人要用长避短,人尽其才;让人得其所宜,方能尽其所力。这就是人们常说的"用人如器,各取所长"。这是极精到的见解,虽是两千多年前的古人之言,却闪烁着朴素辩证法的光辉,包含着颠扑不破的真理。

孟尝君有舍人而弗悦①,欲逐之。鲁连谓孟尝君曰②:"猿猕猴错木据水③,则不若鱼鳖;历险乘危④,则骐骥不如狐狸⑤。曹沫之奋三尺之剑⑥,一军不能当⑦;使曹沫释其三尺之剑⑧,而操铫耨⑨,与农夫居垄亩之中⑩,则不若农夫。故物舍其所长⑪,之其所短⑫,尧亦有所不及矣。今使人而不能⑬,则谓之不肖⑭;教人而不能,则谓之拙。拙则罢之,不肖则弃之。使人有弃逐,不相与处⑮,而来害相报者⑯,岂非世之立教首也哉⑰?"孟尝君曰:"善。"乃弗逐。

【注释】

①悦：喜欢。 ②鲁仲连：齐国人,善于计谋划策,常周游各国,排解纠纷。 ③猕：金正炜曰：策文"猕"字盖涉注而衍；又"猕猴"与"骐骥"为对文。错：通"措",废弃,放弃。据：处于。 ④乘：登,升。危：高。 ⑤骐骥：骏马。 ⑥曹沫：即曹刿,春秋时鲁国人,以勇力事鲁庄公。相传随庄公与齐桓公相会于柯,劫桓公与齐国盟约,收复失地。奋：举起。 ⑦军：军队编制单位,一万两千五百人。当：挡住。 ⑧使：假使。释：放下。 ⑨操：持,拿着。铫（yáo）：大锄。耨：同"耨"（nòu）,锄一类的锄草工具。 ⑩垅亩：田亩,田地。 ⑪物：人。 ⑫之：犹"用"。 ⑬使：使用。不能：做不到。 ⑭谓：认为。 ⑮不相与处：不能一起相处。 ⑯害：伤害。相报：报复你。 ⑰教：教化。首：始,首要任务。

【译文】

孟尝君有一个门客,可是不喜欢他,想要把他赶走。鲁仲连对孟尝君说："猿猴离开树木到水中去生活,那它就不如鱼鳖；翻越险阻攀登高峰,那骏马就比不上狐狸。曹沫举起三尺剑,一个军的人也不能抵挡；假使让曹沫放下他的三尺之剑,而手握锄耨和农夫一起在田地里耕耘,那么他赶不上农夫。所以,人如果舍弃他的长处,取用他的短处,就是尧也有比不上别人的地方。现在使用人如果能力达不到,就认为他没出息；教育人如果学不会,就认为他笨拙。认为他笨拙就不用他,认为他没出息就抛弃他。这些人被抛弃、被赶走,不能和他们一起相处,他们就会来伤害你,报复你,这难道不应该是社会进行教化的首要任务吗？"孟尝君说："对。"于是就不赶那人走了。

孟尝君出行国

【导读】

本篇选自《齐策三》。孟尝君善于纳谏,鼓励进谏,颇有闻过则喜的精神,这是可贵的。公孙戍的形象刻画得惟妙惟肖,行动和心理描写都很切合人物的身份。这类小品文,妙语连珠,在幽默中见机锋,显示出说者的滑稽多智。

孟尝君出行国①,至楚,献象床②。郢之登徒直使送之③,不欲行。见孟尝君门人公孙戍曰④:"臣,郢之登徒也,直送象床。象床之直千金⑤,伤此若发漂⑥,卖妻子不足偿之。足下能使仆无行⑦,先人有宝剑⑧,愿得献之。"公孙曰⑨:"诺。"

入见孟尝君曰:"君岂受楚象床哉?"孟尝君曰:"然。"公孙戍曰:"臣愿君勿受。"孟尝君曰:"何哉?"公孙戍曰:"小国所以皆致相印于君者⑩,闻君于齐能振达贫穷⑪,有存亡继绝之义⑫。小国英桀之士⑬,皆以国事累君⑭,诚说君之义⑮,慕君之廉也⑯。今君到楚而受象床,所未至之国将何以待君?臣戍愿君勿受。"孟尝君曰:"诺。"

公孙戍趋而去。未出,至中闺⑰,君召而返之⑱,曰:"子教文无受象床,甚善。今何举足之高,志之扬也?"公孙戍曰:"臣有大喜三,重之宝剑一⑲。"孟尝君曰:"何谓也?"公孙戍曰:"门下百数,莫敢入谏,臣独入谏,臣一喜;谏而得听,臣二喜;谏而止君之过,臣三喜。输象床⑳,郢之登徒不欲行,许戍以先人之宝剑。"孟尝君曰:"善。受之乎?"公孙戍曰:"未敢。"曰:"急受之。"因书门版曰㉑:"有能扬文之名,止文之过,私得宝于外者,疾入谏。"

【注释】

①行：巡行，巡视。王念孙曰：今本（"国"上）脱"五"字，兹据《初学记·器用部》所引补。 ②钟凤年曰："献"上当有"楚"字。象床：象牙床。 ③登徒：复姓，名侠。直：通"值"，值班，当班。王念孙曰：今本"直"下有"使"字，因与高注内"登徒直使"四字相涉而衍。 ④公孙戌：孟尝君门客。 ⑤直：同"值"，价值。 ⑥发漂：其细微。发，头发。漂，通"秒"，禾芒。 ⑦仆：自称的谦辞，我。 ⑧先人：祖上。 ⑨孙：鲍本"孙"下补"戌"字。 ⑩小国：吴补曰：《后语》作"五国"。按：王念孙说同。下同。 ⑪振达贫穷：即振贫达穷。振，同"赈"，救济。贫，贫穷。达，显达，使显达。穷，不得志，不显贵。 ⑫存亡：使灭亡的国家复存。继绝：使断绝的君嗣延续。 ⑬英桀：才智过人。按：据上下文意，"士"字当作"主"。 ⑭累：委托，托付。 ⑮诚：真正。 ⑯慕：爱慕。廉：廉洁，不贪。 ⑰闺：宫中小门，上圆下方如圭形。 ⑱返之：让他回来。 ⑲重（chóng）：加上。 ⑳输：送。 ㉑门版：挂在门上的木板，广告牌。

【译文】

　　孟尝君外出巡行五国，到了楚国，楚国献给他一张象牙床。郢都的登徒氏当班，该他去送象牙床，他不想去。看见孟尝君的门人公孙戌向他请求说："我是郢都的登徒氏，正赶上我当班该去送象牙床。象牙床价值上千金，如果有丝毫损伤，我卖掉妻子儿女也不够赔偿它。你如果能让我不去送象牙床，我祖上传有一把宝剑，情愿奉献给你。"公孙戌说："好吧。"

　　公孙戌进宫拜见孟尝君说："你难道真要接受楚国的象牙床吗？"孟尝君说："是的。"公孙戌说："我希望你不要接受。"孟尝君说："为什么？"公孙戌说："五国之所以都把相印送给你，是因为听说你在齐国能够救济贫穷的人，使不得志的人显达，具有使灭亡的国家重新复兴，使断绝的君嗣延续下去的道德行为。五国才智过人的君主，都把国事委托给你，确实是喜欢你的道义，仰慕你的廉洁。现在你到楚国就接受他们的象牙床，那些你还没有去的国家又将用什么来款待你呢？我希望你不要接受象牙床。"孟尝君说："好吧。"

公孙戍快步离去。还没出宫，刚到宫中小门，孟尝君就把他召唤回来，问他说："你教我不要接受象牙床，这很好。为什么你现在趾高气扬的呢？"公孙戍说："我有三件大喜事，还加上将得到一把宝剑。"孟尝君说："你指的是什么事呢？"公孙戍说："你有上百个门客，没有一个人敢进来劝谏的，唯独我敢进谏，这是我的第一件喜事；我一劝说，你就听从了，这是我的第二件喜事；由于我的劝告而制止了你犯错误，这是我的第三件喜事。郢都的登徒氏不想来给你送象牙床，答应送给我他祖上传下来的一把宝剑。"孟尝君说："好。你接受了吗？"公孙戍说："没敢接受。"孟尝君说："赶紧接受吧。"于是孟尝君在门版上写道："有能传播我的名声，纠正我的错误，又能在外面获得宝物的人，赶快来进谏。"

齐人有冯谖者

【导读】

本篇选自《齐策四》，事在前301—前300年。文章通过弹铗三歌、焚券市义、西游于梁等戏剧性的情节，成功地刻画了冯谖这个策士的典型形象，艺术成就较高。文章突出了他胸有成竹、深谋远虑和出奇制胜，表现了他运筹策划的高妙和才智过人。全篇都贯穿着对比法，不仅人物生动形象，栩栩如生，而且使情节的发展波澜起伏，引人入胜。语言活泼明快，颇能展示人物的精神风貌，是千古传诵的名篇。

齐人有冯谖者①,贫乏不能自存,使人属孟尝君②,愿寄食门下③。孟尝君曰:"客何好?"曰:"客无好也。"曰:"客何能?"曰:"客无能也。"孟尝君笑而受之曰:"诺。"左右以君贱之也④,食以草具⑤。

　　居有顷,倚柱弹其剑,歌曰:"长铗归来乎⑥!食无鱼。"左右以告。孟尝君曰:"食之,比门下之客⑦。"居有顷,复弹其铗,歌曰:"长铗归来乎!出无车。"左右皆笑之,以告。孟尝君曰:"为之驾⑧,比门下之车客。"于是乘其车,揭其剑⑨,过其友曰⑩:"孟尝君客我⑪。"后有顷,复弹其剑铗,歌曰:"长铗归来乎!无以为家。"左右皆恶之,以为贪而不知足。孟尝君问:"冯公有亲乎?"对曰:"有老母。"孟尝君使人给其食用,无使乏。于是冯谖不复歌。

　　后孟尝君出记⑫,问门下诸客:"谁习计会⑬,能为文收责于薛者乎⑭?"冯谖署曰⑮:"能。"孟尝君怪之,曰:"此谁也?"左右曰:"乃歌夫长铗归来者也。"孟尝君笑曰:"客果有能也,吾负之,未尝见也。"请而见之,谢曰:"文倦于事,愦于忧⑯,而性懧愚⑰,沉于国家之事⑱,开罪于先生⑲。先生不羞⑳,乃有意欲为收责于薛乎?"冯谖曰:"愿之。"于是约车治装㉑,载券契而行㉒,辞曰:"责毕收,以何市而反㉓?"孟尝君曰:"视吾家所寡有者。"

　　驱而之薛㉔,使吏召诸民当偿者悉来合券㉕。券徧合,起,矫命以责赐诸民㉖,因烧其券,民称万岁。

　　长驱到齐㉗,晨而求见。孟尝君怪其疾也,衣冠而见之,曰:"责毕收乎?来何疾也!"曰:"收毕矣。""以何市而反?"冯谖曰:"君云:'视吾家所寡有者。'臣窃计,君宫中积珍宝,狗马实外厩㉘,美人充下陈㉙。君家所寡有者以义耳㉚!窃以为君市义。"孟尝君曰:"市义奈何?"曰:"今君有区区之薛㉛,

不拊爱子其民^㉜,因而贾利之^㉝。臣窃矫君命,以责赐诸民,因烧其券,民称万岁。乃臣所以为君市义也。"孟尝君不说,曰:"诺,先生休矣^㉞!"

后期年,齐王谓孟尝君曰^㉟:"寡人不敢以先王之臣为臣^㊱。"孟尝君就国于薛^㊲,未至百里^㊳,民扶老携幼,迎君道中。孟尝君顾谓冯谖^㊴:"先生所为文市义者,乃今日见之^㊵。"冯谖曰:"狡兔有三窟,仅得免其死耳。今君有一窟,未得高枕而卧也。请为君复凿二窟。"孟尝君予车五十乘,金五百斤,西游于梁,谓惠王曰^㊶:"齐放其大臣孟尝君^㊷,诸侯先迎之者富而兵强。"于是梁王虚上位^㊸,以故相为上将军,遣使者,黄金千斤,车百乘,往聘孟尝君。冯谖先驱,诫孟尝君曰:"千金,重币也;百乘,显使也。齐其闻之矣。"梁使三反,孟尝君固辞不往也。

齐王闻之,君臣恐惧,遣太傅赍黄金千斤^㊹,文车二驷^㊺,服剑一^㊻,封书谢孟尝君曰^㊼:"寡人不祥^㊽,被于宗庙之祟^㊾,沈于谄谀之臣,开罪于君。寡人不足为也^㊿,愿君顾先王之宗庙,姑反国统万人乎^㉛!"冯谖诫孟尝君曰:"愿请先王之祭器,立宗庙于薛。"庙成,还报孟尝君曰:"三窟已就^㊾,君姑高枕为乐矣。"

孟尝君为相数十年,无纤介之祸者^㊾,冯谖之计也。

【注释】

①冯谖:孟尝君门下食客。 ②属(zhǔ):请托,托付。 ③寄食:依附别人生活,作食客。 ④贱:轻视,看不起。 ⑤食(sì):给……吃。草:粗劣。具:饭食。 ⑥铗(jiá):剑。来:语助词。 ⑦比:按照。姚云:一本"客"上有"鱼"字。 ⑧替他准备车马。 ⑨揭:高举。 ⑩过:拜访。 ⑪客我:把我当作门客。 ⑫记:公文,文告。 ⑬计会(kuài):即会计。 ⑭责:同"债"。 ⑮署:签名。 ⑯愦(kuì):

昏乱。　⑰忳：同"懦"，懦弱。　⑱沉：埋没，陷入。　⑲开罪：得罪。
⑳不羞：不以此为羞辱。　㉑约车治装：准备车马，收拾行李。　㉒券契：
契约合同。　㉓市：买。　㉔驱：赶车。之：往。　㉕合券：核对合同。
㉖矫命：假托命令。　㉗长驱：一直赶车不停留。　㉘实：充满。　㉙下陈：
殿堂下陈放礼品、站列婢女的地方。　㉚以：金正炜曰：当为"乃"。　㉛区
区：小小的。　㉜拊：安抚，慰勉。子：用作动词。　㉝因：趁着。贾（gǔ）：
商人。　㉞休矣：算了吧。　㉟齐王：指齐闵王。时当其元年（前300年）。
㊱先王：指齐宣王。　㊲就：归。国：封邑。　㊳未至百里：距百里未至
薛地。　㊴顾谓冯谖：姚云：刘作"顾谓冯谖曰"。　㊵乃今日见之：《文
选・答东阿王书》李善注引作"乃今见矣"。王念孙曰："日"字后人所加，
凡书传中言"乃今而后"者，加一"日"字，则累于词矣（见《读书杂志・晏
子春秋》）。　㊶惠：鲍本"惠"作"梁"。梁王，指魏襄王。时当其十九年。
㊷放：放逐。　㊸虚上位：让出相位。　㊹太傅：齐官名。周太傅为三公
之一。赍：携带。　㊺文车：绘有文采的车。二驷：两辆。㊻服剑：佩剑。
㊼封书：封好的信，以示郑重。　㊽祥：善，好。　㊾被：遭受。祟：鬼神降
下的灾祸。　㊿为：佐助，帮助。　51姑：暂且。统：治理。　52就：成。
53纤介：细微。介，通"芥"，小草。

【译文】

　　齐国有个叫冯谖的人，穷得活不下去了，托人请求孟尝君，愿意
在他的门下当食客。孟尝君问："客人有什么爱好？"那个人回答
说："客人没有什么爱好。"孟尝君又问："客人有什么才能？"回答
说："客人没有什么才能。"孟尝君笑了笑，接受了他的请求，说："好
吧。"孟尝君手下的人因为孟尝君看不起他，就给他吃粗劣的食物。

　　过了不久，冯谖靠着柱子敲着他的剑唱道："长剑啊，我们回去
吧，吃饭没有鱼。"孟尝君手下的人把这件事告诉了孟尝君。孟尝
君说："给他鱼吃，和吃鱼的门客一样对待。"过了不久，冯谖又敲着

他的剑唱道："长剑啊，我们回去吧，出门没有车。"孟尝君手下的人都取笑他，又把这件事告诉了孟尝君。孟尝君说："给他准备车，和乘车的门客一样对待。"冯谖于是坐着他的车，举着他的剑，去拜访他的朋友，说："孟尝君把我当作门客了。"此后不久，冯谖又敲着他的剑唱道："长剑啊，我们回去吧，没有什么可以用来养家。"孟尝君手下的人都厌恶他，认为他贪心不知满足。孟尝君问："冯公有父母吗？"手下的人答道："有个老母亲。"孟尝君派人供给她吃的和用的，不让她缺吃少穿。于是冯谖不再唱歌了。

后来，孟尝君发出文告，询问门客："谁熟悉会计，能替我到薛地去收债呢？"冯谖在文告上签名，说："我能。"孟尝君感到奇怪，问道："这人是谁呀？"手下的人说："这就是唱'长剑啊，我们回去吧'的那个人。"孟尝君笑着说："这个人果真有才能，我对不起他，还从来没有见过他。"于是把冯谖请来，向他道歉说："我被国事弄得很疲倦，被愁事搅得心烦意乱，生性又懦弱无能，埋头在国家的事务里，得罪了先生。先生不以此为羞辱，竟有意替我到薛地去收债吗？"冯谖说："我愿意去。"于是准备好车马，收拾好行装，装载着契据去收债。临行前，向孟尝君告辞说："债收完了，买些什么东西回来呢？"孟尝君说："看我家缺什么就买什么吧！"

冯谖驱车到了薛城，让官吏召集那些该还债的人都来核对借契。借契都验对后，冯谖于是假传孟尝君的命令，把该收的债都赏给百姓，于是把契据全部烧掉，老百姓高呼万岁。

冯谖驱车一直赶回都城，清晨就求见孟尝君。孟尝君对他回来得这么快感到奇怪，穿戴好衣帽去见他，说："债都收完了吗？回来得怎么这么快呀？"冯谖答道："债都收完了。"孟尝君问："用债款买了些什么回来？"冯谖说："您说过'看我家缺什么就买什么'，我私下里想，您的宫里堆满了珍珠宝玉，畜栏里挤满了良犬骏马，堂下站满了美貌女子。您家里缺少的只是义罢了，我就私自做主给您买了义。"孟尝君说："怎么买的义呀？"冯谖说："现在您只有一个小小的薛地，却不把那里的百姓当作自己的子女一样来抚爱，还趁着收债像商人一样地向他们敛收利息。我私下里假托您的命令把债款都赏给百姓，接着又烧掉那些借据，百姓高呼万岁，这就是我替您买义的做法。"孟尝君很不高兴，说："好啊，先生算了吧！"

过了一年，齐王对孟尝君说："我不敢把先王的臣子当作自己的臣子。"孟尝君只得回到自己的封地薛城。距离薛城还有百里，老百姓就扶老携幼，在路上迎接孟尝君。孟尝君回头对冯谖说："先生给我买的义，今天才看到。"冯谖说："狡猾的兔子有三个洞穴，才能免于一死，现在您只有一个'洞穴'，还不能高枕无忧安然而卧啊。请让我再替您开凿两个'洞穴'吧。"孟尝君给他五十辆车子，五百斤黄金，到西边的魏国去游说，对魏王说："齐王放逐了他的大臣孟尝君，先迎得他的国家就能国富兵强。"于是魏王把相国的位置空出来，把原来的相国调任上将军，派遣使者带上千斤黄金、百辆车子，前去聘请孟尝君。冯谖先赶回薛城，告诫孟尝君说："千斤黄金是很重的聘礼，出动百辆车子是很显赫的使者。齐国大概也听说了吧。"魏国使者往返多次，孟尝君都坚决推辞不去。

齐王听到这些情况，君臣为之惊恐，于是派遣太傅携带千斤黄金、两辆彩车、一把佩剑和封好的书信，向孟尝君道歉说："我很不幸，遭到祖宗神灵降下来的灾祸，又被那些谗臣所迷惑，得罪了您。我是不值得帮助的，希望您顾念先王的宗庙，姑且回到齐国治理百姓吧！"冯谖又告诫孟尝君说："希望求得祭祀先王的礼器，在薛城建立宗庙。"宗庙建成后，冯谖向孟尝君报告说："三个'洞穴'已经开凿好，您姑且可以高枕无忧了。"

孟尝君做了几十年的相国，没有遇到一点灾祸，这全靠冯谖的计谋啊。

齐宣王见颜斶

【导读】

　　本篇选自《齐策四》。颜斶提出的"士贵耳，王者不贵"的命题，从人的价值观念上肯定了士比王更贵重。士人既有丰富的文化知识，又有卓越的政治见解；既能干预时事，又不趋势慕利。他们是战国乱世中蝉蜕泥滓、皭而不缁的出类拔萃之才。文章在写作上也很有特色，针锋相对的言语，对比强烈的设喻，有棱角，有气势，充分反映了一介寒士蔑视权势，敢与王者分庭抗礼的精神。

　　齐宣王见颜斶①，曰："斶前②！"斶亦曰："王前！"宣王不悦。左右曰："王，人君也；斶，人臣也。王曰'斶前'，亦曰'王前'③，可乎？"斶对曰："夫斶前为慕势④，王前为趋士⑤；与使斶为趋势⑥，不如使王为趋士。"王忿然作色曰⑦："王者贵乎？士贵乎？"对曰："士贵耳，王者不贵。"王曰："有说乎？"斶曰："有。昔者秦攻齐，令曰：'有敢去柳下季垄五十步而樵采者⑧，死不赦⑨。'令曰：'有能得齐王头者，封万户侯，赐金千镒。'由此观之，生王之头曾不若死士之垄也⑩。"宣王默然不悦。

　　左右皆曰："斶来！斶来！大王据千乘之地⑪，而建千石钟、万石簴⑫；天下之士，仁义皆来役处⑬；辩知并进⑭，莫不来语⑮；东西南北，莫敢不服。求万物不备具⑯，而百无不亲附⑰。今夫士之高者乃称匹夫⑱，徒步而处农亩⑲，下则鄙野监门闾里⑳，士之贱也亦甚矣！"

　　斶对曰："不然。斶闻古大禹之时，诸侯万国㉑。何则？德厚之道，得贵士之力也㉒。故舜起农亩，出于野鄙㉓，而为天子。及汤之时，诸侯三千。当今之世，南面称寡者乃二十四㉔。由此观之，非得失之策与㉕？稍稍诛灭㉖，之时㉗，欲为监门闾里，安可得而有乎哉？是故《易传》不云乎㉘：'居上位未得其实，以喜其为名者，必以骄奢为行㉙；据慢骄奢㉚，则凶从之。'是故无其实而喜其名者削㉛，无德而望其福者约㉜，无功而受其禄者辱，祸必握㉝。故曰：'矜功不立㉞，虚愿不至㉟。'此皆幸乐其名㊱，华而无其实德者也。是以尧有九佐㊲，舜有七友，禹有五丞㊳，汤有三辅㊴，自古及今而能虚成名于天下者㊵，无有。是以君王无羞亟问㊶，不媿下学㊷。是故成其道德而扬功名于后世者，尧、舜、禹、汤、周文王是也。故曰：'无形者形之君也㊸，无端者事之本也。'夫上见其原㊹，下通其流㊺，至圣人明学㊻，何不吉之有哉？《老子》曰㊼：'虽贵必以贱为本，虽高必以下为基。是以侯王称孤、寡、不穀㊽，是其贱之本与㊾，非夫㊿？'孤、寡者，人之困贱下位也，而侯王以自谓，岂非下人而贵士与(51)？夫尧传舜，舜传禹，周成王任周公旦，而世世称曰明主，是以明乎士之贵也。"

宣王曰："嗟乎！君子焉可辱哉！寡人自取病耳(52)。及今闻君子之言，乃今闻细人之行(53)。愿请受为弟子，且颜先生与寡人游(54)，食必太牢(55)，出必乘车，妻子衣服丽都(56)。"

颜斶辞去，曰："夫玉生于山，制则破焉(57)；非弗宝贵矣，然夫璞不完(58)。士生乎鄙野，推选则禄焉(59)；非不得尊遂也(60)，然而形神不全(61)。斶愿得归，晚食以当肉，安步以当车，无罪以当贵，清静贞正以自虞(62)。制言者王也(63)，尽忠直言者斶也。言要道已备矣(64)，愿得赐归，安行而反臣之邑屋(65)。"则再拜而辞去也。

斶知足矣，归反扑(66)，则终身不辱也。

【注释】

①见：召见。颜斶：齐国隐士。　②前：走过来。指靠近。　③亦：鲍本

"亦"上有"觸"字。 ④慕势：贪慕权势。 ⑤趋士：接近贤士。趋，趋向，靠近。 ⑥与：与其。趋：鲍本作"慕"。 ⑦忿然：愤怒的样子。作色：改变脸色。 ⑧去：距离。柳下季：春秋时鲁国大夫。展氏，名禽，字季，食邑柳下。死后谥"惠"，又称柳下惠。垄：坟墓。樵采：打柴。 ⑨死："死"上当有"罪"字。 ⑩生：活。曾：乃，竟。 ⑪据：拥有。金正炜曰：千乘，当为"万乘"，涉下文"千石"而误。 ⑫石：古代重量单位，一百二十斤。钟：乐器。簴：同"虡"（jù），古代悬挂钟磬架子两旁的柱子。按：建钟立簴表示重视礼乐。 ⑬仁义：指仁义之士。役：被役使、驱使。指为国所用。处：居。指居于所赐之位。 ⑭辩知：指辩知之士。 ⑮来语：指前来进谏。语，告诉，陈述。 ⑯物：鲍本"物"下有"无"字。备具：具备，齐备。 ⑰百：鲍本"百"下有"姓"字。亲附：亲近，拥护。 ⑱匹夫：平民百姓。 ⑲徒步：指出门无车马。处农亩：指从事农耕。 ⑳鄙野：乡野之地。监门：看守门户。间里：乡里。此句是说士之低下者则于鄙野监守间里之门。 ㉑此句话见《左传·哀公七年》："禹合诸侯于涂山，执玉帛者万国。" ㉒贵：尊重，崇尚。 ㉓野鄙：同"鄙野"，泛指民间。 ㉔南面称寡者：指称王者。二十四：此夸大言之，时称王者不过九国而已。 ㉕得失之策：指能否贵士。 ㉖稍稍：渐渐，逐渐。 ㉗之：犹"其"。 ㉘《易传》：《周易》的组成部分。是对经文部分所作的解释。共十篇，也称《十翼》。本篇所引不见于今本，或为某家佚文。 ㉙骄奢：骄横奢侈。 ㉚倨慢：傲慢不恭。倨，通"倨"。 ㉛削：削弱。 ㉜约：困窘。 ㉝握：当为"渥"，厚，重。 ㉞矜功：自夸其功。立：指建立功业。 ㉟虚愿：虚妄的愿望。 ㊱幸乐（yào）：喜欢。 ㊲佐：辅助的官员。 ㊳丞：辅佐帝王的高级官吏。 ㊴辅：最高统治者左右大臣的通称。按：以上四句中的"九""七""五""三"皆虚指。 ㊵虚：空，指无贤人辅佐，不修实德。 ㊶无羞亟（qì）问：不以屡次请教于人为羞耻。亟，屡次。 ㊷不媿（chǒu）下学：不以向臣下学习为羞辱。媿，通"醜"（丑），羞辱。 ㊸无形：指无形的实德。下句"无端"义同。形，指有形的行与事。君：主，主宰。 ㊹原：水流起头的地方，指事物的本原。　㊹流：河水离开源头的部分，指事物的发展、演变。　㊻人：鲍注：衍"人"字。至圣：道德最高的人。明学：通晓学问。　㊼此句见《老子》三十九章。引文与今本略有出入。　㊽孤、寡、不穀：都是王侯的谦称。㊾之：犹"为"。此句是说这大概是把低贱（孤、寡、不穀）当作根本吧。㊿夫：句末语气词，同"乎"。　51 下人：居人之下。　52 自取病：自讨没趣。病，辱，羞辱。　53 乃今：犹"及今"，于今。细人：小人。指无实德不贵士者。　54 颜：金正炜曰："颜"当为"愿"，字形相似而讹。此句是说愿为弟子，且愿先生留与寡人同游。游：交往。　55 太牢：古代祭祀，牛、羊、豕三牲具备谓之太牢，或专指牛而言。此句是说食必有肉。　56 妻子：妻子儿女。丽都：雍容华贵。都，美盛。　57 制：制作。此指雕琢。破：指损伤。　58 夫：鲍本作"大"。大璞，即太璞，未经雕琢的玉。　59 禄：受禄为官。60 鲍本无"得"字。遂：通达。　61 形神不全：指身心受到损害。　62 清静：安定不烦。贞正：真诚纯正。虞：通"娱"，快乐。　63 制：裁决，决断。64 要道：主要的道理。指修实德，尊贤士。　65 安行：指出于本愿，从容不迫地实行。邑屋：本乡的家。　66 扑：当作"朴"，本质、本性。鲍本"朴"作"璞"。吴正曰：上言大璞不完，以喻士之形神不全，故曰"归反璞"云云。王念孙曰：吴说是也。"足""朴""辱"为韵。《后汉书·蔡邕传》注引作"归反朴，则终身不辱"，句法较为完善。

【译文】

　　齐宣王召见颜斶，说："颜斶过来！"颜斶说："大王过来！"齐宣王很不高兴。左右的人说："大王是国君，你是臣子。大王说'颜斶过来'，你也说'大王过来'，这行吗？"颜斶答道："我主动走过去是贪慕权势，大王主动走过来是接近贤士。与其让我去贪慕权势，还不如让大王来亲近贤士。"齐宣王气得脸色大变，说："是国君尊贵呢，还是士人尊贵？"颜斶答道："士人尊贵，国君不尊贵！"齐宣王："有根据吗？"颜斶答道："有。从前秦国攻打齐国，秦王下令说：'有谁敢在柳下季坟墓五十步之内打柴，罪至死，绝不宽赦。'又下令说：'有谁能斩下齐王的脑袋，封他为万户侯，赏赐黄金千镒。'由此看来，活着的国君的脑袋，竟不如死去的贤士的坟墓啊！"齐宣王听了一声不哼，很不痛快。

齐宣王左右的人都说："颜斶过来！颜斶过来！大王拥有能出动千辆兵车的国土，又铸造了千石钟、万石虡，天下的仁人义士都来任职效力；有口才智谋的人都来投奔，没有不来出谋献策的；东西南北四面八方，没有敢不服从的。各种东西不待寻找都有人送来，百姓没有不拥护的。现在那些上等士人只不过称为匹夫，徒步行走，从事农耕；那些下等士人，更是在穷乡僻壤给人看守里巷的大门，士人的地位也太卑贱了！"

颜斶答道："不对。我听说，古代大禹的时候，有诸侯万国来朝。为什么呢？达到道德淳厚的途径，是得力于崇尚士人。所以舜出身农夫，来自民间，而能成为天子。到了商汤的时候，诸侯臣属还有三千。当今之世，向南而坐称寡为王的才二十四个。由此看来，诸侯兴亡不正是得士与失士的策略所决定的吗？等到诸侯渐渐被消灭，国破家亡的时候，即使想在里巷看守大门，哪里能办得到呢！所以《易传》里不是这样说吗："居于高位并没有实德，只喜欢标榜虚名的人，必然会用骄横奢侈作为自己的行动；傲慢不恭、骄横奢侈，祸患就跟着降临。'所以没有实德而喜欢追求虚名的人一定会削弱；没有德行却希求得福的人必然会困窘；没有功劳却享受爵禄的人肯定会蒙受耻辱，身遭大难。所以说："好大喜功就不能建功立业，只有虚妄的愿望就达不到目的。'这都是些喜欢虚名，华而不实的人啊！所以尧有九个助手，舜有七个诤友，禹有五个佐官，汤有三个帮手，从古到今没有贤人辅佐而成名天下的人，一个也没有。所以君王不以屡次向人请教为羞耻，不因向臣下学习感到惭愧。因此能够成就道德并传扬功名于后世的，尧、舜、禹、汤、周文王就是这样的人。所以说：'无形的实德是有形事物的主宰，没有端绪的实德才是有形事物的根本。'上能察知事物的本源，下能通晓事物的演变，道德高尚的人，通达学问道理，怎么会有不吉利的事情呢？《老子》说：'虽然尊贵，一定要以卑贱为根本；虽然高尚，一定要以低下为基础。所以诸侯君王自称孤、寡、不毂，这大概就是把低贱看作根本吧，不是吗？'孤、寡是表示人处于困窘卑贱的低下地坨，而诸侯君王用来称呼自己，这难道不是他们自居人下而尊重士人吗？尧传位给舜，舜传位给禹，周成王任用周公旦，世世代代都称他们是英明的君主，这就足以说明士人的尊贵了。"

齐宣王说："唉！君子怎么能够侮辱呢！我不过是自讨没趣罢了。如今知道了君子的高论，知道了小人的行为。我希望做您的弟子，而且希望先生同我交往，那么您吃饭必然有肉，出门一定有车，妻子儿女衣着雍容华贵。"

颜斶告辞离开，说："璞玉本来生在山里，一经雕琢就会被损伤，这并不是说它不宝贵，然而璞玉的本来面貌却不复存在。士人生在穷乡僻壤，一经推举选用就能受禄为官，不是说他不尊贵显达，然而士人的精神与本色已被伤害。我宁愿能够回家，晚一点吃饭，就权当吃肉；从容步行，就权当坐车；不触犯刑律，就权当显贵；安静不烦，真诚纯正，自得其乐。裁决我意见的人是大王，尽忠直言的人是我颜斶。我要讲的主要道理已经说完了，希望大王能够让我回去，真心实意地让我回到我的家乡。"说完拜了两拜告辞而去。

颜斶是知足的人，归于本色，就能终身不受辱。

先生王斗造门而欲见齐宣王

【导读】

本篇选自《齐策四》，又见于《说苑·尊贤》。王斗以策士的辩才尖锐地揭露了齐宣王好马、好狗、好酒、好色而不好士的作为，一针见血地戳穿了他标榜的忧国爱民的谎言，说"王之忧国爱民，不若王爱尺縠也"。对他"当今之世无士"的自我辩解，作了无情的揶揄。敢于"直言正谏"的王斗与一般策士大相径庭。鲍彪赞叹道："王斗之爱縠，忧国莫重焉。"（《战国策注序》）

先生王斗造门而欲见齐宣王①，宣王使谒者延入②。王斗曰："斗趋见王为好势③，王趋见斗为好士，于王何如④？"使者复还报。王曰："先生徐之⑤，寡人请从⑥。"宣王因趋而迎之于门，与入，曰："寡人奉先君之宗庙⑦，守社稷，闻先生直言正谏不讳⑧。"王斗对曰："王闻之过⑨。斗生于乱世，事乱君⑩，焉敢直言正谏。"宣王忿然作色不说。

有间，王斗曰："昔先君桓公所好者⑪。九合诸侯，一匡天下，天子受籍⑫，立为大伯⑬。今王有四焉⑭。"宣王说，曰："寡人愚陋⑮，守齐国，唯恐失抎之⑯，焉能有四焉？"王斗曰："否。先君好马，王亦好马；先君好狗，王亦好狗；先君好酒，王亦好酒；先君好色，王亦好色；先君好士，是王不好士。"宣王曰："当今之世无士，寡人何好？"王斗曰："世无骐驎、騄耳⑰，王驷已备矣；世无东郭俊、卢氏之狗⑱，王之走狗已具矣⑲；世无毛嫱、西施⑳，王宫已充矣。王亦不好士也，何患无士？"王曰："寡人忧国爱民，固愿得士以治之。"王斗曰："王之忧国爱民，不若王爱尺縠也㉑。"王曰："何谓也？"王斗曰："王使人为冠，不使左右便辟而使工者何也㉒？为能之也。今王治齐，非左右便辟无使也，臣故曰不如爱尺縠也。"宣王谢曰："寡人有罪国家。"于是举士五人任官㉓，齐国大治。

【注释】

①王斗：齐国人，修道不仕，与颜斶同时。造：到。　②延：请。　③趋：小步快走，表示恭敬。势：权势。　④何如：何从。如，顺从，依照。　⑤徐之：稍候。徐，慢。之，疑当为"入"。　⑥从：听从，同意。　⑦此句是指继承王位。　⑧正谏：毫无顾忌地当面提出意见。讳：顾忌。　⑨王闻之过：王所闻过矣。过，错。　⑩乱君：昏庸无道的君主。　⑪桓公：春秋时齐国君。按：此桓公姜姓，宣王田姓，岂得为"先君"？鲍本"者"下补"五"字。　⑫受：同"授"，授予。籍：通"阼"（zuò），王位。此指侯伯之位。《史记·周本纪》"惠王十年，赐齐桓公为伯"，时为桓公十九年（前667年）。　⑬大伯：诸侯之长。　⑭今王有四焉：王所好者有四种。　⑮陋：见识浅。　⑯失拚：丧失。拚（yǔn），失。　⑰骐骥（lín）、騄（lù）耳：皆良马名。　⑱东郭俊：齐国良兔。卢氏之狗：即韩卢，韩国良犬。　⑲走狗：猎犬。　⑳毛嫱：美女名。西施：春秋末年越国苎萝（今浙江诸暨南）美女。　㉑縠（hú）：有皱纹的纱。　㉒便辟（pián bì）：善于阿谀逢迎，受君王宠信的人。辟，同"嬖"。工：裁缝。　㉓按：无事实可据，不可信。

【译文】

　　王斗先生到王宫门前想要拜见齐宣王。齐宣王派侍从请他进宫。王斗说："我要快步向前去拜见大王，就是贪慕权势；大王要是快步前来见我，就是喜爱士人。大王想选择哪种形式？"侍从又回去报告给齐王。齐王说："让先生稍候，我听从他的意见。"齐宣王于是快步向前，到宫门去迎接王斗，和他一起进宫，说道："我奉祀祖庙，守卫国家，听说先生直言正谏毫无避忌。"王斗回答说："大王听说的情况有出入。我生活在战乱的年代，侍奉昏庸无道的君主，怎么敢直言正谏呢？"齐宣王听了很不高兴，脸上现出怒容。

　　过了一会儿，王斗说："从前先君齐桓公所喜爱的东西有五件。他多次主持诸侯盟会，一举匡正周王室。周天子授予他侯伯的爵位，立为诸侯首领。现在大王所喜爱的东西有四件。"齐宣王很高兴，说："我愚笨见识短，守卫齐国只怕对它有所损害，怎么能有四件喜欢的东西呢？"王斗说："不像你想的这样。先君喜欢马，大王也喜欢马；先君喜欢狗，大王也喜欢狗；先君喜欢酒，大王也喜欢酒；先君喜欢女色，大王也喜欢女色；先君喜欢贤士，可大王不喜欢贤士。"齐宣王说："当今时代没有贤士，我喜欢谁呢？"王斗说："世间没有骐骥和騄耳这样的好马，但大王驾车的四匹马已经备齐了；世间没有韩卢这样的良犬，但大王的猎狗已经备齐了；世间没有毛嫱、西施这样的美女，但大王的后宫里已经住满了。大王只不过不喜欢贤士罢了，为什么担心没有贤士呢？"齐宣王说："我关心国家，爱护人民，本来就希望得到贤士来治理国家。"王斗说："大王的关心国家爱护人民，比不上大王喜爱一块绉纱。"宣王说："你说的是什么意思？"王斗说："大王派人做帽子，不让身边那些受宠信的人去做而让裁缝去做，为什么呢？因为裁缝才能做好这件事。现在大王治理齐国，凡不是身边受宠信的人一概不用，所以我说大王关心国家爱护人民比不上喜爱一块绉纱啊！"齐宣王听了道歉说："我对国家犯下了罪过。"于是他选拔了五位贤士担任官职，因此齐国治理得特别好。

齐王使使者问赵威后

【导读】

本篇选自《齐策四》，事在公元前265年。文章通篇只是记言，既无外貌、举止、行为、心态的描写，也无任何环境烘托或细节刻画，紧扣一个"问"字，通过写赵威后的七次提问，鲜明而传神地勾画出一位洞悉别国政治民情、明察贤愚是非、具有民本思想的女政治家的形象。语言简洁、详略得宜，句法错综、富于变化，是本文的特色。

　　齐王使使者问赵威后①，书未发②，威后问使者曰："岁亦无恙耶③？民亦无恙耶？王亦无恙耶？"使者不说，曰："臣奉使使威后④，今不问王而先问岁与民，岂先贱而后尊贵者乎？"威后曰："不然。苟无岁，何以有民？苟无民，何以有君？故有问舍本而问末者耶⑤？"

　　乃进而问之曰："齐有处士曰钟离子⑥，无恙耶？是其为人也，有粮者亦食，无粮者亦食；有衣者亦衣⑦，无衣者亦衣。是助王养其民也⑧，何以至今不业也⑨？叶阳子无恙乎⑩？是其为人，哀鳏寡⑪，恤孤独⑫，振困穷⑬，补不足。是助王息其民者也⑭，何以至今不业也？北宫之女婴儿子无恙耶⑮？彻其环瑱⑯，至老不嫁，以养父母。是率民而出于孝情者也⑰，胡为至今不朝也？此二士弗业，一女不朝⑱，何以王齐国，子万民乎？於陵子仲尚存乎⑲？是其为人也，上不臣于王，下不治其家，中不索交诸侯⑳。此率民而出于无用者㉑，何为至今不杀乎？"

【注释】

①齐王：指齐襄王。时当其十九年。问：问候。赵威后：赵惠文王妻，孝成王母。　②书：信。发：打开，拆开。　③岁：年景，收成。无恙：平安无事。恙，忧。　④威：钟凤年曰："威"字当是赵后之谥，今使者对生人无面称其谥之理，此"威"字盖依上下文而妄补者，宜衍。　⑤故：通"胡"，怎么，哪里。姚云：一无（上）"问"字。　⑥处士：隐居不仕的人。钟离子：齐国处士。　⑦衣（yì）：穿。　⑧也：鲍本"也"上补"者"字。　⑨业：使……成就功业。　⑩叶阳子：齐国处士。　⑪哀：怜悯，同情。鳏：老而无妻的人。寡：老而无夫的人。　⑫恤：顾念。孤：幼而无父的人。独：老而无子的人。　⑬振：通"赈"，救济。　⑭息：滋息，生长。　⑮北宫：复姓。

婴儿子：齐国孝女。　⑯彻：除、去。环：指耳环或臂环。瑱(tiàn)：耳饰。⑰率：引导。孝情：孝心。　⑱朝：上朝。古代妇女有封号的才能上朝。⑲於陵子仲：即陈仲子，齐国隐士。　⑳索：求。　㉑无用：没有作用。指不肯为统治者出力。

【译文】

　　齐王派使者问候赵威后，齐王的书信还没打开，赵威后问使者说："今年的收成好吗？百姓好吗？齐王也好吗？"使者不高兴了，说："我奉命出使到您这里来，现在您不问候我们君王，却先问年成和百姓，难道能把低贱的放在前头，把尊贵的放在后面吗？"威后说："不是这样的。假如没有收成，怎么能有百姓？假如没有百姓，怎么能有君王？难道有不问根本而问末节的吗？"

　　于是进一步向使者问道："齐国有个叫钟离子的隐士，他好吗？钟离子这个人，有粮食的人供养他们，没有粮食的人也供养他们；有衣服的人给他们衣服穿，没有衣服的人也给他们衣服穿。这是帮助君王供养百姓的人，为什么至今不让他成就功业呢？叶阳子好吗？叶阳子这个人，怜悯鳏夫和寡妇，体恤孤儿和老人，救济生活贫困的人，补助缺衣少食的人。这是帮助君王养育人民的人，为什么至今不让他成就功业呢？姓北宫的女孩婴儿子好吗？她摘掉耳环和耳饰，到老也不嫁人，来养活父母。这都是引导百姓注重孝道的人，为什么至今不让她上朝呢？这两个隐士不能让他们成就功业，一个女子不能让她上朝，又凭什么在齐国做君王，把人民当作子女来养育呢？於陵子仲还活着吗？子仲这个人，对上不向君王称臣，在下不治理自己的家业，中不结交诸侯。这是引导百姓做没有用的人，为什么至今不杀掉他呢？"

燕攻齐取七十余城

【导读】

　　本篇选自《齐策六》，又见于《史记·鲁仲连列传》，首尾横决，盖为策士习作，但是一封有名的书信。鲁仲连遗书燕将，明之以理，晓之以利害，说服燕将罢兵，终解齐国之围。齐人欲封鲁仲连，他"逃隐于海上曰：'吾与富贵而诎于人，宁贫贱而轻世肆志焉！'"（《史记·鲁仲连列传》）鲁仲连堪称排难解纷、慷慨慕义的高才秀士。全文十分讲究谋篇布局，注意以道理和事实服人，说服力和鼓动性很强。本篇可与《鲁仲连义不帝秦》参阅。

　　燕攻齐，取七十余城，唯莒、即墨不下①。齐田单以即墨破燕，杀骑劫②。

　　初，燕将攻下聊城③，人或谗之。燕将惧诛，遂保守聊城④，不敢归。田单攻之岁余，士卒多死，而聊城不下。

　　鲁连乃书⑤，约之矢⑥，以射城中，遗燕将曰⑦："吾闻之，智者不倍时而弃利⑧，勇士不怯死而灭名⑨，忠臣不先身而后君⑩。今公行一朝之忿⑪，不顾燕王之无臣⑫，非忠也；杀身亡聊城，而威不信于齐，非勇也；功废名灭，后世无称⑬，非知也。故知者不再计⑭，勇士不怯死。今死生荣辱，尊卑贵贱，此其一时也⑮。愿公之详计而无与俗同也。

　　"且楚攻南阳⑯，魏攻平陆⑰，齐无南面之心⑱，以为亡南阳之害，不若得济北之利⑲，故定计而坚守之⑳。今秦人下兵㉑，魏不敢东面㉒，横秦之势合㉓，则楚国之形危㉔。且弃南阳㉕，断右壤㉖，存济北，计必为之。今楚、魏交退㉗，燕救不至㉘，齐无天下之规㉙，与聊城共据期年之弊㉚，即臣见公之不能得也㉛。齐必决之于聊城㉜，公无再计。彼燕国大乱，君臣过计㉝，上下迷惑㉞。

栗腹以百万之众五折于外[35]，万乘之国被围于赵[36]，壤削主困，为天下戮[37]，公闻之乎？今燕王方寒心独立[38]，大臣不足恃，国弊祸多，民心无所归。今公又以弊聊之民距全齐之兵[39]，期年不解，是墨翟之守也[40]；食人炊骨[41]，士无反北之心[42]，是孙膑、吴起之兵也[43]。能以见于天下矣[44]！

"故为公计者，不如罢兵休士，全车甲，归报燕王，燕王必喜。士民见公如见父母，交游攘臂而议于世[45]，功业可明矣。上辅孤主，以制群臣；下养百姓，以资说士[46]。矫国革俗于天下[47]，功名可立也。意者[48]，亦捐燕弃世[49]，东游于齐乎？请裂地定封，富比陶、卫[50]，世世称孤寡[51]，与齐久存，此亦一计也。二者显名厚实也[52]，愿公熟计而审处一也[53]。

"且吾闻，效小节者不能行大威[54]，恶小耻者不能立荣名[55]。昔管仲射桓公中钩[56]，篡也；遗公子纠而不能死[57]，怯也；束缚桎梏[58]，辱身也。此三行者，乡里不通也[59]，世主不臣也[60]。使管仲终穷抑幽囚而不出[61]，惭耻而不见[62]，穷年没寿[63]，不免为辱人贱行矣。然而管子并三行之过[64]，据齐国之政[65]，一匡天下，九合诸侯，为伍伯首[66]，名高天下，光照邻国。曹沫为鲁君将[67]，三战三北[68]，而丧地千里。使曹子之足不离陈[69]，计不顾后，出必死而不生[70]，则不免为败军禽将。曹子以败军禽将[71]，非勇也；功废名灭，后世无称，非知也。故去三北之耻[72]，退而与鲁君计也，曹子以为遭[73]，齐桓公有天下朝诸侯[74]。曹子以一剑之任[75]，劫桓公于坛位之上[76]，颜色不变，而辞气不悖[77]。三战之所丧，一朝而反之[78]，天下震动惊骇[79]，威信吴、楚，传名后世。若此二公者[80]，非不能行小节死小耻也，以为杀身绝世，功名不立，非知也。故去忿恚之心[81]，而成终身之名；除感忿之耻[82]，而立累世之功。故业与三王争流[83]，名与天壤相敝也[84]。公其图之！"

燕将曰："敬闻命矣！"因罢兵到读而去[85]。故解齐国之围,救百姓之死,仲连之说也。

【注释】

①莒:在今山东莒县。即墨:在今山东平度东南。此句事在前284年。
②骑劫:燕国将领。 ③聊城:齐国邑,在今山东聊城西北。 ④保:守卫。
⑤鲁连:即鲁仲连。鲍本"书"上补"为"字。为书,写信。⑥约:束,捆。⑦
遗(wèi):赠送,给。 ⑧倍时:违背时势。 ⑨怯:怕。灭名:毁掉名声。
⑩先身:把自己的事放在前。后君:把国家的事放在后。 ⑪今公行一朝
之忿:指因谗言而守城不归燕之事。忿,愤怒。 ⑫燕王:指燕惠王。
⑬称:称赞,称许。 ⑭再计:重复盘算。指优柔寡断。 ⑮此其一时也:
得失取舍只在此时。 ⑯南阳:地区名,属魏国,在今河南济源至沁阳一带。
⑰平陆:齐国邑,在今山东汶上。 ⑱齐无南面之心:无向南反击楚、魏之
心。 ⑲济北:济水以北。指聊城。 ⑳定计:指定失南阳而得济北之计。
㉑今秦人下兵:当时秦、齐友善,故秦下兵救齐。 ㉒魏不敢东面:魏不敢
向东攻齐。 ㉓横秦之势合:齐、秦连横之势成。合,成。 ㉔形:势,形
势。 ㉕且:"且"下,姚云:一本添"齐"字。 ㉖断:绝,弃。 ㉗交:并,
一起。 ㉘救:指救兵,援兵。不至:指不至聊城。 ㉙规:谋求。秦救之,
而楚、魏退,无谋齐者。 ㉚据:抵拒。 ㉛即:则。得:姚云:钱、刘一作
"待"。待,防御。 ㉜决:决胜负。 ㉝过计:失策。 ㉞迷惑:糊涂,混
乱。 ㉟栗腹:燕国相。百:鲍本及《史记》作"十"。折:受挫,败。此句
是说燕王喜四年(前251年),派栗腹攻赵。按:田单攻聊城当在前278年,
距此已二十七年;前264年田单已去齐相赵,不复返齐。前后之事不能相贯。
㊱赵使廉颇为将,败栗腹于鄗,进围燕都,燕人请和。 ㊲戮:羞辱。
㊳燕王:指燕王喜。寒心:痛心。独立:孤立。 ㊴距:同"拒",抵抗,抵御。
㊵此句是说如墨翟善守。《墨子·公输》:"公输盘九设攻城之机变,子墨
子九距之,公输盘之攻械尽,子墨子之守圉有余。"墨翟:墨子。 ㊶炊骨:
以骨为薪烧火做饭。 ㊷反北:叛逃。北,败逃。 ㊸孙膑:齐国阿、鄄

间人，孙武之孙。曾与庞涓同学兵法，后被庞涓诳至魏，处以膑刑，故称孙膑。 ㊹能：能力，才能。见：同"现"。 ㊺交游：结交的朋友。攘臂：捋袖露臂。指情绪激动。议：议论。 ㊻资：助，供给。 ㊼矫国：改正国事。革俗：改变风俗。《史记》无"于天下"三字，疑此三字当在"功名可立"之下。 ㊽意者：或者，或许。 ㊾世：金正炜曰：当为"代"，"代""世"义通用。唐讳"世"之字为"代"，其后遂多回改之误。燕、代接壤，故举燕并及于代。"弃世"则无"游齐"之可言矣。 ㊿陶：指陶朱公范蠡。卫：指子贡。 (51)称孤：指做封君。孤是诸侯对自己的谦称。《史记》无"寡"字。 (52)显名：指归燕"功名可立"。厚实：指游齐"富比陶、卫"。 (53)审：慎重。处：决定，决断。 (54)效：效法。威：权势。 (55)恶：畏，忌。荣名：荣耀的名声。 (56)昔管仲射桓公中钩：齐襄公时，齐国内乱，诸公子皆出逃。鲍叔牙随公子小白奔莒，管仲、召忽随公子纠奔鲁。襄公被杀，国内大臣欲迎小白回国为君。鲁国听说，亦发兵送公子纠，使管仲带兵截小白，射中小白衣带钩。小白先入齐，立为君，是为桓公。 (57)此句是指桓公即位，请鲁国杀公子纠，召忽自杀，管仲请囚，后鲍叔牙推荐管仲做了齐相。 (58)束缚：捆绑。桔，鲍本作"梏"。桎梏，脚镣手铐。此句指管仲被囚事。 (59)通：交往。 (60)世主：指诸侯。不臣：不以之为臣。 (61)使：假使。穷：不得志。抑：受压抑。幽囚：囚禁。不出：出不来。 (62)惭耻：觉得惭愧羞耻。不见：不出头露面。 (63)穷年：老年。没寿：寿命将尽。 (64)并：兼有。过：过失。 (65)据：据有，掌握。 (66)伍伯：即五霸。 (67)鲁君：指鲁庄公。 (68)北：败。 (69)陈：同"阵"。指战场。 (70)此句是说出战只知拼死而不知谋生。 (71)以：以为，认为。 (72)去：丢开，抛开。 (73)按：《史记》无此五字。 (74)此句是说使诸侯来朝犹有天下。 (75)任：携带之物。此句是说曹子凭着所佩带的一把剑。 (76)劫：挟持。坛位：坛席，除地为坛，上设席位，以示礼遇。 (77)辞气：言辞声调。悖：乱。 (78)反：还，收回。 (79)惊骇："惊骇"上，姚云：别本有"诸侯"二字。 (80)二公：指管仲、曹沫。 (81)恚(huì)：怨恨。 (82)感忿：王念孙曰：当是"感忽"之讹。

感忽,倐忽,猝然。　⑧业:功业。流:等辈,等列。　⑧天壤:天地。相:一起。敝:坏。　⑧到读:黄丕烈曰:"到"即"倒"字,又以"读"为"椟"字耳。椟,箭筒。倒椟就是倾倒箭筒,以示不战。

【译文】

燕国攻打齐国,夺取了七十多座城邑,只有莒和即墨没有攻下。齐将田单凭着即墨攻破燕国,杀死燕将骑劫。

当初,燕国有个将领攻下齐国的聊城,有人向燕王说他的坏话,他害怕被杀,就固守聊城,不敢回燕国。田单攻打聊城,打了一年多,士兵伤亡很大,可聊城还是攻不下来。

鲁仲连写了一封信,把信绑在箭杆上,射进城去,送给燕国将领,信上说:"我听说,聪明的人不违背时势而放弃有利的机会,勇敢的人不逃避死亡而埋没名声,忠臣不把自己摆在首位而把君王放在后面。现在你逞一时之愤,毫不顾念燕国失去了一臣子,这是不忠心;聊城失守,身遭不幸,威名不能在齐国得以伸张,这是不勇武;事业失败,名声毁灭,后世对你无所称道,这是不聪明。所以聪明的人不会优柔寡断,勇武之士不会贪生怕死。现在生死荣辱、尊卑贵贱都在此一举。希望你详加考虑,不要跟俗人有同样的见识。

"况且楚国攻打南阳,魏国攻打平陆,可是齐国没有向南反攻的打算,认为失守南阳的害处小,不如夺回聊城的好处大,所以做出失守南阳夺取聊城的决策,并坚决执行它。现在秦国出兵解救齐国,魏国就不敢再向东进攻齐国;齐、秦联合的形势已经形成,那么楚国的形势就十分不利。再说,齐国放弃南阳,割舍平陆,全力保住聊城的计划一定要实行。现在楚国和魏国一起退兵,而燕国又不发兵援助聊城,其他诸侯也没有图谋齐国的,所以齐国与聊城守兵相持了一年,聊城已经疲惫了,我看你是很难防御的。齐国一定要在聊城决一胜负,你就不要犹豫不决了。燕国发生内乱,君臣想不出治理的办法，全国上下人心混乱。栗腹率领十万大军对外连续打了五次败仗，一个拥有万辆兵车的大国却被赵国所包围，土地丧失，君主受困，遭到天下人的羞辱，你知道吗？现在燕王正恐惧孤立，大臣不能依靠，国家疲惫，祸乱纷起，民心无所归依。现今你又凭着疲困的聊城兵力来抵御整个齐国的进攻，坚持了一年，这可以说和墨翟一样善于防守了；到了人吃人、拿人骨当柴烧的地步，可士兵没有叛逃之心，这可以说和孙膑、吴起一样善于用兵了。你的才能已经显示给天下了。

"所以替你考虑，不如停战，保全兵力，使士兵得以休整，保全车甲，回报燕王，燕王一定高兴。百姓见到你，就像见到了父母，朋友也会兴奋地夸奖你，你的功业可以因此而昭著。对上帮助君主来控制群臣，对下养育百姓以资助游说之士，匡正国事，变革风俗，功名可以成就于天下。或者离开燕国，到齐国来呢？请齐国划地分封，让你比范蠡和子贡还富足，世世代代做封君，和齐国长期共存，这也是一种办法。两个方案都可以显扬名声增加财富，希望你仔细考虑，慎重地确定一个方案。

"况且我还听说，计较小节的人做不出具有声威的大事业，畏忌小耻的人建立不起荣耀的美名。从前管仲射中了齐桓公的衣带钩，这是篡逆的行为；丢下公子纠不能为他效死，这是怯懦的表现；身被捆绑，戴上脚镣手铐，这是受尽了污辱。具有这三种行为的人，亲友不和他交往，诸侯不用他为臣。假使管仲终身困窘抑郁，被囚禁不能出狱，觉得惭愧羞耻而不出头露面，等到年老寿尽，也不免落个人格屈辱、行为卑贱的坏名声。然而管仲兼有这三种过失，却掌握了齐国的政权，多次主持诸侯盟会，一举匡正天下，终于成为五霸之首，名扬天下，光照邻国。曹沫做鲁庄公将军时，三战三败，丢掉上千里的土地。假使曹沫当时不离开战场，不去考虑以后的事，出去打仗只知道拼死而不懂得求生，那就免不了成为被俘的败将。曹沫认为被俘的败将，不是勇士的称号；事业失败，名声毁灭，不是聪明人的选择。所以曹沫不顾三战三败的耻辱,回来跟鲁君计议,趁齐桓公称霸天下,大会诸侯的机会,曹沫凭着一把剑,在盟坛上挟持齐桓公,面不改色,义正词严。三次败仗丢掉的土地,一下子就收复了。天下震动,诸侯惊骇,声威远扬吴、楚,声名流传后代。像管仲、曹沫这两个人,不是不能为顾全小节而死,也不是不想为羞耻而自杀,只是认为死了以后,功名毁灭,不是明智的做法。所以撇开一时的怨恨,成就终身的声名;排除突发而至的耻辱,建立千秋的功业。所以功业与三王争高低,名声与天地共存亡。你还是认真地考虑吧。"

燕国将领答复说:"接受你的教诲。"于是收兵停战离开聊城。因此解除了齐国的围攻,于死亡中拯救了百姓,这都是鲁仲连游说的功劳啊。

楚策

导　读

　　楚亦称荆，据说楚的祖先（不是始祖）熊绎在荆山（今湖北南漳、保康一带）开垦山林，周成王封他为子爵，居丹阳（今湖北秭归），从此建立楚国。

　　楚国的领土最初只在今湖北的西部山区和江汉平原一带，后来不断迅速扩展，西至今四川东部，北至今河南西南部的南阳盆地和丹江流域，东至今河南东南部、安徽北部、江西北部、山东南部以及江苏、浙江一带。

　　楚的国祚几乎可以说是与周朝相终始，楚国的寿命不少于齐（姜齐、田齐合在一起）。西周时期，周天子封楚为子爵，楚却并不曾减少对周的反抗，以致周昭王曾两次亲征，结果自己淹死在汉水之中。周称它为楚子（孔子修《春秋》坚持这种口诛笔伐），但楚在西周夷王时便早已称王。春秋"五霸"齐桓公只能迫楚订盟修好，宋襄公被楚打败，晋文公只能使楚向北扩张的企图暂时收敛。实际上楚早已成为诸侯中国力最强大、领土最广阔的国家。春秋晚期楚国有内乱，又被吴所破，国势转弱。

　　战国早期，楚悼王用吴起改革政治，楚又恢复强盛。其后，肃王、宣王继位。

战国中期，楚威王打败赵国，占有原吴国土地，迫使赵收缩。公元前333年，楚攻齐徐州，齐大败。楚怀王时，楚与齐交好。公元前318年，楚怀王为合纵之长，联合魏、赵、韩、燕共五国攻秦，不能取胜。秦使张仪欺骗楚怀王，使楚与齐断交，怀王中计，事后秦背约，楚伐秦，公元前312年，楚大败，秦取汉中地。楚反攻，又败于蓝田，韩、魏联合攻楚至邓。公元前311年，秦伐楚，取召陵。公元前306年，楚灭越，越人退至闽。公元前304年，秦与楚在黄棘会盟，秦把上庸归还楚国。

战国晚期，楚背弃与齐的合纵之约。公元前301年，齐联合韩、魏伐楚，楚军大败，韩、魏取得宛、叶以北之地。公元前300年，秦亦攻楚，取襄城。公元前299年，楚怀王被骗入秦，秦扣留怀王，要挟割地以赎，楚立顷襄王。公元前296年，楚怀王客死于秦。公元前280年，秦命司马错由蜀攻取楚黔中，楚割汉北及上庸与秦。秦命白起大举攻楚，公元前279年，攻取鄢、邓、西陵。公元前278年，白起攻下楚国都城纪郢（今湖北江陵纪南城），烧楚先王墓夷陵，攻至竟陵、安陆，建立南郡。又向南攻取洞庭五渚、江南。楚迁都至陈（今河南淮阳）。公元前277年，秦又攻取楚巫郡、黔中郡。公元前276年，楚收复黔中十五邑以抗秦。后顷襄王死，考烈王立，以春申君黄歇为相。公元前257年，魏信陵君、楚春申君救赵败秦。公元前256年，楚灭鲁。公元前253年，楚暂迁都至巨阳（今安徽太和东南）。公元前241年，楚迁都寿春（今安徽寿县西南。楚于公元前8世纪即建都于今湖北江陵纪南城，直至公元前506年吴大败楚军攻入楚都，楚昭王即开始迁都，还都，此后又有惠王、顷襄王、考烈王，或迁一次，或迁两次。而迁到的新地当时都称为郢，所以《史记·楚世家》云"楚东徙都寿春，命曰郢"）。公元前238年，考烈王死，李园杀春申君，立幽王。幽王死，继位者哀王在位两个多月也死，负刍为王第五年，即公元前223年，秦命王翦灭楚。

楚在惠王时进入战国时期，其后为简王、声王、悼王、肃王、宣王、威王、怀王、顷襄王、考烈王、幽王、哀王、负刍。计在战国有十三世。而《战国策》之策文，涉及悼王时吴起之事，已作为早年故事看待。《楚策》本身，最早恐只为楚宣王时事。

楚乃大国，策文却稀少零落，《战国策》中《楚策》四卷，五十二章，一万一千七百六十三字。分量与《韩策》近似，甚至不及《燕策》篇幅多，所记政治腐败之事占的比例不少。这是与楚这个大国的地位不相称的，这或许也是楚国由强而弱而亡的侧面反映吧。

荆宣王问群臣

【导读】

　　本篇选自《楚策一》，又见于《新序·杂事二》，事在公元前352年。"狐假虎威"这个成语出于此篇，这是个虚构的寓言故事。寓言重在以此喻彼，含有深刻意义，耐人寻味。这个寓言原来既讽刺假借他人权势壮自己威风，以吓唬弱小者的卑劣行为，又讽刺被人利用而不自知的昏庸统治者。江一以此说明北方诸侯害怕昭奚恤的根本原因是惧怕强大的楚国。

　　荆宣王问群臣曰①："吾闻北方之畏昭奚恤也②，果诚何如③？"群臣莫对。江一对曰④："虎求百兽而食之，得狐。狐曰：'子无敢食我也。天帝使我长百兽⑤，今子食我，是逆天帝命也。子以我为不信⑥，吾为子先行，子随我后，观百兽之见我而敢不走乎⑦？'虎以为然，故遂与之行。兽见之皆走。虎不知兽畏己而走也，以为畏狐也。今王之地方五千里，带甲百万⑧，而专属之昭奚恤⑨。故北方之畏奚恤也，其实畏王之甲兵也，犹百兽之畏虎也。"

【注释】

①荆宣王：即楚宣王。时当其十八年。　②北方：指中原各诸侯国。昭奚恤：楚国臣。　③果诚：果真，到底。　④江一：魏国人，仕于楚。　⑤长（zhǎng）百兽：为百兽之长。　⑥信：诚实。　⑦走：逃跑。　⑧带甲：指士兵。　⑨属（zhǔ）：委托，交付。

【译文】

　　楚宣王问群臣说："我听说北方各国都害怕昭奚恤，果真是这样吗?"群臣中没有一个人回答。江一回答说:"老虎寻找各种野兽吃,捉到一只狐狸。狐狸说:'你不敢吃我!上天派我来做百兽的首领,假如你吃我,这是违背上天的命令。你要是认为我的话不可靠,我就走在你前面,你在后面跟着我,看百兽见到我有谁敢不逃跑吗?'老虎认为狐狸的话有道理,就跟着狐狸一起走。百兽见到它们都跑。老虎不知道百兽是害怕自己才逃跑的,还以为是害怕狐狸呢。如今大王的国土纵横五千里,士兵百万,而专归昭奚恤掌管。所以北方各国害怕昭奚恤,其实是害怕大王的军队,就像百兽害怕老虎一样啊!"

威王问于莫敖子华

【导读】

本篇选自《楚策一》,事在楚威王初立时。莫敖子华讲述了楚国历史上"忧社稷之臣"的几种类型,指出他们不是为了高官厚禄,而是要干出一番事业对国家做出重要的贡献,或者是为促进国家的强盛而出力,或者为挽救社稷的危亡而献身。对于一些爱国的思想品质也作了很高的评价。本篇言语恳切,感情诚挚,内容具体,人物形象丰满,具有很强的感染力和说服力。

威王问于莫敖子华曰①:"自从先君文王以至不穀之身②,亦有不为爵劝③,不为禄勉④,以忧社稷者乎?"莫敖子华对曰:"如华不足知之矣⑤。"王曰:"不于大夫⑥,无所闻之。"莫敖子华对曰:"君王将何问者也?彼有廉其爵⑦,贫其身,以忧社稷者;有崇其爵⑧,丰其禄,以忧社稷者;有断脰决腹⑨,壹瞑而万世不视⑩,不知所益⑪,以忧社稷者;有劳其身,愁其志⑫,以忧社稷者;亦有不为爵劝,不为禄勉,以忧社稷者。"

王曰：“大夫此言将何谓也⑬？”莫敖子华对曰：“昔令尹子文⑭，缁帛之衣以朝⑮，鹿裘以处⑯；未明而立于朝，日晦而归食⑰；朝不谋夕，无一月之积⑱。故彼廉其爵，贫其身，以忧社稷者，令尹子文是也。

“昔者叶公子高⑲，身获于表薄⑳，而财于柱国㉑；定白公之祸㉒，宁楚国之事；恢先君以掩方城之外㉓，四封不侵㉔，名不挫于诸侯㉕。当此之时也，天下莫敢以兵南乡㉖，叶公子高食田六百畛㉗。故彼崇其爵，丰其禄，以忧社稷者，叶公子高是也。

“昔者吴与楚战于柏举㉘，两御之间夫卒交㉙。莫敖大心抚其御之手㉚，顾而大息曰㉛：‘嗟乎子乎㉜！楚国亡之月至矣㉝。吾将深入吴军，若扑一人㉞，若掊一人㉟，以与大心者也㊱，社稷其为庶几乎㊲？’故断脰决腹，壹瞑而万世不视，不知所益，以忧社稷者，莫敖大心是也。

“昔吴与楚战于柏举，三战入郢㊳。寡君身出㊴，大夫悉属㊵，百姓离散。棼冒勃苏曰㊶：‘吾被坚执锐㊷，赴强敌而死，此犹一卒也，不若奔诸侯㊸。’于是赢粮潜行㊹，上峥山㊺，踰深溪㊻，蹠穿膝暴㊼，七日而薄秦王之朝㊽。雀立不转㊾，昼吟宵哭，七日不得告，水浆无入口，瘨而殚闷㊿，旄不知人51。秦王闻而走之52，冠带不相及53，左奉其首54，右濡其口55，勃苏乃苏56。秦王身问之57：‘子孰谁也？’棼冒勃苏对曰：‘臣非异58，楚使新造蓥棼冒勃苏59。吴与楚人战于柏举，三战入郢，寡君身出，大夫悉属，百姓离散，使下臣来告亡，且求救。’秦王顾令60，不起。‘寡人闻之，万乘之君得罪一士，社稷其危61，今此之谓也。’遂出革车千乘，卒万人，属之子满与子虎62，下塞以东63，与吴人战于浊水而大败之64，亦闻于遂浦65。故劳其身，愁其思，以忧社稷者，棼冒勃苏是也。

“吴与楚战于柏举，三战入郢。君王身出，大夫悉属，百姓离散。蒙穀给斗于宫唐之上⑥⑥，舍斗奔郢，曰：'若有孤⑥⑦，楚国社稷其庶几乎？'遂入大宫⑥⑧，负鸡次之典⑥⑨，以浮于江，逃于云之中⑦⑩。昭王反郢⑦①，五官失法⑦②，百姓昏乱；蒙穀献典，五官得法，而百姓大治。此蒙穀之功多⑦③，与存国相若⑦④，封之执圭，田六百畛。蒙穀怒曰：'穀非人臣，社稷之臣，苟社稷血食⑦⑤，余岂悉无君乎⑦⑥？'遂自弃于磨山之中⑦⑦，至今无冒⑦⑧。故不为爵劝，不为禄勉，以忧社稷者，蒙穀是也。"

王乃大息曰："此古之人也，今之人焉能有之耶？"莫敖子华对曰："昔者先君灵王好小要⑦⑨，楚士约食⑧⑩，冯而能立⑧①，式而能起⑧②。食之可欲，忍而不入；死之可恶⑧③，然而不避。章闻之，其君好发者⑧④，其臣抉拾⑧⑤。君王直不好⑧⑥，若君王诚好贤，此五臣者⑧⑦，皆可得而致之⑧⑧。"

【注释】

①威王：指楚威王，楚国君。宣王之子，名商，前339—前329年在位。莫敖：楚官名，地位仅次于令尹，掌管代王传命及备王咨询。子华：楚国莫敖，名章，字子华。　②文王：指楚文王，春秋时楚国君。武王之子，名熊赀，前689—前677年在位。　③爵：爵位。劝：努力。　④禄：薪俸。勉：努力，尽力。　⑤姚云：孙本"华"作"章"。足：能够。　⑥大夫：指子华。　⑦廉：廉洁，奉公守法。　⑧崇：抬高，提升。　⑨胆（dòu）：颈，脖子。决：剖。　⑩指死亡。瞑，闭目。　⑪不知所益：不考虑对自己有何好处。　⑫此句是说苦其心志。　⑬何谓：指谁。　⑭子文：即鬪（dòu）穀（gòu）於（wū）菟（tú），字子文，春秋时楚成王令尹。　⑮缁（zī）帛之衣：卿大夫的朝服。缁，黑色。　⑯鹿裘：鹿皮衣。鹿皮是兽皮中最贱的一种。处：居家。　⑰日晦：太阳落山。晦，昏，暗。　⑱月：鲍本作"日"。　⑲叶公子高：即沈诸梁，春秋时人，楚国左司马沈尹戌之子，字子高，因封于叶，称叶公。　⑳薄：疑作"著"。表著，用标志

标明位置,即朝臣站立的固定位置。此句是说获居高位于朝臣之中,即上文"崇其爵"之意。　㉑柱国:国都。此句是说财富多于国库。即上文"丰其禄"之意。　㉒白公:楚平王之孙,名胜。前479年,其父太子建遭谗害逃至郑,被郑所杀。胜奔吴,后被令尹子西召回,任巢大夫,号白公。㉓恢:大,扩大。掩:遮蔽,披及。方城:指楚国在其北境沿伏牛山麓所筑的一条长城,亦称楚方城。此句是说发扬先君之德,使其名声披及方城以北。据《左传·哀公十六年》载,白公之乱时,叶公子高在蔡国,方城之外的人都希望他赶快回国平乱。　㉔封:疆界。　㉕挫:损伤。㉖南乡:向南。指进犯楚国。乡(xiàng),面向。　㉗食田:封赐之田。六百畛:指赏赐之多。畛(zhěn),田间小路。　㉘柏举:春秋时楚地,在今湖北麻城东北。据《左传》,吴、楚柏举之役在前506—前505年。吴王阖庐率师攻楚,大败楚兵于柏举,五战及郢,楚昭王逃奔随国。　㉙两御:两军将帅的驭手。指代两军的将帅,即对垒的两军。御,驾驭车马的人。夫卒:士兵。夫,兵卒。交:交锋。　㉚大心:据《左传》,即叶公子高之父左司马沈尹戌。　㉛顾:回头看。　㉜嗟乎子乎:犹"嗟乎兹乎",叹息声。　㉝月:姚云:一作"日"。　㉞若:你。扑:击,打。㉟捽(zuó):揪。　㊱与:助。　㊲庶几(jī):差不多,大概可以。表示希望之词。此句是说国家或许还有希望吧。　㊳郭希汾曰:《左传》《史记》《通鉴》均作"五战入郢","三"字当误。　㊴寡君:指楚昭王,春秋时楚国君。平王之子,名轸(一作"珍"),前515—前489年在位。王念孙曰:"寡君"当为"君王",此涉下梦冒勃苏之词而误也。㊵属(zhǔ):跟随。　㊶梦冒勃苏:即申包胥,春秋时楚国大夫,楚君蚡冒的后代,申姓,名包胥(一作"勃苏"),与伍子胥为知交。　㊷被:通"披"。坚:指盔甲。执:拿。锐:指锋利的兵器。　㊸奔诸侯:指向诸侯求援。　㊹赢:担,背。　㊺峥山:高山。　㊻深溪:深水溪谷。　㊼蹠穿:鞋破了,脚掌露出来。蹠(zhí),脚掌。暴:露出来。㊽薄:至,到达。秦王:指秦哀公。　㊾雀立:翘首企望。王念孙引王引之曰："雀"当为"隺"字之误也，"隺"与"鹤"同。 (50)瘨（diān）：同"癫"，晕倒。殚闷：指呼吸困难。殚，尽，指气绝。 (51)旄：通"眊"（mào），眼睛浑浊，看不清。 (52)走：往，趋向。 (53)带：衣带。此句指衣帽来不及穿戴整齐。 (54)奉：捧着。 (55)濡其口：给他喂水。濡（rú），沾湿。 (56)苏：苏醒。 (57)身：亲自。 (58)异：他，别人。 (59)新造盭：新成为罪人的人，犹罪臣。盭，当为"盩"（lì），罪。 (60)顾：通"固"，必，一再。 (61)其：将。 (62)子满：《左传》作"子蒲"，秦国将领。子虎：秦国将领。 (63)下塞：出关。塞，关塞。 (64)浊水：水名，古淯水（白河）西部支流，源出河南内乡西，东流经邓县南，注入淯水，疑即今之刁河。 (65)亦闻：指传闻又一说。此句疑注文误入正文者。遂浦：未详。 (66)蒙縠：楚国将领。给：鲍本作"结"。按：结，犹"交"。结斗，合斗，交斗。宫唐：或是地名，未详。 (67)若有孤：如有孤子继位。时楚昭王逃奔随，生死未知，故曰"若有孤"。 (68)大：姚云：曾一无"大"字。 (69)鸡：姚云：一本作"离"。离次，编次离散。典：法书。 (70)云梦：泽薮名，为楚王游猎区，在今长江以北至湖北云梦、潜江、沙市，湖南华容、益阳一带。 (71)昭王反郢：昭王十一年（前505年）九月归入郢。 (72)五官：分司天、地、神、民、物类的五种官职。法：法度。 (73)此：王念孙曰：此，当为"比"，此句是说比较其功，与存国相等也。 (74)相若：相等。 (75)苟社稷血食：是说国家不亡。古代杀牲设祭，故曰血食。 (76)余岂悉：姚云：一作"余岂患"。无君：指不得仕。 (77)自弃：隐居。磨山：即历山，在今湖南安福西。 (78)冒：王念孙引王引之曰："冒，当为'胄'字之误也。"无胄，无后，子孙无在显位者。 (79)灵王：指楚灵王。春秋时楚国君。共王之子，名围，前540—前529年在位。好：喜欢。小要：细腰。 (80)约食：节制饮食。 (81)冯（píng）：同"凭"，依靠。 (82)式：同"轼"，古代车厢前面供立乘者凭扶的横木。用作动词，指凭扶。 (83)恶：可怕。 (84)好发：喜欢射箭。 (85)抉：扳指。古代射箭时套在右手拇指上，用以钩弦。拾：套臂，皮制的护袖，又叫"遂"。"抉拾"用作动词。 (86)直：只，只是。

【译文】

楚威王向莫敖子华问道："自从我的先君文王一直到我，这期间有不为爵位而努力，不为俸禄而尽力，只为国家担忧的人吗？"莫敖子华回答道："像我这样的人是不能够知道这种事情的。"楚王说："不向你了解，就无从知道了。"莫敖子华答道："君王想要问什么样的人呢？这当中有为官清廉，生活清贫，而为国家担忧的；有爵位很高，俸禄优厚，而为国家担忧的；有刎颈剖腹，眼睛一闭永离人间，不考虑对自己有什么好处，而为国家担忧的；有使自己的身体劳累，为自己的志向所愁苦，而为国家担忧的；也有不为爵位而努力，不为俸禄而尽力，只为国家担忧的。"

楚王说："你的这番话指的是谁呢？"莫敖子华答道："从前令尹子文穿着黑绸衣服上朝，平时居家穿的是鹿皮袍子，每天天不亮就上朝，天黑才回家吃饭，早晨顾不上考虑晚上的事，家里没有一天的积蓄。所以那为官清廉，生活清贫，而为国家担忧的人，就是令尹子文啊。

"从前，叶公子高身为朝臣，财富多于国库。他平息了白公胜发动的叛乱，使楚国得以安宁；发扬先君的遗德，使他的名声披及方城以北；四境不受侵犯，使国家的威名在诸侯中不受损伤。在那个时候，天下没有哪个国家敢向南用兵，叶公子高拥有封田六百畛。所以那爵位很高，俸禄优厚，而为国家担忧的人，就是叶公子高啊。

"从前，吴国和楚国在柏举作战，两军阵前兵卒交锋。莫敖大心拍着车夫的手，回头叹息道：'唉！楚国灭亡的日子到了！我将要深入吴军之中，你能打倒一个人，抓住一个人，以此来帮助我，国家或许还有希望吧。'所以刎颈剖腹，眼睛一闭永离人世，不考虑对自己有什么好处，而为国家担忧的人，这就是莫敖大心啊。

"从前，吴国和楚国在柏举作战，五战之后吴军攻入郢都。楚王逃出郢都，大臣们全都跟着逃亡，老百姓流离失所。棼冒勃苏说：'我身披铠甲，手拿兵器，冲向强大的敌军而战死，这不过等于一个小卒罢了，不如奔赴诸侯请求援兵。'于是背着干粮，偷偷出行，登上高山，越过深溪，磨破鞋底，露出膝盖，整整走了七天，来到秦国朝廷。他翘首企望，站着不动，日夜哭泣，一连七天未得面诉秦王，滴水未进，呼吸困难，晕倒在地，昏迷不醒。秦王听说后急忙跑来，连衣帽都来不及穿戴整齐，左手捧着他的头，右手给他喂水，棼冒勃苏这才苏醒过来。秦王亲自问他：'你是谁啊？'棼冒勃苏答道：'我不是别人，我是楚国使者罪人棼冒勃苏。吴国和楚国在柏举交战，五战之后吴国攻入郢都，我的君王从郢都逃出，大臣们也都跟着跑了，老百姓流离失所，因此派我来报告楚国的危情，并请求援救。'秦王一再让他起身，他坚持不起。秦王说：'我听说，拥有万辆兵车的大国君主，如果得罪了一位贤士，国家就要危险，说的就是现在这种情形啊！'于是秦王派出兵车千辆，士兵万人，由子满和子虎统率，出关东下，和吴军在浊水交战，大败吴军。所以那劳累身体，苦其心志，而为国家担忧的人，就是棼冒勃苏啊。

"吴国和楚国在柏举交战，五战之后吴军攻入郢都。楚王逃出郢都，大臣们全都跟着逃亡，老百姓流离失所。蒙穀与吴军混战在宫唐，他放弃战斗，奔回郢都，说：'如果有孤子继位，楚国这个国家或许还有希望吧！'于是奔入宫中，背起编次离散的法典，漂浮过大江，逃到云梦泽中。后来楚王回到郢都，官吏失去法度，百姓混乱；蒙穀献出法典，官吏又有了法度，这才把百姓治理好。考核蒙穀的功劳，和保全国家相当，楚王封他执圭的爵位，赐田六百畛。蒙穀发怒道：'我不是君王个人的臣子，我是国家的臣子，如果国家不灭亡，我难道还担心没有官做吗？'于是他隐居在磨山之中，至今没有子孙身居显位。所以那不为爵位而努力，不为俸禄而尽力，只为国家担忧的人,就是蒙榖啊!"

楚王于是叹息道:"这些都是古代的人啊,现在的人里面怎么能有这样的人呢?"莫敖子华回答说:"从前先君楚灵王喜欢细腰身的人,楚国的士人就都节制饮食,饿得倚着东西才能站立,扶着东西才能起身。这些人固然想吃东西,但强制自己不进食;饿死固然可怕,然而却不惜饿着。我听说,那些喜欢射箭的君王,他的臣子也都学习射箭。君王只是不喜欢贤士罢了,如果君王真的喜欢贤士,像前面说的那五种贤臣,都能得到并招来。"

楚襄王为太子之时

【导读】

本篇选自《楚策二》,事多可疑,盖为策士拟托之作。外交策略正确与否,对斗争的成败具有重要意义,也是纵横捭阖盛行的原因,本文就是一个生动的例子。文章先写三臣献策的经过,层次清楚,突出了三种方略的矛盾,以至在慎子建议三策并用时,楚王"怫然作色"。经过慎子的解释和安排,才相得益彰,全盘皆活,体现了出奇制胜的妙用。

楚襄王为太子之时①,质于齐②。怀王薨③,太子辞于齐王而归④。齐王隘之⑤:"予我东地五百里⑥,乃归子;子不予我,不得归。"太子曰:"臣有傅⑦,请追而问傅⑧。"傅慎子曰⑨:"献之。地所以为身也,爱地不送死父,不义。臣故曰献之便⑩。"太子入,致命齐王曰⑪:"敬献地五百里。"齐王归楚太子。

太子归,即位为王。齐使车五十乘,来取东地于楚。楚王告慎子曰:"齐使来求东地,为之奈何?"慎子曰:"王明日朝群臣⑫,皆令献其计。"

上柱国子良入见⑬。王曰："寡人之得求反⑭，王坟墓、复群臣、归社稷也⑮，以东地五百里许齐。齐令使来求地，为之奈何？"子良曰："王不可不与也。王身出玉声⑯，许强万乘之齐而不与⑰，则不信，后不可以约结诸侯。请与而复攻之。与之，信；攻之，武⑱。臣故曰与之。"

子良出，昭常入见⑲。王曰："齐使来求东地五百里，为之奈何？"昭常曰："不可与也。万乘者，以地大为万乘。今去东地五百里，是去战国之半也⑳，有万乘之号而无千乘之用也，不可。臣故曰勿与。常请守之。"

昭常出，景鲤入见㉑。王曰："齐使来求东地五百里，为之奈何？"景鲤曰："不可与也。虽然，楚不能独守，王身出玉声，许万乘之强齐也而不与，负不义于天下。楚亦不能独守㉒，臣请西索救于秦。"

景鲤出，慎子入。王以三大夫计告慎子曰："子良见寡人曰：'不可不与也，与而复攻之。'常见寡人曰：'不可与也，常请守之。'鲤见寡人曰：'不可与也，虽然，楚不能独守也，臣请索救于秦。'寡人谁用于三子之计㉓？"慎子对曰："王皆用之。"王怫然作色㉔，曰："何谓也？"慎子曰："臣请效其说，而王且见其诚然也㉕。王发上柱国子良车五十乘㉖，而北献地五百里于齐。发子良之明日，遣昭常为大司马㉗，令往守东地。遣昭常之明日，遣景鲤车五十乘，西索救于秦。"王曰："善。"乃遣子良北献地于齐。遣子良之明日，立昭常为大司马，使守东地。又遣景鲤西索救于秦。

子良至齐，齐使人以甲受东地㉘。昭常应齐使曰："我典主东地㉙，且与死生㉚。悉五尺至六十㉛，三十余万弊甲钝兵㉜，愿承下尘㉝。"齐王谓子良曰："大夫来献地，今常守之，何如㉞？"子良曰："臣身受命弊邑之王，是常矫也㉟。王攻之。"齐王大兴兵攻东地，伐昭常。未涉疆^㊱，秦以五十万临齐右壤^㊲。曰："夫隘楚太子弗出，不仁；又欲夺之东地五百里，不义。其缩甲则可^㊳，不然，则愿待战^㊴。"

齐王恐焉。乃请子良南道楚^㊵，西使秦，解齐患。士卒不用，东地复全。

【注释】

①楚襄王：楚国君，即顷襄王。　②按：事在楚怀王二十九年（前300年）。　③怀王：楚国君。熊氏，名槐，前328—前299年在位。按：怀王被秦拘留（前299年）后，楚为绝秦望，乃诈赴于齐，求太子返国。实则襄王立三年（前296年），怀王客死于秦。此言非史实。薨：指侯王死。　④齐王：指齐闵王。太子返国即位为公元前298年。　⑤隘（è）：通"阨"，阻止。　⑥东地：即东国。指楚国靠近齐国南境的东部地区。　⑦傅：师傅，辅佐之官。　⑧追：招引。　⑨慎子：楚襄王为太子时的辅佐之官。　⑩便：利，有利。　⑪致命：复命，回报。　⑫朝：召见。　⑬子良：上柱国的名字。　⑭求：王念孙曰："求"当作"来"，隶书二形相似，上下文又有"求"字，故"来"讹为"求"。来反，返回。　⑮王：鲍本作"主"。主坟墓，主持先王的祭祀。复群臣：使群臣各归其职位。复，恢复。归社稷：使社稷之主各归其位。指国家不灭亡。　⑯玉声：玉言。玉，敬辞。　⑰强：据下文，"强"字当在"齐"字上。　⑱武：威武。指不示弱。　⑲昭常：楚王同族。　⑳战：疑为"东"字之讹。　㉑景鲤：楚怀王相。　㉒姚云：曾圈去"王身"至"独守"二十七字。　㉓此句是说我不知对三个人的计谋该用谁的好。　㉔怫（fú）然：发怒的样子。　㉕诚然：确实如此。　㉖发：派遣。　㉗大司马：官名，总领军事的官长。　㉘甲：指军队。此句是说武装接受东地。　㉙典主：主掌。典，主持，掌管。　㉚且与死生：将与东地共存亡。　㉛五尺：指未成年的人。六十：指年满六十岁的老人。此句是说自儿童至六十岁的老人全部征召从军。　㉜弊甲：破旧的

铠甲。钝兵：不锋利的兵刃。　㉝愿承下尘：愿一战。承，接受，承受。下尘，谦辞，下风。　㉞何如：金正炜曰当为"如何"。如何，奈何，怎么办。　㉟矫：假传命令。　㊱未涉疆：未入东地之界。疆，疆界。　㊲临：到达。齐右壤：齐西之地。　㊳缩甲：收兵。缩，收敛。　㊴待战：等待开战。　㊵道楚：返楚。道，取道。

【译文】

　　楚襄王做太子的时候，曾在齐国做人质。楚怀王死后，太子辞别齐王回楚国。齐王阻止他说："你给我割让东地五百里，我就让你回去。你不给我割地，就不放你回去。"太子说："我有师傅，让我回去问问他。"师傅慎子说："给齐国割地。土地是为了安身的，舍不得土地就不能回国为父亲送葬，这也是不义。所以我说割地有利。"太子入朝，回报齐王说："我愿意敬献五百里土地。"齐王这才放太子回国。

　　太子回到楚国，即位做了楚王。齐国派使车五十辆，来向楚国索取东地。楚王告诉慎子说："齐国使者来索求东地，这怎么办呢？"慎子说："大王明天召见群臣，让他们都谈谈自己的看法。"

　　上柱国子良拜见楚王。楚王说："我能够回到楚国，主持先王的祭祀，使群臣各归其位，国家不致灭亡，是因为答应给齐国割让东地五百里。齐国派使臣来索求土地，对此怎么办呢？"子良说："大王不能不给齐国割地。大王口出玉言，亲口答应了万乘之强齐，如果不兑现，那就是不讲信用，以后就没办法和诸侯结交了。请先给齐国割地，然后再攻打它。给齐国割地，表示守信用；攻打它，表示不示弱。所以我说给齐国割地。"

　　子良出来以后，昭常进去拜见。楚王说："齐国使者来索取东地五百里，这该怎么办呢？"昭常说："不能给他。万乘大国，是因为土地广阔才成为万乘大国的。如果割去东地五百里，这就割掉东国的一半啊，楚国虽然有万乘大国的名号，却没有千乘之国的实际，这样做不行。所以我说不给齐国割地。我愿意守卫东地。"

昭常出来以后，景鲤进去拜见。楚王说："齐国使者来索取东地五百里，对此怎么办呢？"景鲤说："不能给他。虽然如此，楚国不能单凭自己的力量守住东地。我愿意到秦国去请求救兵。"

景鲤出来以后，慎子又进去。楚王把三个大夫的主意告诉了慎子，说："子良对我说：'不能不给齐国割地，给了以后再进攻它。'昭常对我说：'不能给齐国割地，我愿意守卫东地。'景鲤对我说：'不能给齐国割地，虽然如此，但是楚国不能独自守卫东地，我愿意到秦国去请求救兵。'我不知道对他们三个人的主意该采用谁的好？"慎子回答说："大王对他们三个人的主意全部采用。"楚王满脸不高兴地说："你这是什么意思？"慎子说："请让我说说我的想法，然后大王就会知道事情确实如此。大王派遣上柱国子良带领五十辆兵车，往北到齐国去进献东地五百里。派遣子良的第二天，任命昭常为大司马，让他去守卫东地。派遣昭常的第二天，派景鲤带领五十辆车，往西到秦国去请求救兵。"楚王说："好。"于是派子良往北到齐国去献地。派遣子良的第二天，任命昭常为大司马，让他去守卫东地。又派遣景鲤往西到秦国去请求救兵。

子良到了齐国，齐国武装接收东地。昭常回答齐国使者说："我主管东地，将与东地共存亡。我已征召从儿童到六十岁的老人全部从军，虽然只是三十多万人的破旧铠甲和鲁钝兵器，但是我们愿意奉陪。"齐王对子良说："您来献地，昭常却在那里守卫，这怎么办呢？"子良说："我亲自从敝国君王那里接受的命令，昭常守卫东地，是假传王命。大王去攻打他。"齐王大举出兵，进攻东地，讨伐昭常。齐军还没有进入东地疆界，秦国就派出五十万大军进攻齐国西部地区。理由是："阻止楚太子不让他回国，这样做不仁；又想掠夺楚国东地五百里，这样做不义。你们如果收兵便罢，不然的话，我们就准备决一死战。"

齐王很害怕。于是请求子良返回楚国,往西出使秦国,解除齐国的祸患。楚国没有使用一兵一卒,竟然保住了东地。

苏子谓楚王

【导读】

本篇选自《楚策三》,事在公元前301年重丘之役后。苏子把进贤看做人臣最可贵的品质,甚至比为国君赴死受辱还要难于做到,因为进贤的结果,有可能使进贤者自己退居下位。因此,他建议人主以此为考察臣下的重要内容。这种观点在今天仍然有积极意义。

苏子谓楚王曰①:"仁人之于民也,爱之以心,事之以善言②。孝子之于亲也,爱之以心,事之以财③。忠臣之于君也,必进贤人以辅之。今王之大臣父兄④,好伤贤以为资⑤,厚赋敛诸臣百姓⑥,使王见疾于民⑦,非忠臣也。大臣播王之过于百姓⑧,多赂诸侯以王之地,是故退王之所爱⑨,亦非忠臣也,是以国危。臣愿无听群臣之相恶也⑩,慎大臣父兄⑪,用民之所善⑫;节身之嗜欲⑬,以百姓⑭。人臣莫难于无妒而进贤。为主死易,垂沙之事⑮,死者以千数。为主辱易⑯,自令尹以下,事王者以千数。至于无妒而进贤,未见一人也。故明主之察其臣也,必知其无妒而进贤也。贤之事其主也⑰,亦必无妒而进贤。夫进贤之难者,贤者用且使己废,贵且使己贱,故人难之。"

【注释】

①苏子:或以为苏秦。楚王:指楚怀王。时当其二十八年。　②事:役使。

③事：侍奉，奉养。 ④王："王"上鲍本有"大"字。按："大臣"二字因下文"慎大臣父兄"而衍。此句只当言"父兄"，下文再言"大臣"云云。父兄：指宗室贵族。 ⑤伤：毁损，诽谤。资：资本，凭借。 ⑥赋：赋税。敛：收敛。 ⑦见疾：被怨恨。 ⑧播：传扬，传布。 ⑨退：消减。王之所爱：指土地、名声。 ⑩相恶：彼此中伤。 ⑪慎：指慎重使用。 ⑫用：行。善：称道，喜爱。 ⑬节：节制。嗜：爱好。欲：欲望。 ⑭以："以"下鲍本补"与"字。 ⑮此句是指重丘之役。前301年，齐、魏、韩三国攻楚，在泚水旁的垂沙大败楚军，杀楚将唐昧。垂沙：楚国地，在今河南唐河西南。 ⑯辱：屈辱，受辱。 ⑰贤："贤"下鲍本有"臣"字。

【译文】

苏子对楚王说："有仁爱之心的人，对人民用真心去爱护他们，用善言抚慰他们为自己服务。孝子对父母，用真心去敬爱他们，用钱财去奉养他们。忠臣对君王，一定要推荐贤人去辅佐他们。现在大王的宗室贵族，喜欢伤害贤士来作为进身的凭借，对臣民加重征收赋税，使大王被老百姓所怨恨，这不是忠臣。大臣向老百姓传播大王的过错，用大王的土地赠送给诸侯以谋取私利，所以使得大王的土地、名声遭受损失，这也不是忠臣，因此国家就危险了。我希望大王不要听信大臣的彼此中伤，慎重地使用这些大臣和宗亲，做老百姓所喜欢的事，节制自身的爱好和欲望，把省下的东西给老百姓。作为臣下没有什么比不忌妒而且能推荐贤人更难的了。为君王效死是容易做到的，垂沙之战，死去的人数以千计。为君王忍受侮辱也很容易，自令尹以下，侍奉大王的人也要用千来计算。至于不忌妒而且能推荐贤人，还没有看见过一个这样的人。所以英明的君王考察他的臣下，一定要知道他是否不忌妒而且能推荐贤人。贤臣侍奉君王，也一定要不忌妒而且能推荐贤人。推荐贤人的难处，在于贤人得到任用，将会使自己被废置不用；贤人地位尊贵了，又将会使自己退居下位，所以人们难以做到。"

苏秦之楚

【导读】

本篇选自《楚策三》。文中设譬奇警,言语尖锐,辛辣地讽刺了楚国官吏阻隔才路的弊政,颇有现实意义。

苏秦之楚^①,三日乃得见乎王^②。谈卒^③,辞而行。楚王曰:"寡人闻先生若闻古人^④,今先生乃不远千里而临寡人^⑤,曾不肯留^⑥?愿闻其说。"对曰:"楚国之食贵于玉,薪贵于桂^⑦,谒者难得见如鬼,王难得见如天帝。今令臣食玉炊桂^⑧,因鬼见帝^⑨。"王曰:"先生就舍^⑩,寡人闻命矣。"

【注释】

①按:苏秦主要活动在燕、齐、赵三国,无说楚王事。　②三日:王念孙曰:当作"三月"。乎:于。　③卒:毕,完。　④古人:指古之贤人。　⑤乃:竟然。临:敬辞,犹"见"。　⑥曾:何为。　⑦桂:木名,为珍贵的观赏植物。　⑧炊桂:用桂木烧火做饭。　⑨因:通过。王念孙曰:语意未了,其下必有脱文,《类聚》《御览》《文选》引此并有"其可得乎"四字,当是。　⑩就舍:到宾馆住下。就,归于。

【译文】

苏秦到楚国去,三个月才得以见到楚王。他和楚王谈话一结束,就告辞要走。楚王说:"我听了先生的话就像和古代贤人交谈过一样。现在先生竟然不远千里专程来见我,为什么不肯停留?我想听听你的想法。"苏秦答道:"楚国的食物比玉还贵,柴草比桂木还贵,见您的传达官就像见鬼一样难,见大王就像见天帝一样难。现在让我拿玉来吃,用桂木作柴火,通过鬼去见天帝……"不等苏秦说完,楚王就赶紧说:"请先生到宾馆住下,我受教了。"

魏王遗楚王美人

【导读】

本篇选自《楚策四》,又见于《韩非子·内储说下》,分为两篇,一篇掩口,一篇掩鼻,与本策大同小异。这则故事选取了一个典型事件,活生生地勾画出了郑袖阴险的嘴脸,恶毒的心肠,狡猾的伎俩。她两面三刀,上下其手,堪称阴险毒辣的典型,就是在今天也仍然具有警醒作用。

魏王遗楚王美人①,楚王说之。夫人郑袖知王之说新人也,甚爱新人。衣服玩好,择其所善而为之②;宫室卧具,择其所善而为之。爱之甚于王。王曰:"妇人所以事夫者③,色也;而妒者,其情也④。今郑袖知寡人之说新人也,其爱之甚于寡人,此孝子之所以事亲,忠臣之所以事君也。"郑袖知王以己为不妒也,因谓新人曰:"王爱子美矣。虽然,恶子之鼻。子为见王⑤,则必掩子鼻⑥。"新人见王,因掩其鼻。王谓郑袖曰:"夫新人见寡人,则掩其鼻,何也?"郑袖曰:"妾知也。"王曰:"虽恶必言之⑦。"郑袖曰:"其似恶闻君王之臭也⑧。"王曰:"悍哉⑨!"令劓之⑩,无使逆命⑪。

【注释】

① 楚王:指楚怀王。按:怀王世,魏历惠王、襄王两君,此魏王所指未详。
② 善:姚云:一作"喜"。 ③ 事:侍。 ④ 情:真实的情况。 ⑤ 为:如果。

⑥掩：遮蔽，掩盖。　⑦恶：忌讳。　⑧君：鲍本无"君"字。　⑨悍：凶。指胆大妄为。　⑩劓（yì）：割掉鼻子。　⑪逆命：违令。

【译文】

　　魏王送给楚王一个美人，楚王很喜欢她。夫人郑袖知道楚王喜欢这个美人，就格外讨好她。凡是穿的玩的，都挑美人所喜欢的来添置；房间卧具，也拣美人所喜欢的来布置。看起来比楚王还喜欢这个美人。楚王说："妇人用来侍奉丈夫的是美色，嫉妒是妇人的真实心理。现在郑袖知道我喜欢这个美人，她就比我更爱她，这跟孝子侍奉父母，忠臣侍奉国君是同一个道理啊！"郑袖知道楚王认为自己不嫉妒，就对美人说："大王喜欢你的美貌。虽然如此，他却讨厌你的鼻子。你如果去见大王，就一定捂住你的鼻子。"以后美人见楚王，就用手捂住鼻子。楚王问郑袖说："新人一见到我，就捂住鼻子，这是为什么？"郑袖说："我知道。"楚王说："即使犯忌讳也一定说出来。"郑袖说："她似乎是讨厌你身上的气味吧。"楚王说："胆大妄为！"于是下令割掉美人的鼻子，不得违抗命令。

庄辛谓楚襄王

【导读】

　　本篇选自《楚策四》，又见于《新序·杂事二》，事在公元前278年。这是《战国策》中别开生面的一篇，前人称之为"策赋之流"。文章通过一连串的比喻，由小至大，从物到人，由远及近，因外及内，缓而不骤，委婉从容而又层层紧逼，使人惊心动魄，不能不让楚王吃惊而发抖。这数段层层递进的文字连接起来，形成了激越的文气。清人陆陇其誉为"最善为词令"之作（见《战国策去毒》）。此章在巧于比喻方面，确实达到了炉火纯青的程度，不仅增强了说服力,也给人以强烈的艺术感染。

庄辛谓楚襄王曰^①:"君王左州侯^②,右夏侯^③,辇从鄢陵君与寿陵君^④,专淫逸侈靡^⑤,不顾国政,郢都必危矣。"襄王曰:"先生老悖乎^⑥?将以为楚国妖祥乎^⑦?"庄辛曰:"臣诚见其必然者也^⑧,非敢以为国妖祥也。君王卒幸四子者不衰^⑨,楚国必亡矣。臣请辟于赵^⑩,淹留以观之^⑪。"

庄辛去之赵^⑫,留五月,秦果举鄢、郢、巫、上蔡、陈之地^⑬,襄王流掩于城阳^⑭。于是使人发驺征庄辛于赵^⑮。庄辛曰:"诺。"

庄辛至,襄王曰:"寡人不能用先生之言,今事至于此,为之奈何?"庄辛对曰:"臣闻鄙语曰^⑯:'见兔而顾犬^⑰,未为晚也;亡羊而补牢^⑱,未为迟也。'臣闻昔汤、武以百里昌,桀、纣以天下亡。今楚国虽小,绝长续短^⑲,犹以数千里^⑳,岂特百里哉^㉑?

"王独不见夫蜻蛉乎^㉒?六足四翼,飞翔乎天地之间,俛啄蚊虻而食之^㉓,仰承甘露而饮之,自以为无患,与人无争也。不知夫五尺童子方将调铅胶丝^㉔,加己乎四仞之上^㉕,而下为蝼蚁食也。

"蜻蛉其小者也^㉖,黄雀因是以^㉗。俯啄白粒^㉘,仰栖茂树,鼓翅奋翼^㉙,自以为无患,与人无争也,不知夫公子王孙,左挟弹^㉚,右摄丸^㉛,将加己乎十仞之上,以其类为招^㉜。昼游乎茂树,夕调乎酸醎^㉝。倏忽之间^㉞,坠于公子之手。

"夫雀其小者也^㉟,黄鹄因是以^㊱。游于江海,淹乎大沼^㊲,俯喝鳝鲤^㊳,仰啮菱衡^㊴,奋其六翮而凌清风^㊵,飘摇乎高翔,自以为无患,与人无争也。不知夫射者方将修其碆卢^㊶,治其矰缴^㊷,将加己乎百仞之上,彼磁磻^㊸,引微缴^㊹,折清风而抎矣^㊺。故昼游乎江河,夕调乎鼎鼐^㊻。

“夫黄鹄其小者也，蔡圣侯之事因是以(47)。南游乎高陂(48)，北陵乎巫山(49)，饮茹溪流(50)，食湘波之鱼(51)，左抱幼妾，右拥嬖女(52)，与之驰骋乎高蔡之中(53)，而不以国家为事。不知夫子发方受命乎宣王(54)，系己以朱丝而见之也(55)。

“蔡圣侯之事其小者也，君王之事因是以。左州侯，右夏侯，辇从鄢陵君与寿陵君(56)，饭封禄之粟(57)，而戴方府之金(58)，与之驰骋乎云梦之中，而不以天下国家为事。不知夫穰侯方受命乎秦王(59)，填黾塞之内(60)，而投己乎黾塞之外(61)。”

襄王闻之，颜色变作(62)，身体战栗，于是乃以执圭而授之，为阳陵君(63)，与淮北之地也(64)。

【注释】

①庄辛：楚国大夫，楚庄王之后，故以庄为姓。楚襄王时封为阳陵君。《新序》“谓”作“谏”。 ②州侯：楚襄王时的封君，宠幸之臣。 ③夏侯：楚襄王时的封君，襄王宠臣。 ④辇从：车后跟着。辇（niǎn），用人拉的车子。鄢陵君、寿陵君：楚襄王时封君，宠幸之臣。 ⑤淫逸：没有节制地寻欢作乐。侈靡：奢侈浪费。 ⑥老悖：老糊涂。悖，惑乱。 ⑦将：还是。袄祥：不祥之兆。袄，通“妖”。祥，吉凶的预兆。 ⑧诚：确实。然：如此。 ⑨卒幸：始终宠幸。衰：减。 ⑩辟：通“避”。 ⑪淹留：停留，滞留。淹，停留。 ⑫去之赵：离开楚国，前往赵国。 ⑬举：攻下。鄢：在今湖北宜城西南。巫：郡名，治所在今四川巫山北。按：据《史记·楚世家》及《六国年表》，顷襄王二十年（前279年），秦拔鄢、西陵；二十一年，拔郢，烧夷陵，王亡走陈；二十二年，拔巫、黔中郡。未及上蔡和陈。张琦曰：“上蔡”“陈”疑衍。是时王亡走陈地。 ⑭流：流亡。掩：掩藏，藏匿。城阳：当为“阳城”，在今河南淮阳西南。 ⑮驺（zōu）：侍从骑士。征：召。 ⑯鄙语：俗语。⑰顾：回头看，想起。 ⑱牢：养牲畜的圈。 ⑲绝：截断。续：接续。⑳犹：尚且。以：有。 ㉑特：但，只。 ㉒独：岂，难道。夫：那。蜻蛉

（líng）：蜻蜓。　㉓俛（fǔ）：同“俯”。　蚉（wén）：同“蚊”。　蝱（méng）：同“虻”，似蝇而稍大。　㉔不知：没料到。方将：正要。铦：鲍本作“饴”。饴，糖浆。胶：粘合。　㉕加：加害，欺侮。乎：于。仞：八尺（一说七尺）。　㉖其：指乐而忘忧以遭不幸的事。　㉗因是以：犹此已，也是这样。　㉘嚼（zhuó）：同“啄”。白粒：米粒。　㉙鼓：鼓动。奋：振动。　㉚挟：持，握。弹：弹弓。　㉛摄：握持。丸：弹丸。　㉜类：王念孙曰：“类”当为“颈”字之误也。招：箭靶子。　㉝酸醎：调味的作料。醎（xián），同“咸”。　㉞倏忽：很快地。倏，同“倐”（shū），极快地。金正炜曰：“倏忽”以下十字，当在“昼游”句上，误淆于下。㉟夫雀其小者也：姚云：一本“夫黄雀”。　㊱黄鹄（hú）：黄鹤，一名天鹅。㊲沼：水池。　㊳鳣鲤：王念孙曰：当从《新序》作“鳏鲤”。鳏（yǎn），鲇（nián）鱼。鲤，鲤鱼。　㊴啮（niè）：咬。菱：同“菱”，一年生水生草本植物，果实即菱角。衡：即杜衡，香草名。　㊵六翮：鸟翅上的六根长羽毛。此指翅膀。翮（hé），鸟羽的主茎。凌：驾，乘。㊶修：整治。砮（bō）：石箭头。也作“砮”。卢：疑为“卢弓”的省称。卢，黑色。　㊷治：整治。缯缴：带丝绳的箭。缯，通“矰”（zēng），系有丝绳的箭。缴（zhuó），系在箭上的生丝绳。　㊸彼：鲍本作“被”。被，遭受。礛（jiān）：锋利。磻（bō）：缀在缴上的石。此指石箭头。　㊹引：拖着。微：细。　㊺折：断。指划过。抎（yǔn）：通“陨”，坠落。　㊻鼎：古代烹煮器具。鼐（nài）：大鼎。　㊼蔡圣侯：《古文观止》作“蔡灵侯”，即姬般，春秋时蔡国君。前531年被楚灵王诱杀于申（今河南南阳北）。　㊽陂（bēi）：山坡。　㊾陵：登。㊿饮（yìn）：给牲畜水喝。茹溪：水名，在今四川巫山北。姚云:《后语》“饮茹溪之流”。　51湘：水名，源出今广西兴安县海阳山西麓，东北流贯湖南东部，至湘阴县豪河口入洞庭湖。　52拥：抱。嬖女：受宠爱的女子。　53高蔡：在今湖南常德。　54子发：名舍，楚国令尹。宣王：楚国君。悼王之子,肃王之弟,名良夫。前369—前340年在位。55系：捆绑。朱丝：红丝绳。见之：使之见楚宣王。　56辈：鲍本作

"辇"。　㊲饭：吃。封禄之粟：封地所产作为俸禄的粮食。　㊳戴：
通"载"。方府：国库。方，殷、周称邦国之辞。　㊴秦王：指秦昭王。
㊵填：充满。黾（miǎn）塞：楚国要塞名，在今河南信阳的平靖关。此句是
说秦军越过黾塞，攻进楚国境内。　㊶投：抛弃。外：指北。　㊷变作：改变。
㊸曾：姚云：曾"为"上有"封之"二字。　㊹与：赐予。淮北：淮河以北地。

【译文】

　　庄辛劝告楚襄王说："大王左边有州侯，右边有夏侯，车后跟着
鄢陵君和寿陵君，一味荒淫享乐，奢侈无度，不关心国家政事，国都郢
城一定要保不住了！"楚襄王说："先生你是老糊涂呢？还是认为
我这样做是楚国的不祥之兆呢？"庄辛说："我确实看到楚国一定
会有这么一天，绝不敢用这样的话作为楚国的不祥之兆。大王始终
宠爱这四个人不知收敛，楚国一定会灭亡。我请求到赵国去避一避，
停留一段时间以观后效。"

　　庄辛离开楚国，前往赵国，滞留五个月，秦军果然攻下了鄢、郢、
巫郡等地，襄王流亡躲藏在阳城，于是派遣专人出动车辆到赵国，召
请庄辛回国。庄辛说："好吧！"

　　庄辛回到楚国，襄王说："我没有听先生的忠告，如今到了这
个地步，对此怎么办呢？"庄辛回答说："我听俗话说：'看见兔
子再回头招呼狗，并不算晚；羊跑丢了再修补圈栏，也不嫌迟。'
我听说从前商汤和周武王凭着百里之地昌盛起来；夏桀和商纣拥
有天下却灭亡了。现在楚国虽然不大，截长补短，也还有几千里，
岂止百里呢？

　　"大王难道不曾见过蜻蜓吗？六只脚，四只翅膀，飞翔在天地之
间，俯身可以啄食蚊蝇，仰首可以接饮甘露，自以为不会有什么灾难，
跟谁也没有竞争。没料到那五尺高的小孩正在调和糖浆抹在丝网
上，把它从三丈高空粘下来，落到地上被蝼蛄和蚂蚁吃掉。

"蜻蜓的事是其中的小事,黄雀也是这样的。它俯身啄食米粒,仰身栖息在茂密的树林中,张开翅膀振翼飞翔,自以为没有什么灾祸,跟谁也没有竞争。岂不料公子王孙左手拿着弹弓,右手握着弹丸,要把它从七八丈的空中射下来,拿它的脖颈当作箭靶子。顷刻之间,就落到公子王孙的手里。白天还在繁茂的林中嬉戏,晚上就被人做成了菜肴。

　　"黄雀的事还是其中的小事,天鹅也是如此。它在江河上游动,在水塘边栖息,俯身啄食鲇鱼和鲤鱼,仰头咬食菱角和香草,鼓起翅膀,乘着清风,在高空中自由自在地飞翔,自以为没有什么祸患,跟谁也没有竞争。不料那猎人射手正在修理弓矢,准备带丝绳的箭,将要把它从七八十丈的高空射下来,它身中利箭,拖着细细的丝绳,划过清风坠落到地上。白天还在江河中戏耍,晚上就被人煮到了锅里。

　　"天鹅的事是其中的小事,蔡侯的事也是这样。他南游高丘,北登巫山,在茹溪饮马,吃湘水之鱼,左手抱着年轻的妃子,如手搂着宠爱的女子,跟她们在高蔡驱车驰骋,却不把国家的大事放在心上。不知道那子发正接受楚宣王的命令,要用红丝绳捆绑他去见宣王。

　　"蔡侯之事还是其中的小事,大王的事情也是这样。您左边有州侯,右边有夏侯,车后跟着鄢陵君和寿陵君,吃着封地供给的粮食,载着国库的钱财,跟他们放马奔驰,在云梦游乐,却不把国家大事放在心上。岂不知那穰侯正接受秦王的命令,率领军队越过黾塞,攻进我国境内,把大王赶到黾塞之北。"

　　襄王听了这番话,脸色大变,浑身发抖。于是授予庄辛执圭的爵位,封他为陵阳君,并赐予淮北之地。

天下合从

【导读】

本篇选自《楚策四》，事在公元前241年。文章主旨是说败将不可复用，立论不免有些偏颇，但使用的譬喻极为贴切巧妙，描述惊弓之鸟心存余悸的精神状态具体入微而情致真切，具有很强的形象性和感染力。

天下合从①，赵使魏加见楚春申君曰②："君有将乎？"曰："有矣，仆欲将临武君③。"魏加曰："臣少之时好射，臣愿以射譬之，可乎？"春申君："可。"加曰："异日者④，更羸与魏王处京台之下⑤，仰见飞鸟。更羸谓魏王曰：'臣为王引弓虚发而下鸟⑥。'魏王曰：'然则射可至此乎？'更羸曰：'可。'有间，雁从东方来，更羸以虚发而下之。魏王曰：'然则射可至此乎！'更羸曰：'此孽也⑦。'王曰：'先生何以知之？'对曰：'其飞徐而鸣悲。飞徐者，故疮痛也⑧；鸣悲者，久失群也，故疮未息⑨，而惊心未至也⑩。闻弦音而高飞，故疮陨也⑪。'今临武君尝为秦孽⑫，不可为拒秦之将也。"

【注释】

①从：同"纵"。《史记·春申君列传》："考烈王……二十二年，诸侯患秦攻伐无已时，乃相与合从，西伐秦，而楚王为从长，春申君用事。"诸侯，指楚、韩、魏、赵、卫五国。　②魏加：赵国臣。　③仆：对自己的谦称。临武君：楚考烈王时封君，楚国将领。　④异日：昔日，从前。　⑤更羸：鲍注：人姓名。按：羸，当从《文选·魏都赋》《荀子·议兵》注引作"羸"。"更羸"疑即"甘蝇"，古之善射者。京台：高台。楚国台名。　⑥引：拉。虚发：只拉弓弦而无箭。下鸟：使鸟下来。　⑦此孽也：此鸟曾有箭伤。孽，病。

⑧故疮：旧伤。　⑨息：消失。　⑩至：鲍本作"去"。　⑪故疮陨也：鲍注：以疮痛而坠。黄丕烈曰：云"故疮裂而陨也"。　⑫尝为秦孽：指曾败于秦。事未详。

【译文】

楚、韩、魏、赵、卫五国合纵，赵国派魏加去见春申君，问道："你有主将人选了吗？"春申君说："有了，我打算任用临武君为主将。"魏加说："我年轻的时候喜欢射箭，我想用射箭的事打个比方，可以吗？"春申君说："可以。"魏加说："从前，更羸和魏王在一个高台的下面，抬头看见一只飞鸟，更羸对魏王说：'我为大王拉满弓弦，虚发一箭，就能使飞鸟掉下来。'魏王说：'既然这样说，那么你射箭技巧可以达到这种程度吗？'更羸说：'可以。'过了一会儿，有一只雁从东方飞过来，更羸拉开弓弦，那只雁就坠落下来了。魏王说：'既然这样，那么你射箭技巧真能达到这种程度啊！'更羸说：'这是一只受过箭伤的雁。'魏王说：'你是怎么知道的？'更羸答道：'它飞得缓慢而叫声悲凉。飞得缓慢，是因为它的旧伤作痛；叫声悲凉，是因为它长久离群。旧伤没有复原，惊恐心理没有消除。当它听到弓弦的响声就往高处飞，撕裂了旧伤口，就一头栽落下来。'现在这位临武君曾经是秦国人手下的败将，不能让他担任抵御秦国的将领。"

赵策

导　读

　　赵与秦均为嬴姓。赵之祖先西周时有造父封于赵城（今山西洪洞北），子孙因以为氏。春秋时赵氏为晋国重臣，赵衰子孙赵盾、赵朔、赵武、赵鞅世代为卿。封地原在今山西中部，赵鞅（赵简子）居于晋阳（今山西太原西南）。

　　公元前453年，赵襄子联合韩、魏共灭智氏，三分其地。公元前403年，赵烈侯与韩、魏才得到周天子册封，正式成为诸侯。公元前386年，赵敬侯迁都于邯郸。

　　战国初期，赵简子先灭代，后分晋地，领地扩展到今山西东北部及河北南部。等到后来赵都邯郸，赵之中心逐渐转移到今河北东南部及河南北部。

　　赵起初与韩、魏经常联合，魏当时最强，故能三国胜秦败齐、楚。赵亦得向北方扩展，灭代，助魏攻中山。赵强，能抵御林胡、楼烦的侵扰。

　　战国中期，赵与齐、魏争得卫之地，战祸屡起。赵败而求救于楚。大约在公元前380年左右，中山复国，与赵相邻，战于房子、中人。公元前368年，赵与韩攻周。次年，赵与韩分裂周为东周、西周两小国。公元前354年，赵攻卫夺地，魏救卫，围赵邯郸，次年攻入邯郸。公元前351年，魏归还赵之邯郸，魏与赵在漳水上结盟。公元前343年及前340年，赵攻魏，当时魏接连败于齐与秦，已转弱。公元前333年，赵攻魏，并筑长城以御北方胡人。中山日益强盛，屡为赵患。赵肃侯死，其子赵雍（后代追称为赵武灵王）立。公元前323年，魏相公孙衍（犀首）发起，魏、韩、赵、燕、中山"五国相王"。赵不肯，赵雍说："无其实，敢处其名乎？"令国人称己曰"君"。公元前307年，与重臣之中极少数支持自己的人，如楼缓、肥义、公子成等"胡服骑射"，并进攻中山，攻到房子。公元前306年及前305年，攻中山到宁葭，又攻取丹邱、华阳等七邑，中山献四邑以求和。还攻掠胡地到榆中。公元前302年，赵迁大夫吏奴于九原（今内蒙古自治区包头西），其后又命王子何（即赵惠文王）、将军、大夫、代国之吏等胡服，学习骑射。公元前300年至前296年，赵不断进攻中山，并向西北攻取胡地，欲从云中、九原南下袭秦，赵武灵王假扮作赵国使臣去见秦昭王，以便既观察秦国地形，同时观察秦王之为人。秦昭王只觉得赵国使臣气度不凡，不似人臣，刚要追问，赵武灵王早已快马飞驰出关。秦昭王弄清楚那是赵王，大惊。公元前296年，赵灭中山。在此之前，公元前299年，赵武灵王自号"主父"，立庶子何为王，是为赵惠文王。令赵王守国，自己带军队北征，又乔装入秦。公元前295年，长子乘"主父"与赵王不在，拟夺王位，战败，逃往"主父"住地沙丘宫寻求庇护，结果不但长子本人被杀，"主父"也受连累被困饿死。

赵惠文王时，公元前287年，苏秦、李兑约集赵、齐、楚、魏、韩五国攻秦，罢于成皋。秦归还部分赵、魏失地求和。公元前286年及前283年、前280年，赵攻齐得地。公元前281年，赵决河水，伐魏。公元前273年，秦将白起在华阳大败赵、魏联军，斩首十五万。公元前269年，赵将赵奢大破秦军，被赐号马服君。惠文王死，孝成王立，公元前265年，秦攻赵，取三城。赵左师触龙说赵太后遣长安君为质于齐以求援。公元前262年，秦切断韩上党郡与韩国都新郑之间的通路，拟取上党。上党郡守降赵，以嫁祸于赵。赵王贪地，秦攻赵，赵将廉颇拒敌于长平，秦不得逞。后赵王以赵括代廉颇，秦将白起杀赵括，坑赵降卒四十余万于长平，包围赵都邯郸。公元前257年，魏信陵君、楚春申君救赵，解邯郸之围。在此之后三十五年间，赵国不断重演自我毁伤的悲剧：临战关键时刻，撤换或不用廉颇，撤换及杀掉李牧。在战国历史上，出色的将领在一个国家里有一个，就很了不起，例如燕用乐毅就攻下齐国七十余城。而赵国先后有廉颇、赵奢、李牧、庞煖，秦国能与廉颇、李牧相对抗的只有白起、王翦。赵国一再自我毁伤，所以在公元前222年灭亡也就不足为怪了。

进入战国以来，赵国自比于诸侯的为赵简子、桓子，称侯（或追谥为侯）的为献侯、烈侯、敬侯、成侯、肃侯，称王的为武灵王、惠文王、孝成王、悼襄王、王迁。逃于代国的为王嘉。

《赵策》四卷，六十六章，两万一千九百三十一字，篇幅在《战国策》中居首。其中名篇不少，如叙赵武灵王胡服骑射、鲁仲连义不帝秦、触龙说赵太后。在四卷之中，大致有五个中心：一、赵襄子；二、赵武灵王；三、苏秦与张仪、楼缓、虞卿合纵连横的活动；四、平原君与邯郸之围；五、赵之衰亡（信谗杀武安君李牧事）。

知伯帅赵、韩、魏而伐范、中行氏

【导读】

　　本篇选自《赵策一》，又见于《韩非子·十过》及《淮南子·人间训》，为叙事体，起自公元前458年智、赵、韩、魏四家尽分范、中行氏之地，迄于公元前453年赵、韩、魏联合灭智氏。全篇布局严谨，叙事周详。文章着重刻画张孟谈这个形象，布防时，成竹在胸，老练深沉；策反时，周旋有余，从容镇定，人物的性格特征十分突出。另外，智伯的刚愎自用、利令智昏，智过的精细机警，也都给人留下深刻印象。

　　知伯帅赵、韩、魏而伐范、中行氏^①，灭之^②。休数年，使人请地于韩^③。韩康子欲勿与^④，段规谏曰^⑤："不可。夫知伯之为人也，好利而骜复^⑥，来请地不与，必加兵于韩矣。君其与之。与之彼狃^⑦，又将请地于他国，他国不听，必乡之以兵；然则韩可以免于患难，而待事之变。"康子曰："善。"使使者致万家之邑一于知伯，知伯说。又使人请地于魏，魏宣子欲勿与^⑧。赵葭谏曰^⑨："彼请地于韩，韩与之；请地于魏，魏弗与，则是魏内自强而外怒知伯也^⑩。然则其错兵于魏必矣^⑪！不如与之。"宣子曰："诺。"因使人致万家之邑一于知伯，知伯说。又使人之赵，请蔡、皋狼之地^⑫，赵襄子弗与^⑬。知伯因阴结韩、魏^⑭，将以伐赵。

　　赵襄子召张孟谈而告之曰："夫知伯之为人，阳亲而阴疏^⑮，三使韩、魏而寡人弗与焉^⑯，其移兵寡人必矣。今吾安居而可^⑰？"张孟谈曰："夫董阏安于^⑱，简主之才臣也，世治晋阳^⑲，而尹泽循之^⑳，其余政教犹存，君其定居晋阳。"君曰："诺。"乃使延陵王将车骑先之晋阳^㉑，君因从之。至，行城郭^㉒，案府库^㉓，视仓廪^㉔，召张孟谈曰："吾城郭之完，府库足用，仓廪实矣，无矢奈何？"张孟谈曰："臣闻董子之治晋阳也，公宫之垣皆以荻蒿苫楚廧之^㉕，其高至丈余，君发而用之^㉖。"于是发而试之，其坚则箘簬之劲不能过也^㉗。君曰："足矣^㉘，吾铜少若何？"张孟谈曰："臣闻董子之治晋阳也，公宫之室皆以炼铜为柱质^㉙，请发而用之，则有余铜矣。"君曰："善。"号令以定^㉚，备守以具^㉛。

三国之兵乘晋阳城^㉜，遂战。三月不能拔，因舒军而围之^㉝，决晋水而灌之^㉞。围晋阳三年，城中巢居而处^㉟，悬釜而炊，财食将尽，士卒病羸^㊱。襄子谓张孟谈曰："粮食匮，城力尽^㊲，士大夫病^㊳，吾不能守矣，欲以城下^㊴，何如？"张孟谈曰："臣闻之'亡不能存，危不能安，则无为贵知士也^㊵'。君释此计^㊶，勿复言也。臣请见韩、魏之君。"襄子曰："诺。"

张孟谈于是阴见韩、魏之君，曰："臣闻唇亡则齿寒，今知伯帅二国之君伐赵，赵将亡矣，亡则二君为之次矣。"二君曰："我知其然。夫知伯为人也，麤中而少亲^㊷，我谋未遂而知^㊸，则其祸必至，为之奈何？"张孟谈曰："谋出二君之口，入臣之耳，人莫之知也。"二君即与张孟谈阴约三军^㊹，与之期日^㊺，夜遣入晋阳张孟谈以报襄子^㊻，襄子再拜之。

张孟谈因朝知伯而出，遇知过辕门之外^㊼。知过入见知伯，曰："二主殆将有变^㊽。"君曰："何如？"对曰："臣遇张孟谈于辕门之外^㊾，其志矜^㊿，其行高^{○51}。"知伯曰："不然。吾与二主约谨矣^{○52}，破赵三分其地，寡人所亲之^{○53}，必不欺也。子释之，勿出于口。"知过出见二主，入说知伯曰："二主色动而意变^{○54}，必背君，不如令杀之^{○55}。"知伯曰："兵箸晋阳三年矣^{○56}，旦暮当拔之而飨其利^{○57}，乃有他心^{○58}？不可，子慎勿复言。"知过曰："不杀则遂亲之。"知伯曰："亲之奈何？"知过曰："魏宣子之谋臣曰赵葭，康子之谋臣曰段规⁵⁹，是皆能移其君之计⁶⁰。君其与二君约⁶¹，破赵则封二子者各万家之县一，如是则二主之心可不变，而君得其所欲矣。"知伯曰："破赵而三分其地，又封二子者各万家之县一，则吾所得者少，不可。"知过见君之不用也言之不听⁶²，出，更其姓为辅氏，遂去不见。

张孟谈闻之，入见襄子曰："臣遇知过于辕门之外，其视有疑臣之心⁶³，入见知伯，出更其姓。今暮不击，必后之矣⁶⁴。"襄子曰："诺。"使张孟谈见韩、魏之君，曰夜期⁶⁵。杀守堤之吏而决水灌知伯军。知伯军救水而乱，韩、魏翼而击之⁶⁶，襄子将卒犯其前，大败知伯军而禽知伯⁶⁷。

知伯身死、国亡、地分，为天下笑，此贪欲无厌也。夫不听知过，亦所以亡也。知氏尽灭⁶⁸，唯辅氏存焉。

【注释】

①知伯：即智伯。范：春秋后期晋国六卿之一。中行（háng）氏：荀林父曾为晋中行将，其后代以官为氏。晋国六卿之一。　②此句事在前458年。　③此句事在前455年。　④韩康子：晋国卿。　⑤段规：韩康子谋臣。　⑥骜：凶狠。复：姚云：刘作"愎"。愎，任性，固执。　⑦彼：指智伯。狃（niǔ）：习惯，习以为常。　⑧宣：鲍本作"桓"。魏桓子，名驹，晋国卿。　⑨赵葭：魏桓子谋臣。　⑩自强：自恃强大。　⑪错：通"措"，举，用。　⑫蔡：鲍本作"蔺"。蔺，赵国邑。皋狼：赵国邑，在今山西离石西北。　⑬赵襄子：赵鞅之子，名无恤，晋国六卿之一。　⑭阴：暗中，暗地里。　⑮阳：表面上，假装。　⑯使：出使。此句是说智伯多次和韩、魏结约而不与我交往。　⑰安居：何处。　⑱阏：王念孙曰："阏"与"安"一字也。今作"董阏安于"者，一本作"阏"，一本作"安"，而后人误合之耳。董安于，赵简子臣。　⑲治：治理。　⑳尹泽：赵简子家臣。循：遵循。之：指董安于的治理之方。　㉑延陵王：《韩非子》作

"延陵生"，襄子臣。将：率领。　㉒行：巡视。　㉓案：同"按"，考查。府库：贮藏财物的仓库。　㉔仓廪：储藏粮食的仓库。　㉕公宫：官署。垣：墙。王引之曰：《韩子·十过》"公宫之垣皆以荻蒿楛楚"，《赵策》作"秋蒿苦楚"。而今本《山海经》《韩子》《战国策》"荻""秋"二字皆讹作"荻"（姚本《战国策》"秋"讹作"狄"，"苦"讹作"苦"，鲍本又改"狄"为"荻"。见《经义述闻·尔雅下》）。秋：同"荻"（qiū），一种形状像芦苇的草本植物。苦：同"楛"（hù），楚荆类木本植物。庸（qiáng）：同"墙"。㉖发：征集，征收。　㉗箘簬（jùn lù）：一种细长节稀的美竹，可做箭杆。㉘足：鲍本"足"上有"矢"字。《韩非子》作"吾箭已足矣"。　㉙质：同"踬"，柱下的石础。　㉚以：同"已"。　㉛备守：防御的器具。具：齐备。㉜乘：迫近，进攻。　㉝舒：展开，散开。　㉞晋水：水名，源出晋阳西悬瓮山，东过晋阳，入汾水。　㉟巢居：像鸟一样在高处筑室。　㊱羸（léi）：瘦弱。　㊲城：鲍本作"财"，《韩非子》同。　㊳病：疲困。　㊴下：投降。㊵士：《韩非子》无"士"字。此句话是说就无须敬重有才智的人了。㊶释：放弃。　㊷麁：同"麤"（cū）、"粗"，粗暴，粗野。中：内心。亲：仁爱。　㊸遂：成，做到。知：被发觉。　㊹三军：指赵、韩、魏三家之军。　㊺期日：约定日期。期，约。鲍本无"日"字，补"日"字。《韩非子》作"日"。　㊻陈奇猷曰：当作"夜遣张孟谈入晋阳以报襄子"。　㊼知过：智伯同族。辕门：古时行军，以车为屏藩，出入之处竖起两车，使两车辕相交，形成半圆形的门，即营门。　㊽殆：必，一定。　㊾张孟谈：据文意当为"二主"。　㊿志：意，犹神情。矜（jīn）：傲慢。　51 行高：趾高气扬。52 谨：谨严，严格。　53 所亲之：亲与二国约。　54 色：神色。动：改变。55 王念孙曰："令"亦当作"今"，言不如即杀之也。　56 箸（zhuó）：同"著"，附着，包围。　57 旦暮：犹"早晚"。飨（xiǎng）：通"享"，享受。　58 乃：岂，难道。　59 康：鲍本"康"上补"韩"字。鲍注：二谥皆非当时语。　60 是：指赵葭、段规。移：改变。计：心计，意图。　61 二君：指赵葭、段规。据上下文疑当为"二子"。　62 按：王念孙曰："君之不用""言之不听"，语意相复。此本作"知过见言之不听",其"君之不用也"五字衍文耳。《韩非子》无此五字。 ㉓视：指眼神，神色。 ㉔此句是说行动一定会落在智伯后面。 ㉕日：金正炜曰："日"当作"以"，以夜为期，正应上文"今暮不击，必后之矣"。 ㉖翼而击之：从两翼夹击。翼，战时阵形的两翼。 ㉗此句事在前453年。 ㉘知氏尽灭：据《史记·秦本纪》及《六国年表》，次年（前452年）智开与其邑人奔秦，则智氏未尽灭。

【译文】

智伯率领赵氏、韩氏、魏氏的军队攻打范氏和中行氏，灭掉了他们。过了几年，智伯派人向韩氏索取土地。韩康子想不给他，段规劝告说："这样做不好。智伯这个人，贪婪而且凶狠固执，他来索取土地，如不给他，他一定会派兵来攻打我们，你还是给他吧。给了他就会更贪婪，还会向别的国家索取土地。别的国家不答应，他一定会对别国出兵；那么我们就可以免遭灾难，等待局势的发展。"韩康子说："这办法好。"于是派遣使者送给智伯一座有万户居民的县城。智伯很高兴，又派人向魏氏索取土地，魏桓子也想不给他。赵葭劝告说："智伯向韩氏索取土地，韩氏给了他；现在向我们索取土地，我们却不给，那么这是我们对内自恃强大，对外却触怒了智伯。这样智伯就一定会对我们用兵的，不如给他吧！"魏桓子说："好吧。"于是派人送给智伯一座有万户人家的县城。智伯很高兴，又派人到赵氏那里去，索取蔺和皋狼两地，赵襄子不给他。智伯就暗中联合韩氏和魏氏，准备攻打赵氏。

赵襄子召来张孟谈，告诉他说："智伯这个人，表面上和人亲善，内心里对人疏远。他多次派人和韩氏、魏氏结约，却不跟我交往，他要攻打我们是肯定的了。如今我到哪里去才好呢？"张孟谈说："董安于是先君简子很有才干的臣子，世代治理晋阳，如今由尹泽继任。董安于在政治教化方面的影响，至今还保留着，你还是到晋阳去吧。"赵襄子说：“好吧。"于是派遣延陵生带领人马先去晋阳，赵襄子随后而往。到晋阳后，他巡视城郭，查验库房，视察粮仓，把张孟谈找来，说道：“我们的城墙完好坚固，库房里的钱财足够使用，粮仓里的粮食也很充足，就是没有箭，怎么办呢？"张孟谈说：“我听说董安于治理晋阳的时候，官署的墙都是用荻蒿楛楚一类东西建成的，有一丈多高，你可以把它拆掉做箭杆。"于是把墙拆了，用那些材料做成箭杆，试了试，它的韧性比用上等竹子做的箭还强。赵襄子说：“箭杆够用了，我们还缺少铜，怎么办？"张孟谈说：“我听说董安于治理晋阳的时候，官署的房屋都是用精铜做柱基的，可以拆下来使用，那就有用不完的铜了。"赵襄子说：“这个办法好。"号令发出以后，防御的装备都已齐全。

智伯和韩氏、魏氏的军队迫近晋阳，开始攻城。打了三个月没有攻下晋阳，于是展开军队围城，决开晋水淹灌晋阳。晋阳被围困了三年，城里的人在高处搭起窝棚居住，吊起锅来做饭，财物和粮食差不多用完了，士兵也累得很瘦弱。赵襄子对张孟谈说：“粮食用完了，财物用光了，官兵病倒了，我们不能再坚守了，我想献城投降，你看怎么样？"张孟谈说：“我听说，国家将要灭亡却不能拯救，遇到危险不能转危为安，那就无须敬重谋臣智士了。你放弃这个念头，不要再说了。请让我去见韩、魏的君主。"赵襄子说：“好吧。"

张孟谈于是秘密去见韩康子和魏桓子，对他们说：“我听说：‘嘴唇没有了，牙齿就会感到寒冷。’如今智伯带领你们来攻打赵氏，赵氏就要灭亡了；赵氏一灭亡，下面就要轮到你们了。"韩康子和魏桓子说：“我们知道会这样的。可是智伯这个人，性情粗暴，不讲仁义，如果我们的计谋还没有成功就被他发觉，那么大祸就要临头，你看怎么办呢？"张孟谈说：“计谋从你们的嘴里说出来，进到我的耳朵里，没有人会知道的。"韩康子、魏桓子就和张孟谈秘密部署三国军队，约定举事的日期，当夜又送张孟谈潜回晋阳。张孟谈把情况告诉了赵襄子,赵襄子一再向他道谢。

张孟谈拜见智伯出来,在辕门外碰见了智过。智过进去对智伯说:"韩康子、魏桓子肯定要变卦。"智伯说:"你怎么知道的?"智过回答说:"我在辕门外碰见了张孟谈,他声色傲慢,趾高气扬。"智伯说:"不会这样。我和韩、魏两家的盟约很严谨,攻破赵氏后,三家平分赵地,这是我亲自和韩、魏两家约定的,他们肯定不会欺骗我。你放心吧,不要乱说。"智过出去又看见了韩康子和魏桓子,急忙进来对智伯说:"我看韩康子、魏桓子神色异常,心神不定,肯定要背叛你了,不如立即杀了他们。"智伯说:"我们的军队围困晋阳已经三年了,很快就能把它攻下而分享好处,他们难道能有二心吗?不会的,你千万不要再说了。"智过说:"不杀他们,那么就亲近他们。"智伯说:"怎么亲近呢?"智过说:"魏桓子的谋臣赵葭、韩康子的谋臣段规,这两个人能使他们的君主改变主意。你可以和他们两个人约定,攻破赵氏就封给他们每人一个万户人家的县城。这样,韩、魏两家就不会变心,你也就能够实现自己的目的了。"智伯说:"灭掉赵氏而三家平分他的领地,假如再封给赵葭、段规每人一个万户人家的县城,那么我所得到的就更少了,这可不行!"智过见智伯不听自己的意见,就告辞出来,改姓辅氏,离开智伯不再露面。

张孟谈听说了这件事,马上去见赵襄子,说:"我在辕门外见到了智过,他眼里露出怀疑我的神色,他进去见智伯,出来就把姓改了。今天晚上如不袭击智伯,肯定要落后于智伯的行动了。"赵襄子说:"好吧。"就派张孟谈去见韩康子和魏桓子,约定在当天夜里,杀掉守堤的官吏,并决堤放水冲淹智伯的军队。智伯军队忙于救水而乱作一团,韩、魏两家的军队从两边夹攻智伯,赵襄子率军从正面进攻,把智伯军打得大败并活捉了智伯。

智伯丧了命,亡了国,领地被瓜分,遭到天下人的耻笑,这是他贪得无厌的结果啊。不听智过的劝告,是他被灭亡的原因。智氏家族全被消灭，只有辅氏一支还存于世。

武灵王平昼闲居

【导读】

本篇选自《赵策二》，又见于《史记·赵世家》。赵武灵王是一位有远见卓识的国君。战国时期，随着生产力的提高，战争规模的扩大，大规模的步骑兵的野战已代替了春秋时期兵车对阵的冲击战。为了适应军事变化的需要，公元前302年，赵武灵王进行军事改革，决定废弃传统长袖的服式，改用便于骑马射箭的胡服，以训练骑兵，增强国防力量。赵武灵王的这次改革，历史上称为"胡服骑射"。本篇记叙了在进行服制改革时，赵国统治集团内部以赵武灵王为代表的改革派和保守势力的代表人物公子成、赵文、赵造等人所进行的一场激烈争论。

武灵王平昼闲居①，肥义侍坐②，曰："王虑世事之变，权甲兵之用③，念简、襄之迹④，计胡、狄之利乎⑤？"王曰："嗣立不忘先德⑥，君之道也；错质务明主之长⑦，臣之论也⑧。是以贤君静而有道民便事之教⑨，动有明古先世之功⑩。为人臣者，穷有弟长辞让之节⑪，通有补民益主之业⑫。此两者，君臣之分也⑬。今吾欲继襄主之业，启胡、翟之乡⑭，而卒世不见也⑮。敌弱者⑯，用力少而功多，可以无尽百姓之劳，而享往古之勋⑰。夫有高世之功者⑱，必负遗俗之累⑲；有独知之虑者⑳，必被庶人之恐㉑。今吾将胡服骑射以教百姓㉒，而世必议寡人矣。"肥义曰："臣闻之，疑事无功㉓，疑行无名。今王即定负遗俗之虑㉔，殆毋顾天下之议矣㉕。夫论至德者不和于俗㉖，成大功者不谋于众。昔舜舞有苗㉗，而禹袒入裸国㉘，非以养欲而乐志也㉙，欲以论德而要功也㉚。愚者闇于成事㉛，智者见于未萌㉜，王其遂行之㉝。”王曰：“寡人非疑胡服也，吾恐天下笑之。狂夫之乐，知者哀焉；愚者之笑，贤者戚焉㉞。世有顺我者，则胡服之功未可知也㉟。虽敺世以笑我㊱，胡地、中山我必有之。”

王遂胡服。使王孙緤告公子成曰㊲：“寡人胡服，且将以朝，亦欲叔之服之也㊳。家听于亲，国听于君，古今之公行也㊴；子不反亲，臣不逆主，先王之通谊也㊵。今寡人作教易服而叔不服㊶，吾恐天下议之也。夫制国有常而利民为本㊷，从政有经而令行为上㊸。故明德在于论贱㊹，行政在于信贵㊺。今胡服之意非以养欲而乐志也。事有所出㊻，功有所止㊼。事成功立，然后德且见也。今寡人恐叔逆从政之经㊽，以辅公叔之议㊾。且寡人闻之，事利国者行无邪(50)，因贵戚者名不累(51)。故寡人愿募公叔之义以成胡服之功(52)。使緤谒之，叔请服焉。”公子成再拜曰：“臣固闻王之胡服也(53)，不佞寝疾(54)，不能趋走(55)，是以不先进(56)。王今命之，臣固敢竭其愚忠。臣闻之，中国者，聪明叡知之所居也(57)，万物财用之所聚也，贤圣之所教也，仁义之所施也，《诗》《书》礼乐之所用也，异敏技艺之所试也(58)，远方之所观赴也(59)，蛮夷之所义行也(60)。今王释此而袭远方之服(61)，变古之教，易古之道，逆人之心，畔学者(62)，离中国(63)，臣愿大王图之。”

使者报王。王曰：“吾固闻叔之病也(64)。”即之公叔成家自请之(65)，曰：“夫服者，所以便用也；礼者，所以便事也。是以圣人观其乡而顺宜(66)，因其事而制礼(67)，所以利其民而厚其国也(68)。被发文身(69)，错臂左衽(70)，瓯越之民也(71)。黑齿雕题(72)，鳀冠秫缝(73)，大吴之国也(74)。礼服不同，其便一也。是以乡异而用变(75)，事异而礼易。是故圣人苟可以利其民，不一其用；果可以便其事，不同其礼。儒者一师而礼异，中国同俗而教离(76)，又况山谷之便乎(77)？故去就之变(78)，知者不能一；远近之服，贤圣不能同。穷乡多异⑦，曲学多辨⑧。不知而不疑，异于己而不非者，公求于善也⑧。今卿之所言者，俗也。吾之所言者，所以制俗也⑧。今吾国东有河、薄洛之水⑧，与齐、中山同之，而无舟楫之用⑧。自常山以至代、上党⑧，东有燕、东胡之境⑧，西有楼烦、秦、韩之边⑧，而无骑射之备⑧。故寡人且聚舟楫之用，求水居之民，以守河、薄洛之水；变服骑射，以备其参胡、楼烦、秦、韩之边⑧。且昔者简主不塞晋阳以及上党⑨，而襄王兼戎取代⑨，以攘诸胡⑨，此愚知之所明也。先时中山负齐之强兵⑨，侵掠吾地，系累吾民⑨，引水围鄗⑨，非社稷之神灵，即鄗几不守⑨。先王忿之，其怨未能报也。今骑射之服，近可以备上党之形⑨，远可以报中山之怨。而叔也顺中国之俗，以逆简、襄之意，恶变服之名⑧，而忘国事之耻，非寡人所望于子！"公子成再拜稽首曰："臣愚不达于王之议⑨，敢道世俗之间⑩。今欲继简、襄之意，以顺先王之志，臣敢不听今⑩。"再拜，乃赐胡服。

赵文进谏曰⑩："农夫劳而君子养焉⑩，政之经也；愚者陈意而知者论焉，教之道也；臣无隐忠，君无蔽言⑩，国之禄也⑩。臣虽愚，愿竭其忠。"王曰："虑无恶扰⑩，忠无过罪⑩，子其言乎！"赵文曰："当世辅俗⑩，古之道也；衣服有常，礼之制也；修法无愆⑩，民之职也。三者先圣之所以教。今君释此而袭远方之服，变古之教，易古之道，故臣愿王之图之。"王曰："子言世俗之间⑩。常民溺于习俗⑪，学者沉于所闻，此两者所以成官而顺政也⑫，非所以观远而论始也⑬。且夫三代不同服而王，五伯不同教而政⑭。知者作教，而愚者制焉⑮；贤者议俗⑯，不肖者拘焉⑰。夫制于服之民不足与论心，拘于俗之众不足与致意。故世与俗化而礼与变俱⑱，圣人之道也。承教而动，循法无私，民之职也。知学之人，能与闻迁⑲；达于礼之变⑳，能与时化。故为己者不待人㉑，制今者不法古，子其释之㉒。"

赵造谏曰⑫：“隐忠不竭，奸之属也⑬。以私诬国⑭，贼之类也⑮。犯奸者身死，贼国者族宗⑯。反此两者⑰，先圣之明刑⑱，臣下之大罪也。臣虽愚，愿尽其忠，无遁其死⑲。”王曰：“竭意不讳，忠也；上无蔽言，明也。忠不辟危⑳，明不距人㉑。子其言乎。”赵造曰：“臣闻之，圣人不易民而教㉒，知者不变俗而动㉓。因民而教者不劳而成功，据俗而动者虑径而易见也㉔。今王易初不循俗㉕，胡服不顾世，非所以教民而成礼也。且服奇者志淫㉖，俗辟者乱民㉗。是以莅国者不袭奇辟之服㉘，中国不近蛮夷之行，非所以教民而成礼者也。且循法无过，修礼无邪㉙，臣愿王之图之。”王曰：“古今不同俗，何古之法㉚？帝王不相袭，何礼之循？宓戏、神农教而不诛㉛，黄帝、尧、舜诛而不怒㉜。及至三王，观时而制法，因事而制礼，法度制令，各顺其宜；衣服器械，各便其用。故礼世不必一其道㉝，便国不必法古。圣人之兴也，不相袭而王；夏、殷之衰也，不易礼而灭。然则反古未可非，而循礼未足多也㉞。且服奇而志淫，是邹、鲁无奇行也㉟；俗辟而民易㊱，是吴、越无俊民也㊲。是以圣人利身之谓服，便事之谓教。进退之谓节㊳，衣服之制，所以齐常民㊴，非所以论贤者也㊵。故圣与俗流㊶，贤与变俱㊷。谚曰：‘以书为御者不尽于马之情㊸，以古制今者不达于事之变㊹。’故循法之功不足以高世，法古之学不足以制今。子其勿反也㊺。”

【注释】

①武灵王：赵国君。平昼：平日。　②肥义：赵武灵王时国相。侍坐：在君长近前陪坐。　③权：衡量。甲兵：指兵力。　④简：即赵简子，名鞅，又称简主。襄：赵简子之子赵襄子，名无恤，又称襄主。二人都是春秋末年晋国的卿，赵国君王的祖先。迹：业绩。　⑤计：计议。胡：北方的少数民族。狄：西方的少数民族。狄，或作“翟”。此句是说盘算开发胡、狄的好

处。　⑥嗣：继承。立：同"位"。先德：祖先的功德。　⑦错质：犹"委质"，委身为臣。错，通"措"，放置。质，通"贽"，古代初见君长所送的礼物。务：致力。明：彰明，宣扬。长：优点，长处。　⑧论（lún）：通"伦"，道理。　⑨静：指安宁、和平时。姚云：一本无"而"字。道：同"导"，引导。便：便利。教：政令。　⑩动：指动乱、战争时。明古：指光大祖先的功德。先世：指开创新的功业。先，走在前头。　⑪穷：不得志，不显贵。弟长：尊敬长辈。弟，通"悌"。辞让：谦虚退让。节：操守，品德。　⑫通：地位显达，显贵。补：补助。益：佐助。　⑬分（fèn）：本分，职分。　⑭启：开发。乡：地区。　⑮卒世：终身，一辈子。见：了解，知道。　⑯敌：对抗。弱者：指胡、狄。　⑰享：享有，得到。往古：指简、襄之时。勋：功勋。　⑱高世：超过当世。　⑲负：遭受。遗俗：习俗，流俗。累：伤害。　⑳独知之虑：独到见解。　㉑被：遭受。庶人：众人，一般人。恐：吴补曰：刘作"怨"。　㉒胡服：穿胡人的衣服。百姓：百官。　㉓疑事：对事情游移不决。　㉔即：《史记》作"既"。负：违，背弃。虑：意念，心思。　㉕顾：顾及，顾虑。　㉖此句是说议论最高道德的人不能附和于世俗。　㉗按：《韩非子·五蠹》："当舜之时，有苗不服……乃修教三年，执干戚舞，有苗乃服。"按：不用兵而修德政。有苗：即苗，又称三苗，上古部落名。　㉘裸国：指尚未开化，不知穿衣服的原始部落。《淮南子·原道训》："禹之裸国，解衣而入，衣带而出，因之也。"　㉙此句是说舜、禹不是想以此培养欲望娱乐心志。　㉚要（yāo）：同"徼"，求、取。　㉛此句是说对已成之事看不明白。闇（àn）：同"暗"，不明了。　㉜见：看见，察觉。未萌：指事端尚未显露。　㉝其：表示希望的语气副词。遂：就。　㉞戚：忧愁，悲伤。　㉟未可知：不可估量。　㊱敺世：犹"举世"。敺，同"驱"。　㊲王孙緤（xiè）：赵国贵族。公子成：赵肃侯之子，武灵王之弟。　㊳叔：伯仲叔季兄弟行次之称。　㊴公行：公认的行为。　㊵通谊：通行的道理。谊，同"义"，道理。　㊶作教：发令，下令。作，制定。教，教令，谕告。易服：改变服装。　㊷制国：治国。制，掌握，控制。常：准则，法则。　㊸经：义理，法则。上：首要的。㊹明德：修明朝廷的德政。论：顾及，考虑。贱：卑贱者。㊺行政：执掌国家政权。信贵：使显贵者接受君令。㊻出：始。㊼止：至，临。㊽逆：违背。㊾辅：助。公叔：金正炜曰：当为“公族”。“叔”“族”音近，又涉下文“愿募公叔之义”而误。公族，贵族。(50)邪：偏，偏颇。(51)因：依靠，凭借。累：受伤害。(52)募：鲍本作“慕”。慕，仰慕，仰仗。(53)固：确实。(54)不佞：自称的谦辞。佞（nìng），有才能。寝疾：卧病。(55)不能趋走：行动不便。(56)先进：及早进言。(57)叡知：英明有远见。叡，同“睿”，通达，看得深远。(58)异敏：指奇异精巧。试：用。(59)观赴：去观看，观摩。(60)蛮夷：泛指四方的少数民族。义：同“仪”。行：通“形”。仪形，又作“仪刑”，效法。(61)释：放弃。袭：承袭，生搬硬套。远方之服：指胡服。(62)此句是说违背圣贤的教导。(63)此句是说背离中原的风俗。离，违背，违反。(64)固：已。闻：知。病：双关语，一指寝疾，一指反对胡服。(65)即：马上。之：往。请：告诉。(66)顺宜：因地制宜。(67)因：根据。事：情况。礼：行为准则和道德标准。(68)厚：丰厚，富厚。(69)被：姚云：三本同作“祝”。祝，剪断。文身：在身上刺刻花纹。(70)错臂：两臂交错而立，无礼的站姿。左衽：衣襟向左掩。按：中原地区衣襟向右掩。(71)瓯越：古代民族名，分布在浙江、福建一带。(72)黑齿：用草汁染黑牙齿。雕题：在额上刺刻，涂上青丹。题，额。(73)鳀冠：鳀鱼皮做的帽子。鳀（tí），同“鳑”，大鲇。秫缝：缝制粗拙。秫，通“鉥”（shù），长针。(74)大：金正炜曰：疑“干”字之讹。干吴，吴国。干，通“邗”（hán），即吴国。(75)用：指措施，办法。(76)教离：指各国教化不同。离，分离，分别。(77)山谷：偏僻山区。便：利。(78)去就：取舍。指对礼俗的选择取舍。(79)此句是说偏僻的地方少见多怪。异，怪。(80)此句是说孤陋寡闻的人容易争辩。辨，通“辩”，辩论。(81)公求于善也：无私地追求真理。(82)制俗：改变习俗。制，控制，约束。(83)河：对黄河的专称。薄洛：水名，即古漳水流经今河北钜鹿和平乡东境的一段。(84)舟檝：船只。檝，同“楫”，船桨。

⑧常山：即恒山（避汉文帝讳改），又称北岳，在今河北曲阳与山西接壤处。代：国名，建于战国以前，在今河北蔚县东北。前475年为赵襄子所灭。　⑧东胡：东北部的一个民族。因居匈奴（胡）以东而得名。　⑧楼烦：国名，地在今内蒙古呼和浩特至集宁以南，陕西府谷至山西代县以北。　⑧备：用。　⑧其：鲍本作"燕"。吴正曰：据上文，则"参"当作"东"字之讹。　⑨塞：闭塞，禁锢。指不禁锢在晋阳、上党一带。　⑨王：鲍本作"主"。兼：兼并。　⑨攘：排斥，使退让。诸胡：泛指胡人。　⑨负：恃，倚仗。　⑨系累：掳掠。系，捆绑。累（léi），拘系，捆绑。　⑨鄗：赵国邑，在今河北高邑东。　⑨几：几乎。　⑨备：守备。形：地势。指险要的地理形势。　⑨恶（wù）：憎恶，反对。名：通"命"。　⑨达：通，通晓。议：主张，建议。　⑩道：说，陈述。间：姚云：一作"闻"。鲍本及《史记》作"闻"。　⑩今：鲍本作"令"，《史记》作"令"。　⑩赵文：赵国贵族。　⑩"劳"下鲍本补"力"字。养焉：养于之，被农夫供养。　⑩蔽言：堵塞言论。　⑩禄：福。　⑩虑：计谋，谋划。扰：打扰，干扰。　⑩过：责备。罪：过错。　⑩当：应，适应。辅：附和。　⑩修：鲍本改作"循"。愆：过失。　⑩间：当从上作"闻"。　⑪常民：一般百姓。溺：沉溺，沉迷不悟。　⑪成官：守职。　⑪观远：高瞻远瞩。论始：研讨创新。　⑪政：治理国事。　⑪制焉：制于教，被政教制约。　⑪议：选择。　⑪拘：制约，拘束。　⑪世与俗化：疑当作"俗与世化"。变：指变化了的情况。俱：相同，一致。　⑪言能随着新的见闻而改变观点。迁，变迁，改变。　⑫姚云：一本无"于"字。　⑫为己者：指志在修身的人。待：依靠，仗恃。　⑫释：放下，放心。　⑫赵造：赵国将领。　⑫奸：邪恶，狡诈。　⑫私：私心。诬：欺骗。　⑫贱：邪恶，不正派。姚云：刘改"贱"作"贼"。　⑫贱：同上作"贼"，危害。族宗：灭族。　⑫反：姚云：刘本无"反"字。　⑫明刑：有明文规定的刑罚。　⑬遁：逃避。　⑬辟：通"避"，躲避。　⑬距：通"拒"，拒绝。　⑬易民：改变民意。　⑬动：行动。　⑬虑径：谋划问题简捷方便。径，直截了当。易见：容易见到功效。　⑬易初：改变

最初的服饰。 ⑬服奇：服饰奇特。志淫：心思不正。淫，邪恶。 ⑱辟：通"僻"，怪僻，奇特。 ⑲莅国者：做国君的人。莅，监临。袭：穿（衣）。 ⑭修：姚云：一作"循"。 ⑭此句是说效法哪一个古代。 ⑭宓戏：即伏羲氏，传说中人类的始祖。诛：杀。 ⑭怒：通"孥"，一人有罪，妻、子连坐。 ⑭礼：姚云："礼"一作"理"。一本无"其"字。 ⑭多：称赞。 ⑭奇行（xíng）：品行优异杰出的人。 ⑭易：简慢，不庄重。 ⑭俊民：杰出的人才。 ⑭进退：指行为。"谓"字当涉上而衍。《史记》作"进退之节"。节：礼节。 ⑮齐：整齐，划一。常民：普通百姓。 ⑮论：评论，衡量。 ⑮流：移，变。 ⑮俱：偕同，在一起。 ⑮御：驾车。情：实际情况。此句是说按照书本驾车的人不能充分发挥马的实际能力。 ⑮达：通。 ⑯反：违背，违反。

【译文】

　　赵武灵王平日闲着的时候，肥义在旁边陪坐，说："大王是在考虑时事的变化，权衡兵力的使用，思念简子、襄子的功业，盘算开发胡、狄的好处吗？"赵武灵王答道："继承君位不忘祖先的功德，是做君王所遵循的原则；献身为臣致力于光大君主的长处，是做臣子所遵循的道理。所以贤明的君王在和平时期有引导人民便利国事的教化，动乱时期有建立继往开来的功业。做臣子的，在不得志的时候要有尊敬长辈谦虚退让的品行，地位显达以后要有帮助人民辅佐君王的业绩。这两个方面，是做君臣的本分。现在我打算继承襄主的事业，开发胡、狄居住的地区，担心一辈子也不被人所了解。战胜力量薄弱的胡、狄，投入的力量少，但取得的功效大，可以不使百姓过分辛劳，就能享有简子、襄子的功勋。有盖世功绩的人，必然要遭受流俗的责难；有独到见地的人，一定会招惹众人的怨恨。现在我将教给百官穿胡人的服装，骑马射箭，这样天下的人一定要非议我了。"肥义说："我听说，做事情游移不决，就不能做出成绩；想付诸行动而顾虑重重，就不会获得名声。现在大王既然下定背弃习俗的决心，就一定不要顾及天下人的非议了。议论最高道德的人不能附和于世俗，建立大功业的人不和众人商议。从前舜表演苗人的舞蹈，禹光着身子进入不知穿衣服的部落，他们不是想借此放纵欲望，怡乐心志，而是想借此宣扬道德而求取功名。愚昧的人在事情成功以后还看不明白，聪明的人在事情还没有显露之前就有所察觉，大王还是马上付诸实施吧。"武灵王说："我不是对穿胡服有什么疑虑，而是担心天下的人笑话我。疯癫的人觉得快乐的事，有理智的人就对此悲哀；愚昧的人觉得高兴的事，贤明的人就对此忧虑。世上如果有支持我的人，那么改穿胡人服饰的功绩就不可估量啦。即使让世上的人都嘲笑我，胡地和中山国我也一定占有它。"

武灵王于是改穿胡服。派王孙绁告诉公子成说："我已经改穿胡服，并且将要穿着它上朝，也希望王叔改穿胡服。在家里听命于父母，在朝廷听命于君王，这是古今公认的准则；子女不能违背父母，臣子不许抗拒君王，这是先王的通则。现在我下令改换服饰而王叔却不穿它，我担心天下的人对此会有议论。治理国家有一定的原则，以有利于人民为根本；处理政事有一定的法则，而政令得以施行是首要的。因此，想要修明德政必须考虑人民的利益，想要执掌政权首先要使贵族接受君命。现在我改穿胡服的目的，不是想借此来放纵欲望，怡乐心志。凡事只要开了头，成功就有了基础。事业取得成功，然后政绩才能显现。现在我担心王叔违背从政的原则，以至助长贵族们的非议。况且我还听说，有利于国家的事情做起来就不会出偏颇；依靠贵族来办事，名声就不会受伤害。所以我希望仰仗王叔的威望来促成改穿胡服的成功。派王孙绁去告诉王叔，请王叔改穿胡服。"公子成接连叩拜说："我确实听说大王改穿胡服了，因为我卧病在床，行动不便，因此没有及早进言。现在大王既然下令给我，我大胆地尽我的一点愚忠。我听说，中原地区是英明而有远见的人居住的地方，是各种物产财富聚集的地方，是圣贤进行教化的地方，是仁义实施的地方，是读《诗》《书》行礼乐的地方，是各种奇巧技艺应用的地方，是远方诸侯前来观摩的地方，是四方少数民族效法的地方。现在大王舍弃这些而袭用远方胡人的服饰，改变古代的政教，更换古时的章法，违背众人的意愿，背叛圣贤的教导，背离中原的风俗，我希望大王反复考虑这件事。"

王孙緤把公子成的话报告给武灵王。武灵王说："我早就听说王叔病了。"马上去公子成家亲自告诉他说："衣服是为了便于穿用，礼制是为了便于办事。因此圣人观察当地的习俗而因地制宜，根据具体的情况来制定礼法，这样做既有利于民众，也有益于国家。剪掉头发，在身上刺青，两臂交错站立，穿着左开襟的衣服，这是瓯越人的风俗。涂黑牙齿，在额头刺花纹，戴鱼皮帽，穿粗针大线的衣服，这是吴国的风俗。礼制和服饰不同，求其利国便民却是一致的。因此地区不同，所采取的措施就有差异；情况不同，礼制也有所改变。所以如果有利于人民，圣人所采取的措施也不是一成不变的；如果可以便于行事，礼制可以完全不同。儒生都出自一个老师可礼法各不相同；中原地区有共同的礼俗而各国的教化不同，更何况地处偏僻山区的人怎能不便宜行事呢？所以对礼俗的选择取舍变化多端，聪明人也不能划一；不同地域的服饰，圣贤也不能齐同。偏僻的地方少见而多怪，孤陋寡闻的人喜欢争辩。不熟悉的事情不轻易怀疑，不同于自己的不随便反对，这才是无私地追求真理。现在王叔所说的，是因袭传统；我所说的，是改变传统。现在我国东面有黄河、漳水，与齐国和中山国共有，但我们没有水上部队。从常山到代郡、上党郡，东面与燕国和东胡接壤，西面与楼烦、秦国、韩国接壤，而我们却没有骑兵部队。所以我将准备战船，招募水上居民，来防守黄河、漳水；改穿胡服，骑马射箭，来防备燕国、东胡、楼烦、秦国、韩国的边境。从前简主没有把自己禁锢在晋阳和上党一带，而襄主兼并了戎族和代郡，以抵御胡人。这些道理不论是愚笨的人还是聪明的人都明白。过去中山国倚仗齐国的强大军队，侵犯掠夺我国的土地，掳掠我国的人民，引水围灌鄗城，假如不是祖宗神灵的保佑，那么鄗城几乎失守。先王对此非常气愤，他们的怨仇至今未报。现在我们实行骑马射箭，从近处说，可以防守上党形势险要的地方；从远处说，可以报先王对中山国的怨仇。可你偏偏要因袭中原的旧习，违背简主、襄主的遗愿，反对改变服式的命令，却忘掉了国家曾经遭受的耻辱，这绝不是我所希望于你的啊！"公子成听了接连叩头，说："我太愚笨，没有体会到大王的用意，竟然冒昧地说了一些世俗的言论。现在大王想要继承简主、襄主的心愿，实现先王的遗志，我怎么敢不服从命令。"公子成又拜了两拜，武灵王就赐他胡服。

赵文前来规劝说："农夫辛勤劳作以供养君子，这是治国的原则；愚笨的人陈述意见，明智的人来论定，这是处理问题的方法；做臣子的不隐瞒忠心，做君王的不堵塞言路，这是国家的福分。我虽然愚笨，愿意尽我的一点忠心。"武灵王说："对出谋划策的人不要忌讳他的不同意见，对愿意竭尽忠心的人不要责备他的过失。你就说吧。"赵文说："顺应当时的世情，符合当地的风俗，这是自古以来的法则；衣服有一定的款式，这是礼法的规定；遵守法制不犯错误，这是老百姓的职责。这三个方面都是以前圣人所一贯教导的。现在大王对此弃之不顾，反而袭用远方民族的服饰，改变古代的教化，更换古代的章程，所以我希望大王认真考虑这件事。"武灵王说："你所说的只是世俗的言论。普通人只是一味地遵循旧的风俗习惯，而读书人又总是拘泥于书本上的东西，这两种人只能谨守职责，遵守法令而已，决不能高瞻远瞩，研讨创新。再说夏、商、周三代服式不同却统一了天下；五霸政教各异却能治理好国家。贤智的人制定政教，而愚笨的人被政教所制约。贤智的人改革习俗，而愚笨的人被习俗所拘束。那些受事物制约的人不能和他们交流思想，那些被习俗束缚的人不能和他们取得共识。所以习俗随着时代而变化,礼法和变化了的习俗相统一,这是圣人治国的原则啊!根据国家的政令而行动,遵守法制而不掺杂个人私念,这是老百姓的本分。有学问的人能随着新的见闻而改变观点,通晓礼法的人能跟着时代的变化而变化。所以志在修身的人不依赖别人,能把握现实的人不效法古代,你就放心吧!"

赵造前来规劝说:"隐匿忠心,知而不言,是奸臣一类的人;为了私利而欺骗国家,是民贼一类的人。犯奸佞罪的人处以死刑,危害国家的人诛灭宗族。这两种人,先圣有明文规定要处罪,这是做臣子的大罪。我虽然愚笨,愿尽自己的忠心,绝不畏死。"武灵王说:"把自己的意见和盘托出而不加隐讳,这是忠心;国君不堵塞言路,这是英明。忠心就无所畏惧,英明就不拒绝意见。你就说吧。"赵造说:"我听说,圣人不改变民意而进行教化,聪明人不变更习俗而治理国家。根据民意进行教化,不费力气就能收到成效;依据习俗治理国家,考虑问题简捷方便,做起事来容易见到效果。现在大王改变原来的服饰而不遵循习俗,改穿胡服而不顾及世人,这不是教育人民建立礼法的行为。再说服饰奇特的人心思不正,习俗怪僻的人扰乱民心。因此做国君的人不采用奇特的服饰,中原地区不效法蛮夷的行为,这不是教育人民建立礼法的行为。而且遵循礼法不会出差错,遵循礼俗不会生邪念。我希望大王考虑这件事。"武灵王说:"古今习俗不同,我们效法哪一个古代?帝王不世代相承,我们遵循谁的礼法?伏羲氏、神农氏对人民只有教育而没有刑罚,黄帝、尧、舜虽有刑罚而不株连妻子儿女。到了夏禹、商汤、周文王时,观察时势建立法制,根据情况制定礼俗,法度政令都因时制宜;衣服器械都方便使用,所以治理当世不必死守一种办法,只要对国家有利就不一定要效法古代。圣人的兴起,不是互相承袭才称王天下的;夏朝和殷朝的灭亡,不是因为它们改变礼法才灭亡。既然这样,那么不沿袭古代的做法不一定要非难,遵循旧的礼法未必值得称赞。再说,如果服饰奇特就心思不正的话，那么最遵守礼法的邹国和鲁国就不会有行为邪僻的人；如果习俗怪异就会使百姓变坏，那么有奇风异俗的吴、越两国就不会出现杰出人才了。因此圣人把便于穿着的叫衣服，把方便行事的叫教化。行为上的礼节，服饰上的规定，都是为了让普通百姓取得一致，不是用来衡量贤明与否的。所以通达事理的人和习俗一起改变，贤明的人与变化相一致。谚语说：'按照书本驾车的人不能充分发挥马的实际能力，采用古代礼法治理当代国家就不能通达事情的变化。'所以遵循成法建立的功业不可能超过当世，效法古代的学说不足以治理当今的国家。你还是不要反对吧。"

王破原阳以为骑邑

【导读】

本篇选自《赵策二》，事在公元前300年。赵武灵王驳斥牛赞的保守观点，毅然进行军事改革，并通过具体事实，证明胡服骑射决策的正确性，可与上篇参阅。第二段前半部分的对仗句形成一种连续相接而稍有错落的形式。在连续对仗句中加进"故贤人""子""故"等语词，稍有参差而不乏对仗之语感。

王破原阳以为骑邑①。牛赞进谏曰②："国有固籍③，兵有常经④。变籍则乱，失经则弱。今王破原阳以为骑邑，是变籍而弃经也。且习其兵者轻其敌⑤，便其用者易其难⑥。今民便其用而王变之，是损君而弱国也。故利不百者不变俗，功不什者不易器⑦。今王破卒散兵以奉骑射，臣恐其攻获之利不如所失之费也⑧。"

王曰："古今异利，远近易用⑨。阴阳不同道，四时不一宜⑩。故贤人观时而不观于时⑪，制兵而不制于兵。子知官府之籍，不知器械之利；知兵甲之用，不知阴阳之宜⑫。故兵不当于用，何兵之不可易？教不便于事，何俗之不可变？昔者先君襄主与代交地^⑬，城境封之^⑭，名曰‘无穷之门’^⑮，所以昭后而期远也^⑯。今重甲循兵不可以踰险^⑰，仁义道德不可以来朝^⑱。吾闻‘信不弃功^⑲，知不遗时^⑳’。今子以官府之籍乱寡人之事，非子所知。”

牛赞再拜稽首曰：“臣敢不听令乎？”至遂胡服^㉑，率骑入胡，出于遗遗之门^㉒，踰九限之固^㉓，绝五径之险^㉔，至榆中^㉕，辟地千里。

【注释】

①破：解除。原阳：赵国邑，在今内蒙古呼和浩特东南。此句话是说赵武灵王撤销原阳原来的步兵编制改为骑兵训练地。　②牛赞：赵国人。　③固：通“故”，原来的。籍：指法典。　④常：固定的。经：常规，原则。　⑤此句是说熟悉以前兵制的人就容易克敌制胜。　⑥便：熟悉，擅长。用：器用。指武器装备。此句是说熟悉以前兵械的人就能把难事看得容易。⑦什：同“十”，十倍。　⑧攻：金正炜曰：当作“攸”，二形相似而误。攸获，所获。攸，用法同“所”。　⑨易：异，不相同。　⑩一：相同，一样。宜：相称。指相应的气候。此句是说四季的气候各不相同。⑪观：考察。时：时势。此句是说贤能的人根据客观条件来行动，而不被客观条件所牵制。　⑫此句是说不知在不同条件下所应采取的措施。⑬交地：接壤。　⑭城境：在边界筑城。封：疆界。　⑮无穷之门：隘口名，在今河北张北南。　⑯昭后：昭示后代。期远：期望开发边远之地。⑰重甲：沉重的铠甲。循：姚云：一作“修”。修兵，长兵器。指矛、戈之类。踰：通过。　⑱来朝：使胡人来朝，即使胡人降服。　⑲信不弃功：忠信不放弃功利。　⑳遗：失。此句是说聪明不错过时机。㉑至：姚云：集、刘作“王”。按：鲍本同。　㉒遗遗之门：即挺关，在今陕西榆林西北。㉓限：关隘。　㉔绝：横穿。径：鲍本作“径”。黄丕烈曰：此当是“陉”之假借耳。陉，山口。　㉕榆中：地区名，在今内蒙古伊金霍洛旗一带。

【译文】

赵武灵王撤销原阳原来的步兵编制改为骑兵训练地。牛赞规劝说："国家有现成的法典，军队有固定的常规。改变法典就要混乱，抛弃常规就会削弱。现在大王撤销原阳原来的步兵编制改为骑兵训练地，这是改变法度抛弃常规。再说，熟悉以前兵制的人就容易克敌制胜，熟悉以前兵械的人就能把难事看得容易。现在民众都习惯了原来的武备而您却要改换它们，这是伤害民众削弱国力啊。所以没有百倍的利益就不要改变习俗，没有十倍的功效就不要更换兵械。现在大王拆散原来的步兵编制却实行胡服骑射，我担心这样做得到的利益抵偿不了消耗掉的费用。"

武灵王说："古今的利益各不相同，各地的器用不尽相同。阴阳的变化各有特点，四季的气候各有差异。所以贤明的人根据客观条件来行动，而不被客观条件所牵制，制约兵器而不被兵器所制约。你只知道官府的法典，却不知道兵械的利弊；只知道兵器铠甲的用途，却不知道在不同条件下所应采取的措施。所以，兵器不适于使用，什么兵器不能改换呢？教化不利于行事，什么习俗不能改变呢？以前先君襄主当政时和代国接壤，在边境上筑城作为疆界，城门叫'无穷之门'，用来昭示后代，期望他们开发边远之地。现在身穿沉重的铠甲，手持长长的兵器，不便于越过险地；讲究仁义道德不可能让胡人来降服。我听说，忠信不放弃功利，聪明不错过时机。现在你用官府里的法典来扰乱我的大业，这不是你聪明的做法。"

牛赞再拜叩头，说："我怎么敢不服从命令呢？"武灵王于是穿上胡服，率领骑兵，出了挺关，跨过多重险要关隘，横穿多处险恶山口，到达榆中，开拓千里疆土。

赵惠文王三十年

【导读】

本篇选自《赵策三》,事约在公元前264年,田单为赵相时,写赵奢和田单关于用兵方略的争论。田单主张少用兵,而赵奢从历史发展的角度,引证当代战例,通过形象的比喻,说明时代不同了,作战的客观条件改变了,战争的规模、方式和用兵的多寡必须适应这个变化,不能墨守成规。这对研究我国战史有参考价值。

赵惠文王三十年①,相都平君田单问赵奢曰②:“吾非不说将军之兵法也,所以不服者,独将军之用众③。用众者,使民不得耕作,粮食挽赁不可给也④,此坐而自破之道也,非单之所为也。单闻之,帝王之兵所用者不过三万而天下服矣。今将军必负十万、二十万之众乃用之⑤,此单之所不服也。”

马服曰:“君非徒不达于兵也⑥,又不明其时势。夫吴干之剑⑦,肉试则断牛马,金试则截盘匜⑧;薄之柱上而击之则折为三⑨,质之石上而击之则碎为百⑩。今以三万之众而应强国之兵,是薄柱击石之类也。且夫吴干之剑材难⑪,夫毋脊之厚而锋不入⑫,无脾之薄而刃不断⑬。兼有是两者,无钩甲镡蒙须之便⑭,操其刃而刺,则未入而手断。君无十余、二十万之众⑮,而为此钩甲镡蒙须之便⑯,而徒以三万行于天下,君焉能乎?且古者四海之内分为万国,城虽大,无过三百丈者;人虽众,无过三千家者。而以集兵三万距⑰,此奚难哉⑱!今取古之为万国者,分以为战国七⑲,能具数十万之兵,旷日持久,数岁,即君之齐已⑳。齐以二十万之众攻荆,五年乃罢㉑;赵以二十万之众攻中山,五年乃归㉒。今者,齐、韩相方而国围攻焉㉓,岂有敢曰我其以三万救是者乎哉?今千丈之城、万家之邑相望也,而索以三万之众围千丈之城，不存其一角，而野战不足用也，君将以此何之^㉔？"都平君喟然大息曰："单不至也^㉕！"

【注释】

①赵惠文王：赵国君。武灵王之子，名何，前298—前266年在位。按：赵惠文王三十年（前269年），田单尚未至赵，疑"三十年"下有脱文。②都平君：即田单。齐王建元年（前264年）入赵，被任为相国，封都平君。赵奢：赵国将领，善用兵。赵惠文王二十九年大败秦军于阏与，因功封马服君。　③用众：使用的兵员多。　④挽赁：运输。挽，用车拉。赁，古"任"字。任，载，负担。给：供给。　⑤负：恃，倚仗。乃：才。　⑥非徒：不仅。徒，只，仅。兵：指用兵之道。　⑦吴干：吴国的干将，宝剑名。⑧盘匜（yí）：古代盥洗用具。用匜倒水，以盘承接。　⑨薄：迫近，靠近。⑩质：通"锧"，石礅。用作动词，垫。　⑪材难：指成剑之材难得。⑫毋：同"无"。脊：指剑中间高起的部分。不入：不能入物。⑬膊：近刃处。不断：不能断物。　⑭钓：鲍本作"钩"。钩，附于剑头的环。罕（hǎn）：剑柄。镡（xín）：剑柄与剑身连接处突出的部分。蒙须：剑绳。⑮余：当与上文同作"万"。　⑯而：犹"以"。　⑰而：若。集兵：指平时聚集起来经过训练的士兵。距：通"拒"。指攻城。　⑱奚：何。　⑲战国：攻战争雄的大国。　⑳即：就是。已：通"矣"。按：前284年燕军攻入齐都临淄。　㉑五年：疑为"三年"。按：前303年齐与魏、韩攻楚，前301年败楚，杀楚将唐眜。　㉒五年乃归：前300年赵攻中山，前296年灭之，迁中山王于肤施。　㉓方：齐等，相当。　㉔何之：何往。指无处可用。　㉕至：到，及。指虑不及此。

【译文】

　　赵惠文王三十年，国相、都平君田单问赵奢说："我不是不喜欢将军的兵法，我不佩服的只是您使用的兵员太多。使用的兵员多，百姓就不能很好地耕种，粮食运输就供给不上，这是坐以待毙的办法，我不用这样的办法。我听说，帝王用兵不超过三万人，天下就能归服。现在将军一定要倚仗十万、二十万军队才肯用兵，这是我所不佩服的。"

马服君赵奢说："您不仅不通晓用兵之道，而且也不明了军事形势。吴国干将这样的宝剑，用活物来试它，可以斩断牛马，用金属来试它，可以割断盘匜；把它靠在柱子上砸就会折为三段，把它垫在石头上砸就会碎为百片。现在用三万兵力去对付强大国家的军队，这就像是把宝剑靠在柱子上、垫在石头上砸它一样。况且像吴国干将这样的宝剑，剑材很难得，没有厚实的剑脊，剑尖就不能入物；没有轻薄的剑面，剑刃就不能断物。同时具备了这样的剑脊和剑面，但是没有剑环、剑柄、剑镡、剑绳等辅助之物，那就只好握着剑刃刺物，那么剑尖还没有入物，手就被割断了。如果您没有一二十万军队，用其中相当数量的兵员作辅助性工作，只凭着三万人在天下闯荡，您怎么能做到呢？再说古时候天下分为万国，即使是大城邑，城墙也没有超过三百丈长的；人口即使多，也没有超过三千家的。如果用训练有素的三万军队去攻打这样的城邑，还有什么困难呢？现在，古时候的万国已经归并成七个攻战争雄的大国，如果不具备几十万军队，经过几年的持久战，就要出现你们齐国那样的结局了。从前，齐国率领二十万大军攻打楚国，三年才结束战斗。赵国带领二十万军队进攻中山，五年才凯旋。现在，齐、韩两国势均力敌，假如它们彼此围攻，谁又敢说我能用三万兵力去救援它们呢？现在千丈的大城、万家的大邑相互对峙，想用三万兵力去包围千丈大城，根本不能围住城的一角，进行野战就更不够用了，您将带着三万军队干什么去呢？"都平君长叹一声说："我的见识不如您啊！"

秦攻赵于长平

【导读】

　　本篇选自《赵策三》，又见于《史记·虞卿列传》及《新序·善谋九》。文章记叙了公元前259年长平之战后，在是否割城与秦以求和的问题上，虞卿与楼缓的一场辩论。虞卿主张合纵抗秦，反对割地妥协；楼缓则站在秦国的立场上力图使秦不战而尽得赵地。虞卿逐一驳斥了楼缓的论点，使赵王最终采纳了他的主张。两人的论辩敷张扬厉，充分显示了虞卿的雄辩之才。清代文艺理论家刘熙载评价道："《国策》明快无如虞卿之折楼缓，慷慨无如荆卿之辞燕丹。"（《艺概·文概》）

　　秦攻赵于长平，大破之，引兵而归。因使人索六城于赵而讲①。赵计未定。楼缓新从秦来②，赵王与楼缓计之曰③："与秦城何如不与何如④？"楼缓辞让曰⑤："此非人臣之所能知也⑥。"王曰："虽然，试言公之私⑦。"楼缓曰："王亦闻夫公甫文伯母乎⑧？公甫文伯官于鲁，病死。妇人为之自杀于房中者二八⑨。其母闻之，不肯哭也。相室曰⑩：'焉有子死而不哭者乎？'其母曰：'孔子，贤人也，逐于鲁，是人不随⑪。今死而妇人为死者十六人，若是者，其于长者薄而于妇人厚。'故从母言之，之为贤母也⑫；从妇言之，必不免为妒妇也。故其言一也，言者异则人心变矣。今臣新从秦来，而言勿与则非计也⑬，言与之则恐王以臣之为秦也，故不敢对。使臣得为王计之，不如予之。"王曰："诺。"

　　虞卿闻之⑭，入见王，王以楼缓言告之。虞卿曰："此饰说也⑮。"秦既解邯郸之围而赵王入朝使赵郝约事于秦割六县而讲⑯。王曰："何谓也？"虞卿曰："秦之攻赵也倦而归乎？王以其力尚能进⑰,爱王而不攻乎?"王曰:"秦之攻我也不遗余力矣,必以倦而归也。"虞卿曰:"秦以其力攻其所不能取,倦而归。王又以其力之所不能攻以资之⑱,是助秦自攻也。来年秦复攻王,王无以救矣。"

王又以虞卿之言告楼缓。楼缓曰:"虞卿能尽知秦力之所至乎⑲?诚知秦力之不至此⑳,弹丸之地犹不予也。令秦来年复攻㉑,王得无割其内而媾乎㉒?"王曰:"诚听子割矣,子能必来年秦之不复攻我乎㉓?"楼缓对曰:"此非臣之所敢任也㉔。昔者三晋之交于秦,相善也㉕。今秦释韩、魏而独攻王㉖,王之所以事秦必不如韩、魏也。今臣为足下解负亲之攻㉗,启关通敝㉘,齐交韩、魏㉙,至来年而王独不取于秦㉚,王之所以事秦者必在韩、魏之后也㉛。此非臣之所敢任也。"

王以楼缓之言告虞卿,曰㉜:"楼缓言不媾,来年秦复攻,王得无更割其内而媾。今媾,楼缓又不能必秦之不复攻也,虽割何益?来年复攻,又割其力之所不能取而媾也,此自尽之术也㉝,不如无媾。秦虽善攻,不能取六城;赵虽不能守,而不至失六城。秦倦而归,兵必罢㉞。我以五城收天下以攻罢秦,是我失之于天下而取偿于秦也,吾国尚利㉟。孰与坐而割地自弱以强秦㊱?今楼缓曰:'秦善韩、魏而攻赵者,必王之事秦不如韩、魏也。'是使王岁以六城事秦也,即坐而地尽矣。来年秦复求割地,王将子之乎?不与,则是弃前贵而挑秦祸也㊲;与之,则无地而给之。语曰:'强者善攻而弱者不能自守。'今坐而听秦,秦兵不敝而多得地㊳,是强秦而弱赵也。以益愈强之秦而割愈弱之赵,其计固不止矣㊴。且秦虎狼之国也,无礼义之心,其求无已而王之地有尽㊵。以有尽之地给无已之求,其势必无赵矣。故曰此饰说也。王必勿与。"王曰:"诺。"

楼缓闻之,入见于王,王又以虞卿言告之。楼缓曰:"不然,虞卿得其一^④,未知其二也。夫秦、赵构难而天下皆说^㊷,何也? 曰'我将因强而乘弱^㊸'。今赵兵困于秦,天下之贺战者则必尽在于秦矣^㊹。故不若亟割地求和以疑天下^㊺,慰秦心。不然,天下将因秦之怒^㊻,秦赵之敝而瓜分之^㊼。赵且亡,何秦之图^㊽? 王以此断之^㊾,勿复计也。"

虞卿闻之,又入见王曰:"危矣,楼子之为秦也! 夫赵兵困于秦,又割地为和,是愈疑天下而何慰秦心哉! 是不亦大示天下弱乎? 且臣曰勿予者,非固勿予而已也。秦索六城于王,王以五城赂齐。齐,秦之深雠也,得王五城,并力而西击秦也,齐之听王,不待辞之毕也^㊿。是王失于齐而取偿于秦,一举结三国之亲^{○51},而与秦易道也^{○52}。"赵王曰:"善。"因发虞卿东见齐王^{○53},与之谋秦。

虞卿未反,秦之使者已在赵矣。楼缓闻之,逃去。

【注释】

①讲:和解。 ②楼缓:赵国人,曾为秦国相。 ③赵王:指赵孝成王。时当其七年。 ④不与:王念孙曰:"不与"下本无"何如"二字。后人误读"与秦城何如"为句,因于"不与"下加"何如"二字,而不知其谬也。按:此句是说给秦城与不给秦城哪个有利? ⑤辞让:推辞。让,辞让,谦让。 ⑥人:鲍注:衍"人"字。按:《史记》《新序》无。 ⑦私:私意,个人意见。 ⑧公甫文伯:春秋时鲁国季康子的叔伯兄弟,名歜。 ⑨二八:即下文所谓"十六人"。《史记》《新序》并作"二人"。按:公甫文伯之死又见于《国语·鲁语下》及《礼记·檀弓下》,皆不言妇人为死之事。所谓"二八"或"二人",尽为后人夸大之辞。 ⑩相室:随嫁的妇女。 ⑪是人:指公甫文伯。称是人,不以为子。 ⑫之:犹"是"。 ⑬而:犹"如"。 ⑭虞卿:虞氏,名失传。因进说赵孝成王,被任为上卿,称为虞卿。主张以赵为主,合纵抗秦。 ⑮饰说:用巧辩来

掩饰真情的话。　⑯按：鲍注：衍"秦既"至"而讲"二十四字。黄丕烈曰：当删此二十四字。　⑰王以其力尚能进：姚云：钱、刘去"王以"字，添"亡"字。亡其，还是。　⑱攻：《史记》《新序》并作"取"。资：资助。　⑲此句是说虞卿能够完全知道秦国兵力所达到的限度吗？⑳此句是说确实知道秦国兵力不能攻取六城。　㉑令：假使。　㉒得无：莫非，是不是。内：内地。媾：讲和，求和。　㉓必：肯定，保证。　㉔任：担保。　㉕相：共相。　㉖释：放下。指不攻打。　㉗解：解除。负亲：指背弃秦国。　㉘启：开。敝：吴正曰：当作"币"（币）。通币，犹"通使"。　㉙此句是说使其交秦与韩、魏等。齐，等同。　㉚取：取悦。　㉛此句是说赵事秦必不如韩、魏。后，犹"下"。　㉜按：《史记》《新序》"曰"上复有"虞卿"二字。　㉝自尽：自己耗尽其土地。　㉞罢：同"疲"。㉟尚利：还是占便宜。　㊱此句是说这和等着割地削弱自己来加强秦国相比哪个办法更好呢？　㊲贵：《史记》《新序》并作"功"。鲍本作"资"。资，资财。指六城。按：金正炜曰：疑是"责"字之误，"责"与"债"同。㊳敝：疲惫，衰败。　㊴此句是说秦侵吞赵的做法不会停止。　㊵无已：不止。　㊶得：晓悟，了解。　㊷构难：交战。　㊸因：凭借。乘：欺凌，欺压。㊹战："战"下《史记》《新序》并有"胜"字。　㊺亟（jí）：急，赶快。疑：迷惑。　㊻怒：强，健。　㊼秦：姚云：一作"乘"。按：鲍本、《史记》《新序》并作"乘"。　㊽此句是说还能对秦国怎么样呢？㊾断：决断。㊿不待辞之毕：不等把话说完。　51三国：指齐、韩、魏。　52易道：改变原来的局面。　53齐王：指齐王建。时当其六年。

【译文】

　　秦国在长平进攻赵国，大破赵军，收兵回国。秦国派人向赵国索取六座城邑来讲和。赵国没有拿定主意。楼缓刚从秦国来到赵国，赵王和楼缓商量这件事，说："割城给秦国和不割城给秦国哪个有利？"楼缓推辞说："这不是我所能知道的。"赵王说："即使这样，你还是谈谈个人的意见吧。"楼缓说："大王也曾听说过公甫文伯的母亲吧？公甫文伯在鲁国做官，得病死了。妻妾为他在房里自杀的有十六人。他的母亲听说后，不肯为他哭泣。随嫁妇人说：'哪有儿子死了，母亲不哭的呢？'公甫文伯的母亲说：'孔子是位贤人，被鲁国驱逐出境时，公甫文伯不跟随他走。现在他死了，妻妾为他而死的就有十六人，像这样的话，说明他轻视有德才的人而看重妻妾。'所以，从母亲嘴里说出这样的话，这是位贤良的母亲；从妻妾嘴里说出这样的话，这就不免是一位妒忌的妇人了。所以，同样的话，因为说的人不同，那么表现出来的思想感情也就不同。现在我刚从秦国回来，如果说不割城给秦国，那就不是好主意；如果说割城给秦国，那么又担心大王认为我是为秦国说话，所以我不敢回答。假使我能够为大王出主意的话，不如割城给秦国。"赵王说："好吧。"

虞卿听说这件事，就进宫去见赵王，赵王把楼缓的话告诉了他。虞卿说："这是用巧辩来掩饰真情的话。"赵王说："怎么这么说呢？"虞卿说："秦国攻打赵国，是因为它们疲倦了才撤军的呢，还是它们的兵力还能继续进攻，因为爱护大王而停止进攻的呢？"赵王说："秦国攻打我国是不遗余力了，一定是因为疲乏了才回国。"虞卿说："秦国用尽它的兵力攻打它不能攻取的地方，疲倦了才回国。现在大王又拿它用兵力所不能攻取的城邑来资助它，这等于帮助秦国来攻打自己啊。明年秦国又来攻打赵国，大王就没有办法解救了。"

赵王又把虞卿的话告诉了楼缓。楼缓说："虞卿能够完全知道秦国兵力所达到的限度吗？如果确实知道秦国兵力不能攻取六座城邑，即使是弹丸大的地方也不给它。假使秦国明年又来攻打赵国，是不是要割让赵国内地的城邑来讲和呢？"赵王说："果真听你的割让了城邑，你能保证明年秦国不再来攻打我国吗？"楼缓回答说："这不是我敢担保的。从前韩、赵、魏三国与秦国结交，共相亲善。现在秦国不打韩、魏却偏偏攻打赵国，一定是大王侍奉秦国不如韩、魏两国。现在我为您解除因背弃秦国而遭受的进攻，开放边关，互通使节，使赵国与韩、魏两国同秦国的交情彼此相等。到了明年大王还不能取悦于秦国，一定是大王用来侍奉秦国的办法不如韩、魏两国。这不是我所敢担保的。"

赵王把楼缓的话告诉了虞卿。虞卿说："楼缓说不和秦国讲和，明年秦国又来攻打赵国，大王岂不又要割让赵国内地的城邑去讲和。现在讲和，楼缓又不能保证秦国不再来攻打赵国，即使割让城邑又有什么好处呢？明年秦国再来进攻，又割让秦国用兵力也不能攻取的城邑以求讲和，这是自己消耗土地的做法，不如不跟秦国讲和。秦国虽然善于攻战，也不能攻下六座城邑；赵国即使不能防守，也不至于丢失六座城邑。秦国由于打累了而撤军，它的军队也一定很疲乏。如果我们拿出五座城邑收买诸侯，去攻打疲惫的秦国，这样我们虽然拿出五座城邑给了诸侯，但能从秦国那里得到补偿，我们国家还是占便宜。这和等着割地削弱自己来加强秦国相比，哪个办法更好呢？现在楼缓说：'秦国和韩、魏两国的关系好而攻打赵国，一定是大王侍奉秦国不如韩、魏两国。'这是让大王每年拿出六座城邑去侍奉秦国，那么就要白白地把土地丢光了。等到明年秦国再要求割地，大王打算给它吗？如果不给，就是前功尽弃而挑起秦国攻打我们的祸端；如果给它，又没有那么多土地可供给。俗话说：'强者善于攻战，而弱者不能自我防守。'现在平白地听凭秦国摆布，秦国军队不受辛苦就能得到很多土地，这是使秦国越发强大，而赵国越加削弱啊。增强越发强大的秦国而侵割越加削弱的赵国，秦国这种侵吞赵国的做法当然不会停止了。再说，秦国是像虎豹一样的国家，没有礼义之心，它的贪欲是没有止境的，而大王的国土有限，用有限的土地去满足没有止境的贪欲，那就势必让赵国灭亡了。所以说：这是用巧辩来掩饰真情的话，大王一定不要割让土地给秦国。"赵王说："好吧。"

楼缓听说后，进宫去见赵王，赵王又把虞卿的话告诉给他，楼缓说："不是这样的，虞卿只知其一，不知其二。秦、赵两国交战而诸侯都高兴，为什么呢？他们说：'我将凭借强国的力量来欺凌弱国。'如今赵国军队被困于秦国，诸侯祝贺取胜者的一定都在秦国。所以不如赶快向秦国割地求和，以此迷惑诸侯，也使秦国感到心安。否则，诸侯将要趁着秦国的强大和赵国的疲惫来瓜分赵国。赵国将要灭亡了，还能对秦国怎么样呢？大王就此来决断吧，不要再合计了。"

虞卿听说后，又进宫见赵王说："危险了，楼先生是在为秦国打算！赵国军队被困于秦国，又要向秦国割地求和，这将使诸侯更加疑心，又怎么能使秦国安心呢！这难道不是向诸侯显示赵国的软弱吗？况且我说不要割地，也不是坚持不割让就完了。秦国向大王索取六座城邑，大王拿出五座城邑赠送给齐国。齐国是秦国最大的仇敌，它得到大王的五座城邑，就可以和赵国合力向西攻打秦国，齐王用不着等我们把话说完，就会听从大王。这样大王虽然送给齐国五座城邑，却可以从秦国得到补偿，一举就能和齐、韩、魏三国结成友好关系，就会完全改变以前赵国和秦国的格局。"赵王说："好。"于是派虞卿往东去拜见齐王，和他商量对付秦国。

虞卿还没有从齐国回来，秦国使者已经到了赵国。楼缓听说后，从赵国逃走了。

秦围赵之邯郸

【导读】

本篇选自《赵策三》，又见于《史记·鲁仲连列传》，事在公元前257年。文章记叙鲁仲连与辛垣衍围绕着抗秦与帝秦的矛盾冲突展开的一场唇枪舌剑的激烈论战。在论辩中，鲁仲连以机智雄辩的生动言辞，晓之以理，动之以利，终于折服了辛垣衍；救赵于危难之中，而不接受平原君的加封。文章中心突出，说理透彻，言辞锋利，论辩双方人物的语气、感情、性格都能鲜明地展现出来，是一篇优秀的历史散文，也是一篇精彩的论辩文。

秦围赵之邯郸，魏安釐王使将军晋鄙救赵①，畏秦，止于荡阴②，不进。

魏王使客将军新垣衍间入邯郸③，因平原君谓赵王曰④："秦所以急围赵者，前与齐湣王争强为帝⑤，已而复归帝，以齐故⑥。今齐湣王已益弱⑦，方今唯秦雄天下⑧，此非必贪邯郸，其意欲求为帝⑨。赵诚发使尊秦昭王为帝⑩，秦必喜，罢兵去。"平原君犹豫未有所决。

此时鲁仲连适游赵⑪，会秦围赵⑫，闻魏将欲令赵尊秦为帝，乃见平原君曰："事将奈何矣？"平原君曰："胜也何敢言事！百万之众折于外⑬，今又内围邯郸而不能去⑭。魏王使将军辛垣衍令赵帝秦⑮，今其人在是，胜也何敢言事？"鲁连曰："始吾以君为天下之贤公子也，吾乃今然后知君非天下之贤公子也⑯。梁客辛垣衍安在⑰？吾请为君责而归之⑱。"平原君曰："胜请召而见之于先生⑲。"平原君遂见辛垣衍曰："东国有鲁连先生，其人在此，胜请为绍介而见之于将军⑳。"辛垣衍曰："吾闻鲁连先生，齐国之高士也㉑。衍，人臣也，使事有职㉒，吾不愿见鲁连先生也。"平原君曰："胜已泄之矣㉓。"辛垣衍许诺。

鲁连见辛垣衍而无言。辛垣衍曰："吾视居北围城之中者㉔，皆有求于平原君者也。今吾视先生之玉貌㉕，非有求于平原君者，曷为久居此围城之中而不去也？"鲁连曰："世以鲍焦无从容而死者㉖，皆非也。令众人不知㉗，则为一身㉘。彼秦者，弃礼义而上首功之国也㉙，权使其士㉚，虏使其民㉛；彼则肆然而为帝㉜，过而遂正于天下㉝，则连有赴东海而死矣㉞，吾不忍为之民也！所为见将军者，欲以助赵也。”辛垣衍曰：“先生助之奈何？”鲁连曰：“吾将使梁及燕助之，齐、楚则固助之矣㉟。”辛垣衍曰：“燕，则吾请以从矣㊱；若乃梁㊲，则吾乃梁人也，先生恶能使梁助之耶㊳？”鲁连曰：“梁未睹秦称帝之害故也，使梁睹秦称帝之害，则必助赵矣。”辛垣衍曰：“秦称帝之害将奈何？”鲁仲连曰：“昔齐威王尝为仁义矣㊴，率天下诸侯而朝周㊵。周贫且微㊶，诸侯莫朝，而齐独朝之。居岁余，周烈王崩㊷，诸侯皆吊，齐后往。周怒，赴于齐曰㊸：‘天崩地坼㊹，天子下席㊺，东藩之臣田婴齐后至㊻，则斮之㊼！’威王勃然怒曰：‘叱嗟㊽，而母婢也㊾！’卒为天下笑。故生则朝周，死则叱之，诚不忍其求也㊿。彼天子固然(51)，其无足怪(52)。”

辛垣衍曰：“先生独未见夫仆乎(53)？十人而从一人者，宁力不胜智不若耶(54)？畏之也。”鲁仲连曰：“然梁之比于秦若仆耶？”辛垣衍曰：“然。”鲁仲连曰：“然吾将使秦王烹醢梁王(55)。”辛垣衍怏然不悦(56)，曰：“嘻，亦太甚矣，先生之言也！先生又恶能使秦王烹醢梁王？”鲁仲连曰：“固也(57)，待吾言之。昔者，鬼侯、鄂侯、文王(58)，纣之三公也(59)。鬼侯有子而好(60)，故入之于纣，纣以为恶(61)，醢鬼侯。鄂侯争之急(62)，辨之疾(63)，故脯鄂侯(64)。文王闻之，喟然而叹，故拘之于牖里之车百日(65)，而欲舍之死(66)。曷为与人俱称王，卒就脯醢之地也？

“齐闵王将之鲁(67)，夷维子执策而从(68)，谓鲁人曰：‘子将何以待吾君？’鲁人曰：‘吾将以十太牢待子之君(69)。’维子曰(70)：‘子安取礼而来待吾君(71)？彼吾君者，天子也。天子巡狩(72)，诸侯辟舍(73)，纳于筦键(74)，摄衽抱几(75)，视膳于堂下(76)，天子已食，退而听朝也(77)。’鲁人投其籥(78)，不果纳(79)。不得入于鲁。将之薛，假涂于邹(80)。当是时，邹君死，闵王欲入吊。夷维子谓邹之孤曰^⑧：'天子吊，主人必将倍殡柩^⑧，设北面于南方^⑧，然后天子南面吊也。'邹之群臣曰：'必若此，吾将伏剑而死^⑧。'故不敢入于邹。邹、鲁之臣，生则不得事养^⑧，死则不得饭含^⑧，然且欲行天子之礼于邹、鲁之臣，不果纳。今秦万乘之国，梁亦万乘之国，俱据万乘之国，交有称王之名^⑧，赌其一战而胜^⑧，欲从而帝之^⑧，是使三晋之大臣不如邹、鲁之仆妾也^⑨。

"且秦无已而帝^⑨，则且变易诸侯之大臣^⑨。彼将夺其所谓不肖而予其所谓贤，夺其所憎而与其所爱；彼又将使其子女谗妾为诸侯妃姬^⑨，处梁之宫，梁王安得晏然而已乎^⑨？而将军又何以得故宠乎^⑨？"

于是辛垣衍起，再拜谢曰："始以先生为庸人，吾乃今日而知先生为天下之士也^⑨。吾请去，不敢复言帝秦。"

秦将闻之，为却军五十里^⑨。适会魏公子无忌夺晋鄙军以救赵击秦^⑨，秦军引而去^⑨。

于是平原君欲封鲁仲连，鲁仲连辞让者三^⑩，终不肯受。平原君乃置酒，酒酣，起，前，以千金为鲁连寿^⑩。鲁连笑曰："所贵于天下之士者，为人排患、释难、解纷乱而无所取也。即有所取者^⑩，是商贾之人也^⑩，仲连不忍为也。"遂辞平原君而去，终身不复见。

【注释】

①魏安釐王：魏国君。昭王之子，名圉，前276—前243年在位。时当魏安釐王二十年。晋鄙：魏国将领。　②荡阴：在今河南汤阴西南。　③客将军：非本国人而做将军者。新：鲍本作"辛"。辛垣，姓。衍，名。间（jiàn）：秘密地。　④因：通过。平原君：即赵胜，赵国公子，惠文王之弟，封于东武（今山东武城），号平原君。任国相。赵王：指赵孝成王。时当其九年。⑤齐湣王：又作齐闵王。　⑥按：前288年十月，秦约齐并称帝。十二月，

齐用苏秦计取消帝号，秦亦随之，故曰以齐故。　⑦按：时当齐王建八年，闵王已死二十七年。　⑧方今：当今，现在。雄：称雄。　⑨按：秦、齐称帝距此已三十余年，秦围邯郸之际并无称帝之意。　⑩秦昭王：鲍注：称谥，非当时语。按：此为后人追记时不自觉而为之，当删。　⑪适：恰巧，正好。游：游历。　⑫会：正好赶上，恰巧碰上。　⑬折：损失。按：前260年长平之战，赵军损失四十余万人。此言百万，夸大之辞。　⑭内：深入国内。去：离开。指退秦军。　⑮使："使"下鲍本有"客"字。帝秦：尊秦为帝。　⑯乃今然后：从今以后才。　⑰安在：在哪。　⑱责：斥责。归之：使之归。　⑲见（xiàn）之：使之见，引见。　⑳绍介：介绍。　㉑高士：品德行为高尚而不做官的人。　㉒此句是说出使任事有一定的职守，意即会见鲁仲连不是他分内的事。　㉓泄之：泄露辛垣衍在赵之事。　㉔北：《史记》作"此"，鲍本同。　㉕玉貌：指仪表相貌。玉，敬辞。　㉖鲍焦：周时隐士，因不满当时社会，抱树绝食而死。从容：举动。　㉗令：鲍本"令"作"今"。当据改。　㉘为一身：为个人而死。　㉙上：通"尚"，崇尚。首功：以作战斩首多少来计功。　㉚此句是说凭着威势使用它的士人。权，威势。　㉛像奴隶那样役使它的百姓。虏，奴隶。　㉜彼：指秦。则：假如，如果。肆然：肆无忌惮地。　㉝过：犹"甚"。遂：竟。正：同"政"，为政。　㉞有：只有。矣：犹"耳"。　㉟则：倒是。　㊱请：通"情"，实在，的确。以：认为。　㊲若乃：至于。　㊳恶（wū）：何，怎么。　㊴为仁义：行仁义之政。　㊵按：齐威王无率诸侯朝周之事。　㊶微：衰弱，衰败。　㊷周烈王：东周君。安王之子，名喜，前375—前369年在位。按：周烈王崩当在田齐桓公六年（前369年），距齐威王元年尚有十三年，岂能有齐威王朝见周烈王之事？　㊸赴：同"讣"，讣告，报丧。　㊹喻天子死。坼（chè），裂。　㊺天子：指新君周显王。下席：离开原来的居处，睡在守孝的草席上。　㊻东藩：东方的藩国。　㊼斮（zhuó）：斩首。　㊽叱嗟：怒斥声。　㊾而：你的。婢：妾。　㊿求：苛求。　(51)固然：本来如此。　(52)按：周天子已衰微尚且如此，如强秦一旦称帝,就会更变本加厉。　㊼独：竟,难道。仆：奴仆。　㊺宁：难道。若：如,及。　㊻烹醢：古代的酷刑。烹,煮杀。醢(hǎi),剁成肉酱。㊽怏(yàng)然：不满意、不服气的样子。　㊾固：当然。　㊿鬼侯：殷诸侯名。鄂侯：殷纣王三公之一,封地在今河南沁阳境。文王：指周文王。㈤公：诸侯。　㈥子：女儿。好：美。　㈦恶：丑。　㈧争：辩讼,辩论。急：坚决。　㈨辨：同"辩",辩驳。疾：尽力。　㈩脯：肉干。用作动词,做成肉干。　㈤牖里：在今河南汤阴境。车：《史记》作"库",鲍本同。库,监狱。　㈥舍：《史记》及鲍本作"令"。　㈦按：鲁、邹不纳之事在前284年。燕将乐毅率五国之师攻齐,闵王逃至卫,因态度傲慢,卫人怒,故又逃奔邹、鲁。　㈧夷维子：齐闵王臣。策：马鞭子。　㈨十太牢：牛、羊、豕各十只。古代祭祀或宴会,十太牢齐全称太牢。十太牢是接待诸侯之礼。㈩维子："维子"上《史记》及鲍本有"夷"字。　㈤安取礼：从哪里取来的礼节。按：夷维子想让鲁人以天子之礼待闵王,故质问。　㈥巡狩：天子视察诸侯国。　㈦辟舍：让出自己的宫室,避居在外。　㈧纳：交出。鲍注：衍"于"字。按：《史记》无。筦键：筦钥,钥匙。　㈤摄衽：提起衣襟。抱几：捧着几案。　㈥视膳：侍候别人吃饭。　㈦听朝：处理政事。㈧投其籥：指闭关下锁。籥(yuè),通"鑰"(钥)。　㈨不果：情况的发展同预期的不一致。此句是说不接纳。　㈧假涂：借路。邹：国名。本作"邾"。曹姓,有今山东费、邹、滕、济宁、金乡等地。国都在邹(今山东邹城)。㈧孤：指已故邹君之子。　㈨倍殡柩：把殡柩移到相反的方向(从北面移到南面)。殡,停放灵柩。柩,装有尸体的棺材。　㈧设北面于南方：在南面设立朝北的灵堂。按：古人以坐北朝南为正位,诸侯的灵柩也应设在北面。天子尊于诸侯,故须将诸侯灵柩移到南面,然后天子面南而吊。　㈧伏剑：以剑自刎。　㈤事养：侍奉供养。　㈥饭(fàn)：把米粒放在死者口中。舍：把珠玉放在死者口中。按：此二句说邹、鲁贫弱。　㈦交：都,同时。㈧赌：《史记》及鲍本作"睹"。　㈨帝之：尊秦为帝。　㈩仆妾：奴仆婢妾。此贱称鲁、邹之臣。　㈤帝：称帝。此句是说秦不达目的不休止。

⑨²变易：撤换。 ⑨³子女：女儿。谗妾：善于毁贤嫉能的女人。妃姬：妻妾。 ⑨⁴晏然：平安地。 ⑨⁵故宠：原来的宠幸地位。 ⑨⁶而：姚云：曾本无 "而"字。按：《史记》无。 ⑨⁷为：犹"则"。却军：退兵。按：夸大之辞。 ⑨⁸适会：恰逢，正好赶上。公子无忌：即魏无忌。昭王之子，安釐王之弟，封 于信陵(今河南宁陵)，号信陵君。 ⑨⁹引：避开，退却。 ⑩⁰辞让：推辞。 三：多次。 ⑩¹为鲁连寿：向鲁仲连祝福。寿，向人祝酒献物，以祝长寿。 ⑩²即：若，假如。 ⑩³商贾：商人。运货贩卖叫商，囤积营利的叫贾。

【译文】

秦军包围赵国邯郸。魏安釐王派将军晋鄙援救赵国，因为害怕秦国，把军队驻扎在荡阴，不敢前进。

魏王派客将军辛垣衍秘密潜入邯郸，通过平原君对赵王说："秦国急于围攻赵国的原因，是因为先前与齐闵王争强称帝，不久，秦王放弃了帝号，是因为齐王的缘故。现在齐闵王更加削弱了，当今只有秦国称雄天下，这次出兵并非要攻占邯郸，它的意图是想要称帝。赵国如能派使者尊奉秦王为帝，秦王一定很高兴，就会撤军而去。"平原君对此犹豫不决。

这时鲁仲连正在赵国游历，正好赶上秦军围攻邯郸，听说魏国想让赵国尊奉秦王为帝，就去见平原君说："这事该怎么办呀？"平原君说："我赵胜哪里还敢谈论国事！百万大军在外面遭到损失，如今秦军又深入国内包围了邯郸，而我不能击退他们。魏王派客将军辛垣衍来，要赵国尊奉秦国为帝，现在这个人还在这里。我赵胜还怎么敢谈论国家大事！"鲁仲连说："当初我认为你是天下最贤明的公子，从今以后才知道你并不是天下的贤公子。魏国客将军辛垣衍在哪儿？让我替你去斥责他，把他打发回去。"平原君说："请让我把他引见给您。"平原君就去见辛垣衍，说："齐国有位鲁仲连先生，此人现在这里，请让我介绍他跟将军见面。"辛垣衍说："我听说鲁仲连先生是齐国的高士。我辛垣衍是做臣子的，出使做事有自己的职责，我不愿意见鲁仲连先生。"平原君说："我已经把你在这儿的事跟他说了。"辛垣衍只好答应了。

鲁仲连见到辛垣衍却不说话。辛垣衍说："我看留在这个围城中的人，都是有求于平原君的。现在我看先生的仪容相貌，不像是有求于平原君的人，为什么久留在这个围城之中而不离开呢？"鲁仲连说："世上那些认为鲍焦是无所作为而死去的人，都是错误的。现在一般人不了解鲍焦的死因，认为他是为了自身利益而死。那秦国是一个不讲究礼义而崇尚战功的国家，凭着威势来使用它的士人，像奴隶一样地役使它的百姓；秦国假如肆无忌惮地称了帝，甚而统治整个天下，那么我只有跳东海自杀了，我不能容忍做它的百姓。我会见将军的目的，是想对赵国有所帮助。"辛垣衍说："先生将怎样帮助赵国？"鲁仲连说："我将使魏国和燕国帮助它。至于齐、楚二国，倒是本来就帮助它了。"辛垣衍说："燕国嘛，我倒是真的认为它会听从您的；至于魏国，我就是魏国人，先生怎么能让魏国帮助赵国呢？"鲁仲连说："那是因为魏国还没有看到秦国称帝的危害罢了，假使魏国看到秦国称帝的危害，那么就一定会帮助赵国了。"辛垣衍说："秦国称帝将有什么危害呢？"鲁仲连说："从前齐威王曾施行仁义之政，率领诸侯去朝见周天子。周王室既贫穷又衰弱，诸侯没有去朝见的，只有齐王去朝见。过了一年多，周烈王死了，诸侯都去吊丧，齐国去得晚了。周室大臣都很生气，在给齐国的讣告里说：'天崩地裂，新天子居丧离开宫室，而东方藩国之臣田婴齐竟敢迟到，应该斩首。'齐威王勃然大怒，骂道：'呸！你母亲是个丫头！'结果成了天下的笑柄。周天子活着的时候去朝见他，死了却叱骂他，实在是忍受不了周室的苛求啊！做天子的本来就是这样，也用不着奇怪。"

辛垣衍说："先生难道没有见过奴仆吗？十个仆人却服从一个主人，难道是他们的力气不如主人大，智力不如主人强吗？是怕他啊！"鲁仲连说："那么魏国跟秦国相比就像奴仆吗？"辛垣衍说："是的。"鲁仲连说："这样我就让秦王把魏王煮了剁成肉酱！"辛垣衍很不服气地说："咳！先生的话太过分了，先生又怎么能让秦王把魏王煮了剁成肉酱呢？"鲁仲连说："当然可以，等我讲给你听。从前，鬼侯、鄂侯和周文王是商纣王所封的三个诸侯。鬼侯有个女儿很漂亮，就把她献给纣王。纣王嫌她丑，就把鬼侯剁成肉酱。鄂侯极力为鬼侯辩护，所以又把鄂侯做成肉干。文王听说后，长声叹息，纣王就把文王关进牖里的监狱一百天，而且要把他置于死地。为什么魏国和秦国都是诸侯王，却要落得做肉干做肉酱的地步呢？

齐闵王要到鲁国去，夷维子拿着马鞭跟随着他。夷维子问鲁国人说：'你们准备怎样接待我们国君？'鲁国人说：'我们准备用牛、羊、猪各十头来款待你的国君。'夷维子说：'你们从哪儿学来的礼节来款待我们的国君？我们国君是天子。天子视察诸侯，诸侯都要离开自己的宫室到别处避居，还要交出钥匙，自己提起衣襟，捧着几案，在堂下伺候天子吃饭。天子吃完饭，才能告退去处理政务。'鲁国人听了这番话，就闭关下锁，没有接纳齐闵王。齐闵王不能进入鲁国，又准备到薛地去，向邹国借路通行。在这个时候，邹国国君刚死，齐闵王想去吊丧。夷维子对已故邹君的儿子说：'天子来吊丧，主人一定要把灵柩移到相反的方向，在南边设立朝北的灵堂，然后让天子面向南祭吊。'邹国大臣们说：'如果一定要这样，我们宁肯拔剑自杀。'因此齐闵王不敢进入邹国。邹、鲁两国的臣子，国君活着的时候不能好好侍奉供养，死后无力以礼厚殓，然而想让邹、鲁之臣对齐闵王行天子之礼时，他们没有接纳齐闵王。如今秦国是拥有万辆兵车的大国，魏国也是拥有万辆兵车的大国，都是拥有万辆兵车的大国，同时有称王的名分，看到秦国打了一次胜仗，就要尊奉秦王为帝，这样看来，赵、韩、魏三国的大臣还不如邹、鲁二国的大臣啊！

再说秦国贪心不止果真称帝，那么秦王将会撤换诸侯的大臣。

他会把他认为不贤能的大臣撤职，转授给他认为贤能的人；把他厌恶的人撤职，换上他所喜欢的人；他还会把他的女儿和那些善于毁贤嫉能的女人许配给诸侯做妻妾。这些人住在魏国的王宫里，魏王又怎么能平安无事呢？而将军你又怎么能保住旧日的宠幸呢？"

于是辛垣衍站起身来，向鲁仲连拜了两拜，道歉说："我本以为先生是个平庸的人，今天我才知道先生是天下杰出的士人啊。请让我离开这里，不敢再说尊秦为帝了。"

秦国将领听说了这件事，为此退军五十里。恰好魏公子无忌夺了晋鄙的兵权，率军援救赵国攻击秦军。秦军撤退，离开了邯郸。

这时，平原君想要封赏鲁仲连，鲁仲连再三推辞，始终不肯接受。平原君就摆设酒宴，酒喝得正畅快的时候，平原君站起身来，走上前去，用千金为赠礼向鲁仲连祝福。鲁仲连笑着说："天下士人所看重的，是替人排除忧患、解除危难、排解纷乱而不取任何报酬。假如有所取，这就是商人，我不忍心这样做啊！"于是辞别平原君而离去，终身不再见平原君。

赵太后新用事

【导读】

本篇选自《赵策四》，又见于帛书《战国纵横家书》第十八章及《史记·赵世家》，事在公元前265年。本文记叙了触龙以巧妙的方式说服赵太后令其幼子长安君为质于齐，以解救赵国危难的故事。文章细致地描绘出触龙的巧于辞令，他抓住赵太后的心理，逐步引导，由远及近，层层深入，处处紧扣中心议题；又根据赵太后本人的正面事例和诸侯子孙的反面教训来开导对方，有极强的说服力。作者对人物的描写极为精微传神，是一篇有教育意义的好文章。

赵太后新用事①，秦急攻之。赵氏求救于齐。齐曰："必以长安君为质②，兵乃出。"太后不肯，大臣强谏③。太后明谓左右④："有复言令长安君为质者，老妇必唾其面！"

左师触詟愿见太后⑤，太后盛气而揖之⑥。入而徐趋⑦，至而自谢，曰："老臣病足⑧，曾不能疾走⑨，不得见久矣。窃自恕⑩，而恐太后玉体之有所郄也⑪，故愿望见太后。"太后曰："老妇恃辇而行⑫。"曰："日食饮得无衰乎⑬？"曰："恃粥耳⑭。"曰："老臣今者殊不欲食⑮，乃自强步⑯，日三四里，少益耆食⑰，和于身也⑱。"太后曰："老妇不能。"太后之色少解⑲。

左师公曰："老臣贱息舒祺最少⑳，不肖。而臣衰，窃爱怜之㉑。愿令得补黑衣之数以卫王宫㉒，没死以闻㉓。"太后曰："敬诺。年几何矣？"对曰："十五岁矣。虽少，愿及未填沟壑而托之㉔。"太后曰："丈夫亦爱怜其少子乎㉕？"对曰："甚于妇人。"太后笑曰："妇人异甚㉖。"对曰："老臣窃以为媪之爱燕后贤于长安君㉗。"曰："君过矣㉘，不若长安君之甚。"

左师公曰："父母之爱子，则为之计深远。媪之送燕后也，持其踵为之泣㉙，念悲其远也㉚，亦哀之矣㉛。已行，非弗思也，祭祀必祝之，祝曰：'必勿使反㉜。'岂非计久长，有子孙相继为王也哉㉝？"太后曰："然。"

左师公曰："今三世以前㉞，至于赵之为赵㉟，赵主之子孙侯者㊱，其继有在者乎㊲？"曰："无有。"曰："微独赵㊳，诸侯有在者乎㊴？"曰："老妇不闻也。""此其近者祸及身㊵，远者及其子孙。岂人主之子孙则必不善哉㊶？位尊而无功，奉厚而无劳㊷，而挟重器多也㊸。今媪尊长安君之位㊹，而封之以膏腴之地㊺，多予之重器，而不及今令有功于国。一旦山陵崩㊻，长安君何以自托于赵？老臣以媪为长安君计短也，故以为其爱不若燕后。"太后曰："诺。恣君之所使之㊼。"

于是为长安君约车百乘质于齐⁴⁸，齐兵乃出。

子义闻之曰⁴⁹："人主之子也，骨肉之亲也，犹不能恃无功之尊⁵⁰，无劳之奉，而守金玉之重也⁵¹，而况人臣乎？"

【注释】

①赵太后：赵惠文王妻，孝成王母。　②长安君：赵太后少子，号长安君。　③强（qiǎng）谏：极力劝谏。　④明：明白地。"左右"下帛书及《史记》有"曰"字。　⑤左师：官名。触詟：帛书及《史记》均作"触龙言"。王念孙曰：今本"龙言"二字误合为"詟"耳。触龙，赵国臣，官左师。言：告知，告诉。　⑥盛气：怒气冲冲地。揖：帛书及《史记》并作"胥"。胥，通"须"，等待。　⑦徐：慢。按：臣见君，依礼当快步走，触龙由于"病足"不能快走，又不能不做出快走的姿态，于是出现了"徐趋"这种用语似乎矛盾，但可以理解、可以想象的走路架势。　⑧病足：患脚病，脚有病。　⑨曾：竟然。疾走：小跑。　⑩恕：宽恕，原谅。　⑪而：唯，只。玉体：对人身体的敬辞。郄：通"郤"（jué），疲劳。　⑫恃：依靠。　⑬日：帛书及《史记》均无"日"字。金正炜曰："日"即"曰"字误衍。得无：该不会。衰：减少。　⑭鬻：同"粥"。　⑮今者：最近，近来。殊：很，特别。　⑯强步：勉强散散步。　⑰少益：渐渐，逐渐。耆：同"嗜"，喜欢。　⑱和：适。　⑲少：稍微。解：消，缓和。　⑳贱息：对人称自己的儿子。息：子。舒祺：触龙之子。　㉑爱怜：疼爱。怜，爱。　㉒黑衣：卫士穿的衣服。此指卫士。官：帛书、《史记》及鲍本并作"宫"。　㉓没死：指冒死罪。闻：报告。　㉔及：趁着。填沟壑：指死。托：托付，委托。　㉕丈夫：古代对男子的通称。　㉖异甚：特别厉害。异，尤，特别。　㉗媪（ǎo）：对老年妇女的敬称。燕后：赵太后的女儿，嫁给燕王，故称燕后。贤：胜过。　㉘过：错。　㉙持：握。此句是说燕后登车将行，太后在车下送别。　㉚悲：帛书及《史记》无"悲"字。　㉛哀：爱。　㉜按：古代诸侯的女儿嫁到别国，只有亡国或被废才能回来。　㉝有：姚云：曾作"为"。按：《史记》

作"为"。　㉞三世：指赵孝成王、惠文王、武灵王。三世以前指赵肃侯尚未称王之时。　㉟此句是说上推到赵氏建立赵国的时候。按：前403年周威烈王封赵烈侯为诸侯。　㊱侯者：封侯的人。　㊲继：继承人。在者：在位的人。　㊳微独：非但，不仅仅。　㊴此句是说诸侯之子孙侯者，其继有在者乎。　㊵此："此"上帛书及《史记》有"曰"字。　㊶孙：帛书、《史记》及鲍本并作"侯"。金正炜曰："则"上当有"侯"字而误脱耳，于文亦不得省"孙"字。上文"赵主之子孙侯者，其继有在者乎"，此正与前相应。　㊷奉：同"俸"，俸禄。劳：功劳。　㊸重器：指钟、鼎之类象征国家权力的贵重器物。　㊹尊：使尊贵。　㊺膏腴：肥沃。　㊻山陵崩：喻太后死。㊼恣：任凭。　㊽约车：备车。　㊾子义：赵国贤士。　㊿恃：倚仗。
(51)守：持。重：指重器。

【译文】

赵太后刚执政，秦国就加紧攻赵。赵国向齐国请求救援。齐国说："必须让长安君来做质子，我们才出兵。"赵太后不肯，大臣们极力劝谏。赵太后明白地对左右的人说："有再说让长安君去做人质的，我一定吐他一脸唾沫。"

左师触龙说希望拜见太后，太后怒气冲冲地等着他。触龙上殿后慢慢走上前去，到太后跟前道歉说："老臣脚有病，竟不能快走，很久没有拜见太后了。私下里还原谅自己，只是担心太后的身体欠安，所以希望看看太后。"太后说："我只能靠车子行动了。"触龙说："饮食该不会减少吧？"太后说："靠喝点粥罢了。"触龙说："老臣最近很不想吃东西，就勉强散散步，每天走上三四里，渐渐地喜欢吃东西了，身体也舒适了些。"太后说："我可做不到啊。"太后的脸色稍微缓和了些。

触龙说："老臣有个儿子叫舒祺，年龄最小，不成材。可我衰老了，私下里很疼爱他。我希望能让他做一名卫士来保卫王宫，冒死向您禀告。"太后说："好吧。年龄多大了？"触龙答道："十五岁了。年纪虽小，老臣想趁着没死之前把他托付给您。"太后说："男人也疼爱自己的小儿子吗？"触龙答道："比妇人还厉害。"太后笑着说："妇人疼爱小儿子特别厉害。"触龙说："老臣私下里认为您疼爱燕后胜过疼爱长安君。"太后说："你错了，我疼爱燕后远不如疼爱长安君厉害。"

触龙说："父母疼爱子女，那么就替他们做长远打算。您送燕后出嫁时，在车下握着她的脚后跟为她掉眼泪，因为想到她要离家远嫁，这就是爱她啊！燕后走了以后，并不是不想她啊，祭祀时总要替她祝福，祈祷说：'千万不要让她回来呀！'这难道不是替她做长远打算，希望她的子孙世代为王吗？"太后说："是的。"

触龙说："从现在起上推到三代以前，甚至推到赵氏立国的时候，赵王子孙封侯的，他们的后代还有在侯位的吗？"太后答道："没有。"触龙又问："不只是赵国，就是其他诸侯的子孙，他们的后代还有在侯位的吗？"太后答道："我没听说过。"触龙说："他们当中遭祸早的，祸患就降到了自己身上；遭祸晚的，祸患就降到子孙身上。难道国君封侯的子孙就一定都不好吗？只是因为他们地位尊贵却没有功勋，俸禄丰厚却没有劳绩，而且拥有很多重器啊！如今您使长安君的地位很尊贵，又封给他肥沃的土地，给他很多重器，却不让他趁现在为国家立功。有朝一日太后不在了，长安君凭什么在赵国站住脚呢？老臣认为您替长安君打算得不够长远，所以说疼爱长安君不如疼爱燕后。"太后说："好吧，那就任凭你安排吧！"

于是为长安君准备了一百辆车子，送他到齐国做人质，齐国这才出兵。

子义听说了这件事，评论道："国君的儿子，是骨肉之亲，尚且不能倚仗没有功勋而获得地位，没有劳绩而取得俸禄，长期保住贵重的金玉器物，更何况是做臣子的呢？"

魏策

导　读

　　魏为姬姓。周初毕公高的后代，春秋时在晋国有毕万，事晋献公，于公元前661年灭古魏国有功，因而受封于魏（今山西芮城北），其子孙以魏为氏。公元前453年，魏桓子与赵襄子、韩康子三家分晋。公元前403年，自称为侯的魏文侯、赵烈侯、韩景侯受到周天子册封，正式进入诸侯行列。

　　战国初期，魏在中原最为强大。魏文侯求贤任能，李悝（李克）、吴起、乐羊、西门豹等都是他的辅佐重臣。李悝的《法经》是中国第一部有系统的法典。吴起当时还很年轻，后来曾为"西河守"。公元前413至前409年，魏多次败秦，夺取今陕西华阴以北，黄龙以南，洛河以东，黄河以西的地区，建立西河郡，吴起守之。又在今陕西洛河以东，黄梁河以北，东北到子长、延安一带，建立上郡（全名为西河上郡），李悝曾为守。秦当时为弱小国家，只好退至洛河以西。公元前408年，魏文侯任命乐羊为将攻取中山国。用西门豹为邺县令。公元前405至前404年，魏联合赵、韩攻齐，大败齐军，攻入齐的长城。三晋联合，军力强盛，因而公元前403年周天子威烈王册封三国为诸侯。三国联合，公元前400年伐楚，攻至乘丘；

公元前391年又败楚于大梁（今河南开封）及榆关。

战国中期，魏仍强盛。魏的中心地区，早年一直在今山西西南部，后逐渐向东南发展，扩大到今河南北部及中部。据《汲冢纪年》，公元前361年，魏文侯之孙魏惠王迁都到大梁，故又称梁惠王。此时仍为魏侯。当时各国形势已有改变，例如魏与赵、韩矛盾日增，秦、齐力量加强。自秦献公开始不断反攻，魏沿洛河筑长城以守。秦孝公用魏公孙鞅（亦称卫鞅、商鞅），秦始富强。齐威王用邹忌、田忌、孙膑，国势兴盛。公元前353年，桂陵之战，魏败于齐。当时魏尚有威望。公元前344年，魏侯称王，是为魏惠王。这是诸侯之中（楚除外）首先称王的一个。他召集诸侯，会于逢泽，率诸侯朝见周天子。公元前341年，马陵之战，齐大胜，魏主将死，太子被俘。公元前340年，齐、秦、赵三国攻魏，秦用诡计擒魏公子卬，魏军大败。因此《史记·魏世家》云："于是徙治大梁。"魏迁都到大梁，若在公元前361年，正是魏惠王时国家富强，迁都为了向中原发展；若在公元前339年，却是魏惠王损兵折将，魏由强而弱之际。《汲冢纪年》与《史记·魏世家》的说法虽异，魏的由强转弱就在魏惠王在位之时，则无疑问。秦惠文王时，公元前330年，魏只好把河西之地献给秦国。公元前329年，秦攻取魏河东（今山西南部）部分地区。公元前328年，魏把上郡十五县献给秦。此后，魏为了防御秦入侵，始建河东郡。但秦已突破封锁，可以进窥中原。公元前318年，魏联合赵、韩、燕、楚一同攻秦，未能取胜而归。

战国晚期，魏于公元前298至前296年与齐、韩联合攻秦，迫使秦归还韩、魏部分失地。但公元前293年，秦大败韩、魏联军，斩首二十四万，俘虏魏将，并连续三年攻魏。公元前290年，魏把河东之地四百里献给秦国。公元前289年，秦攻取魏六十一城。公元前287年，苏秦、李兑联合赵、齐、楚、魏、韩五国攻秦，罢于成皋，秦归还赵、魏部分失地求和，但紧接着就攻魏夺新垣、曲阳。公元前286

年，秦攻魏河内（今河南北部），魏把安邑献给秦。公元前283年及前275年，秦两次进攻到魏都大梁，魏把温献给秦求和。公元前273年，秦击败赵、魏联军，围攻大梁，魏把南阳献给秦。公元前257年，魏信陵君救赵，秦军败退，解赵邯郸之围。公元前254年，魏攻取秦在东方之飞地陶郡并灭卫。公元前225年，秦攻下大梁，灭魏。

进入战国，魏之世系为：自比于诸侯而又确被承认为侯的魏文侯、武侯；称王的惠王、襄王、昭王、安釐王、景湣王、王假。

《魏策》四卷，八十三章，一万六千三百五十六字，以篇幅数量计，逊于赵、秦、齐，居第四位。以策文篇数计，居首位。引人入胜之策文不少，有山峦重叠之势；而纵观全局，则为由强盛转为危亡之一轴书卷而已。

魏武侯与诸大夫浮于西河

【导读】

本篇选自《魏策一》，又见于《史记·吴起列传》及《说苑·贵德》。吴起通过历史事实说明，立国保民单靠河山之险是行不通的，如果政治腐败，地形险阻也不能免于破亡。战国时代，许多有识之士已认识到国内政治修明的重要意义。吴起曾在魏国和楚国进行改革，希望通过政治的革新促进国家的鼎盛，他的思想和实践是一致的。

　　魏武侯与诸大夫浮于西河①。称曰②："河山之险，岂亦不信固哉③！"王钟侍王④，曰："此晋国之所以强也⑤。若善修之，则霸王之业具矣⑥。"吴起对曰："吾君之言，危国之道也；而子又附之⑦，是危也⑧。"武侯忿然曰："子之言有说乎？"

　　吴起对曰："河山之险信不足保也⑨，是伯王之业不从此也⑩。昔者三苗之居⑪，左彭蠡之波⑫，右有洞庭之水⑬，文山在其南⑭，而衡山在其北⑮。恃此险也，为政不善，而禹放逐之。夫夏桀之国，左天门之阴⑯，而右天溪之阳⑰，庐睪在其北⑱，伊、洛出其南⑲。有此险也，然为政不善，而汤伐之。殷纣之国，左孟门⑳，而右漳、釜㉑，前带河㉒，后被山㉓。有此险也，然为政不善，而武王伐之。且君亲从臣而胜降城㉔，城非不高也，人民非不众也，然而可得并者㉕，政恶故也。从是观之，地形险阻，奚足以霸王矣？"

　　武侯曰："善。吾乃今日闻圣人之言也。西河之政，专委之子矣㉖。"

①魏武侯：魏国君。文侯之子，名击，前395—前370年在位。浮：泛舟，渡水。西河：指今陕西与山西间的黄河。　②称：称扬，赞叹。　③信：的确，实在。　④钟：姚云：一作"错"。王错，魏国臣。王：鲍本作"坐"。⑤晋国：指魏国。三家分晋，魏得晋都，故魏人自称晋国。　⑥具：具备。⑦附：附和。　⑧是："是"下鲍本补"重"字。重（chóng），更加。　⑨信：姚云：一本无"信"字。保：依靠。　⑩是：姚云：一本无"是"字。从：凭借，依据。此：指"河山之险"。　⑪居：住处。　⑫彭蠡：古泽薮名，在今鄱阳湖北。　⑬有：姚云：一本无"有"字。洞庭：指洞庭湖一带。　⑭文山：即汶（mín）山，亦即岷山，在今四川中部。　⑮衡山：山名，在今湖南衡山西北。　⑯天门：关隘名，在今山西晋城南的太行山上。　⑰天溪：未详。或疑为函谷关。　⑱庐峄：疑为山名，当在太原、交城等处。　⑲伊：水名。源于河南卢氏东，至偃师入洛水。洛：水名，源于今陕西洛南西，东北流入河南，至巩县入黄河。　⑳孟门：关隘名，在今河南辉县西。　㉑漳：即漳水，有二源：浊漳水源于今山西长子，清漳水源于今山西昔阳南。二水至今河南林州北界合流，东北流入今河北东光县入古黄河。釜：通"滏"，水名，漳水支流，源出河北磁县西北的滏山。　㉒此句是说黄河在朝歌的东南。　㉓此句是说太行山在朝歌的西北。被：在背后。　㉔此句是说君王曾亲自率领臣下攻取敌城。从，率领。降，降服，攻下。　㉕并：兼并。㉖委：托付，委托。

【译文】

　　魏武侯和大臣们在西河上乘船游玩，武侯赞叹道："河山这样险峻，难道不是确实很稳固吗？"王错在武侯旁边陪坐，说："这就是魏国得以强大的原因。如果好好地治理它，那么成就霸王大业的条件就具备了。"吴起回答说："我们君王所说的，是危害国家的言论；而你又来附和他，这就更加危险了。"武侯气愤地说："你的话有道理可讲吗？"

吴起答道："河山的险峻是不能依靠的，成就霸王的功业不能依赖于这自然条件。从前三苗居处的地方，左面是彭蠡湖，右面是洞庭湖，汶山在它的南面，衡山在它的北面。凭借这样的险阻，没有治理好国政，夏禹就把他放逐了。夏桀的国家，左面是天门山的北麓，右面是天溪水的北岸，庐山、峚山在它的北面，伊水、洛水流经它的南面。有这样的险阻，但是没有治理好国政，商汤就讨伐它。殷纣的国家，左边是孟门关，右面是漳水和滏水，南面有黄河环绕，北面背靠着太行山。有这样的险阻，但是没有治理好国政，周武王就讨伐它。再说您曾经亲自督率臣下攻取敌城，这些城邑的城墙不是不高，人民不是不多，然而能够攻占它们，是因为它们政治太坏的缘故。由此看来，地理形势险峻，怎么能够成就霸王之业呢？"

武侯说："好。我今天才听到圣人的言论。西河郡的政务，就托付给你了。"

庞葱与太子质于邯郸

【导读】

本篇选自《魏策二》，又见于《韩非子·内储说上》及《新序·杂事二》。市场中本来没有老虎，经过多人反复传说，就会使人误以为真的有虎。后来就用"市虎"一词表示流言蜚语可以耸动视听。成语"三人成虎"出于此篇。

庞葱与太子质于邯郸[①]，谓魏王曰[②]："今一人言市有虎，王信之乎？"王曰："否。""二人言市有虎，王信之乎？"王曰："寡人疑之矣。""三人言市有虎，王信之乎？"王曰："寡人信之矣。"庞葱曰："夫市之无虎明矣，然而三人言而成虎。今邯郸去大梁也远于市③，而议臣者过于三人矣。愿王察之矣。"王曰："寡人自为知④。"于是辞行，而谗言先至。后太子罢质⑤，果不得见。

【注释】

①庞葱：一作"魏恭"，未详。太子：指魏太子。　②魏王：指魏惠王。③按：据《史记》，魏惠王三十一年（前339年）始迁都大梁。　④自为知：自有主张。　⑤罢质：指自赵归魏。

【译文】

　　庞葱跟太子去邯郸做人质，庞葱对魏王说："假如一个人说市场上有老虎，您相信吗？"魏王说："不信。"庞葱说："两个人说市场上有老虎，您相信吗？"魏王说："我对这话感到疑惑了。"庞葱说："三个人说市场上有老虎，您相信吗？"魏王说："我相信了。"庞葱说："市场上没有老虎是很明显的，但是三个人说有老虎就变成真有老虎了。如今邯郸距离大梁比市场要远得多，而且非议我的人也超过三人，希望您能明察。"魏王说："我知道怎么做。"于是庞葱告辞走了，而诽谤的话早就传到了国内。后来魏太子从赵国回来，庞葱果真没有得到魏王接见。

华军之战

【导读】

　　本篇选自《魏策三》，又见于《史记·魏世家》。孙臣谏止魏王割地的话具有真理性。用妥协的态度来对待强者，只能启其贪欲。他对欲地者和欲玺者勾结误国的揭露，寥寥数语就说得很透辟，用的比喻也很生动。成语"抱薪救火"出于此篇。

华军之战^①，魏不胜秦。明年将使段干崇割地而讲^②。

孙臣谓魏王曰^③："魏不以败之上割^④，可谓善用不胜矣；而秦不以胜之上割，可谓不能用胜矣^⑤。今处期年而欲割，是群臣之私而王不知也^⑥。且夫欲玺者段干子也^⑦，王因使之割地；欲地者秦也，而王因使之受玺。夫欲玺者制地而欲地者制玺^⑧，其势必无魏矣。且夫奸臣固皆欲以地事秦。以地事秦，譬犹抱薪而救火也，薪不尽而火不止。今王之地有尽，而秦之求无穷，是薪火之说也。"魏王曰："善。虽然，吾已许秦矣，不可以革也^⑨。"对曰："王独不见夫博者之用枭邪^⑩？欲食则食，欲握则握^⑪。今君劫于群臣而许秦^⑫，因曰不可革，何用智之不若枭也^⑬？"魏王曰："善。"乃案其行^⑭。

【注释】

①军：鲍本作"阳"。华阳，韩国邑，在今河南新郑北。事在前273年。
②段干崇：魏国人。讲：讲和，和解。　③孙臣：魏国人。事在前272年。
魏王：指魏安釐王。时当其五年。　④上：当初。　⑤能：善于，长于。
⑥私：为自己打算。⑦玺：印。指相印。⑧制：控制，掌握。⑨革：改。
⑩独：难道。博：古代的一种棋戏。枭：博戏诸采中的最佳者。掷得枭采可以吃对方的棋子，也可走别的棋。　⑪握：指不吃子。　⑫劫：胁迫。
⑬不若枭：不如博者之用枭。　⑭案：同"按"，止。

【译文】

华阳之战，魏国没有战胜秦国。第二年将派段干崇割地讲和。

孙臣对魏王说："魏国不在战败的当时给秦国割地，真可算得善于应付战败的局势了；秦国不在取胜的当时要求魏国割地，真是不善于利用取胜的形势了。如今过了一年才想割地，这是大臣们有私心而大王不知道啊。再说想得到秦国相印的是段干崇，大王就派他去割让土地；想得到土地的是秦国，大王就让它来授封。想得到官印的人掌握着割地的权力，想得到土地的人掌握着封赏的权力，这是魏国必然要灭亡的趋势。况且奸臣们本来都想用大王的土地讨好秦国。用土地来讨好秦国，就好比抱着干柴去救火。柴不烧尽，火就不会灭。现在大王的土地是有数的，而秦国的贪求是无止境的，这和抱着柴去救火是一样的道理。"魏王说："对。虽然如此，我已经答应秦国了，不能更改。"孙臣答道："大王难道没有见过玩棋戏的人使用枭棋吗？对自己有利就吃掉对方的棋子，不利就走别的棋子。现在大王被群臣胁迫，答应了秦国，于是就说不可更改了，怎么运用智慧还不如玩棋的人使用枭棋呢？"魏王说："好。"于是不再让段干崇去割地讲和了。

魏将与秦攻韩

【导读】

本篇选自《魏策三》，又见于帛书《战国纵横家书》第十六章及《史记·魏世家》，事在公元前262年。魏王为了从韩收回失地，想和秦联合攻韩。朱忌列举历史和现实的情况，指出韩是魏的屏障，魏和韩是"辅车相依，唇亡齿寒"的关系，联秦伐韩，不仅害韩，也不利于魏。他提出"以存韩为务"、合纵抗秦的主张，以达到"存韩安魏以利天下"的目的，表现了他的远见卓识。文章说理透彻，章法井然。

魏将与秦攻韩，朱己谓魏王曰①："秦与戎翟同俗，有虎狼之心，贪戾好利而无信②，不识礼义德行。苟有利焉，不顾亲戚兄弟③，若禽兽耳。此天下之所同知也，非所施厚积德也④。故太后母也，而以忧死⑤；穰侯舅也，功莫大焉，而竟逐之；两弟无罪⑥，而再夺之国。此于其亲戚兄弟若此，而又况于仇雠之敌国也⑦。

"今大王与秦伐韩而益近秦⑧，臣甚或之而王弗识也⑨，则不明矣。群臣知之而莫以此谏，则不忠矣。今夫韩氏以一女子承一弱主⑩，内有大乱，外安能支强秦、魏之兵⑪，王以为不破乎⑫？韩亡，秦尽有郑地⑬，与大梁邻，王以为安乎？王欲得故地，而今负强秦之祸也⑭，王以为利乎？

"秦非无事之国也，韩亡之后必且便事⑮，便事必就易与利⑯，就易与利必不伐楚与赵矣，是何也？夫越山踰河，绝韩之上党而攻强赵⑰，则是复阏与之事也⑱，秦必不为也。若道河内⑲，倍邺、朝歌⑳，绝漳、滏之水㉑，而以与赵兵决胜于邯郸之郊，是受智伯之祸也㉒，秦又不敢。伐楚，道涉谷行三十里㉓，而攻危隘之塞㉔，所行者甚远而所攻者甚难，秦又弗为也。若道河外㉕，背大梁，而右上蔡、召陵㉖，以与楚兵决于陈郊，秦又不敢也。故曰秦必不伐楚与赵矣，又不攻卫与齐矣㉗。韩亡之后，兵出之日，非魏无攻矣。

"秦故有怀、地、刑丘㉘，之城垝津㉙，而以之临河内㉚，河内之共、汲莫不危矣㉛。秦有郑地，得垣雍㉜，决荥泽而水大梁㉝，大梁必亡矣。王之使者大过矣，乃恶安陵氏于秦㉞，秦之欲许之久矣。然而秦之叶阳、昆阳与舞阳、高陵邻㉟，听使者之恶也，随安陵氏而欲亡之㊱。秦绕舞阳之北以东临许，则南国必危矣㊲。南国虽无危，则魏国岂得安哉㊳？且夫憎韩不受安陵氏可也㊴，夫不患秦之不爱南国非也。

"异日者㊵，秦乃在河西㊶，晋国之去梁也千里㊷，有余河山以兰之㊸，有周、韩而间之㊹。从林军以至于今㊺，秦十攻魏㊻，五入国中㊼，边城尽拔，文台堕㊽，垂都焚㊾，林木伐，麋鹿尽，而国继以围㊿。又长驱梁北，东至陶、卫之郊⑤⓪，北至乎阚⑤①，所亡乎秦者,山北、河外、河内⁵²,大县数百,名都数十⁵³。秦乃在河西,晋国之去大梁也尚千里,而祸若是矣。又况于使秦无韩而有郑地⁵⁴,无河山以兰之,无周、韩以间之,去大梁百里,祸必百此矣。

"异日者,从之不成矣⁵⁵,楚、魏疑而韩不可得而约也⁵⁶。今韩受兵三年矣⁵⁷,秦挠之以讲⁵⁸,韩知亡犹弗听,投质于赵而请为天下雁行顿刃⁵⁹。以臣之观之,则楚、赵必与之攻矣。此何也?则皆知秦之无穷也⁶⁰,非尽亡天下之兵而臣海内之民⁶¹,必不休矣。是故臣愿以从事乎王,王速受楚、赵之约而挟韩、魏之质⁶²,以存韩为务,因求故地于韩,韩必效之⁶³。如此则士民不劳而故地得,其功多于与秦共伐韩,然而无与强秦邻之祸。

"夫存韩安魏而利天下,此亦王之大时已⁶⁴。通韩之上党于共、莫⁶⁵,使道已通⁶⁶,因而关之⁶⁷,出入者赋之⁶⁸,是魏重质韩以其上党也⁶⁹。共有其赋,足以富国,韩必德魏、爱魏、重魏、畏魏,韩必不敢反魏。韩是魏之县也⁷⁰。魏得韩以为县,则卫大梁,河外必安矣。今不存韩,则二周必危,安陵必易⁷¹。楚、赵楚大破⁷²,卫、齐甚畏⁷³,天下之西乡而驰秦⁷⁴,入朝为臣之日不久⁷⁵。"

【注释】

①朱己:韩国臣。《史记·魏世家》作"无忌"。《荀子·强国》杨倞注引《魏世家》作"朱忌"。王念孙曰:作"朱忌"者是,作"无忌"者,后人以意改之耳(《读书杂志·史记第四》)。魏王:指魏安釐王。时当其十五年。　②贪戾:贪婪暴虐。　③亲戚:父母。　④厚:姚云:刘作"惠"。　⑤秦昭王四十一年(前266年)用范雎之说,夺太后之权,逐穰侯,令泾阳君、高陵君之属出关。次年七月,太后死。　⑥两弟:指泾阳君、高陵君。　⑦仇雠:仇敌。帛书及《史记》并无"敌"字。　⑧帛书及《史记》"伐"上有"共"字,"近秦"下有"患"字。　⑨或:通"惑"。　⑩弱主:指韩桓惠王。时当其十一年。按:此时韩王少,太后用事。　⑪支:抵御,抗拒。　⑫破:指败亡。

⑬郑地:郑国故地。 ⑭负:遭,遭受。 ⑮便:帛书及《史记》并作"更"。下句同。更事,再兴事端。 ⑯就:趋向,选择。 ⑰绝:横穿。 ⑱复:重复。阏(yù)与(yǔ):韩国邑,后属赵国,在今山西和顺。按:前269年,秦派胡阳通过韩的上党攻赵国阏与,赵将赵奢往救,大破秦军。 ⑲道:取道,经由。 ⑳倍:同"背",背向,避开。邺:在今河北临漳西。朝歌:在今河南淇县。 ㉑绝:渡过。 ㉒受:帛书及《史记》并无"受"字。按:前453年,赵襄子联合韩、魏灭智伯,三分其地。 ㉓涉谷:疑即斜谷,在今陕西眉县西南。按:帛书及《史记》并无"而"字。"十"作"千"。 ㉔危:黄丕烈曰:即"垝"字形近之讹。王念孙说同。黾隘,楚国要塞名,在今河南信阳的平靖关。 ㉕河外:指黄河以南的魏国地。 ㉖右:指东。召(shào)陵:楚国邑,在今河南郾城东。 ㉗卫:帛书作"燕"。注云:秦不攻楚、赵,又不东向攻燕、齐,那就只有攻魏了。 ㉘故:通"固",本来。怀:在今河南武陟西南。地:帛书及《史记》并作"茅"。茅,在今河南获嘉西北。刑:《史记》及鲍本皆作"邢"。邢丘,在今河南温县东南。 ㉙之:帛书及《史记》并无"之"字。城:筑城。垝(guǐ)津:即白马津。 ㉚按:帛书及《史记》并无"而""之"二字。 ㉛共:魏国邑,在今河南辉县东北。汲:魏国邑,在今河南卫辉西南。 ㉜垣雍:魏国邑,在今河南原阳西南。㉝荥泽:即荥泽,泽名,在今河南郑州北。水:用水灌。 ㉞乃:竟。安陵氏:即安陵,魏国附属国,在今河南鄢陵北。 ㉟按:帛书及《史记》并无"然而""高陵"字。叶(shè)阳:在今河南叶县南。昆阳:在今河南叶县。舞阳:在今河南舞阳西北。 ㊱随:帛书作"堕"。堕(huī),同"隳",毁坏。 ㊲南国:指魏国的南部土地。 ㊳受:帛书及《史记》并作"爱"。㊴异日:从前。 ㊵河西:即西河之外。指今黄河以西的陕西东北部。㊶晋国:指魏国的旧都安邑。梁:即大梁。 ㊷余:帛书及《史记》并无"余"字。兰:通"阑",阻隔。 ㊸间:间隔。 ㊹林军:军于林。指林之战,事在前283年。 ㊺十:帛书及《史记》并作"七"。按:昭王十三年(前283年),攻至大梁,燕、赵救;安釐王元年(前276年),攻取二城;二

年，攻至大梁，献温以和；三年，攻取蔡、中阳等四城；四年，围攻大梁，献南阳以和；九年，攻取怀；十一年，攻取邢丘。㊻国：帛书及《史记》并作“囿”。囿，供君王游玩射猎的有围墙的园林。㊼文台：魏国囿中台名。㊽垂都：魏国囿中之地。㊾国：国都。指大梁。㊿陶：在今山东定陶西北。卫：即楚丘，在今山东曹县东南。(51)阚：又称“监”，在今山东汶上西南。(52)按：“山北”上帛书及《史记》并有“山南”二字。山南，指嵩山以南。山北，指嵩山以北。(53)都：大城市。(54)无韩：亡韩。(55)从：合纵联盟。(56)按：据下文文意，“魏”疑是“赵”字之误。(57)按：韩桓惠王八年（前265年），秦攻取少曲、高平；九年，攻取陉城；十年，攻取南阳。(58)此句是说削弱韩国使之求和。挠，通“桡”（náo），削弱。讲，讲和，求和。(59)质：质子。雁行：在前行，先锋。顿刃：毁坏兵器以战，即决一死战。顿，损坏。(60)之：“之”下《史记》有“欲”字。(61)亡：消灭。臣：征服。(62)帛书及《史记》并无“魏”字。(63)效：献，送还。(64)大时：最有利的时机。已：犹“也”。(65)莫：帛书及《史记》并作“宁”。宁（níng），即修武。(66)使道：通使之道。(67)关：设关卡。(68)赋：征收关税。(69)此句是说这是韩国以其上党给魏国的重要礼物。质，同“贽”，礼物。(70)是：犹“则”。(71)易：移。指易主，为秦所有。(72)楚：帛书及《史记》并无下“楚”字。(73)卫：帛书作“燕”。(74)西乡：向西。乡，通“向”。驰：奔。(75)久：“久”下帛书及《史记》并有“矣”字。

【译文】

魏国准备和秦国攻打韩国，朱忌对魏王说：“秦国和戎狄的习俗相同，有虎狼一样的心，贪婪暴虐，追逐私利，不讲信用，不懂礼义德行。如果有利可图，不顾及父母兄弟，如同禽兽一般。这是天下人都知道的，不是施惠积德的国家。宣太后是秦王的母亲，却忧郁而死；穰侯是秦王的舅父，没有人比他功劳大，却最终驱逐了他；泾阳君、高陵君没有罪过，却两次削夺他们的封地。他对父母兄弟尚且如此，更何况对于仇敌的国家呢。

"现在大王和秦国一起进攻韩国就更加接近秦祸,我对此很迷惑,大王不晓得这个道理,就是不明智。群臣知道这个道理却没有人来劝告您,这是不忠诚。现在韩国靠太后辅佐幼小的国君,国家发生内乱,对外又怎能抵御强大秦国和魏国的军队呢? 大王认为韩国不会灭亡吗? 韩国灭亡了,秦国占有韩国的土地,就和大梁相邻,大王认为安全吗? 大王想收复失地,却即将遭受秦国的祸患,大王认为有利吗?

"秦国不是不好事的国家,灭亡韩国以后一定会再兴事端,再兴事端就一定选择容易和有利的事;选择容易和有利的事一定不会攻打楚国和赵国,这是为什么呢? 越过山河,横穿韩国的上党去攻打强大的赵国,那么这是重蹈阏与之战的覆辙,秦国一定不会这样做。如果取道河内,避开邺县和朝歌,横渡漳水和滏水,和赵国军队在邯郸郊外决战,这是重演智伯的悲剧,秦国又不敢干。进攻楚国,经由涉谷,行军三千里,去攻打冥塞,这样经由的路途远而攻打的关塞又很险,秦国也不会这样做。如果取道河外,越过大梁,经过上蔡、召陵的东境,和楚军在陈城郊外决战,秦国又不敢干。所以说秦国一定不会攻打楚国和赵国,也不会攻打燕国和齐国。韩国灭亡以后,秦国出兵之时,那就非打魏国不可了。

"秦国本来拥有怀、茅、邢丘等地,又在垝津筑城,以威逼河内,河内的共、汲等城没有不危险的。秦国拥有郑国故地,夺取垣雍,掘开荥泽用水灌大梁,大梁一定失陷。大王的使者犯了大错误,竟然在秦国面前中伤安陵氏,秦国想得到许邑已经很久了。然而秦国的叶阳、昆阳和魏国的舞阳靠近,秦国听信使臣的中伤,就要毁坏安陵而灭亡它。秦国绕过舞阳的北面向东进逼许邑,那么魏国南部地区就一定危险。南部地区即使没有危险,那么魏国又怎么能安全呢? 再说憎恨韩国不喜欢安陵氏是可以的,不以秦国为患不爱护南部地区是不对的。

"从前，秦国的疆域仅在西河之外，而魏国的西部边城安邑距离大梁上千里，而且有河山阻隔，中间还隔着周京和韩国。从林中之战到如今，秦国七次攻打魏国，有五次攻入国君游玩射猎的园林，边境的城邑全被攻下，文台被毁坏，垂都被焚烧，树林被砍光，麋鹿被猎尽，国都大梁接着也被包围。秦军又一直攻到大梁以北，东到陶邑和楚丘的郊外，北到阚邑，丧失给秦国的土地，包括山南、山北、河外、河内，大县城几百座，大都邑几十座。秦国仅在西河之外，安邑距离大梁还有千里之遥，而祸患竟然如此，又何况让秦国灭掉韩国，拥有郑国故地，其间没有名山大川阻隔，没有周京、韩国隔绝，距离大梁只有百里路呢，魏国的祸患必定会百倍于前。

"从前，合纵联盟不能成功，是由于楚国和赵国怀疑魏国而韩国又不可能参加。现在韩国遭受秦国的战祸已经三年了，秦国削弱韩国来媾和；韩国知道这样要灭亡，还是不听秦国的，送人质到赵国，愿意做诸侯攻打秦国的先锋，决一死战。在我看来，楚国和赵国一定愿意跟它一起攻打秦国。这是为什么呢？因为都知道秦国的欲望没有止境，不全部消灭诸侯的军队、不臣服海内的人民绝不罢休。所以我愿意用合纵策略为大王效劳，大王赶快接受楚、赵两国的盟约，控制韩国的人质，以保全韩国为要务，然后向韩国讨还失地，韩国一定会交还。这样不必劳苦军民就可以收取失地，其功效胜过与秦国共同进攻韩国，而又没有与秦为邻的祸患。

"保全韩国、安定魏国又有利于天下，这也是大王最有利的时机了。开通韩国上党到魏国共邑、修武的道路，这条通使之道开通以后，可以因地设置关卡，向出入的人征收关税，这是韩国以其上党献给魏国的重要礼物。韩、魏两国共同享有关税，就能够使国家富裕，韩国一定感激魏国、爱戴魏国、尊重魏国、害怕魏国，韩国一定不敢背叛魏国。韩国就成了魏国的属县。魏国能把韩国作为属县，就可以用它来保护大梁,河外必然就安全了。如果不保全韩国,那么东周、西周势必危险,安陵必然被秦国占有。楚国、赵国如果被打败,燕国和齐国就特别恐惧,诸侯就会向西投奔秦国,朝拜秦王成为臣属的日子就为时不远了。"

魏王欲攻邯郸

【导读】

本篇选自《魏策四》,事在公元前354年魏围邯郸前。文章开头简要概括故事发生的背景,季梁进谏的原因;继而以闲谈的方式向魏王讲述了一个名为途中见闻,实为婉言讽喻的寓言故事;最后点出魏王欲成霸业而攻邯郸的举动和南辕北辙一样,将会适得其反。文章隐喻贴切,寓意深刻,具有较强的说服力。

魏王欲攻邯郸①,季梁闻之②,中道而反,衣焦不申③,头尘不去④,往见王曰:"今者臣来,见人于大行⑤,方北面而持其驾⑥,告臣曰:'我欲之楚。'臣曰:'君之楚,将奚为北面?'曰:'吾马良。'臣曰:'马虽良,此非楚之路也。'曰:'吾用多⑦。'臣曰:'用虽多,此非楚之路也。'曰:'吾御者善⑧。'此数者愈善,而离楚愈远耳。今王动欲成霸王⑨,举欲信于天下⑩。恃王国之大⑪,兵之精锐,而欲攻邯郸,以广地尊名,王之动愈数⑫,而离王愈远耳,犹至楚而北行也。"

【注释】

①魏王:指魏惠王。时当其十六年。　②季梁:魏国臣。　③焦:卷曲。申:同"伸",伸展。　④去:吴补曰:《文选》"去"作"浴"。王念孙曰:作"浴"者是也。　⑤大行:大道,大路。　⑥方:正。北面:向北。持其驾:

手握缰绳，驾着马车。　⑦用：路费，盘缠。　⑧御者：驾车的人，车夫。
⑨霸王：霸业和王业。　⑩举：举动，行事。　⑪恃：依靠，依仗。　⑫数
（shuò）：多次。

【译文】

魏王想要攻打邯郸，季梁听说了这件事，中途就返回魏国，衣服
的皱褶顾不上抻平，头上的尘土顾不上洗掉，就去见魏王，说："今
天我回来的时候，在大道上见到一个人，正面向北方驾驶他的车，
告诉我说：'我想到楚国去。'我说：'你到楚国去，为什么面向北
方？'他说：'我的马好。'我说：'你的马虽然好，这不是去楚国的
路呀。'他说：'我的路费多。'我说：'路费虽然多，这不是去楚国的
路呀。'他说：'给我驾车的人技术好。'这几个条件越好，那么离楚
国就越远。现在大王的一举一动都想成就霸王之业，取得天下人的
信任。您依仗国家的强大，军队的精锐，就想攻打邯郸，以此来扩大
土地，提高名望；您的举动越频繁，离您的目的就越远，这就好比到
楚国去却向北走一样。"

秦王使人谓安陵君

【导读】

本篇选自《魏策四》，又见于《说苑·奉使》。唐且奉安陵君之
命出使秦国，面对秦王盛气凌人的责备和威胁，从容镇定，据理答
辩，最终折服了秦王，胜利地完成了出使的任务。全篇主要是通过
对话来写事情的发展过程，表现人物的精神面貌，选材善于掌握重
点，突出中心。

秦王使人谓安陵君曰①："寡人欲以五百里之地易安陵，安陵君其许寡人？"安陵君曰："大王加惠②，以大易小，甚善。虽然，受地于先生③，愿终守之，弗敢易。"秦王不说。安陵君因使唐且使于秦④。

秦王谓唐且曰："寡人以五百里之地易安陵，安陵君不听寡人，何也？且秦灭韩亡魏⑤，而君以五十里之地存者，以君为长者⑥，故不错意也⑦。今吾以十倍之地请广于君⑧，而君逆寡人者⑨，轻寡人与？"唐且对曰："否，非若是也。安陵君受地于先生而守之，虽千里不敢易也，岂直五百里哉⑩？"

秦王怫然怒，谓唐且曰："公亦尝闻天子之怒乎？"唐且对曰："臣未尝闻也。"秦王曰："天子之怒，伏尸百万⑪，流血千里。"唐且曰："大王尝闻布衣之怒乎⑫？"秦王曰："布衣之怒，亦免冠徒跣以头抢地尔⑬。"唐且曰："此庸夫之怒也⑭，非士之怒也⑮。夫专诸之刺王僚也⑯，彗星袭月⑰；聂政之刺韩傀也⑱，白虹贯日⑲；要离之刺庆忌也⑳，仓鹰击于殿上㉑。此三子者，皆布衣之士也，怀怒未发，休祲降于天㉒，与臣而将四矣㉓。若士必怒，伏尸二人㉔，流血五步，天下缟素㉕，今日是也。"挺剑而起㉖。

秦王色挠㉗，长跪而谢之㉘，曰："先生坐，何至于此，寡人谕矣㉙。夫韩、魏灭亡，而安陵以五十里之地存者，徒以有先生也㉚。"

【注释】

①秦王：指秦王政。安陵君：安陵国国君。安陵，魏襄王封其弟于此。②加惠：施以恩惠。　③生：鲍本作"王"。下同。　④唐且(jū)：魏国人，著名策士。按：唐且于前296年曾说秦昭王救魏时"九十余"，本章言"秦灭韩亡魏"，当在前225年以后，则唐且已百三十岁，

不可信。又安陵即鄢陵。鄢陵早于前283年为秦所取，岂能有五十八年后安陵君遣唐且使秦之事？　⑤秦灭韩在前230年，亡魏在前225年。　⑥长者：忠厚老实的人。　⑦不错意：不介意，不把它放在心上。错，同"措"。　⑧广于君：扩大安陵君的领土。　⑨逆：不顺从。　⑩直：只。　⑪伏尸：使尸体仆倒在地。　⑫布衣：指平民。⑬免冠：摘掉帽子。徒跣（xiǎn）：光着脚。抢：触，撞。尔：同"耳"。⑭庸夫：平庸无能的人。　⑮士：有本领有胆识的人。　⑯专诸：春秋时吴国堂邑（今江苏六合北）人，刺客。王僚：即吴王僚，春秋时吴国君。吴王夷末（一作"余眛"）之子（一说庶兄），一名州于，前526—前515年在位。按：吴公子光（即阖庐）欲杀王僚以自立，派专诸把匕首藏在鱼腹中，乘进餐之机刺杀王僚。　⑰传说当时彗星扫及月亮。彗星，俗称扫帚星。⑱聂政：韩国轵人，刺客。韩傀（guī）：即侠累，韩烈侯叔父，任相国。按：韩大夫严仲子（严遂）与韩傀有仇，严仲子结交聂政，聂政替他刺死韩傀。⑲白虹贯日：一道白气穿过太阳。贯，穿。　⑳要离：春秋末年吴国人，刺客。庆忌：吴王僚之子。按：公子光刺死王僚之后，庆忌逃到卫国，公子光派要离前往卫国，刺杀庆忌。　㉑仓：通"苍"，深青色。　㉒休祲：指凶兆。休，吉兆。祲（jìn），不祥之气。　㉓此句是说连我在内将有四个人了。与，参与，在其中。　㉔此句是说唐且如刺杀秦王，自己必死，故言"伏尸二人"。㉕天下缟素：天下的人都将为秦王穿白戴孝。缟素，指丧服。　㉖挺剑：拔剑。　㉗色挠：面有惧色。挠，屈。　㉘长跪：即跪着。古人席地而坐，两膝着地，臀部压在脚后跟上。跪时挺身直腰，上身显得长出一截，故称。㉙谕：明白。　㉚徒：只。以：因。

【译文】

秦王派人对安陵君说："我想用五百里土地换安陵，安陵君该答应我吧？"安陵君说："大王给予恩惠，用大的土地换小的土地，太好了。即使这样，我从先王那里继承了这块土地，愿意永远守着它，不敢用它来换。"秦王很不高兴。安陵君于是派遣唐且出使秦国。

秦王对唐且说："我用五百里土地换安陵,安陵君不听从我,为什么? 再说秦灭亡了韩国和魏国,可是安陵君凭着五十里土地保存下来,是因为我把安陵君看作老实人,所以没有把他放在心上。现在我用十倍的土地给安陵君扩大领土,可是安陵君违背我的意愿,是瞧不起我吗? "唐且回答说："不,不像是这样。安陵君从先王那里继承下来的土地就要守着它,即使是一千里土地也不敢换,岂止五百里呢? "

秦王勃然大怒,对唐且说："您曾听说过天子发怒吗? "唐且回答说："我不曾听说过。"秦王说："天子发怒,死人百万,血流千里。"唐且说："大王曾听说过平民百姓发怒吗? "秦王说："平民百姓发怒,也不过是摘了帽子光着脚,用头撞地罢了。"唐且说："这是庸人发怒,不是士人发怒。专诸刺杀吴王僚的时候,彗星的尾光扫过月亮;聂政刺杀韩傀的时候,一道白气穿过太阳;要离刺杀庆忌的时候,一只黑鹰撞击在大殿上。这三个人,都是平民百姓,心中的愤怒还没有发作出来,上天就降下不祥的征兆,连我在内,就将是四个刺客了。如果一定让士人发怒,只死人两个,血流五步,天下的人都要穿白戴孝,今天的情况就是这样。"唐且拔剑而起。

秦王态度软了下来,跪着道歉说："先生坐,何必到了这种地步,我明白了。韩国和魏国被灭亡,可是安陵却凭着五十里的土地保存下来,只是因为有您啊! "

韩策

导 读

　　韩国的祖先是晋国的公族,为姬姓。封于韩原(一说在今山西稷山西北,一说在今陕西韩城东北),因而以韩为氏。春秋时韩厥有名声,公元前588年,列为晋卿之一,后称为韩献子。公元前453年,韩康子与赵襄子、魏桓子共灭智伯,三家分晋。公元前403年,三家本来不是诸侯的韩景侯、赵烈侯、魏文侯被周天子正式册封为诸侯。

　　韩的领地最初只在今山西东南部,后逐步扩展到今河南中部。战国早期,韩武子已进驻今河南宜阳,韩景侯迁都阳翟(今河南禹州)。公元前375年,韩哀侯灭郑国,迁国都于郑(今河南新郑),使韩国的重心移到今新郑一带和洛阳周围地区,很明显地跟魏一起,把东周国和西周国包围起来,对这两个小国总进行干预。

　　韩国一面欺凌弱小,另一方面它自己也很艰难,因为东有魏,魏在战国早期很强;西有秦,秦自战国中期起越来越强;南有楚,楚在战国中期很强;北有赵,赵比韩强。韩处于四强包围之中,难于发展。只有公元前355年至前341年,韩昭侯以申不害为相至申不害死,《史记·韩世家》称"修术行道,国内以治,诸侯不来侵伐"。

接着便是公元前339年，"秦来拔我宜阳"，韩虽收复，但还是在公元前308年，"秦拔我宜阳，斩首六万"。秦固然疲弊，而韩亦大伤元气。此不过一个例子。秦国之外，魏伐韩引起了齐、魏马陵之战；楚景翠攻韩雍氏而秦助韩反攻，使韩疲于奔命，日益削弱。公元前296年，齐、韩、魏联合攻秦，秦受挫，归还韩、魏部分失地；而公元前293年，秦大败韩、魏于伊阙，后又攻取韩地宛及邓，韩被迫再献武遂之地二百里以求和。此后约六十年间，秦多次大败韩军，夺取韩地。公元前262年，秦攻取韩的野王，切断了韩之上党郡与韩之国都新郑之间的联系，准备占领上党。上党郡守不降秦而降赵，此为后来秦、赵长平之战的导火线。公元前261年以后，秦又多次攻韩夺地。公元前249年，秦灭东周国，攻占韩之成皋、荥阳。三年后秦王政即位，秦占有上党郡全部土地。又隔一年，秦取韩十三城。公元前233年，韩派遣韩非入秦，韩非有《存韩》劝秦宜存韩而伐赵。李斯驳韩非，后来韩非被迫自杀。公元前230年，秦灭韩。

战国虽开始于公元前475年，韩武子自比于诸侯则始于公元前424年，比赵、魏迟。其子自称侯，受周天子册封在公元前403年，是为景侯。其后继位者为烈侯、文侯、哀侯、懿侯、昭侯、宣惠王、襄王、釐王、桓惠王，至王安而国亡。

策文第一篇所叙虽为公元前453年事，实为公元前375年（哀侯二年）以后所追述。其余各篇则为昭侯及其以后事。

《韩策》三卷，七十章，一万一千一百七十一字，其篇幅在七雄策文中为最少，而章数之多却居第二，盖多为短篇。内容主要是列强征战，策士舌辩与权力之争夺，相互倾轧，甚至买动刺客杀人（如聂政刺韩相）等。策文间或有可观者，如《韩策一》之《秦韩战于浊泽》章，陈轸助楚弱韩困秦之计，为楚所采用。公仲朋虽把陈轸的诡计拆穿，但韩王昏庸，执迷不悟，自取覆败。

苏秦为楚合从说韩王

【导读】

本篇选自《韩策一》，又见于《史记·苏秦列传》，为策士拟托之作。这篇说辞首先强调韩国地形有利、士卒勇猛、兵器齐备等优越条件，从而揭示出韩王屈辱事秦的错误；再以韩地有尽而秦求不已，说明韩王事秦是自取灭亡；最后以"宁为鸡口，无为牛后"的俗语激励韩王的自尊心。文章多用对偶句和排比句，气势酣畅，雄辩滔滔，虽是后期策士的造作之辞，但不乏刚健文气，不失为一篇优秀的历史散文。

  苏秦为楚合从说韩王曰："韩北有巩、洛、成皋之固^①，西有宜阳、常阪之塞^②，东有宛、穰、洧水^③，南有陉山^④，地方千里，带甲数十万。天下之强弓劲弩皆自韩出^⑤，谿子、少府时力、距来^⑥，皆射六百步之外。韩卒超足而射^⑦，百发不暇止^⑧，远者达胸，近者掩心^⑨。韩卒之剑戟皆出于冥山、棠谿、墨阳、合伯膊^⑩。邓师、宛冯、龙渊、大阿^⑪，皆陆断马牛，水击鹄雁^⑫，当敌即斩^⑬。坚甲盾、鞮鍪、铁幕、革抉、咙芮^⑭，无不毕具。以韩卒之勇，被坚甲，蹠劲弩^⑮，带利剑，一人当百，不足言也。夫以韩之劲与大王之贤，乃欲西面事秦，称东藩，筑帝宫^⑯，受冠带^⑰，祠春秋^⑱，交臂而服焉^⑲。夫羞社稷而为天下笑^⑳，无过此者矣。是故愿大王之熟计之也。大王事秦，秦必求宜阳、成皋。今兹效之^㉑，明年又益求割地。与之即无地以给之^㉒，不与则弃前功而后更受其祸。且夫大王之地有尽，而秦之求无已。夫以有尽之地而逆无已之求^㉓，此所谓市怨而买祸者也^㉔，不战而地已削矣。臣闻鄙语曰：'宁为鸡口，无为牛后。'今大王西面交臂而臣事秦，何以异于牛后乎？夫以大王之贤，挟强韩之兵，而有牛后之名,臣窃为大王羞之。"

韩王忿然作色,攘臂按剑,仰天太息曰:"寡人虽死,必不能事秦。今主君以楚王之教诏之㉕,敬奉社稷以从㉖。"

【注释】

①巩:在今河南巩县西南。成皋:春秋时郑国之虎牢,在今河南荥阳汜水镇。　②常阪:即商阪,又称商洛山,在今陕西商县东。塞:可据守的险要之处。　③宛(yuān):本楚国邑,在今河南南阳,前301年被韩国夺取。穰:在今河南邓县西南。洧(wěi)水:水名,源出河南登封阳城山,东流入颍水。④陉(xíng):即陉城,在今山西曲沃东北。　⑤劲(jìng):强。　⑥谿子:弩名。少府:官署名。距来:王念孙曰:当为"距黍","黍""来"隶书相近,故"黍"讹为"来"(《读书杂志·史记第四》)。时力、距黍:少府制造的两种弩名。　⑦超足:犹腾越。　⑧暇止:间歇。暇,空闲。　⑨掩心:射中心部。掩,取。　⑩冥山:即今石城山,在今河南信阳。棠谿:在今河南舞阳东南。墨阳:其地未详。姚云:曾无"伯"字,鲍本无"膊"字。按:合伯,亦称"合膊",在今河南西平西。以上为产剑之地。"戟"字疑衍。　⑪邓师、宛冯、龙渊、大阿:皆宝剑名。　⑫鹄:天鹅。　⑬当:遇到。　⑭《史记》无"盾"字,《索隐》引无"坚"。疑衍"坚"字。甲:铠甲。盾:盾牌。鞮鍪(dī móu):头盔。铁幕:铁制的臂胫之衣。革抉:革制的扳指,射箭时套在拇指上用以钩弦。吱(fá):即盾。芮(ruì):系盾的丝绳。　⑮蹍(zhí):踏、踩。　⑯此句是说为秦王筑宫室,以备其巡幸。　⑰冠带:比喻官爵、官职。此句是说接受秦国的封赏。　⑱祠春秋:春秋贡奉,以助秦祭祀。⑲交臂:叉手、拱手,表示屈服。　⑳羞社稷:使国家蒙受耻辱。羞,耻辱。㉑兹:年。　㉒与:给予。　㉓逆:迎受、承受。　㉔市:求取。　㉕主君:尊称苏秦。古代大夫、卿、国君都可以称主君。教:令。诏:告。　㉖此句是说恭敬地拿我的国家听从吩咐。

【译文】

苏秦为楚国合纵游说韩王说："韩国北面有巩邑、洛水、成皋这样的险要地方，西面有宜阳、商阪这样的关隘险塞，东面有宛邑、穰邑和洧水，南面有陉山，土地纵横千里，士兵几十万。普天下的强弓劲弩都是韩国出产的，谿子，少府时力、距黍等弩弓都能射到六百步以外。韩国士兵腾越而射，连续发射多次也不停歇，远距离发射可以射中靶胸，近距离发射可以射中靶心。韩国士兵使用的剑都出自冥山、棠谿、墨阳、合伯等地。邓师、宛冯、龙渊、太阿等宝剑，都能在陆地斩杀马牛，在水里截击天鹅和大雁，遇到敌人就能砍杀。铠甲、头盔、臂衣、扳指、系盾的丝带等，没有一样不齐备。凭着韩国士兵的勇敢，穿上坚固的铠甲，脚踏强劲的弩弓，佩带锋利的宝剑，一个人抵挡一百个人，不在话下。凭着韩国的强大和大王的贤明，竟然想要投向西方服侍秦国，自称是秦国东方的属国，为秦王筑宫室，接受秦国的封赏，春秋两季向秦国进贡以助祭祀，拱手屈服。使国家蒙受耻辱以致被天下耻笑，没有比这更严重的了。所以希望大王认真考虑这个问题。如果大王屈服秦国，秦国一定索取宜阳和成皋。今年把土地献给它，明年又更进一步地要求割地。给它吧，没有那么多土地来满足它；不给吧，就前功尽弃而遭受后患。况且大王的土地有限，而秦国的贪求却没有止境。拿有限的土地去承受那无止境的贪求，这就是所说的求取怨恨买来祸患啊，用不着交战而土地已经减少了。我听俗语说：'宁肯做鸡嘴，也不做牛屁股。'现在大王如果投向西方，拱手屈服，像臣子一样服侍秦国，这跟做牛后有什么不同呢？凭着大王的贤明，拥有强大韩国的军队，却蒙受做牛屁股的丑名，我私下里替大王感到羞愧。"

韩王气得变了脸色，捋袖伸臂，手握宝剑，抬起头来叹息道："我即使死了，也一定不屈服秦国。现在您用楚王的教诲来指教我，我愿意恭敬地拿我的国家来听从吩咐。"

张仪为秦连横说韩王

【导读】

    本篇选自《韩策一》，又见于《史记·张仪列传》，事在公元前311年。韩国东有魏国，魏国在战国早期很强；西有秦国，秦国自战国中期越来越强；南有楚国，楚国在战国中期很强；北有赵国，赵国也比韩国强。韩国处于四强包围之中，难于发展。张仪所说，可能接近于实际情况。本文以夸张和对比的手法，极力渲染秦、韩力量的悬殊，又以合纵之害和连横之利说服韩王，文笔奋激，气势夺人。

    张仪为秦连横说韩王曰^①："韩地险恶，山居；五谷所生，非麦而豆^②；民之所食，大抵豆饭藿羹^③；一岁不收，民不餍糟糠^④；地方不满九百里，无二岁之所食。料大王之卒悉之不过三十万^⑤，而厮徒负养在其中矣^⑥，为除守徼亭鄣塞^⑦，见卒不过二十万而已矣^⑧。秦带甲百余万，车千乘，骑万匹，虎挚之士跿跔科头贯颐奋戟者^⑨，至不可胜计也。秦马之良，戎兵之众，探前趺后^⑩，蹄间三寻者^⑪，不可称数也。山东之卒，被甲冒胄以会战^⑫，秦人捐甲徒裼以趋敌^⑬，左挈人头^⑭，右挟生虏^⑮。夫秦卒之与山东之卒也，犹孟贲之与怯夫也；以重力相压，犹乌获之与婴儿也。夫战孟贲、乌获之士^⑯，以攻不服之弱国，无以异于堕千钧之重集于鸟卵之上^⑰，必无幸矣^⑱。诸侯不料兵之弱，食之寡，而听从人之甘言好辞^⑲，比周以相饰也^⑳，皆言曰：'听吾计则可以强霸天下。' 夫不顾社稷之长利而听须臾之说^㉑，诖误人主者^㉒，无过于此者矣。大王不事秦，秦下甲据宜阳，断绝韩之上地^㉓，东取成皋、宜阳^㉔，则鸿台之宫、桑林之菀非王之有已^㉕。夫塞成皋，绝上地，则王之国分矣。先事秦则安矣，不事秦则危矣。夫造祸而求福,计浅而怨深㉖,逆秦而顺楚,虽欲无亡,不可得也。故为大王计,莫如事秦。秦之所欲,莫如弱楚,而能弱楚者莫如韩。非以韩能强于楚也,其地势然也。今王西面而事秦以攻楚,为敝邑秦王必喜㉗。夫攻楚而私其地㉘,转祸而说秦,计无便于此者也㉙。是故秦王使使臣献书大王御史㉚,须以决事㉛。"

韩王曰:"客幸而教之㉜,请比郡县㉝,筑帝宫㉞,祠春秋,称东藩,效宜阳㉟。"

【注释】

①韩王:据《史记》当为韩襄王。　②按:先秦只称菽,汉代以后才称豆。　③豆饭:《史记》作"饭菽"。王念孙曰:当为"菽饭","菽饭""藿羹"相对为文(《读书杂志·史记第四》)。藿(huò):豆叶。羹:用菜调和五味做成的带汁的食物。　④餍(yàn):饱。　⑤悉之:总共。悉,尽。　⑥厮徒:杂役。负养:即厮养,服杂役的人。　⑦为:犹"如"。徼(jiǎo)亭:边境的哨所。鄣塞:边境关塞戍守的堡寨。　⑧见卒:现有的士卒。　⑨挚:《史记》作"贲"。王念孙曰:作"虎贲"是也。虎贲,勇士。跿跔(tú jū):赤脚。科头:不戴头盔。贯:通"弯"。颐:弓名。奋戟:挥戟。奋,用力挥动。　⑩探:突,向前冲。趹(jué):奔。　⑪寻:八尺。　⑫冒胄:戴上头盔。冒,戴。　⑬捐甲:不穿铠甲。徒:赤脚。裎(chéng):露体。趋:奔向。　⑭挈:提着。　⑮生虏:活着的俘虏。　⑯战:金正炜曰:当作"载",字形相近,又涉上文"合战"而误。　⑰堕:坠落,掉下。钧:三十斤。　⑱幸:意外地免除灾祸,幸免。　⑲从(zòng)人:主张合纵的人。　⑳比周:勾结。相饰:自我标榜。　㉑须臾:片刻,一时。　㉒诖误:贻误。诖(guà),误。　㉓上地:古地区名,即上党之地。　㉔宜阳:《史记》作"荥阳"。　㉕鸿台:宫苑中的台名。桑林:宫苑名。菀:通"苑",养禽兽种植树木供君王游乐的场所。　㉖计

浅而怨深：合纵之计浅而招秦之怨深。 ㉗为：犹"则"。 ㉘私：占有。 ㉙便：利，有利。 ㉚御史：官名，为国君亲近之职，掌文书及记事。此称御史，犹称"左右""执事"，实指韩王。 ㉛须：等待。决：裁决。 ㉜客：指张仪。此句是说承蒙你的教导。 ㉝比：同，齐同。此句是说愿做秦国的一个郡县。 ㉞此句是说为秦国筑宫室，以备其巡幸。 ㉟按：前308年秦攻取宜阳，非韩所献，且事在张仪死后一年。

【译文】

张仪为秦国连横游说韩王说："韩国地势险恶，处于山区；出产的粮食不是麦子就是豆类；老百姓吃的大都是豆子饭，豆叶汤；一年收成不好，百姓连糟糠都吃不饱；土地纵横不到九百里，粮食储备不够吃两年。估计大王的兵力总共不到三十万，其中还包括勤杂兵，如果除去守卫边境哨所和关塞堡寨的人，现有的士兵不过二十万罢了。秦国的士兵有一百多万，战车千辆，战马万匹，勇士中不穿鞋、不戴盔、弯弓挥戟奋不顾身的人不可胜数。秦国的坐骑精良，战马众多，其中前冲后奔，一跃两丈的也不计其数。山东各国的士兵，穿上铠甲，戴上头盔去参战；秦国人却不穿铠甲赤脚露体冲锋上阵，左手提着人头，右手抓着俘虏。秦国的士兵和山东六国的士兵相比，就好像是孟贲和懦夫一样；用威力压服山东六国，就像是乌获对付婴儿一样。带着孟贲、乌获这样的士兵去攻打不肯服从的弱国，无异于把千钧的重量压在鸟蛋上，肯定没有能幸免的。各国不估量兵力弱，粮食少，却听信鼓吹合纵的人的甜言蜜语，他们互相勾结，自我标榜，都说：'听从我的计策可以在天下逞强称霸。'不考虑国家的长远利益，而听信一时之说，贻误君主，没有比这更厉害的了。大王如果不归顺秦国，秦国发兵占领宜阳，断绝韩国的上党，东进夺取成皋、荥阳，那么鸿台这样的宫殿、桑林这样的游乐场所就不属于大王所有了。秦军封锁成皋、断绝上党，那么大王的国土就被分割了。先归顺秦国就能安全，不归顺秦国就会危险。那种制造灾祸却想得到好报，计谋浅陋而结怨深厚，违背秦国去顺从楚国的做法，即使想免于灭亡，也是不可能的。所以替大王考虑，不如归顺秦国。秦国所希望的，莫过于削弱楚国；而能削弱楚国的，莫过于韩国。不是因为韩国比楚国强大，而是韩国的地理形势决定的。如果大王面向西方归顺秦国，去攻打楚国，敝国秦王一定高兴。攻打楚国而占有它的土地，转嫁灾祸而取悦秦国，没有比这更有利的计策了。所以秦王派我给大王陛下呈献一封书信，等待大王来裁决。"

韩王说："承蒙您教导我，我愿意做秦国的一个郡县，给秦国修筑帝王的行宫，春秋两季进献贡品，甘当秦国东方的属国，把宜阳献给秦国。"

秦韩战于浊泽

【导读】

本篇选自《韩策一》，又见于帛书《战国纵横家书》第二十四章、《韩非子·十过》及《史记·韩世家》，事在公元前314年。陈轸助楚弱韩困秦之计，为楚所采用。公仲朋虽把陈轸的诡计拆穿，但韩王昏庸，执迷不悟，自取覆败。此事，《战国策》及帛书重点在于策士之智谋，《韩非子》重点在于为君之道，《史记》重在记事，各有其特色。而韩非总结出："内不量力，外恃诸侯，则削国之患也。"这一历史教训是发人深省的。

秦、韩战于浊泽①，韩氏急。公仲明谓韩王曰②："与国不可恃③。今秦之心欲伐楚，王不如因张仪为和于秦④，赂之以一名都，与之伐楚。此以一易二之计也⑤。"韩王曰："善。"乃儆公仲之行⑥，将西讲于秦。

楚王闻之大恐^⑦，召陈轸而告之。陈轸曰："秦之欲伐我久矣，今又得韩之名都一而具甲^⑧，秦、韩并兵南乡^⑨，此秦所以庙祠而求也^⑩。今已得之矣，楚国必伐矣^⑪。王听臣，为之儆四境之内，选师言救韩^⑫，令战车满道路；发信臣^⑬，多其车，重其币^⑭，使信王之救己也^⑮。纵韩为不能听我^⑯，韩必德王也，必不为雁行以来^⑰。是秦、韩不和，兵虽至，楚国不大病矣^⑱。为能听我，绝和于秦，秦必大怒，以厚怨于韩^⑲。韩得楚救必轻秦^⑳；轻秦，其应秦必不敬^㉑。是我困秦、韩之兵而免楚国之患也^㉒。"

楚王大说，乃儆四境之内，选师言救韩^㉓，发信臣，多其车，重其币。谓韩王曰："弊邑虽小，已悉起之矣。愿大国遂肆意于秦^㉔，弊邑将以楚殉韩^㉕。"

韩王大说，乃止公仲。公仲曰："不可，夫以实告我者^㉖，秦也；以虚名救我者，楚也。恃楚之虚名，轻绝强秦之敌，必为天下笑矣。且楚、韩非兄弟之国也，又非素约而谋伐秦矣^㉗。秦欲伐楚，楚因以起师言救韩^㉘，此必陈轸之谋也。且王以使人报于秦矣，今弗行^㉙，是欺秦也。夫轻强秦之祸，而信楚之谋臣，王必悔之矣。"韩王弗听，遂绝和于秦。秦果大怒^㉚，兴师与韩氏战于岸门^㉛，楚救不至，韩氏大败。

韩氏之兵非削弱也，民非蒙愚也^㉜，兵为秦禽，智为楚笑^㉝，过听于陈轸^㉞，失计于韩明也^㉟。

【注释】

①浊泽：泽名，在今河南长葛西北。　②明：《韩非子》作"朋"，帛书作"倗"。韩王：指韩宣惠王。时当其十九年。　③恃：依靠。④因：通过。为：犹"而"。　⑤一：指略秦一名都。二：指秦不伐韩，且与之伐楚。　⑥儆(jǐng)：告诫。此句是说告诫公仲谨慎行事。　⑦楚王：指楚怀王。时当其十五年。　⑧具甲：备有兵力。

具,配备。　⑨并兵:合兵。南乡:向南。　⑩庙祠:在宗庙祭祀。
⑪伐:被伐。　⑫选:《史记》作"起",帛书作"兴"。言:宣布。　⑬信
臣:忠诚可靠之臣。　⑭重:多。　⑮此句是说使韩国相信楚国去解救他
们。　⑯纵:帛书无"纵"字。为:如果。　⑰此句是说一定不会作为先锋
攻打我们。　⑱病:祸害。　⑲厚:深。　⑳轻:看轻,轻慢。　㉑应:应
和,对待。　㉒困:《史记》及鲍本并作"因"。因,就着。　㉓选:帛书及《史
记》并作"兴"。　㉔大国:指韩国。肆意:任意,随意。　㉕殉:卫,保卫。
㉖告:帛书作"苦"。苦:困辱。　㉗素约:预先约定。素,预先。　㉘因
以:因而。　㉙行:行动。指与秦攻楚。　㉚果:帛书及《史记》并作"因"。
㉛兴:帛书及《史记》并作"益"。岸门:韩国地,在今河南许昌北。　㉜蒙
愚:愚蠢。　㉝笑:"笑"下帛书有"者"字。　㉞过听:错误地听信。　㉟明:
鲍本作"朋"。此句是说不用韩朋的计谋。

【译文】

　　秦国和韩国在浊泽交战,韩国危急。公仲朋对韩王说:"盟国是
不可依靠的。现在秦国的心意是想攻打楚国,大王不如通过张仪和
秦国讲和,送给它一个大都邑,和它一起攻打楚国。这是用一失换取
两得的计策啊。"韩王说:"好。"于是告诫公仲要谨慎行事,将到西
方去和秦国讲和。

　　楚王听到这个消息很是惊恐,召来陈轸告诉他这件事。陈珍
说:"秦国想攻打我们已经很久了,现在又得到韩国一个大都邑来充
实兵力;秦国和韩国合兵向南攻打我们,这是秦国在宗庙祭祀时所
祈求的。现在已经如愿了,楚国一定要遭到攻击了。大王听我的话,
为此在国内加强戒备,挑选精兵声称救韩,让战车布满道路;派遣亲
近的使臣,多给他出使的车辆,携带贵重的礼物,使韩国相信大王去
解救他们。韩国如果不听我们的,也必然会感激大王,一定不会充当
先锋来攻打我们。这样秦、韩两国就会发生矛盾,他们的军队即使前

来,楚国也不会有太大的危险了。假如韩国能听我们的,断绝和秦国的友好关系,秦国一定非常恼火,就会特别怨恨韩国。韩国得到楚国的救援,一定轻视秦国;轻视秦国,对待秦国一定不会恭敬。这是我们利用秦、韩两国的军队来免除楚国的祸患。"

楚王非常高兴,于是在国内加强戒备,挑选精兵声称救韩,派遣忠诚可靠的使臣,给他准备很多车辆,携带很多礼物。使臣对韩王说:"敝国虽然很小,但是已经出动了全部军队。希望贵国随意地对付秦国,敝国将保卫韩国。"

韩王很高兴,就不让公仲出使秦国。公仲说:"不行,真正使我们受害的是秦国,用虚名来援救我们的是楚国。依靠楚国的虚名,轻易地与强秦绝交,一定会被天下人讥笑。再说楚国和韩国不是兄弟之国,又不是预先约定要进攻秦国。秦国要攻打楚国,楚国因而发兵,声称援救韩国,这一定是陈轸的计谋。而且大王已经派人告知秦国我们要和他们讲和,现在如果不去,这是欺骗秦国。轻视强大秦国的威胁,而听信楚国的谋臣,大王一定会后悔的。"韩王不听,于是和秦国绝交。秦国于是大怒,增加兵力和韩国在岸门交战,楚国没有派救兵,韩国被打得大败。

韩国的军队并不弱,人民也不愚蠢,军队被秦国打败,智慧被楚国取笑,过错就在于听信了陈轸的诳言,没有采纳韩朋的计谋。

楚围雍氏五月

【导读】

本篇选自《韩策二》,事在公元前307年,为秦第二次围雍氏。文章记叙楚围韩之雍氏,韩国告急,求救于秦的经过。通过人物之间的对话,刻画了秦之宣太后、甘茂和韩之尚靳、张翠的不同性格。其中宣太后对尚靳的一段话被后代讥笑得极为不堪,殊不知战国距离古代母系社会时期毕竟近一些，妇女的社会地位可能比后代略胜一筹，对于男女间的禁忌也略少一些，宣太后的骄横与坦率在当时是不大忌讳的。

楚围雍氏五月。韩令使者求救于秦，冠盖相望也^①，秦师不下崤^②。韩又令尚靳使秦^③，谓秦王曰^④："韩之于秦也，居为隐蔽^⑤，出为雁行^⑥。今韩已病矣^⑦，秦师不下崤。臣闻之，唇揭者其齿寒^⑧，愿大王之熟计之。"宣太后曰："使者来者众矣，独尚子之言是^⑨。"召尚子入。宣太后谓尚子曰："妾事先王也^⑩，先王以其髀加妾之身^⑪，妾困不疲也^⑫；尽置其身妾之上，而妾弗重也^⑬，何也？以其少有利焉^⑭。今佐韩^⑮，兵不众，粮不多，则不足以救韩。夫救韩之危，日费千金，独不可使妾少有利焉^⑯？"

尚靳归书报韩王^⑰，韩王遣张翠^⑱。张翠称病，日行一县。张翠至，甘茂曰："韩急矣，先生病而来。"张翠曰："韩未急也，且急矣。"甘茂曰："秦重国知王也^⑲，韩之急缓莫不知^⑳。今先生言不急，可乎？"张翠曰："韩急则折而入于楚矣^㉑，臣安敢来？"甘茂曰："先生毋复言也。"

甘茂入言秦王曰："公仲柄^㉒，得秦师，故敢捍楚^㉓。今雍氏围，而秦师不下崤，是无韩也^㉔。公仲且抑首而不朝^㉕，公叔且以国南合于楚^㉖。楚、韩为一，魏氏不敢不听，是楚以三国谋秦也。如此则伐秦之形成矣。不识坐而待伐孰与伐人之利^㉗？"秦王曰："善。"果下师于崤以救韩^㉘。

【注释】

①冠盖：礼帽和车盖，特指使者。此言使者往来不绝。　②下：出。　③尚靳：韩国臣。　④秦王：指秦昭王。时初立。　⑤居：平时。指无战事时。隐蔽：即"屏障"。　⑥出：出兵。指有战事时。　⑦病：困，受侵

犯。　⑧揭：向上翻。此句是说唇亡齿寒。　⑨独：只，唯独。　⑩先王：指秦惠文王。⑪髀(bì)：大腿。加：放置，压。⑫疲：姚云：钱、刘本作"支"。鲍本作"支"。　⑬弗重：不感觉重。　⑭少：稍。有利：指舒服，愉快。⑮佐：帮助。　⑯独：岂，难道。焉：犹"乎"。　⑰韩王：指韩襄王。按：王念孙曰：此本作"尚靳归报韩王"，谓靳自秦归，以宣太后之言报韩王也。"归"下不当有"书"字。⑱张翠：韩国臣。　⑲重：大。　⑳急缓：偏义复词，指危急之事。㉑折：转向。入：归顺，降服。㉒柄：权柄，掌权。　㉓捍：抵制，抗拒。　㉔无韩：失去韩国。　㉕抑首：低头。此句是说公仲因得不到秦救而忧郁不上朝。　㉖公叔：韩国相。合：联合。㉗识：知。此句是说不知坐着等待被人进攻与进攻别人相比哪个有利。㉘果：终于。

【译文】

　　楚国围攻韩城雍氏五个月。韩国派使者向秦国求救，使者往来不绝，秦国军队也没有出殽塞。韩国又派尚靳出使秦国，对秦王说："韩国对于秦国来说，平时就像是个屏障，有战事时就是先锋。现在韩国已经很危急了，秦军还不出殽塞。我听说，唇亡齿寒，希望大王仔细考虑这个问题。"宣太后说："韩国的使者来了很多，只有尚先生的话说得有理。"于是召尚靳入宫。宣太后对尚靳说："我服侍先王时，先王把大腿压在我身上，我感到疲倦不能支持；他把整个身子都压在我身上，而我却不感觉重，为什么呢？因为这样对我来说比较舒服。秦国帮助韩国，如果兵力不足，粮食不多，就不能够解救韩国。解救韩国的危难，每天耗费千金，难道不能让我得到一点好处吗？"

　　尚靳回国把宣太后的话告诉了韩王，韩王又派张翠出使秦国。张翠装病，每天只走一个县。张翠到了秦国，甘茂说："韩国危急了，先生带病就来了。"张翠说："韩国还没到危急的时候，快要危急了。"甘茂说："秦国是大国，秦王是明智的君王，韩国的危急之事没有不知道的。现在先生说韩国不危急，行吗？"张翠说："韩国一旦危急就转向归顺楚国了，我怎么敢来秦国？"甘茂说："先生不要再说了。"

甘茂进宫对秦王说："公仲掌握韩国的权力，以为能够得到秦国的援救，所以才敢抵御楚国。现在雍氏被围攻，而秦军不肯出殽塞，这就要失去韩国。公仲因为得不到秦国援救而忧郁不上朝，公叔就会让韩国向南跟楚国联合。楚国和韩国结为一体，魏国就不敢不听从，这是楚国用三个国家的力量来图谋秦国啊。这样一来，那么共同进攻秦国的形势就形成了。不知坐着等待被人进攻和进攻别人相比哪个有利？"秦王说："好。"秦军终于从殽塞出兵去解救韩国。

谓 郑 王

【导读】

本篇选自《韩策三》，事在公元前254年韩桓惠王朝秦之前。公元前339年以后韩国一直处于被动挨打的地位，秦国多次大败韩军，夺取韩地。韩国大伤元气，疲于奔命，日益削弱。本文是策士劝谏韩王亲秦的说辞，说者列举国内外历史上忍辱求全的事例说明亲秦的重要性以及当今亲秦的必要性，虽然只是应急之权变，但能切中时宜。

谓郑王曰①："昭釐侯②，一世之明君也；申不害③，一世之贤士也。韩与魏敌侔之国也④，申不害与昭釐侯执珪而见梁君⑤，非好卑而恶尊也，非虑过而议失也⑥。申不害之计事曰⑦：'我执珪于魏，魏君必得志于韩⑧，必外靡于天下矣⑨，是魏弊矣。诸侯恶魏必事韩，是我免于一人之下⑩，而信于万人之上也⑪。夫弱魏之兵而重韩之权⑫，莫如朝魏。'昭釐侯听而行之，明君也；申不害虑事而言之，忠臣也。今之韩弱于始之韩，而今之秦强于始之秦^⑬。今秦有梁君之心矣^⑭，而王与诸臣不事为尊秦以定韩者^⑮，臣窃以为王之明为不如昭釐侯，而王之诸臣忠莫如申不害也。

"昔者，穆公一胜于韩原而霸西州^⑯，晋文公一胜于城濮而定天下^⑰，此以一胜立尊令成功名于天下^⑱。今秦数世强矣，大胜以千数^⑲，小胜以百数，大之不王^⑳，小之不霸，名尊无所立，制令无所行^㉑，然而春秋用兵者^㉒，非以求主尊成名于天下也^㉓？昔先王之攻，有为名者，有为实者。为名者攻其心^㉔，为实者攻其形^㉕。昔者，吴与越战，越人大败，保于会稽之上^㉖，吴人入越而户抚之^㉗。越王使大夫种行成于吴^㉘，请男为臣，女为妾，身执禽而随诸御^㉙。吴人果听其辞，与成而不盟^㉚，此攻其心者也。其后越与吴战，吴人大败，亦请男为臣，女为妾，反以越事吴之礼事越，越人不听也，遂残吴国而禽夫差^㉛，此攻其形者也。今将攻其心乎，宜使如吴；攻其形乎，宜使如越。夫攻形不如越，而攻心不如吴，而君臣上下少长贵贱毕呼霸王^㉜，臣窃以为犹之井中而谓曰^㉝：'我将为尔求火也^㉞。'

"东孟之会^㉟，聂政、阳坚刺相兼君^㊱。许异蹴哀侯而殪之^㊲，立以为郑君^㊳。韩氏之众无不听令者，则许异为之先也^㊴。是故哀侯为君，而许异终身相焉。而韩氏之尊许异也，犹其尊哀侯也^㊵。今日郑君不可得而为也，虽终身相之焉，然而吾弗为云者^㊶，岂不为过谋哉！昔齐桓公九合诸侯，未尝不以周襄王之命^㊷。然则虽尊襄王，桓公亦定霸矣。九合之尊桓公也^㊸，犹其尊襄王也。今日天子不可得而为也，虽为桓公^㊹，吾弗为云者，岂不为过谋而不知尊哉！韩氏之士数十万，皆戴烈侯以为君^㊺，而许异独取相焉者，无他^㊻；诸侯之君无不任事于周室也。而桓公独取霸者，亦无他也。今强国将有帝王之瞫^㊼，而以国先者⑱,此桓公、许异之类也⑲。岂可不谓善谋哉？夫先与强国之利⑳，强国能王，则我必为之霸；强国不能王，则可以辟其兵，使之无伐我。然则强国事成，则我立帝而霸㉑；强国之事不成，犹之厚德我也㉒。今与强国，强国之事成则有福，不成则无患。然则先与强国者，圣人之计也。"

【注释】

①郑王：指韩桓惠王。时当其十九年。　②昭釐侯：即韩昭侯，韩国君。名武，懿侯之子，前362—前333年在位。　③申不害：郑国人，韩昭侯时为相十五年，主张法治。　④敌侔：力量相等。敌，匹敌，相当。侔，相等，等同。　⑤与：操持。执珪：以手持圭。指持圭而朝。珪，同"圭"，诸侯在举行朝会时拿的一种玉器。梁君：指魏惠王。　⑥虑过：思过。议失：检讨过失。议，评论是非。　⑦计事：分析事态。计，谋划。　⑧必：金正炜曰：疑当作"内"，与"外靡"句相对为文。"内"与"必"篆文近似，又涉下"必"字而讹也。得志：实现愿望。　⑨靡：散，溃败。　⑩免：通"俛"（俯），屈身，低头。一人：指魏惠王。　⑪信：通"伸"，伸展。指得意。⑫弱：削弱。重：增加。权：势，威势。　⑬始之秦：金正炜曰：当作"始之梁"，故下文云"今秦有梁君之心矣"。　⑭此句是说秦王亦有使韩尊己之心。　⑮事：奉行，从事。为：犹"于"。定：安定，使安定。　⑯穆公：即秦穆公，春秋时秦国君。名任好，成公之弟，前659—前621年在位。韩原：春秋时晋国邑，在今山西稷山西北。西州：指今陕西地区。按：前645年，秦大败晋师于韩原，晋惠公被俘。　⑰晋文公：春秋时晋国君。献公之子，名重耳，前636—前628年在位。城濮：卫国邑，在今山东范县西南。按：前632年四月，晋败楚师于城濮；五月，周襄王莅践土劳师，册命晋文公为侯伯；十月，晋文公以朝天子名义会诸侯于温，又率诸侯朝王于践土。⑱尊令：犹"霸权"。按：金正炜曰鲍本"此"下有"皆"字。按："一胜"承上"韩原""城濮"而言。　⑲千：鲍本作"十"。　⑳之：犹"则"。

㉑制令：制度法令。　㉒春秋：犹"终岁"。　㉓按：金正炜曰："主尊"当为"立尊"，字形相似而误。　㉔此句是说使心服而已。　㉕形：指地与民。　㉖保：守。会稽：山名，在今浙江绍兴、嵊县、诸暨、东阳之间。按：前494年，吴王夫差败越王勾践于夫椒，越王带领余兵五千退守于会稽山。　㉗户抚：到每户去安抚。　㉘行成：求和。　㉙执禽：手拿禽鸟作礼物，表示臣服。御：侍从，仆役。　㉚成：和解。与越讲和而不订立盟约。　㉛残：灭。按：前473年越大败吴军，囚吴王夫差于姑苏山。夫差使公孙雄请和，越王不许，遂灭吴。越王请夫差居甬东，夫差自杀。　㉜毕：全，都。呼：称道。　㉝犹：若，好像。之：至。　㉞尔：你。求：取。　㉟东孟：即酸枣，魏国邑。　㊱相：指韩傀。君：指韩烈侯。　㊲许异：韩国人。蹴：踏，踩。哀侯：当为"烈侯"之误。下同。烈侯：韩国君。景侯之子，名取，前399—前387年在位。殪（yì）：仆，跌倒。此句是说许异故意踩烈侯，使之跌倒装死。　㊳郑君：即韩君。按：聂政刺韩傀并中烈侯，时当烈侯三年。烈侯未死，又在位十年，此不当言"立"。　㊴此句是说许异有定策安宗庙之功。　㊵犹：通"由"。　㊶云：言。　㊷以：凭借，用。周襄王：西周君。惠王之子，名郑，前651—前619年在位。　㊸九合：指参与"九合"的诸侯。　㊹虽：即使。为：犹"如"。　㊺戴：拥戴，拥护。　㊻无他：没有别的原因。　㊼强国：指秦国。衅（xìn）：兆，征兆。　㊽此句是说能以国先合于秦者。而，能。　㊾此句是说能收到与桓公、许异同样的效果。　㊿与：亲近，亲附。　51立：倚，依附。　52犹之：尚且。

【译文】

　　有人对韩王说："昭釐侯是一代英明的君王，申不害是一代贤能的士人。韩国和魏国是势均力敌的国家，申不害安排昭釐侯执圭朝见魏惠王，这不是喜欢谦卑而厌恶尊贵，也不是去反思错误检讨过失。申不害分析事态说：'我们执圭朝见魏王，魏王内心里感到对韩国实现了自己的愿望,在外必定被诸侯所击溃,这样魏国就会衰败。诸侯憎恨魏国就一定结交韩国,这样我们虽然屈居于一人之下,却得意于万人之上。要想削弱魏国的兵力而增强韩国的威势,没有什么能比得上朝见魏王。'昭釐侯听从并实行这个策略,这说明他是个英明的君王;申不害运筹帷幄并能讲出这个策略,这说明他是个忠诚的臣下。现在的韩国比当初的韩国要衰弱,而现在的秦国比当初的魏国要强大。现在秦王也有当初魏王的心意,可是大王和大臣们不奉行尊奉秦国的策略来安定韩国,我私下里认为大王的英明就比不上昭釐侯了,而大王臣下们的忠心也没有人比得上申不害。

"从前,秦穆公在韩原打了一次胜仗就称霸西方;晋文公在城濮打了一次胜仗就被册封为侯伯,这都是凭着一次胜仗就确立霸权成就功名于天下的。现在秦国几代都很强盛,大胜仗有十多次,小胜仗有上百次,大胜不能称王,小胜不能称霸。霸王之名没能确立,制度法令没能施行,然而终年用兵难道不是为了争取在天下成就霸王之业吗?从前先王攻战,有为名的,有为利的。为名的要征服人心,为利的要攻占疆土。从前,吴国和越国交战,越国大败,退守在会稽山上,吴国人攻入越国,挨门挨户地安抚他们。越王勾践派大夫文种和吴国议和,请求让男子做奴隶,女子做婢妾,亲自拿着礼物跟随在吴王仆役的后面。吴国果然听信了他们的请求,和越国讲和却不订立盟约,这就是征服人心。这以后越国和吴国开战,吴国大败,也请求让男子做奴隶,让女子做婢妾,反过来要用越国人对待吴国人的方式来对待越国人。越国不答应,于是灭掉吴国俘获夫差,这就是攻占疆土。现在如果要征服人心,就应该像吴国人那样;如果要攻占疆土,就应该像越国人那样。如果征战疆土比不上越国,征服人心比不上吴国,而君臣上下老少贵贱都称道霸王,我私下里认为这就像待在井里却对人说'我要替你取火'一样啊。

"东孟会盟的时候,聂政、阳坚刺杀相国韩傀兼及烈侯。许异踮踏烈侯让他跌倒装死,因此才能继续做君王。韩国民众没有不听从他命令的,这是因为许异为他们做出了表率。所以烈侯做君王,许异终身任相国。韩国人尊崇许异,是由于他尊奉烈侯。现在韩国君王不可能有那样的境遇了,即使终身辅佐他,然而也不愿意为他出谋划策,难道不是怕犯错误吗? 从前齐桓公多次纠合诸侯,没有不凭借周襄王命令的。然而,虽然尊崇周襄王,齐桓公还是建立了霸业。诸侯尊重齐桓公,是由于齐桓公尊崇周襄王。现在的天子不可能像周襄王那样了,即使有齐桓公那样的人,我们也不愿意为他效力,难道不是怕犯错误而不去尊重别人吗? 韩国的士人有几十万,都拥护烈侯做君王,然而只有许异做了相国,这没有别的原因;诸侯的国君没有不在周王室任职的,然而唯独齐桓公建立了霸业,这也没有别的原因。现在秦国将有称帝的征兆,能首先和秦国联合的,可以收到和齐桓公、许异同样的效果。难道能不认为这是善于谋划吗? 首先亲附秦国的好处是:秦国能称王,那么我们就一定能称霸;秦国不能称王,那么就可以避开它的兵力,使它不至于攻打我们。既然这样,那么秦国如果能够称王,我们就可以依仗它来成就霸业;秦国如果不能称王,尚且还能让它深深地感激我们。如果亲附秦国,秦国称王了,就会有后福;不能称王,也不会有后祸。既然如此,那么先去亲附秦国,这是圣人的谋略。”

燕策

导　读

　　燕国建立，是在周武王伐纣之后，分封姬姓的支族，原来封于召而称召公的，名叫奭，到北燕建国。召公奭自己仍留在周天子身边，匡辅王室，命他的儿子就封于北燕，成为第一代的燕侯。《尚书》中有一篇《君奭》，记召公、周公之事，奭就是召公。

　　燕建都于蓟（今北京城区西南）。西周晚期曾暂迁至临易（一说今河北雄县西北，一说疑即今河北易县）。战国燕昭王时以蓟为上都，以武阳（今易县东南）为下都。或云尚有中都。

　　西周及春秋时期，燕国仅东南与齐为邻，周围尽为戎狄各部族，与中原各国交往较少，燕之情况较少记载，史籍所述亦颇有出入，较明确的是山戎多次侵燕，公元前664年，齐桓公救燕退敌。

　　战国时期，燕为七雄之中最弱者，常与齐、赵、中山兵戎相见。公元前323年，燕侯开始称王，是为燕易王。其子燕王哙继位。公元前318年，燕王哙主动学习远古尧、舜禅让的故事，把王位让给"相邦"（即后代所谓的"相国"）子之。公元前315年，将军市被、太子平率兵打败子之。公元前314年，子之反攻，杀将军市被及太子平。孟轲在齐，劝齐宣王伐燕，派匡章出兵，五旬攻下燕国，燕王哙及子之均死。中山兵助齐,也强占燕之大片土地。各国见齐之意在吞并燕国,赵武灵王遂召唤当时在韩国的燕公子职,以兵护送回国,立为燕王,就是后来兴燕的燕昭王。齐攻魏,秦、魏、韩大败齐军于濮水之上。公元前311年,燕昭王收拾破碎山河,奋发图强,礼聘天下贤士,乐毅即其中的佼佼者。燕国实力恢复,打败东胡,将领土扩大到辽东,设五郡。燕国踞有今滹沱河以北的河北北部及辽宁的大部。公元前284年,燕昭王以乐毅为上将军,联合秦、赵、魏、韩,五国伐齐,一举攻入齐国都城临淄,连下齐七十余城,齐国只有莒及即墨二城仍在抵抗,双方相持达五年之久。公元前279年,燕昭王死,其子惠王撤掉乐毅,改用骑劫为将。乐毅逃往赵国。齐即墨守城者田单用“火牛阵”大破燕军,杀骑劫,收复齐国。从此燕国日益衰弱。公元前251年,燕王喜攻赵,为赵将廉颇所败。公元前243年,赵将李牧攻燕夺地。公元前242年,燕王喜又攻赵,为赵所败。公元前236年,赵伐燕夺地。在燕、赵连年大战之际,秦乘势进攻韩、赵、魏。公元前230年秦灭韩;公元前228年秦灭赵,俘虏赵王,赵几乎亡国,秦兵进至易水,威胁燕国。公元前227年,燕太子丹派遣荆轲入秦,行刺未果。秦将王翦在易水之西大败燕国、代国军队。公元前226年,王翦攻克燕都蓟,燕王喜迁都辽东。公元前222年,王贲攻克辽东,俘虏燕王,燕国灭亡。

进入战国,燕之世系为:孝公、成公、湣公、釐公、桓公、文公、易王、王哙、昭王、惠王、武成王、孝王、王喜。

《燕策》三卷,三十四章,一万三千九百二十七字,篇幅稍微多于《楚策》。其实,《燕策》末一章《燕太子丹质于秦》显然是后人采用司马迁的《史记·刺客列传》,羼入刘向校录的《战国策》中。如果删除此章,则七雄的策文,燕是篇幅数量最少的。

燕昭王收破燕后即位

【导读】

　　本篇选自《燕策一》，又见于《史记·燕召公世家》《说苑·君道》《新序·杂事三》，事在公元前311年。在诸侯竞相争雄的战国时代，人才是关系着国家命运的大事。燕国的盛衰很能说明这一点。燕昭王即位时，内外交困，国势衰弱。他听取了郭隗的建议，广泛招贤纳士。从此，燕国由弱变强。乐毅率领五国联军，一举攻破齐国七十余城。昭王去世后，乐毅被迫降赵，七十余城又得而复失。郭隗虽说不像乐毅是个上将之材，但见解之精辟，行为之脱俗，亦不可多得。

　　燕昭王收破燕后即位①，卑身厚币以招贤者②，欲将以报雠③。故往见郭隗先生曰④："齐因孤国之乱而袭破燕，孤极知燕小力少不足以报，然得贤士与共国⑤，以雪先王之耻⑥，孤之愿也。敢问以国报雠者奈何⑦？"郭隗先生对曰："帝者与师处⑧，王者与友处⑨，霸者与臣处⑩，亡国与役处⑪。诎指而事之⑫，北面而受学⑬，则百己者至⑭；先趋而后息⑮，先问而后嘿⑯，则什己者至；人趋己趋⑰，则若己者至⑱；冯几据杖⑲，眄视指使⑳，则厮役之人至㉑；若恣睢奋击㉒，呴籍叱咄㉓，则徒隶之人至矣㉔。此古服道致士之法也㉕。王诚博选国中之贤者而朝其门下㉖，天下闻王朝其贤，天下之士必趋于燕矣。"

　　昭王曰："寡人将谁朝而可㉗？"郭隗先生曰："臣闻古之君人有以千金求千里马者㉘，三年不能得。涓人言于君曰㉙：'请求之。'君遣之。三月得千里马，马已死，买其首五百金，反以报君㉚。君大怒曰：'所求者生马，安事死马而捐五百金㉛？'涓人对曰：'死马且买之五百金，况生马乎？天下必以王为能市马^㉜，马今至矣。'于是不能期年^㉝，千里之马至者三。今王诚欲致士，先从隗始。隗且见事^㉞，况贤于隗者乎？岂远千里哉？"

于是昭王为隗筑宫而师之^㉟。乐毅自魏往^㊱，邹衍自齐往^㊲，剧辛自赵往^㊳，士争凑燕^㊴。燕王吊死问生^㊵，与百姓同其甘苦。二十八年^㊶，燕国殷富^㊷，士卒乐佚轻战^㊸。于是遂以乐毅为上将军，与秦、楚、三晋合谋以伐齐。齐兵败，闵王出走于外^㊹。燕兵独追北^㊺，入至临淄^㊻，尽取齐宝，烧其宫室宗庙。齐城之不下者，唯独莒、即墨。

【注释】

①燕昭王：燕国君。燕王哙庶子，名职，前311—279年在位。收：收拾。破燕：残破的燕国。　②卑身：对别人谦卑。卑，低下。厚币：增加聘金。　③雠：指齐国破燕杀父之仇。　④郭隗（wěi）：燕国贤士。　⑤共国：共同治理国家。　⑥雪：洗刷。先王：指燕王哙。　⑦以：为，替。　⑧帝者与师处：成就帝业的国君以贤者为师与之相处。　⑨王者与友处：成就王业的国君以贤者为友与之相处。　⑩霸与臣处：成就霸业的国君以贤者为臣与之相处。　⑪亡国与役处：行将灭亡的国君以贤者为仆役而与之相处。　⑫诎指：委屈己意。指，意旨、意向。　⑬北面：面朝北。指屈居下位。古人以坐北朝南为尊位。　⑭百己者：才能超过自己百倍的人。　⑮先趋而后息：抢先做事而最后休息。趋，趋役。　⑯先问而后嘿：先于别人发问而后于别人停止。嘿，同"默"，沉默。指停止发问。此句是说勤于发问。　⑰人趋己趋：有事别人去做，自己也跟着做。　⑱若己者：才能和自己一样的人。　⑲冯几：靠着几案。据杖：拄着拐杖。据，依仗。　⑳眄视：斜视。眄（miǎn），斜视，不正眼看。指使：用指头指使人。　㉑厮役：供人驱使服苦役的人。　㉒恣睢（zì suī）：放纵骄横。奋击：指行为粗暴。　㉓呴（hǒu）：同"吼"，吼叫。籍：通"藉"，欺辱。叱咄：呼喝，大声斥责。　㉔徒

隶：刑徒奴隶,服劳役的人。　㉕服道：实行王道。服,实行,施行。致士：招来贤士。致,招致,招来。　㉖朝：拜访,谒见。　㉗谁朝：朝谁,拜访谁。㉘君人：王念孙曰：当依《新序》作"人君"。　㉙涓人：泛指国君亲近的内侍。　㉚报：告知。　㉛安事：何用。事,用。捐：花费,耗用。　㉜市：买。㉝能：及,到。　㉞见事：被用,被任用。　㉟宫：馆舍。师之：以之为师。㊱乐毅：乐羊之后,中山国灵寿(今属河北)人。燕昭王时任亚卿,以功封昌国君。　㊲邹衍：齐国稷下学者,阴阳五行家的代表人物。　㊳剧辛：燕国将领。原为赵国人,后出奔燕国。　㊴凑：通"走",奔赴,趋附。　㊵吊死问生：追吊死者,慰问生者。　㊶二十八年：指燕昭王二十八年,即前284年。㊷国："国"上鲍本无"燕"字。殷富：繁盛富足。殷,殷实,富裕。　㊸乐佚：悠闲安逸。轻战：不怕打仗。　㊹按：闵王出奔莒,事在齐闵王十七年。㊺追北：追击败逃的齐军。　㊻临淄：齐国都城,在今山东淄博临淄区。

【译文】

　　燕昭王收拾残破的燕国登上王位,他谦恭下士用丰厚的聘礼招聘贤才,想要依靠他们来报国破杀父之仇。所以他去拜见郭隗先生,说："齐国趁着我国内乱攻破燕国,我深知国小力薄不足以报仇,然而如能得到贤士和他们共同治理国家,以洗刷先王之耻,这是我的愿望。请问先生要替国家报仇该怎么办？"郭隗先生回答说："成就帝业的国君以贤者为师和他们相处,成就王业的国君以贤者为友和他们相处,成就霸业的国君以贤者为臣和他们相处,行将灭亡的国君以贤者为仆役和他们相处。如果委屈己意而敬奉贤人,屈居下位接受教诲,那么才干胜过自己百倍的人就会光临；如果有事抢着去做而休息在别人之后,不懂就主动问,明白了才住口,那么才能超过自己十倍的人就会到来；如果别人怎么做,自己也跟着做,那么才能和自己相当的人就会到来；如果靠着几案,拄着拐杖,不正眼看人,指手画脚,那么供人驱使跑腿当差的人就会来到；如果放纵骄横,行为粗暴,吼叫骂人,大声呵斥,那么就只有奴隶和犯人来了。这是古代实行王道和招致人才的方法。大王果真能广泛选拔国内贤人,亲自登门拜访,天下的贤人听说大王的这一举动,就一定会赶着到燕国来。"

昭王说:"我应当先拜访谁才好呢?"郭隗先生说:"我听说古代有一位国君要用千金求购千里马,三年也没买到。他身边的内侍对他说:'请让我去买吧。'国君就派他去了。三个月后找到了千里马,但马已经死了。于是用五百金买了马头,回来后向国君报告。国君大怒道:'我要买的是活马,哪里用得着花费五百金买死马?'内侍答道:'买死马尚且用五百金,何况是活马呢?天下的人一定认为大王擅长买马,千里马很快就要来了。'于是不到一年,就有三匹千里马送上门来。如今大王果真想要招来贤人,就先从我开始吧。我尚且被重用,何况是那些胜过我的人呢?他们哪里还会以千里为远呢?"

于是昭王为郭隗建造房屋,拜他为师。乐毅从魏国赶来,邹衍从齐国赶来,剧辛也从赵国来,贤士们争相奔赴燕国,昭王祭奠死者,慰问生者,与百姓同甘共苦。昭王二十八年,国家殷实富足,士兵们悠闲安乐,不怕打仗。于是昭王就任命乐毅为上将军,和秦、楚、赵、魏、韩等国共同策划攻打齐国。齐国被打得大败,齐闵王逃亡在外。燕国军队又独自追击败逃的齐军,一直打到齐都临淄,掠取了齐国的全部财宝,烧毁了齐国的宫殿和宗庙。齐国城邑没有被攻下的,只有莒和即墨两个地方。

苏代谓燕昭王

【导读】

本篇选自《燕策一》,事在公元前307年。根据帛书《战国纵横书》,苏秦从赵脱险返回齐国,继续恶齐、赵之交。但是燕王却因为轻信谣言而怪罪苏秦，甚至想撤换他，苏秦感到极大的不安和委屈，便请求有机会回燕国，当面向燕王解释。本文就是苏秦针对燕王的误解而作的辩白。说辞循循善诱，委婉而有条理，所讲妄忠信而受答的故事尤其警策；语言的生活气息浓郁，且富于表现力，既通俗形象，又生动活泼，焕发出朴素而迷人的艺术光彩。

　　苏代谓燕昭王曰①："今有人于此，孝如曾参、孝己②，信如尾生高③，廉如鲍焦、史鳅④，兼此三行以事王，奚如？"王曰："如是足矣。"对曰："足下以为足，则臣不事足下矣。臣且处无为之事⑤，归耕乎周之上塞⑥，耕而食之，织而衣之。"王曰："何故也？"对曰："孝如曾参、孝己，则不过养其亲其⑦；信如尾生高，则不过不欺人耳；廉如鲍焦、史鳅，则不过不窃人之财耳。今臣为进取者也。臣以为廉不与身俱达⑧，义不与生俱立⑨。仁义者，自完之道也⑩，非进取之术也。"

　　王曰："自忧不足乎⑪？"对曰："以自忧为足，则秦不出殽塞，齐不出营丘⑫，楚不出疏、章⑬。三王代位⑭，五伯改政⑮，皆以不自忧故也。若自忧而足，则臣亦之周负笼耳⑯，何为烦大王之廷耶⑰？昔者楚取章武⑱，诸侯北面而朝。秦取西山⑲，诸侯西面而朝。襄者使燕毋去周室之上⑳，则诸侯不为别马而朝矣㉑。臣闻之，善为事者，先量其国之大小，而揆其兵之强弱㉒，故功可成而名可立也；不能为事者，不先量其国之大小，不揆其兵之强弱，故功不可成而名不可立也。今王有东向伐齐之心，而愚臣知之。"

　　王曰："子何以知之？"对曰："矜戟砥剑㉓，登丘东向而叹，是以愚臣知之。今夫乌获举千钧之重，行年八十而求扶持㉔。故齐虽强国也，西劳于宋，南罢于楚，则齐军可败，而河间可取。"

燕王曰："善。吾请拜子为上卿㉕,奉子车百乘㉖,子以此为寡人东游于齐㉗,何如?" 对曰:"足下以爱之故与㉘,则何不与爱子与诸舅、叔父、负床之孙㉙,不得㉚,而乃以与无能之臣,何也? 王之论臣何如人哉㉛? 今臣之所以事足下者,忠信也。恐以忠信之故见罪于左右㉜。"

王曰:"安有为人臣尽其力竭其能而得罪者乎?" 对曰:"臣请为王譬。昔周之上墬尝有之。其丈夫官三年不归㉝,其妻爱人。其所爱者曰:'子之丈夫来,则且奈何乎?' 其妻曰:'勿忧也,吾以为药酒而待其来矣。'已而其丈夫果来,于是因令其妾酌药酒而进之。其妾知之,半道而立,虑曰:'吾以此饮吾主父㉞,则杀吾主父;以此事告吾主父,则逐吾主母㉟。与杀吾父、逐吾主母者㊱,宁佯踬而覆之㊲。'于是因佯僵而仆之㊳。其妻曰:'为子之远行来之,故为美酒,今妾奉而仆之。'其丈夫不知,缚其妾而笞之㊴。故妾所以笞者,忠信也。今臣为足下使于齐,恐忠信不谕于左右也㊵。臣闻之曰:'万乘之主不制于人臣,十乘之家不制于众人㊶,匹夫徒步之士不制于妻妾。'而又况于当世之贤主乎? 臣请行矣,愿足下之无制于群臣也。"

【注释】

①苏代:据帛书当为"苏秦"之误。苏秦,与齐闵王、燕昭王同时,著名纵横家。他一生的主要活动是为燕昭王作反间,齐闵王末年被任命为相国。
②孝己:传说为殷高宗之子,以孝行著称,因遭后母谗言,被放逐而死。
③尾生高:相传一个极守信用的人。名高。 ④史鰌(qiū):春秋时卫国大夫,字子鱼。 ⑤处:做,行。无为:无所作为。 ⑥乎:同"于"。上墬:指洛阳。墬,古"地"字。此句是说将返回家乡种地。苏秦为东周洛阳人。
⑦其:鲍本下"其"字作"耳"。 ⑧此句是说廉洁的品德不能与自身一起显达。 ⑨义不与生俱立:道义和生命不能同时存在。 ⑩自完:自我保全。

完,保守,保全。道:途径。 ⑪自忧:自养,自足,满足现状。 ⑫营丘:在今山东临淄,为齐国始封之地。 ⑬疏:即沮,水名,在湖北中部偏西。源出保康西南,东南流到当阳与漳水汇合为沮漳河,南流到江陵西入长江。章:即漳,水名。今湖北汉水西有漳水和沮水,合为沮漳河,在江陵西入长江。 ⑭代位:继立为君。 ⑮改政:改革政治。 ⑯之:往。负笼:即上文的"归耕乎周之上埊"。负,背。笼,盛土器。 ⑰烦:辱。 ⑱章武:在今河北沧州东北。 ⑲西山:山名,在今河南宜盎东、登封西、鲁山北一带。按:秦孝公四年(前358年)败韩于西山。 ⑳襄(nǎng)者:从前。使:假使。毋:不。去:失去。上:上位。按:召公奭曾为周之三公,与周公分治天下。 ㉑马:鲍本作"驾"。此句是说诸侯就不会另行驾车去朝见秦、楚了。 ㉒揆(kuí):估量。 ㉓矜(jīn):奋力振动。砥:磨。 ㉔行年:经历的年岁。指当时的年龄。 ㉕拜:授予官职,任命。上卿:官名,卿分三等,最尊贵者为上卿。 ㉖奉:给与,送。 ㉗游:行。 ㉘与:指与上卿及车百乘。 ㉙负床之孙:还不会走路的孙子。负,依,依靠。 ㉚不得:指不能派遣他们。 ㉛论:评定,考察。 ㉜见:金正炜曰:当为"得"。左右:君王左右的人,实指燕王。 ㉝官:居官,做官。 ㉞主父:婢妾对男主人的称呼。 ㉟主母:婢妾对女主人的称呼。 ㊱与:与其。父:"父"上鲍本有"主"字。 ㊲宁:宁肯。佯:假装。踬(zhì):跌倒,被绊倒。覆之:把毒酒倾翻。 ㊳僵:向后倒下。仆之:扣翻了酒。 ㊴笞(chī):用竹板荆条打。 ㊵言我的忠信恐怕不被大王所了解。谕,理解,明白。 ㊶十:疑为"千"字之误。千乘之家,指大夫。家,卿大夫的封邑。

【译文】

苏秦对燕昭王说:"假如有一个人,像曾参、孝己一样孝顺,像尾生高一样讲信用,像鲍焦、史𬤝一样廉洁,同时有这三种品德来为大王服务,您看怎么样?"昭王说:"如果能这样,我就心满意足了。"苏秦说:"您认为满足了,那么我就不能为您效力了。我将无事可做，回老家种地去了，种粮食来吃，织布来穿。"昭王说："为什么？"苏秦回答说："像曾参、孝己一样孝顺，只不过在家奉养父母罢了；像尾生高一样讲信用，也就是不欺骗人罢了；像鲍焦、史鰌一样廉洁，不过是不偷人家的钱财罢了。现在我是要有所作为的，我认为廉洁的品德不能与自身一起显达，道义和生命不能同时存在。仁义，是自我保全的手段，不是有所作为的办法。"

昭王说："满足现状还不够吗？"苏秦回答说："如果认为满足现状就够了，那么秦国就不会打出殽塞，齐国就不会离开营丘，楚国也不会越过沮、漳。三王相继为君，五霸改革政治，都是因为不满足现状的缘故。如果满足于现状，那么我也回老家务农去了，何必还在大王的朝廷忝当大任呢？从前，楚国攻下章武，诸侯就向北朝拜；秦国攻下西山，诸侯就向西朝拜。从前假使燕召公不在周王室失去尊位，那么诸侯就不会另行驾车去朝见秦国和楚国了。我听说，善于治理国家的人，首先要考虑国家的大小，估量兵力的强弱，这样才能成就功业树立名声。不善于治理国家的人，不先考虑国家的大小，不估量兵力的强弱，所以不能成就功业树立名声。现在大王有向东讨伐齐国的心意，这我知道。"

昭王说："您是怎么知道的？"苏秦答道："振戟磨剑，登上山丘向东兴叹，因此我知道您的心意。现在乌获即使能举起三万斤的重物，但八十岁的年龄也需要有人搀扶。所以，齐国虽然是个强国，西边因灭宋而劳顿，南边因攻楚而疲惫，那么齐军就可以击败，而河间可以攻取。"

昭王说："好。我任命您为上卿，给您一百辆车，您以此为我往东到齐国去活动，怎么样？"苏秦回答说："您因为爱护我，就任命我为上卿，给我一百辆车；那么为什么不给您的爱子、诸舅、叔父或小孙子们呢？不能派他们去，却竟然给我这个无能之辈，这是为什么？大王评价我是个怎样的人呢？现在我之所以侍奉大王靠的就是忠信。但我担心因为忠信而得罪大王。"

昭王说："哪有做人臣的竭尽能力反而获罪的呢？"苏秦答道："请让我给您打个比方。从前，周的洛阳曾经有过这样的事：一个女人的丈夫在外做官，三年没有回家，这个女人爱上了别人。她所爱的那个男人说：'你的丈夫要回来了，这可怎么办呢？'这个女人说：'不用担心，我已经准备好毒酒等他回来呢。'不久，她丈夫果然回来了，这个女人就让她的女仆斟上毒酒送给她丈夫。那个女仆知道是毒酒，半路上停住脚，心想道：'我用这药酒给我男主人喝，那么就要毒死男主人；如果把这事告诉男主人，那么女主人就要被赶走。与其毒死男主人、赶走女主人，不如假装跌倒，把毒酒倾翻。'于是就假装摔倒，把酒扣翻了。这个女人说：'为您远道而归，特意准备了好酒。没想到这个女仆端着酒跌倒了。'她丈夫不知道内情，就把这个女仆捆起来抽打。这个女仆之所以被鞭打，是因为她忠信的缘故。现在我为您出使齐国，恐怕我的忠信不能被您所了解啊。我听说：'万乘大国的君主不受臣下的控制，千乘之家的大夫不受家臣的制约，平民百姓不受妻妾的左右。'更何况是当今贤明的君主呢？请让我出发吧，希望您不要受群臣的控制。"

昌国君乐毅为燕昭王合五国之兵而攻齐

【导读】

本篇选自《燕策二》，又见于《史记·乐毅列传》及《新序·杂事三》，事在公元前278年齐田单破燕军而复齐故地之后。文章首段以一百零二字叙述乐毅的经历，兼及燕之兴衰成败，简明概括而条理畅达，表现了作者长于叙事的本领。给惠王的书信，写得诚实恳切，情致委曲，没有正面指责，没有含沙射影，始终在剖析自己的心迹，说得十分得体。司马迁曾说："齐之蒯通及主父偃读乐毅之报燕王书，未尝不废书而泣也。"（《史记·乐毅列传赞》）可见它的艺术感染力。

　　昌国君乐毅为燕昭王合五国之兵而攻齐①，下七十余城，尽郡县之以属燕②。三城未下③，而燕昭王死④。

　　惠王即位，用齐人反间⑤，疑乐毅，而使骑劫代之将⑥。乐毅奔赵，赵封以为望诸君⑦。齐田单欺诈骑劫，卒败燕军，复收七十城以复齐⑧。燕王悔，惧赵用乐毅，承燕之弊以伐燕⑨。燕王乃使人让乐毅⑩，且谢之曰⑪："先王举国而委将军⑫，将军为燕破齐，报先王之雠，天下莫不振动⑬，寡人岂敢一日而忘将军之功哉！会先王弃群臣⑭，寡人新即位，左右误寡人⑮。寡人之使骑劫代将军者，为将军久暴露于外⑯，故召将军且休计事⑰。将军过听，以与寡人有郤⑱，遂捐燕而归赵⑲。将军自为计则可矣⑳，而亦何以报先王之所以遇将军之意乎㉑？"

　　望诸君乃使人献书报燕王曰㉒："臣不佞，不能奉承先王之教㉓，以顺左右之心，恐抵斧质之罪㉔，以伤先王之明㉕，而又害于足下之义㉖，故遁逃奔赵。自负以不肖之罪㉗，故不敢为辞说㉘。今王使使者数之罪㉙，臣恐侍御者之不察先王之所以畜幸臣之理㉚，而又不白于臣之所以事先王之心㉛，故敢以书对㉜。

　　"臣闻贤圣之君，不以禄私其亲㉝，功多者授之；不以官随其爱㉞，能当之者处之㉟。故察能而授官者，成功之君也；论行而结交者㊱，立名之士也。臣以所学者观之，先王之举错㊲，有高世之心㊳，故假节于魏王㊴，而以身得察于燕㊵。先王过举㊶，擢之乎宾客之中㊷，而立之乎群臣之上㊸，不谋于父兄㊹，而使臣为亚卿㊺。臣自以为奉令承教㊻，可以幸无罪矣㊼，故受命而不辞。

　　"先王命之曰：'我有积怨深怒于齐㊽，不量轻弱㊾，而欲以齐为事⑤₀。'臣对曰：'夫齐，霸国之余教也⑤₁，而骤胜之遗事也⑤₂，闲于兵甲⑤₃，习于战攻⑤₄。王若欲攻之，则必举天下而图之⑤₅。举天下而图之，莫径于结赵矣⑤₆。且又淮北、宋地⑤₇，楚、魏之所同愿也⑤₈。赵若许约⑤₉，楚、魏、宋尽力⑥₀，四国攻之，齐可大破也。'先王曰：'善。'臣乃口受令⑥₁，具符节⑥₂，南使臣于赵。顾反命⑥₃，起兵随而攻齐。以天之道⑥₄，先王之灵⑥₅，河北之地⑥₆，随先王举而有之于济上⑥₇。济上之军奉令击齐，大胜之。轻卒锐兵⑥₈，长驱至国⑥₉。齐王逃遁走莒⑦₀，仅以身免⑦₁。珠玉财宝，车甲珍器，尽收入燕。大吕陈于元英⑦₂，故鼎反于历室⑦₃。齐器设于宁台⑦₄，蓟丘之植⑦₅，植于汶皇⑦₆。自五伯以来，功未有及先王者也。先王以为惬其志⑦₇，以臣为不顿命⑦₈，故裂地而封之⑦₉，使之得比乎小国诸侯。臣不佞，自以为奉令承教，可以幸无罪矣，故受命而弗辞。

"臣闻贤明之君，功立而不废，故著于《春秋》⑧₀；蚤知之士⑧₁，名成而不毁，故称于后世⑧₂。若先王之报怨雪耻，夷万乘之强国⑧₃，收八百岁之蓄积⑧₄，及至弃群臣之日，余令昭后嗣之遗义⑧₅，执政任事之臣，所以能循法令⑧₆，顺庶孽⑧₇，施及萌隶⑧₈，皆可以教于后世。

"臣闻，善作者不必善成⑧₉，善始者不必善终⑨₀。昔者五子胥说听乎阖闾⑨₁，故吴王远迹至于郢⑨₂；夫差弗是也⑨₃，赐之鸱夷而浮之江⑨₄。故吴王夫差不悟先论之可以立功⑨₅，故沉子胥而不悔；子胥不蚤见主之不同量⑨₆，故入江而不改⑨₇。夫免身全功⑨₈，以明先王之迹者⑨₉，臣之上计也。离毁辱之非⑩₀，堕先王之名者，臣之所大恐也。临不测之罪⑩₁，以幸为利者⑩₂，义之所不敢出也⑩₃。

"臣闻，古之君子，交绝不出恶声⑩₄；忠臣之去也，不洁其名⑩₅。臣虽不佞，数奉教于君子矣⑩₆。恐侍御者之亲左右之说⑩₇，而不察疏远之行也⑱。故敢以书报，唯君之留意焉⑲。"

【注释】

①乐毅：乐羊之后，中山国灵寿（今属河北）人。燕昭王时任亚卿。以功封昌国君。惠王即位，中齐反间计，乐毅逃奔赵国，封望诸君，后死在赵国。五国：指燕、韩、赵、魏、秦。按：攻齐之事在前284年。　②郡县之：把攻占的齐国城邑划为郡县。　③三城：当为"二城"之误。二城，指莒、即墨。④按：燕昭王死在前279年。　⑤用：因。《史记·乐毅列传》："齐城不下者两城耳。然所以不早拔者，闻乐毅与燕新王有隙，欲连兵且留齐，南面而王齐。齐之所患，唯恐他将之来。"　⑥骑劫：燕国将领。⑦按：《史记·乐毅列传》："赵封乐毅于观津，号曰望诸君。"　⑧复：恢复。　⑨承：通"乘"，趁着。　⑩让：责备。　⑪谢之：向乐毅表示歉意。　⑫先王：指燕昭王。举国：整个国家。委：托付。　⑬振动：震动。　⑭会：适逢，赶上。弃群臣：讳称死。　⑮左右：君王左右的人。误：妨害。　⑯暴露：露在外面，无所遮蔽。指受日晒风吹之苦。暴（pù），晒。　⑰且：暂且。休：休整。计事：商讨国家大事。⑱以：因。郤：同"隙"，嫌隙。　⑲归：归附，归依。　⑳自为计：为个人打算。　㉑遇：待，对待。　㉒报：答复。　㉓奉承：遵行。　㉔抵：触犯。㉕伤：损害。明：贤明。指知人善任。　㉖按：无罪而杀乐毅，是为不义。　㉗自负以不肖之罪：自己背负不贤的罪名。　㉘为：犹"有"。辞说：指辩解。　㉙数（shǔ）：一一列举。之：我。　㉚侍御者：侍奉国君的人。此指燕惠王。畜幸：喜爱。　㉛白：明白，了解。　㉜敢：谦辞，冒昧地。对：回答。　㉝禄：俸禄。私：利，私予。　㉞随：任，犹"授予"。㉟当：相当。　㊱论行：考量德行。　㊲举错：举动，行为。错，通"措"。㊳高世：高于世人。　㊴假节：借用符节。魏王：指魏昭王。此句是说借着为魏王出使的机会。　㊵以：使，令。察：知晓。此句是说使自己能被燕王所知晓。　㊶过举：过分地任用。　㊷擢（zhuó）：提拔，

选拔。㊸立：确定某种地位或名分。㊹谋：商议。父兄：指同姓大臣。㊺亚卿：即中卿。周制，卿分上、中、下三级，次者为中卿，又称亚卿。㊻奉令承教：遵从命令，接受教诲。㊼幸：意外地免去灾祸，侥幸。㊽积怨深怒：久怀怨恨，极为恼怒，即深仇大恨。按：前314年，齐乘燕国内乱，攻破燕国，杀死燕王哙。㊾不量轻弱：不考虑国力弱小。量，思考，考虑。㊿而欲以齐为事：想对齐用兵。(51)余：遗留。此句是说齐国有先代称霸的遗教。(52)骤：屡次，多次。遗事：遗业。此句是说有多次取胜的遗业。(53)闲：通"娴"，熟习。兵甲：指军事。(54)战攻：指作战。(55)举：通"与"，结交，联合。(56)径：便捷，直截了当。(57)淮北：淮河以北地。本属楚，前318年为宋所取。前286年齐灭宋，故又属齐。宋地：指宋国故地。(58)言楚国想要收复淮北之地，魏国想得到宋国故地。(59)许约：答应与燕国联合。(60)按：金正炜曰："宋"字涉上文"淮北、宋地"而衍，当从《新序》省。(61)按："臣"字当衍，《史记》作"先王以为然，具符节南使臣于赵"，主语当为"先王"。口：亲口。(62)具：准备。(63)顾：待，及。反命：复命，回报。(64)以：凭靠。天之道：即天道，天理。(65)灵：威灵。指声威。(66)河北：指黄河以北接近燕国的地区。(67)举：起兵。有：占有。济上：济水之滨。(68)轻卒锐兵：轻便精锐的部队。(69)长驱：一直进军，毫不停留。国：姚云：钱作"齐"。王念孙曰："至齐"者原文，"至国"者后人据《史记·乐毅列传》改之也……至齐，谓至齐都，即至国也。(70)齐王：指齐闵王。走：至，到。(71)仅以身免：仅免于身死。(72)大吕：齐国钟名。陈：陈列，陈设。元英：燕国宫殿名。(73)历室：燕国宫名。(74)器：祭器。设：陈列，安置。宁台：燕国台名。(75)蓟丘：燕国都城，在今北京西南。植：植物。(76)植：种植。汶(wèn)：即今大汶河，源于山东莱芜北，经东平至梁山东南流入济水。皇：《史记》《新序》及鲍本并作"篁"。篁，竹园。(77)惬(qiè)：满足。志：心意，心愿。(78)不顿命：不辱君令。指能完成君命。顿，败坏。(79)裂：分。之：我。指乐毅。(80)《春秋》：泛指史书。

此句是说载于史册。　⑧蚤知之士：有先见之明的人。蚤，通"早"。
⑧故称于后世：被后世所称颂。　⑧夷：灭。万乘之强国：指齐国。
⑧八百岁：前1065年周武王封姜太公于齐，都营丘，至燕破齐，约八百年。
蓄积：指上文所言"珠玉财宝，车甲珍器"等。　⑧余令：遗教。昭：
告。后嗣：后代。遗义：传下来的政策法令。　⑧循：遵循。　⑧顺：通
"慎"，谨慎对待。庶孽：庶子，太子以外的诸子。　⑧施：施恩。萌隶：
百姓。萌，通"氓"，民。　⑧作：兴起。此句是说善于开创的不一定善于
完成。　⑩此句是说有好的开端未必有好的结局。　⑪五子胥：《史记》
《新序》及鲍本并作"伍子胥"。阖闾：即吴王阖庐。此句是说伍子胥的
意见被阖闾所接受。　⑫此句是说阖闾的足迹远达楚都。　⑬弗是：
不以伍子胥的意见为然。　⑭鸱夷：用皮革做的口袋。按：夫差赐死伍
子胥，把他的尸体装入皮口袋，投入江中。　⑮悟：明白。先论：先前的
主张。指伍子胥劝谏夫差拒绝越国求和及停止伐齐。　⑯蚤见：提前
发现。主：指阖闾、夫差。量：器度。　⑰入江而不改：至死不改变看
法。　⑱免身全功：免于身死，保全功业。　⑲迹：功业，业绩。　⑳离：
通"罹"，遭受。毁辱：诋毁侮辱。非：通"诽"，诽谤。　㉑临：面对。不测
之罪：指大罪，死罪。　㉒以幸为利者：希望免于大罪而谋燕以为己利。
指与赵谋燕。　㉓义之所不敢出也：从道义上讲是不能做出这种事的。
㉔交绝不出恶声：交情断绝也不说对方的坏话。　㉕洁：使清白。此句是
说不为自己的名节辩白。　㉖奉教：承教，接受教诲。　㉗亲：亲近。指听
信。　㉘疏远：被疏远的人。乐毅自称。行：行为。指所作所为。　㉙唯：
希望。

【译文】

　　昌国君乐毅为燕昭王联合五国军队攻打齐国，攻下七十多个城
邑，把这些城邑全部划为郡县归属于燕国。只剩下莒和即墨两个城
邑没有攻下，燕昭王就死了。

惠王即位以后，因为听信了齐国的反间计，怀疑乐毅，就派骑劫代替乐毅为将领。乐毅逃奔到赵国，赵国封他为望诸君。齐国大将田单设计诓骗骑劫，最终打败燕军，收复七十多个城邑，恢复了齐国。燕王很后悔，害怕赵国任用乐毅趁着燕国疲惫的时候攻打燕国。燕王就派人责备乐毅，并向乐毅表示歉意，说："先王把整个国家托付给将军，将军为燕国打败齐国，替先王报了仇，诸侯无不为之震动，我怎么敢有一天忘记将军的功劳呢！适逢先王离开人世，我刚刚即位，身边的大臣迷惑了我。我派骑劫代替将军，是因为将军长期在外奔走劳累，所以召将军回来暂且休整一下，以便共议国家大事。将军错误地听信流言，因而和我产生嫌隙，就丢下燕国归附赵国。将军如为自己打算倒是可以的，可将军拿什么来报答先王对待你的情意呢？"

　　望诸君乐毅就派人呈献一封书信答复燕王说："我没有才能，不能遵行先王的教诲，以顺承大王的心意。我担心遭受杀身之罪，这样既损害先王用人的英明，又使大王蒙受不义的名声，所以我才逃到赵国。我自己背负不贤的罪名，所以不敢有什么辩解。现在大王派使者来列举我的罪过，我担心大王不能明察先王喜爱我的理由，又不明白我用来侍奉先王的心迹，所以才大胆地写这封信来作答。

　　"我听说贤惠圣明的君王，不把俸禄私下给他所亲近的人，而是赐给功劳大的人；不把官职授予他所喜爱的人，而是安置才能相当的人。所以考察人的能力来授予相应的官职，这才是能够成就功业的君王；衡量一个人的德行然后和他结交，这才是建树名望的人。我用所学的知识来观察，先王的行为有高出当世的见识，所以我借着为魏王出使的机会，得以使自己被先王所知晓，先王过分地重用我，把我从宾客中选拔出来，安排官职在群臣之上，不和宗室大臣商量，就任命我为亚卿。我自以为遵从命令接受教诲，就可以幸免犯错误了，所以就接受了任命而没有推辞。

　　"先王命令我说：'我对齐国有深仇大恨，顾不得国力弱小，也要向齐国报仇。'我回答说：'齐国有先代称霸的遗教和多次取胜的遗业，精通军事，熟悉作战。大王如果想攻打齐国，就一定要联合诸侯对付它。要联合诸侯对付齐国，最便捷的就是先和赵国结交。再说齐国占有淮北和宋国故地，楚国和魏国也会尽力相助。赵国如能应允结约，楚、魏会更加尽力，四国联合攻齐，就可以大败齐国。'先王说：'好。'于是亲口授命，准备好符节，让我向南出使赵国。待我回报以后，各国随即起兵攻齐。凭靠上天的佑助和先王的威灵，河北之地随着先王都发兵打到济上。济上军队奉命进击齐军，获得全胜。燕国的轻便精锐部队，又长驱直入一直打到齐国都城。齐王逃到莒，仅仅免于一死。齐国的珠玉财宝、车马铠甲、珍贵器物，全部运到燕国。大吕陈列在元英殿，燕国的大鼎又回到历室宫。齐国的宝器安置到燕国的宁台。蓟丘的植物，移植到齐国汶水的竹园。从春秋五霸以来，没有一个人的功业能赶得上先王。先王认为满足了心愿，认为我不负君命，所以就划分一块土地封赏我，使我的地位等同于小国诸侯。我没有才能，自认为遵从命令接受教诲就可以幸免犯错误，所以就接受了封地而没有推辞。

"我听说贤明的君王，建树功业不半途而废，所以能名垂史册；有先见之明的人，获得名声能保持不败，所以被后人所称颂。像先王这样报仇雪恨，征服了拥有万辆兵车的齐国，收取了八百多年的积蓄，等到他离开人世的时候，遗教昭示后代传下来的政策法令，使执政任职的臣子能遵循法令，谨慎对待子孙，施恩于百姓，所有这些都可以教育后世。

"我听说，善于开创的不一定善于完成，有好的开端未必有好的结局。从前伍子胥的意见被吴王阖闾所接受，所以阖闾的足迹能远达楚国的郢都；吴王夫差对伍子胥的意见不以为然，赐给伍子胥一个皮口袋，把他投入江中。吴王夫差不明白伍子胥先前的主张可以为吴国建立功业，所以把伍子胥沉入江中也不后悔。伍子胥不能及早看到君主的不同器度，所以至死也不改变初衷。能免于身死，保全功名，以彰明先王的业绩，这是我的上策。自身遭受诋毁侮辱，毁坏先王的名声，这是我最担心的。面对不可估量的大罪，还企图和赵国图谋以求取私利，从道义上讲，这是我所不能做的。

"我听说，古代的君子，交情断绝也不说对方的坏话；忠臣离开本国时，不为自己的名节辩白。我虽然不才，但经常接受君子的教诲。我担心大王听信左右人的话，而不体察我这个被疏远的人的行为。所以我斗胆以书信作答，希望大王留心注意。"

赵且伐燕

【导读】

本篇选自《燕策二》。文章写苏代借用民间流传的一则寓言故事来说明燕、赵相持会带来的祸害，从而阻止了赵国攻打燕国。后来这则故事演化为"鹬蚌相争，渔翁得利"的成语。本文虽然简短，但生动形象，寓意深刻，本身包含的道理和要说明的事理，很贴近现实。

赵且伐燕，苏代为燕谓惠王曰①："今者臣来，过易水②，蚌方出曝③，而鹬啄其肉④，蚌合而拑其喙⑤。鹬曰：'今日不雨，明日不雨，即有死蚌。'蚌亦谓鹬曰：'今日不出，明日不出，即有死鹬。'两者不肯相舍，渔者得而并禽之⑥。今赵且伐燕，燕、赵久相支以弊大众⑦，臣恐强秦之为渔父也。故愿王之熟计之也。"惠王曰："善。"乃止。

【注释】

① 苏代：苏秦兄，齐闵王末年游说于齐、燕两国间，曾劝说燕昭王联秦伐齐。

②易水：水名，在今河北北部，源出易县境，入南拒马河。 ③曝：晒太阳。 ④鹬（yù）：鸟名。嘴长，脚长，常在水边和水田吃小鱼、贝类、昆虫等。 ⑤拑（qián）：夹住。喙（huì）：鸟兽的嘴。 ⑥渔者：渔夫。得：遇到。并：一起。 ⑦相支：相持不下。支，持。

【译文】

赵国将要攻打燕国，苏代为燕国对赵惠王说："我这次来，经过易水，看见一只河蚌正从水里出来晒太阳，一只鹬飞来啄它的肉，河蚌马上闭拢夹住鹬的嘴。鹬说：'今天不下雨，明天不下雨，你就成了死蚌。'河蚌对鹬说："今天不放开你，明天不放开你，你就成了死鹬。'它俩谁也不肯放开谁，渔夫走过来把它俩一起捉住。现在赵国要攻打燕国，燕、赵长期相持不下，老百姓就会疲困，我担心强大的秦国就要成为渔翁了。所以希望大王认真考虑。"赵王说："好。"就停止进攻燕国。

燕王喜使栗腹以百金为赵孝成王寿

【导读】

本篇选自《燕策三》。前段又见于《史记·燕召公世家》，事在公元前251年；后段又见于《新序·杂事三》，事在公元前278年，当为燕惠王给乐毅的信，可与《昌国君乐毅为燕昭王合五国之兵而攻齐》章参阅。这封书信言辞委婉曲折而辞意鲜明通达，柔中见刚，锋芒内蓄。燕王反复申明仁不轻绝、智不轻怨的道理，举出柳下惠三黜不离故国的事例，话说得很客气，很有节制，实际上却责备了乐间的不仁不智。由于对自己的错误采取文饰的态度，最终没能使乐间（乐毅）返国。

燕王喜使栗腹以百金为赵孝成王寿①，酒三日，反报曰②："赵民其壮者皆死于长平③，其孤未壮，可伐也。"王乃召昌国君乐间而问曰④："何如？"对曰："赵，四达之国也⑤，其民皆习于兵，不可与战。"王曰："吾以倍攻之，可乎？"曰："不可。"曰："以三⑥，可乎？"曰："不可。"王大怒。左右皆以为赵可伐，遂起六十万以攻赵。令栗腹以四十万攻鄗，使庆秦以二十万攻代⑦。赵使廉颇以八万遇栗腹于鄗⑧，使乐乘以五万遇庆秦于代⑨。燕人大败。乐间入赵。

　　燕王以书且谢焉⑩，曰："寡人不佞，不能奉顺君意⑪，故君捐国而去⑫，则寡人之不肖明矣。敢端其愿⑬，而君不肯听，故使使者陈愚意，君试论之⑭。语曰：'仁不轻绝⑮，智不轻怨⑯。'君之于先王也⑰，世之所明知也。寡人望有非则君掩盖之⑱，不虞君之明罪之也⑲；望有过则君教诲之，不虞君之明罪之也⑳。且寡人之罪，国人莫不知㉑，天下莫不闻，君微出明怨以弃寡人㉒，寡人必有罪矣。虽然，恐君之未尽厚也㉓。谚曰：'厚者不毁人以自益也㉔，仁者不危人以要名㉕。'以故掩人之邪者，厚人之行也；救人之过者，仁者之道也。世有掩寡人之邪，救寡人之过，非君心所望之㉖？今君厚受位于先王以成尊㉗，轻弃寡人以快心，则掩邪救过，难得于君矣。

　　"且世有薄于故厚施㉘，行有失而故惠用㉙。今使寡人任不肖之罪㉚，而君有失厚之累㉛，于为君择之也㉜，无所取之。国之有封疆犹家之有垣墙㉝，所以合好掩恶也㉞。室不能相和㉟，出语邻家，未为通计也㊱。怨恶未见而明弃之，未尽厚也㊲。寡人虽不肖乎，未如殷纣之乱也㊳；君虽不得意乎，未如商容、箕子之累也㊴。然则不内盖寡人而明怨于外㊵，恐其适足以伤于高而薄于行也㊶，非然也㊷？苟可以明君之义，成君之高，虽任恶名不难受也。本欲以为明寡人之薄，而君不得厚；杨寡人之辱㊸，而君不得荣,此一举而两失也。义者不亏人以自益,况伤人以自损乎!愿君无以寡人不肖累往事之美^㊹。"

"昔者,柳下惠吏于鲁^㊺,三黜而不去^㊻。或谓之曰:'可以去。'柳下惠曰:'苟与人之异^㊼,恶往而不黜乎?犹且黜乎^㊽,宁于故国尔^㊾。'柳下惠不以三黜自累,故前业不忘^㊿;不以去为心^㉑,故远近无议^㉒。今寡人之罪,国人未知,而议寡人者遍天下。语曰:'论不修心^㉓,议不累物^㉔;仁不轻绝,智不简功^㉕。'弃大功者辍也^㉖,轻绝厚利者怨也^㉗。辍而弃之,怨而累之,宜在远者^㉘,不望之乎君也^㉙。今以寡人无罪,君岂怨之乎?愿君捐怨,追惟先王^㉚,复以教寡人!意君曰^㉛:'余且慝心以成而过^㉜,不顾先王以明而恶^㉝。'使寡人进不得修功^㉞,退不得改过,君之所揣也^㉟,唯君图之!此寡人之愚意也。敬以书谒之。"

乐间、乐乘怨不用其计^㊱,二人卒留赵不报^㊲。

【注释】

①燕王喜:燕国君。孝王之子,名喜,前254—前222年在位。时当其四年。栗腹:燕国相。赵孝成王:赵国君。惠王之子,名丹,前265—前245年在位。时当其十五年。寿:敬酒或以礼物送人,表示祝贺。 ②反报:回报。 ③按:前260年,秦将白起大破赵括于长平,坑杀赵降卒四十万人。 ④乐间:乐毅之子。乐毅奔赵,惠王以乐间为昌国君。 ⑤四达:四面与诸侯相通。 ⑥三:指三倍的兵力。 ⑦庆秦:燕国将领。⑧廉颇:赵国名将。赵惠文王时任上卿,孝成王十五年(前251年)战胜燕军,任相国,封信平君。 ⑨乐乘:乐毅同族,赵国将领。遇:抵挡,迎战。⑩吴补曰:《新序》以此为燕惠王遗乐毅书。按:《昌国君乐毅为燕昭王合五国之兵而攻齐》章云:"燕王乃使人让乐毅,且谢之曰。"据此,"书"下当有"让"字。 ⑪奉顺:遵从,顺从。 ⑫捐国:指离燕奔赵。 ⑬端:《新

序》作"谒"。愿：心愿。指复用乐毅。 ⑭试：考查。论：通"抡"，选择。
⑮仁不轻绝：仁者不轻率与人绝交。 ⑯智不轻怨：智者不轻易怨恨别人。
⑰先王：指燕昭王。 ⑱望：希望。非：错误。 ⑲不虞：不料，没想到。
虞，预料。罪之：怪罪我。 ⑳罪：鲍本作"弃"。 ㉑按：下文云"国人未
知"，《新序》作"百姓弗闻"，则此句及下句"不"字当衍。 ㉒微出：暗中
出奔。明怨：公开怨恨。按：微出则显示对惠王的怨恨。 ㉓未尽厚：没
有做到十分忠厚。厚，忠厚。 ㉔毁：亏缺。益：利。 ㉕危：伤害。要：
求取。 ㉖按：王念孙曰：《新序·杂事》作"非君恶所望之"是也。恶，何
也。此句是说非君何所望之也。 ㉗厚受位：得到高位。指乐间受封昌国
君。成尊：成就尊荣。 ㉘于：鲍本作"而"。鲍注：世虽薄我，我反厚施
之。按：故：通"顾"，反而。 ㉙言别人的行为有过失，我却反倒仁爱地信
任他。 ㉚任：承担。 ㉛失厚：有失忠厚。指不忠厚。累：过失，罪名。
㉜于：犹"如"。 ㉝封疆：边界。垣墙：围墙。垣，矮墙。 ㉞合好：和好。
指加强内部团结。掩恶：掩盖内部矛盾。 ㉟室：家人。 ㊱通计：周全
的做法。 ㊲未：鲍本、《新序》"未"下并有"为"字。 ㊳乱：昏乱，糊涂。
㊴商容：殷纣时大臣，因直谏被纣王所废弃。累：忧患，祸害。 ㊵此句是
说不在国内掩盖我的过失而向外公开对我的怨恨。 ㊶适：正好。高：高
尚。薄：减损。 ㊷非然也：难道不是这样吗？ ㊸杨：通"扬"，宣扬，传播。
㊹累：伤害。往事之美：指上文"厚受位于先王以成尊"。 ㊺吏：为吏。
㊻黜(chù)：贬退。此句是说多次被罢免而不离开鲁国。 ㊼言如果行
事与人不同。 ㊽犹且：还是，同样是。乎：同"也"。 ㊾宁于故国尔：
宁肯留在本国。尔，表肯定语气。 ㊿前业不忘：不忘记一生的事业。
(51)不以去为心：不以离开故国为自己的心事。意即不愿意离开本国。
(52)远近：指古今。 (53)修：黄丕烈曰："修"或"循"字讹也。循心，顺心。
此句是说论人不要随心所欲。 (54)议不累物：议事不要伤害别人。累，伤害。
物，人。 (55)智不简功：智者不抛弃前功。简，捐弃。 (56)弃大功者輟：抛
弃以前的大功就等于断绝与燕国的关系。 (57)轻绝厚利者怨：轻易抛弃厚

利就说明怨恨燕国。　⑤远者：疏远之臣。　⑤望：希望。乎：于。君：
指乐间。　⑥惟：思。　⑥意：通"抑"，还是。　⑥愿：金正炜曰：当作"愿"，
形似而讹。愿：同"惬"(qiè)，满足。而：你的。指燕惠王。　⑥顾：顾念，
眷念。　⑥修功：恢复功业。　⑥揣：姚云：曾作"剬"。按：《新序》作
"制"。王念孙曰："揣"者，"剬"之讹；"剬"者，"制"之讹。此句是说君之
幸教寡人与否，皆在于君，故曰"君之所制也，唯君图之"。剬(zhì)，通"制"。
⑥按：前段已明言乐乘为赵将，此不当有"乐乘"。　⑥报：回复，回答。
按：金正炜曰："乐乘"及"二人"四字并衍。

【译文】

　　燕王喜派栗腹带着百金向赵孝成王献礼祝福，栗腹在赵国宴饮
三天，返回燕国报告说："赵国年轻力壮的人都在长平之战中死了，
年幼的一代还没有长大成人，您可以去攻打赵国。"燕王喜召来昌国
君乐间问道："攻打赵国怎么样？"乐间答道："赵国是四通八达的
国家，赵国人都精通军事，不能和它开战。"燕王喜说："我用一倍的
兵力攻打它，可以吗？"乐间说："不行。"燕王喜问："用三倍的兵
力攻打它，可以吗？"乐间说："不行。"燕王喜很生气。大臣们都
认为可以攻打赵国，于是立即出动六十万军队去攻打赵国。派栗腹
带领四十万人攻打鄗城，派庆秦带领二十万人去攻打代郡。赵国派
廉颇率领八万军队在鄗城迎战栗腹，派乐乘率领五万军队在代郡迎
战庆秦。结果燕军大败，乐间投奔了赵国。

　　燕王写信责备乐间并且道歉说："我无能，没有遵从您的意见，
所以您才抛弃燕国投奔赵国，那么我无能就很明白了。我向您表明
心愿，而您不肯听，所以派使者陈述我的心意，请您考察抉择。常言
道：'仁者不轻易与人绝交，智者不轻易怨恨别人。'您对待先王的
态度，世人都很清楚。我如果有错误希望您能包涵，没料到您公开怪
罪我；我如果有过失希望您教诲我，没想到您公开背弃我。况且我

的过失，国内无人知晓，诸侯无人得知。您暗中出奔公开怨恨我抛弃我，我一定是有罪了。虽然如此，恐怕您还是没有尽到忠心吧。俗语说：'忠厚的人不伤害别人来抬高自己，仁德的人不伤害别人来求取名声。'所以掩盖别人的过失，是忠厚人的行为；纠正别人的错误，是仁德人的行径。世间有能包容我的过失、纠正我的错误的人，除了您还能寄希望于谁呢？您从先王那里得到高位享受尊荣，现在却轻易地抛弃我来满足自己的心理，那么就很难要求您包容我的过失，纠正我的错误了。

"况且，世人虽然对我刻薄，我反而宽厚地对待他们；别人的行为有过失，我反倒仁爱地信任他们。现在即使我背负了无能的罪名，可您也要承受有失忠厚的谴责。如果替您来选择，这样做就没有可取之处。国家有边界就如同家庭有院墙，是用来加强内部团结，掩盖内部矛盾的。家人不和睦，出去告诉别人，这不是周全的做法。怨恨还没有表露就公开背弃我，这不能说是尽到了忠心。我虽然无能，还不像殷纣王那么昏庸；您虽然不得志，还没有像商容、箕子那样的祸患。虽然如此，可您不在国内掩饰我的过失而向外公开对我的怨恨，恐怕这正好损害了您的高义而降低了您的人格，难道不是这样吗？如果能够彰明您的大义，成全您的亮节，我即使蒙受不好的名声，也不觉得难以接受。您本来想表明我无情无义，可您又得不到忠厚的名声；您本来要宣扬我的邪恶，可又不能使您感到荣耀，这样一来，双方都受到了伤害。仁义的人不损害别人来抬高自己，更何况是伤害别人来损害自己呢？希望您不要因为我无能而损害您以前的地位和名声。

"从前，柳下惠在鲁国做官，多次被罢免却不离开鲁国。有人对他说：'你应该离开鲁国了。'柳下惠说：'如果行事和别人不同，到哪去不被罢免呢？同样是被罢免，我宁肯留在本国。'柳下惠不因为多次被罢免而自暴自弃，所以人们不会忘记他一生的功业；因为他不愿意离开本国,所以古今没有人非议他。现在我的过错,国内无人知晓,而非议我的人却遍及天下。俗语说:'评价人不要随心所欲,议论事不要伤害别人;仁者不轻易绝交,智者不抛弃前功。'抛弃以前的大功,就等于断绝了和国家的关系;轻易抛弃大利,就说明怨恨自己的国家。和国家断绝关系并抛弃它,怨恨自己的国家又去伤害它,这应该发生在和国家关系疏远的人身上,不希望发生在您的身上。如果认为我没有过错,您怎么会怨恨我呢?希望您抛弃怨仇,追念先王,再来继续指教我!您还是说:'我想让自己心理满足来造成你的过错,不顾念先王的恩德来暴露你的罪恶。'让我进不能恢复功业,退不能改正错误,这都由您来决定,希望您能考虑。这是我的一点想法,特意写信向您说明。"

乐间怨恨燕王不采纳他的意见,最终还是留在赵国没有作答。

宋卫策

导　读

　　周武王伐纣灭商，商之遗民以武庚为首的继续反抗，被周公镇压。以纣王庶兄微子为首的顺从周，被封而为宋国，子姓，建都于商丘（今河南商丘之南），即商始祖契所居之地。

　　宋为中等强国，殷商遗民势力不小，文化及制度对周均有影响，在周朝诸侯之中颇有地位。春秋时的"五霸"，齐桓公之后继者即为宋襄公。

　　然而，宋襄公之声望与能力均不足以担负霸主重任，故受欺于楚，大败后因伤致死而为天下笑。晋、楚争霸时，宋已削弱，处于两大国之间，为战乱所困，"易子而食，析骸以爨"（《左传·宣公十五年》）就是宋国被楚围九月的困境。宋国右师华元、左师向戎都是呼吁晋、楚诸国弭兵，停止攻战的主要人物。宋已积弱而衰微，苟延残喘。进入战国，墨子制止楚惠王攻宋。

　　战国中期，宋辟公（即宋桓侯）在位三年，死，剔成（即司城子罕）即位。一说剔成为辟公之子；一说宋为子姓，司城子罕为戴氏，这是"戴氏夺子氏于宋"（《韩非子·忠孝》），建立新国家。《史记·宋微子世家》云："剔成四十一年，剔成弟偃攻袭剔成，剔成败奔齐，偃自立为宋君。"

新建的宋国号称有五千乘劲旅，仅次于战国七雄之万乘。宋君偃即位十一年，即公元前318年，自立为王，称宋康王。灭滕，伐薛。打败齐国，取其五城；打败楚国，取其淮北之地三百里；又打败魏国。齐、楚、魏等国时刻准备伐宋。《孟子·滕文公下》记孟子所说，只要行仁政，不必怕齐、楚，就是与弟子评论宋康王的事。宋国后来发生内乱，公元前286年，即宋康王四十三年，齐闵王十五年，齐为主，与魏、楚伐宋，宋康王死，灭宋，三分其地。

宋实有策文七篇。姚本第三篇《犀首伐黄》章应属卫，宜归入《卫策》之中。

卫国这个名称不知从何时开始使用起来。它原是封于康（今河南禹州西北）的周武王同母少弟的国号，西周铜器铭文中常见的康公、康侯，就是周武王少弟及其后裔。周公平定武庚的叛乱，就把康公改封在殷商故地，镇压殷商遗民，控制东方，建都于商之旧都朝歌（今河南淇县），《尚书》中有《康诰》《酒诰》《梓材》等篇都与此事有关。周公告诫康公，务必以商之灭亡为前车之鉴。而卫国的历史却表明康公的后裔恰恰走的是商的老路，由赫赫公国（西周之初严守诸侯五等爵制，公、侯、伯、子、男是有等级差别的，公与侯似甚近）到称侯，最后覆灭。

西周末年，卫武公时还算强盛，能支持周平王东迁。春秋时，卫是东方大国。曾于公元前660年为狄所灭，后卫文公得齐、宋之助又复兴，但后来国内始终长期处于混乱之中。

进入战国，《史记·卫康叔世家》云："是时三晋强，卫如小侯，属之。""公孙鞅入秦。""卫更贬号曰侯。""更贬号曰君，独有濮阳。"这些话简明扼要，一针见血。公孙鞅在《战国策》中四见，又称商君、商鞅。在先秦、两汉有时称他为卫鞅。《史记·商君列传》云："商君者，卫之诸庶孽公子也，名鞅，姓公孙氏。"《卫康叔世家》中"公孙鞅入秦"这五个字，颇有深意。人才流失，卫国的公孙鞅，卫国不用，入于魏；魏又不用，入于秦；秦孝公重用，秦国富强；商君虽死，商君之法未变，秦得以并吞六国，统一天下。

卫国是战国时赵与魏都要争夺的地方，赵与魏的力量不相上下，卫得以不灭，乃是为了不破坏赵与魏的平衡。后来卫沦为魏的附庸，成为魏的"封君"。卫国由公而侯，又降为封君。秦攻魏，设东郡，把卫转为自己的封君，迁到野王（今河南沁阳）。实际上等于在公元前241年卫就为秦所灭。秦王政（后统一六国，称始皇帝）对卫持不屑一顾的态度。秦二世元年，公元前209年，把卫君废为庶人，卫绝祀，确实灭亡了。

姚本《战国策》合宋、卫为一卷，十五章，一千九百四十二字，篇幅最少。其中，《卫策》八章（包括《犀首伐黄》章）。

犀首伐黄

【导读】

本篇选自《卫策》。犀首伐黄，经过卫国，怪卫国没有接待他，扬言灭黄以后，回来算账。卫君非常害怕，准备送厚礼谢罪。南文子给卫君分析情况，指出犀首不论胜与败，都不可能来攻卫，可置之不理。小国不怕讹诈，是可能的。但犀首即公孙衍，与南文子相差近百年，这件事情有问题。

犀首伐黄①，过卫，使人谓卫君曰②："弊邑之师过大国之郊③，曾无一介之使以存之乎④？敢请其罪⑤。今黄城将下矣⑥，已⑦，将移兵而造大国之城下⑧。"卫君惧，束组三百绲⑨，黄金三百镒，以随使者⑩。南文子止之曰⑪："是胜黄城必不敢来⑫，不胜亦不敢来。是胜黄城，则功大名美，内临其伦⑬。夫在中者恶临⑭，议其事⑮。蒙大名⑯，挟成功⑰，坐御以待中之议⑱，犀首虽愚，必不为也。是不胜黄城，破心而走归⑲，恐不免于罪矣，彼安敢攻卫以重其不胜之罪哉⑳？"果胜黄城，帅师而归，遂不敢过卫。

【注释】

①犀首：吴正曰：据《左传》，南文子相卫悼公。悼公与智伯并时，则犀首非公孙衍矣。黄：或即"黄城"，魏国邑，在今河南内黄西北。　②卫君：指卫悼公。　③大国：指卫国。　④曾：何。一介之使：一个使者。存：看望，问候。　⑤敢请其罪：前来问罪。按：此为反语。　⑥下：攻下。　⑦已：已下黄城。　⑧造：到……去。　⑨束组：成捆的丝带。组，宽而薄的丝带。古代多用作佩印或佩玉的绶。绲(gǔn)：量词，捆，束。　⑩以随使者：随使者送去。　⑪南文子：卫大夫，即宁文子。　⑫是：指犀首。　⑬内：朝廷

内。临：居高面低，在上。伦：辈，类。指同僚。　⑭在中者：国中之臣，即上"其伦"。　⑮议其事：将非议他。金正炜曰："议"上当有"且"字文义乃完。议，非议，指责。　⑯蒙：受，接受。大名：美名。　⑰成功：成就的功业，既成之功。　⑱坐：居留，停留。御：金正炜曰：当为"衛"（卫）之讹。中：即"在中者"。　⑲破心：恐惧。走归：逃回本国。　⑳重：加重。

【译文】

犀首攻打黄城，经过卫国，派人对卫君说："敝国军队经过贵国城郊，为什么没有一个使臣来看望我们呢？我特来告罪。现在黄城就要攻下来，攻下黄城以后，就要率领军队到达贵国都城之下。"卫君害怕，准备好三百捆丝带，三百镒黄金，随使者送去。南文子制止道："犀首在黄城打了胜仗，一定不敢到卫国来，打了败仗也不敢来。如果他在黄城打了胜仗，那么他的功劳大，名声显赫，地位一定在同僚之上。国中的同僚忌恨他在自己之上，将会非议他。得到美名，享有功勋，却坐等国中人的非议，犀首即使再愚蠢，也一定不会这样做。如果他在黄城不能取胜，害怕获罪就会逃回本国，还担心免不了要受惩罚，他怎么敢再攻打卫国加重不能取胜的罪责呢？"犀首果然在黄城打了胜仗，率领军队回国了，竟没敢经过卫国。

梁王伐邯郸

【导读】

本篇选自《宋策》，事在公元前354年。魏攻赵，命宋出兵助战。宋君派人对赵王说，宋将出兵围赵一城，拖延时间。赵王同意，魏也很高兴。小国可以利用大国之间的种种矛盾，保护自己，而不得罪任何大国。

梁王伐邯郸①，而征师于宋。宋君使使者请于赵王曰②：
"夫梁兵劲而权重③，今征师于弊邑，弊邑不从，则恐危社稷；
若扶梁伐赵以害赵国④，则寡人不忍也。愿王之有以命弊邑⑤。"
　　赵王曰："然。夫宋之不足如梁也⑥，寡人知之矣。弱赵以
强梁⑦，宋必不利也⑧。则吾何以告子而可乎⑨？"使者曰："臣
请受边城⑩，徐其攻而留其日⑪，以待下吏之有城而已⑫。"赵王
曰："善。"
　　宋人因遂举兵入赵境，而围一城焉。梁王甚说，曰："宋人
助我攻矣。"赵王亦说，曰："宋人止于此矣。"故兵退难解⑬，德
施于梁而无怨于赵。故名有所加而实有所归⑭。

【注释】

①梁王：指魏惠王。时当其十六年。　②宋君：指宋剔成。时当其十六年。
请：求。赵王：指赵成侯。时当其二十一年。　③权：威势。　④扶：助，
帮助。　⑤此句是说希望大王给我们出个主意。　⑥足：能够。如：当，抵
敌。　⑦弱赵以强梁：削弱赵国来加强魏国。　⑧宋必不利也：魏必灭宋，
故言不利。　⑨此句是说我能给您出什么主意呢。　⑩臣请受边城：请求
攻打赵国的一个边界城邑。　⑪此句是说慢慢进攻以拖延时日。　⑫下吏：
低级官吏。指赵王。宋国使者不敢直呼赵王，故称下吏。此句是说使赵不
失城。　⑬此句是说使魏国撤回军队而使赵国解除忧患。难，忧患，不幸的
事。指邯郸被攻。　⑭此句是说宋国得到了"助魏""救赵"的名声和不得
罪魏、赵二国的实效。

【译文】

　　魏王攻打邯郸，到宋国去征兵。宋君派使臣向赵王请求说："魏
国军队强劲而且有威势，现在到敝国来征兵，如果敝国不答应，担心

会危及国家；如果助魏伐赵来加害赵国，那么我们又于心不忍。希望大王给我们出个主意。"

赵王说："是的，宋国不能抵挡魏国，这我清楚。削弱赵国来加强魏国，这对宋国一定不利。那么我能给你们出什么主意呢？"使臣说："请让我们攻打赵国的一个边界城邑，慢慢地进攻来拖延时间，这就和大王没有丢掉城邑一样。"赵王说："好。"

宋国军队于是就出兵进入赵国边境，只围攻一个城邑。魏王很高兴，说："宋国帮助我们进攻赵国了。"赵王也高兴地说："宋国只虚攻一个边邑而已。"于是魏国撤出他们的军队而使赵国解除忧患，魏国感激宋国的帮助而赵国也不怨恨宋国。所以宋国得到助魏、救赵的名声和不得罪魏、赵两国的实效。

卫使客事魏

【导读】

本篇选自《卫策》。卫国注意到要了解各国情况，加强与大国之间的联系，时常沟通情况，也不时地刺痛一下大国。《吕氏春秋·期贤》"卫可谓知用人矣，游士而国家得安"，说的正是这种活动。

卫使客事魏，三年不得见。卫客患之，乃见梧下先生①，许之以百金。梧下先生曰："诺。"乃见魏王曰："臣闻秦出兵，未知其所之②。秦、魏交而不修之日久矣③。愿王博事秦④，无有佗计⑤。"魏王曰："诺。"

客趋出，至郎门而反⑥，曰："臣恐王事秦之晚⑦。"王曰："何也？"先生曰："夫人于事己者过急⑧，于事人者过缓。今王缓于事己者，安能急于事人？""奚以知之？""卫客曰：

'事王三年不得见。' 臣以是知王缓也。"魏王趋见卫客^⑨。

【注释】

①梧下：未详。《艺文类聚》引作"梧丘"，《太平御览》引作"吾丘"，疑为处所名。　②未知其所之：不知他们到什么地方去。　③修：善。　④博：黄丕烈曰：此以"抟"为"专"，因讹"博"也。抟，古"专"字。　⑤佗：同"他"。　⑥郎门：同"廊门"。　⑦晚：迟，缓慢。　⑧过：多。　⑨趋(cù)：急速，赶快。

【译文】

卫国派人去讨好魏国，三年也没得接见。卫国人对此很忧虑，就去拜见梧下先生，答应酬谢他一百金。梧下先生说："好吧。"于是就去拜见魏王说："我听说秦国要出兵，不知他们进攻什么地方。秦、魏两国的邦交不融洽已经很长时间了。希望大王一心侍奉秦国，不要有别的打算。"魏王说："好。"

梧下先生匆匆出来，走到廊门又返回去说："我担心大王去亲近秦国的动作太缓慢。"魏王说："怎么见得？"梧下先生说："人们对别人来讨好自己大多是积极的，对于自己去侍奉别人大多是消极的。如今大王对讨好自己的人还这么消极，对于侍奉别人怎么能积极呢？"魏王说："何以见得？"梧下先生说："卫国来人说求见大王三年没得接见，我因此知道大王态度消极。"魏王就赶紧接见卫国派来的人。

中山策

导　读

　　中山国的史料流传下来的很少，仅见于《战国策》《吕氏春秋》等书，清朝末年王先谦据以编成《鲜虞中山国事表》。1974年考古调查，在今河北平山发掘出战国时期中山国墓葬，其中有若干铜器带有铭文，是研究中山国的重要资料。综合古代文献与出土文物所提供的史料，大致能了解春秋战国时期中山国的轮廓，但疑点不少，尚待讨论。

　　中山国在春秋时称为鲜虞，是北狄别族进入中原而建立的，晋、齐、卫等国与它有交涉。公元前506年，晋国荀寅称鲜虞为中山，记载见于《左传·定公四年》。

　　战国时期，中山国为二等强国。它与春秋时期的中山国是什么关系，尚待探讨。二者之间的历史中断约八十年，存疑。

　　战国的中山国领域，在今河北灵寿、平山、晋县及周围太行山以东，滹沱河流域。公元前414年，中山武公都于顾（今河北晋县）。公元前408年，魏文侯命乐羊为将苦战两年灭中山，派公子击驻守这块飞地。后来中山武公的后裔又光复旧国，时间可能在公元前380年前后，这在河北平山墓葬所发现的铜器铭文中得到证实。据

《史记》，中山筑有长城，曾被周天子册封为侯。公元前323年，中山与燕、赵、魏、韩共五国一同称王，这是公孙衍（犀首）所发起的，于此可见中山国力之强盛。中山跟燕、齐、赵为邻，而亲齐，齐亦支援中山。中山与赵则时有摩擦。齐宣王于公元前314年，乘燕发生内乱时攻燕，中山亦借此机会出兵助齐，自己也夺燕土地。赵则历年受到中山侵扰，于是赵武灵王变法图强，胡服骑射。公元前307年，赵攻中山到房子。公元前306年，赵攻中山到宁葭。公元前305年，赵攻中山，攻取丹丘等七邑，中山献四邑求和。中山喘息未定，公元前300年，赵再攻中山，中山国君奔齐。公元前296年，赵惠文王灭中山，迁中山王于肤施。中山被灭，一说是赵乘齐南攻楚，无暇顾及中山；一说"赵杀其主父，齐佐赵灭中山"（《史记·田敬仲完世家》）；一说赵惠文王"三年，灭中山"，"四年……主父……饿死沙丘宫"（《史记·赵世家》）。情节、时间均有出入。

《中山策》一卷，十章而实为九章（《昭王既息民缮兵》章乃为秦国之事），三千一百零六字。

中山与燕赵为王

【导读】

　　本篇选自《中山策》，事在公元前323年。文章叙述中山如何利用大国之间的矛盾，既得到燕、赵两国的帮助，又不惹怒齐国，同时达到自己称王的目的。本文在写法上有一种奇特的创造，借用今天曲艺表演的说法叫"一赶二"。张登与蓝诸君的对话既是二人对答，又让蓝诸君扮演齐王来听张登的说辞，非常活泼，又比较复杂，话里套着话，现代标点必须使用到第三层引号。远在两千二百多年前能有这样的文章，确实难得。

　　中山与燕、赵为王，齐闭关不通中山之使，其言曰："我万乘之国也，中山千乘之国也，何侔名于我①？"欲割平邑以赂燕、赵②，出兵以攻中山。

　　蓝诸君患之③。张登谓蓝诸君曰④："公何患于齐？"蓝诸君曰："齐强，万乘之国，耻与中山侔名，不惮割地以赂燕、赵⑤，出兵以攻中山。燕、赵好位而贪地⑥，吾恐其不吾据也⑦。大者危国，次者废王，奈何吾弗患也？"张登曰："请令燕、赵固辅中山而成其王⑧，事遂定⑨。公欲之乎？"蓝诸君曰："此所欲也。"曰："请以公为齐王⑩，而登试说公，可，乃行之。"蓝诸君曰："愿闻其说。"

　　登曰："王之所以不惮割地以赂燕、赵，出兵以攻中山者，其实欲废中山之王也。王曰：'然。'然则王之为费且危⑪。夫割地以赂燕、赵，是强敌也⑫；出兵以攻中山，首难也⑬。王行二者，所求中山未必得。王如用臣之道，地不亏而兵不用，中山可废也。王必曰：'子之道奈何？'"蓝诸君曰："然则子之道奈何？"张登曰："王发重使⑭，使告中山君曰：'寡人所以闭关不通使者，为中山之独与燕、赵为王，而寡人不与闻焉⑮，是以隘之。王苟举趾以见寡人⑯，请亦佐君⑰。'中山恐燕、赵之不己据也，今齐之辞云'即佐王'，中山必遁燕、赵与王相见⑱。燕、赵闻之，怒绝之⑲，王亦绝之，是中山孤，孤何得无废。以此说齐王，齐王听乎？"蓝诸君曰："是则必听矣，此所以废之⑳，何在其所存之矣㉑？"张登曰："此王所以存者也㉒。齐以是辞来㉓，因言告燕、赵而无往㉔，以积厚于燕、赵㉕。燕、赵必曰：'齐之欲割平邑以赂我者，非欲废中山之王也，徒欲以离我于中山而已亲之也㉖。'虽百平邑，燕、赵必不受也。"蓝诸君曰："善。"

遣张登往，果以是辞来。中山因告燕、赵而不往，燕、赵果俱辅中山而使其王㉗。事遂定。

【注释】

①何侔（móu）名于我：怎能与我齐名。侔，等同。　②平邑：本为赵国邑，后归齐国，在今河南南乐东北。　③蓝诸君：中山国相。　④张登：中山国人。　⑤不惮：不惜。惮，畏难。　⑥位：姚云：一作"倍"。按：鲍本作"倍"。倍，通"背"，背约。　⑦不吾据：不助我。据，安，定。⑧固：一定。⑨事遂定：称王的事最终能成功。遂，终，竟。定，完成。　⑩为：假装。齐王：指齐威王。时当其三十四年。⑪为：行为，做法。费：耗损。指割地。危：危险。指下文"首难"。　⑫强敌：加强敌人。　⑬首难：首先发动战争。　⑭重使：尊使，高级使者。　⑮与：通"预"，预先。闻：知道。此句是说我事先不知道这件事。　⑯举趾：指轻而易举。趾，"趾"上鲍本补"玉"字。此句是说大王如劳驾来见我。　⑰君：指中山王。　⑱遁：躲避，回避。　⑲怒："怒"上鲍本有"必"字。　⑳此所以废之：这是废止中山王号的做法。㉑所："所"下鲍本有"以"字。此句是说怎么能说是保存他的王号呢？　㉒王：指中山王。存：指保存王号。㉓是辞：指"即佐王"。　㉔言：缪文远曰：下文云"中山因告燕、赵而不往"，则此"言"字当

衍。往：指往齐助之攻中山。　㉕积厚：保存实力。　㉖离：离间。　㉗王：称王。

【译文】

中山和燕、赵两国互相称王，齐国封锁关隘不许中山国的使臣通行，他们说："我们是万乘大国，中山是千乘小国，怎么能和我们齐名？"齐国想割让平邑送给燕国和赵国，让它们出兵攻打中山。

蓝诸君对此很担忧。张登对蓝诸君说："您对齐国有什么好担忧的？"蓝诸君说："齐国强盛，是个万乘大国，它认为和中山国齐名是耻辱，不惜割让土地送给燕国和赵国，让它们出兵攻打中山。燕国和赵国喜欢背约而贪图土地，我担心它们不会帮助我们。往重里说，国家有危险；往轻里说，王号保不住，我怎么能不担忧呢？"张登说："我愿意让燕、赵两国一定帮助中山国来称王，称王的事终究能够成功的，您想这样吗？"蓝诸君说："这正是我所希望的。"张登说："请您假装成齐王，让我试着说服您，如果可行，您就这么办。"蓝诸君说："我愿意听听您的想法。"

张登说："大王之所以不惜割让土地送给燕、赵两国，让它们出兵攻打中山，其实质就是想废掉中山君的王号。齐王说：'是的。'既然如此，那么大王这样既损耗了土地，又有发动战争的危险。割让土地送给燕、赵两国，这是加强敌人力量的做法；出兵攻打中山，就背上首先发动战争的罪名。大王这样做，对中山的希求未必能得到。大王如果采用我的办法，不会损耗土地，也无须动用兵力，中山君的王号就可以废掉。齐王一定会说：'你的办法是怎么样的？'"蓝诸君说："那么你的办法到底怎么样呢？"张登说："大王派出特使，让他告诉中山君说：'我之所以封锁关口不许使臣往来，是因为中山单独和燕、赵两国图谋称王，而我事先不知道这件事，因此才来阻挠。大王如果能屈驾来见我，我也会来帮助您。'中山君担心燕、赵两国不会帮助自己，现在齐王又说'马上就帮助您'，中山一定会避开燕国和赵国来和大王相见。燕、赵两国听说后，一定大怒，和中山断交。大王也和它断交，这样中山就孤立了。孤立了怎么能不废掉王号。如果用这番话去劝说齐王，齐王会听从吗？"蓝诸君说："这样的话，齐王一定会听从，这正是废止中山君王号的做法，怎么能说是保存他的王号呢？"张登说："这就是中山君保存王号的做法。齐王已经声称'马上就帮助中山君'，就可以把齐王的话告诉燕国和赵国，不让它们去帮助齐国攻打中山，以保存它们的实力。燕、赵两国一定会说：'齐国想割让平邑送给我们，不是想废掉中山君的王号，只不过是想以此离间我们和中山的关系，它自己去和中山友好。'这样，齐国即使割让一百个平邑，燕、赵两国也不会接受的。"蓝诸君说："好。"

派遣张登去齐国，齐国果然说出那番话。中山就把齐王的话告诉燕国和赵国，要它们不要出兵攻打中山，燕、赵两国果然都帮助中山，让中山君称王。事情终于成功了。

中山君飨都士大夫

【导读】

本篇选自《中山策》，殆依《左传》华元飨士与赵宣子食翳桑饿人而拟托者。"与不期众少，其于当厄；怨不期深浅，其于伤心"。世上最难测的是人心，人心本是极其脆弱的，所以对事物的反应非常敏感。事情无论大小，如果真正触及了人的心灵，那么就会改变人对人的态度。"勿以善小而不为，勿以恶小而为之"。

中山君飨都士大夫^①，司马子期在焉。羊羹不遍^②，司马子期怒而走于楚^③，说楚王伐中山，中山君亡^④。有二人挈戈而随

其后者,中山君顾谓二人:"子奚为者也⑤?"二人对曰:"臣有父,尝饿且死,君下壶飧饵之⑥。臣父且死,曰:'中山有事,汝必死之⑦。'故来死君也⑧。"中山君喟然而仰叹曰:"与不期众少⑨,其于当厄⑩;怨不期深浅,其于伤心,吾以一杯羊羹亡国,以一壶飧得士二人。"

【注释】

①飧:用酒食招待人。都士大夫:都邑之士大夫。 ②羊羹不遍:羊羹没有分给司马子期。 ③走:奔向。 ④亡:逃亡。按:前296年赵灭中山,迁其王于肤施。 ⑤子奚为者也:你们是干什么的。 ⑥下:发给,赐予。飧(sūn):熟食,饭食。饵:饲,给吃。 ⑦死之:为中山而死。 ⑧死君:为君而死。 ⑨与:给予,施与。期:期望,犹在于。 ⑩厄:穷困,灾难。

【译文】

　　中山君设宴招待都邑的士大夫,司马子期也在宴请之列。分羊羹时没有分给他,司马子期一怒之下投奔了楚国,说服楚国攻打中山,中山君逃亡。有两个人提着戈一直跟在中山君身后,中山君回过头问他们:"你们是干什么的?"那两个人回答说:"我们的父亲有一次快要饿死了,是您送给他一壶饭吃。我父亲临死前叮嘱说:'中山国如果有变故,你们一定要以死报效国家。'所以我们来为您效死。"中山君仰面叹息道:"对人施与不在乎多少,一定要在他穷困的时候;与人结怨不在乎深浅,一定不能伤害他的心。我因为一杯羊羹亡了国,因为一壶饭得到了两个义士。"

昭王既息民缮兵

【导读】

　　本篇附在《中山策》之末，事在前259—前257年，叙武安君白起事，与中山国毫不相干，当归入《秦策》。疑此章或许不在刘向校录的《战国策》之内，乃东汉时人去秦未远，对白起惜其奇才而死非其罪，恶范雎之进谗及昭王之横暴，遂设为言辞而成此篇，以补《史记》所未叙，代武安君申冤。文章情文并茂，真挚感人，遂附之于《战国策》之末。

　　昭王既息民缮兵①，复欲伐赵。武安君曰："不可。"王曰："前年国虚民饥②，君不量百姓之力，求益军粮以灭赵③。今寡人息民以养士，蓄积粮食，三军之俸有倍于前④，而曰不可，其说何也？"

　　武安君曰："长平之事⑤，秦军大克⑥，赵军大破；秦人欢喜，赵人畏惧。秦民之死者厚葬，伤者厚养⑦，劳者相飨⑧，饮食餔馈⑨，以靡其财⑩；赵人之死者不得收⑪，伤者不得疗，涕泣相哀，戮力同忧⑫，耕田疾作⑬，以生其财。今王发军虽倍其前，臣料赵国守备亦以十倍矣。赵自长平已来，君臣忧惧，早朝晏退⑭，卑辞重币⑮，四面出嫁⑯，结亲燕、魏⑰，连好齐、楚，积虑并心⑱，备秦为务⑲。其国内实⑳，其交外成㉑。当今之时，赵未可伐也。"

　　王曰："寡人既以兴师矣。"乃使五校大夫王陵将而伐赵㉒。陵战失利，亡五校㉓。王欲使武安君，武安君称疾不行。王乃使应侯往见武安君，责之曰㉔："楚地方五千里，持戟百万㉕，君前率数万之众入楚㉖，拔鄢郢，焚其庙㉗，东至竟陵㉘，楚人震恐，东徙而不敢西向。韩、魏相率㉙，兴兵甚众，君所将之不能半之㉚,而与战之于伊阙㉛,大破二国之军,流血漂卤㉜,斩首二十四万,韩、魏以故至今称东藩。此君之功,天下莫不闻。今赵卒之死于长平者已十七八㉝,其国虚弱,是以寡人大发军,人数倍于赵国之众,愿使君将,必欲灭之矣。君尝以寡击众,取胜如神,况以强击弱,以众击寡乎?"

武安君曰:"是时楚王恃其国大㉞,不恤其政,而群臣相妒以功,谄谀用事㉟,良臣斥疏㊱,百姓心离,城池不修,既无良臣,又无守备。故起所以得引兵深入,多倍城邑㊲,发梁焚舟以专民以㊳,掠于郊野以足军食㊴。当此之时,秦中士卒以军中为家㊵,将帅为父母,不约而亲㊶,不谋而信㊷,一心同功,死不旋踵㊸。楚人自战其地,咸顾其家,各有散心,莫有斗志,是以能有功也。伊阙之战,韩孤顾魏㊹,不欲先用其众;魏恃韩之锐㊺,欲推以为锋㊻。二军争便之力不同㊼,是以臣得设疑兵以待韩阵㊽,专军并锐㊾,触魏之不意㊿。魏军既败,韩军自溃,乘胜逐北51,以是之故能立功。皆计利形势自然之理52,何神之有哉!今秦破赵军于长平,不遂以时乘其振惧而灭之53,畏而释之54,使得耕稼以益蓄积,养孤长幼以益其众55,缮治兵甲以益其强,增城浚池以益其固56;主折节以下其臣57,臣推体以下死士58。至于平原君之属59,皆令妻妾补缝于行伍之间60。臣人一心61,上下同力,犹勾践困于会稽之时也62。以合伐之63,赵必固守;挑其军战64,必不肯出;围其国都,必不可克;攻其列城,必不可拔;掠其郊野,必无所得。兵出无功,诸侯生心65,外救必至。臣见其害,未睹其利66。又病,未能行。"

应侯惭而退,以言于王。王曰:"微白起67,吾不能灭赵乎?"复益发军,更使王龁代王陵伐赵68。围邯郸八九月,死伤者众而弗下69。赵王出轻锐以寇其后70,秦数不利。武安君曰:"不听臣计,今果何如?"王闻之怒,因见武安君,强起之71,

曰："君虽病，强为寡人卧而将之。有功，寡人之愿，将加重于君⑦；如君不行，寡人恨君。"

武安君顿首曰："臣知行虽无功，得免于罪。虽不行无罪⑦，不免于诛。然惟愿大王览臣愚计⑦，释赵养民，以诸侯之变⑦。抚其恐惧，伐其憍慢⑦，诛灭无道⑦，以令诸侯，天下可定，何必以赵为先乎？此所谓为一臣屈而胜天下也⑦。大王若不察臣愚计，必欲快心于赵⑧，以致臣罪⑧，此亦所谓胜一臣而为天下屈者也。夫胜一臣之严焉⑧，孰若胜天下之威大耶⑧？臣闻，明主爱其国，忠臣爱其名。破国不可复完⑧，死卒不可复生。臣宁伏受重诛而死⑧，不忍为辱军之将⑧。愿大王察之。"王不答而去。

【注释】

①昭王：指秦昭王。缮兵：休整兵器。　②前年：前一年，上年。　③益：增加。　④三军：统称军队，全军。俸：俸禄，给养。　⑤此句是指秦、赵长平之战，事在前260年。　⑥克：战胜。　⑦厚养：精心治疗。养，调治，疗养。⑧相飨：用酒食招待他们。　⑨铺馈(bū kuì)：给吃，进食于人。　⑩靡：浪费。⑪收：收敛。　⑫戮力：并力，合力。同忧：共同忧念国家的危难。　⑬疾作：努力劳作。疾，尽力。　⑭晏：晚。退：退朝。　⑮卑辞：谦卑的言辞。重币：丰厚的礼物。　⑯四面出嫁：出往四方诸侯。嫁，往，赴。　⑰结亲：结为友好。下句"连好"义同。　⑱积虑：千思百虑。并心：同心同德。⑲备：防备。务：事务，工作。　⑳其国内实：赵国国内财力充实。实，充实。　㉑其交外成：赵国外交活动成功。　㉒校：黄丕烈曰：当衍"校"字。五大夫，爵位名，为二十爵位的第九级。王陵：秦国将领。按：前259年，秦使五大夫王陵进攻赵都邯郸。　㉓校(jiào)：古代军队的一种建制。㉔责：责备。　㉕持戟：指战士。　㉖按：前279年白起大举攻楚。次年攻下楚都鄢郢，焚其夷陵，楚迁都于陈。　㉗庙：宗庙，供奉祭祀祖先的处所。

此指夷陵。 ㉘竟陵：楚国邑，在今湖北潜江以北。 ㉙相率：相从，前后相随。 ㉚将之："将之"下鲍本补"卒"字。不能半之：不到韩、魏联军的一半。能，及，到。 ㉛战之：吴补曰：当是"之战"。按：前293年，白起大胜韩、魏联军于伊阙，斩首二十四万。伊阙：山名，在今河南洛阳南。因两山相对如阙门，伊水流经其间，故名。 ㉜卤：通"橹"，大盾。 ㉝十七八：十分之七八。 ㉞楚王：指楚怀王。恃：依仗。 ㉟谄谀：指谄谀之臣，即阿谀奉承君王的佞臣。用事：掌权。 ㊱斥踈：被疏远。斥，疏远。踈，同"疏"。 ㊲多倍城邑：多得城邑。倍，益，加添。 ㊳发梁：拆毁桥梁。以：吴补曰：《大事记》去此作"心"字。专民心，使民心专于战事。 ㊴掠：取，求索。 ㊵秦中：当为"秦之"。 ㊶约：结约。 ㊷谋：商议。信：诚实，不欺。 ㊸死不旋踵：至死不退却。旋踵，转身。指畏避退缩。 ㊹孤：势力孤单。顾：等待。 ㊺锐：指精锐部队。 ㊻锋：军之先，先锋。 ㊼便：利。此句是说韩、魏二军互相争利不能同心协力。 ㊽设疑兵：虚设迷惑敌人的兵力。待：防备，防御。阵：军队。 ㊾专军并锐：集中精锐部队。专，集中。 ㊿触：撞，冲击。不意：指空虚无防备。 (51)北：败逃的军队。 (52)计利形势自然：指人谋、地利、军事形势。理：条件。 (53)此句是说不就着这个时候趁赵国震惊恐惧而灭掉它。 (54)畏而释之：有所顾虑而放弃这样的机会。畏，疑虑，担心。 (55)养孤长幼：使孤儿得以生活下去，使幼儿得以成长。 (56)增：加高。浚：挖深。固：坚固。 (57)折节：屈身，降低身份。下：谦下。 (58)推体：屈身。 (59)属：类。 (60)补缝：缝补衣服。行(háng)伍：军队。 (61)臣人：臣民。 (62)按：前494年，越国被吴国打败，越王勾践率余兵五千人退守于会稽山，不忘国耻，自强不息，发奋图报。 (63)合：鲍本作"今"。以今，于今。 (64)挑其军战：向赵军挑战。 (65)生心：产生抗秦之心。 (66)覩：同"睹"，看见。 (67)微：假如没有。 (68)更：又。王龁(hé)：秦国左庶长。按：事在前258年。 (69)弗下：没有攻下邯郸。 (70)赵王：指赵孝成王。时当其八年。轻锐：装备轻便的精锐部队。寇：进犯。 (71)强(qiǎng)：

勉强。 ⑦加重：更加器重。 ⑦虽：金正炜曰：或本在"不行"下，误淆于上。 ⑦惟：同"唯"。览：接受。 ⑦吴补曰："以"字下疑有缺。缪文远曰：当缺"观"或"待"字。 ⑦抚其恐惧：安慰诸侯中的恐惧者。⑦憍慢：高傲，傲慢。憍，同"骄"。 ⑦诛灭：消灭。 ⑦为一臣屈：被一个臣下所折服。指听从白起的主张。 ⑧必欲快心于赵：一定要攻伐赵国而使自己的心意畅快。 ⑧致：指使，导致。 ⑧严：威严。 ⑧孰若：哪里比得上。 ⑧完：完整。 ⑧宁：宁肯。伏受重诛：接受严重的惩罚。伏，敬辞。 ⑧忍：愿意。辱军：败军。辱，挫折。

【译文】

秦昭王在百姓得以休整、兵器得以修缮之后，又想攻打赵国。武安君白起说："不行。"秦王说："去年国库空虚，百姓遭饥荒，你不估量百姓的能力，要求增加军粮去消灭赵国。现在我让百姓得以休整，士卒得以安养，积蓄了粮食，军队的给养又比从前多了一倍，你却说不行，是什么道理呢？"

武安君说："长平之战，秦军取得全胜，赵军惨败；秦国人高兴，赵国人害怕。秦国战死的人得以厚葬，受伤的人得到精心治疗，出力的人用酒食来招待他们，大吃大喝，浪费了钱财；赵国战死的人得不到收殓，受伤的人得不到治疗，百姓悲泣哀号，齐心协力共同忧虑国家的危难，努力耕作，已经增加了财富。现在大王准备派出的军队虽然比以前多出一倍，我猜想赵国的守备力量也会是以前的十倍。赵国从长平之战以来，君臣忧虑恐惧，早上朝，晚退朝，用谦卑的言辞、厚重的礼物，派使者出使四方诸侯，和燕、魏、齐、楚结为友好国家，千思百虑，同心同德，以防备秦国的来犯为要事。国内财力充实，外交活动成功。现在这个时候，不能攻打赵国。"

秦王说："我已经准备好发兵了。"于是就派五大夫王陵率军攻打赵国。王陵作战失利，损失了五校军队。秦王又想派遣武安君，武安君声称有病拒绝出战。秦王就派应侯范雎去见武安君,责备他说:"楚国土地纵横五千里,战士百万,您以前率领数万军队攻打楚国,攻下楚都鄢郢,烧毁夷陵的宗庙,一直打到东面的竟陵,楚国人震惊恐惧,向东迁都而不敢向西抵抗。韩、魏两国前后相随,派出很多军队,而您率领的军队不到韩、魏联军的一半,却和他们在伊阙交战,把韩、魏两国打得惨败,以致血流成河漂起大盾,杀敌二十四万,韩、魏两国因此至今自称是秦国东方的属国。这是您的功劳,天下人没有不知道的。现在赵国士兵在长平之战中已经死了十分之七八,他们的国家虚弱,因此我出动了大批军队,人数比赵国多出几倍,希望派您率军出战,一定要消灭赵国。您曾经以少胜多,获胜有如神助,何况现在是以强击弱,以多攻少呢?"

武安君说:"当时楚王依仗他的国家强大,不顾念国政,而群臣居功自傲相互嫉妒,阿谀奉承的佞臣掌权,贤良的忠臣被疏远,百姓离心离德,城墙和护城河得不到修整,既无良臣,又无守备。所以我才能够领兵深入楚国,占领很多城邑,拆毁桥梁,烧毁船只,使民心专于战事,在郊野寻找食物来补充军粮。在这个时候,秦国的士兵把军队当成自己的家,把将帅当作自己的父母,无须结约就互相亲近,无须商议就彼此信任,一心同建战功,至死不退却。楚国人在自己的国土上作战,都思念自己的家,各怀心事,没有斗志,因此我才能建立战功。在伊阙之战时,韩国势力孤单,等待魏国,不想首先动用自己的军队;魏国依仗韩国军队的精锐,想推韩国军队打头阵。韩、魏两军互相争利,不能同心协力,因此我才能虚设迷惑敌人的兵力来防御韩国的军队,集中精锐部队,攻击魏军空虚无备的地方。魏军失败以后,韩国军队也自然溃散,乘胜追击韩国败逃的军队,因为这个缘故,我才能建立战功。这都是因为谋划得当,顺应情势,符合自然规律,哪里有什么神明相助呢!现在秦国在长平打败了赵国军队,不就着这个时候趁赵国震惊恐惧而灭掉它,却有所顾虑而放弃这样的机会,致使赵国得以发展生产以增加积蓄,使孤儿得以生存,幼儿得以成长,增加了人口;修缮兵器,整治铠甲,加强武备;加高城墙,加深护城河,巩固防守。国君降低身份,礼贤下士;将领推心置腹,谦下勇士。至于平原君这类人,都让他们的妻妾到军队中缝补衣服。臣民一心,上下协力,就像当初越王勾践困居在会稽山的时候一样。现在攻打赵国,赵国一定拼死坚守;向赵国挑战,赵国肯定不出战;围攻他们的国都,一定不能取胜;攻打其他城邑,未必能攻下;掠夺他们的郊野,必然一无所获。出兵不能取得功效,反而让诸侯产生抗秦救赵的想法,赵国一定会得到诸侯的援助。我只看到攻打赵国的危害,没有看到它的好处。我又有病,所以不能出征。"

应侯惭愧地退下,把武安君的话告诉了秦王。秦王说:"假如没有白起,我就不能消灭赵国吗?"于是就继续增加兵力,又派王龁替换王陵去攻打赵国。围攻邯郸八九个月,死伤了很多人也没有攻下。赵王派出精锐部队袭击秦军的后路,秦军连连失利。武安君说:"不听我的话,现在结果怎么样呢?"秦王听了大怒,于是亲自去见武安君,强迫他起来,说:"你虽然有病,也要强撑着为我带病去指挥。如果能建立战功,这是我的愿望,我将更加器重你;如果你不出征,我就要怨恨你。"

武安君叩头至地,说:"我知道出征即使不能建立战功,却能免于获罪。不出征虽然没有罪过,却不免于处死。然而还是希望大王接受的我的愚见,放弃攻打赵国,让百姓休养生息,以观诸侯间关系的变化。安抚恐惧的国家,攻打傲慢的国家,消灭无道的国家,以此号令诸侯,就可以平定天下,为什么一定要先消灭赵国呢? 这就是所谓的被一个臣下折服却可以取胜于天下的做法。大王如果不明察我的愚见,一定要攻打赵国来满足自己的心意,致使我获罪,这也就是所谓的压服一个臣子而被天下所屈服的做法啊。降服一个臣下的威严,哪里比得上战胜天下的威严大呢? 我听说,圣明的君王爱护他的国家，忠诚的臣子爱惜他的名声。破亡的国家不能再复原，战死的士兵不能再复活。我宁肯接受严重的惩罚，也不愿意做败军的将领。希望大王明察。"秦王没有回答就走了。

附录

战国策历代序跋选录

校战国策书录

刘　向

　　护左都水使者、光禄大夫臣向言：所校中《战国策》书，中书余卷，错乱相糅莒；又有国别者八篇，少不足。臣向因国别者，略以时次之，分别不以序者以相补，除复重，得三十三篇。本字多误脱为半字，以"赵"为"肖"，以"齐"为"立"，如此字者多。中书本号或曰《国策》，或曰《国事》，或曰《短长》，或曰《事语》，或曰《长书》，或曰《修书》。臣向以为，战国时游士辅所用之国，为之策谋，宜为《战国策》。其事继春秋以后，讫楚、汉之起，二百四十五年间之事，皆定以杀青，书可缮写。

　　叙曰：周室自文、武始兴，崇道德，隆礼义，设辟雍、泮宫、庠序之教，陈礼乐、弦歌移风之化，叙人伦，正夫妇，天下莫不晓然。论孝悌之义，惇笃之行，故仁义之道满乎天下，卒致之刑错四十余年。远方慕义，莫不宾服，《雅》《颂》歌咏，以思其德。下及康、昭之后，虽有衰德，其纲纪尚明。及春秋时，已四五百载矣。然其余业遗烈，流而未灭。五伯之起，尊事周室。五伯之后，时君虽无德，人臣辅其君者，若郑之子产，晋之叔向，齐之晏婴，挟君辅政，以并立于中国，犹以义相支持；歌说以相感，聘觐以相交，期会以相一，盟誓以相救。天子之命，犹有所行；会享之国，犹有所耻。小国得有所依，百姓得有所息。故孔子曰："能以礼让为国乎？何有？"周之流化，岂不大哉！及春秋之后，众贤辅国者既没，而礼义衰矣。孔子虽论《诗》《书》，定《礼》《乐》，王道粲然分明；以匹夫无势，化之者七十二人而已，皆天下之俊也，时君莫尚之，是以王道遂用不兴。故曰："非威不立,非势不行。"

仲尼既没之后,田氏取齐,六卿分晋,道德大废,上下失序。至秦孝公,捐礼让而贵战争,弃仁义而用诈谲,苟以取强而已矣。夫篡盗之人,列为侯王;诈谲之国,兴立为强。是以传相放效,后生师之,遂相吞灭,并大兼小,暴师经岁,流血满野,父子不相亲,兄弟不相安,夫妇离散,莫保其命,滋然道德绝矣。晚世益甚,万乘之国七,千乘之国五,敌侔争权,盖为战国。贪饕无耻,竞进无厌,国异政教,各自制断;上无天子,下无方伯;力功争强,胜者为右,兵革不休,诈伪并起。当此之时,虽有道德,不得施谋;有设之强,负阻而恃固;连与交质,重约结誓,以守其国。故孟子、孙卿儒术之士,弃捐于世,而游说权谋之徒,见贵于俗。是以苏秦、张仪、公孙衍、陈轸、代、厉之属,生从横短长之说,左右倾侧。苏秦为从,张仪为横;横则秦帝,从则楚王;所在国重,所去国轻。

然当此之时,秦国最雄,诸侯方弱,苏秦结之,时六国为一,以傧背秦。秦人恐惧,不敢窥兵于关中,天下不交兵者二十有九年。然秦国势便形利,权谋之士,咸先驰之。苏秦初欲横,秦弗用,故东合从。及苏秦死后,张仪连横,诸侯听之,西向事秦。是故始皇因四塞之固,据崤、函之阻,跨陇、蜀之饶,听众人之策,乘六世之烈,以蚕食六国,兼诸侯,并有天下。杖于谋诈之弊,终于信笃之诚,无道德之教,仁义之化,以缀天下之心。任刑罚以为治,信小术以为道。遂燔烧诗书,坑杀儒士;上小尧、舜,下邈三王。二世愈甚,惠不下施,情不上达;君臣相疑,骨肉相疏;化道浅薄,纲纪坏败;民不见义,而悬于不宁。抚天下十四岁,天下大溃,诈伪之弊也。其比王德,岂不远哉!孔子曰:"道之以政,齐之以刑,民免而无耻;道之以德,齐之以礼,有耻且格。"夫使天下有所耻,故化可致也。苟以诈伪偷活取容,自上为之,何以率下?秦之败也,不亦宜乎?

战国之时,君德浅薄,为之谋策者,不得不因势而为资,据时而为。故其谋，扶急持倾，为一切之权，虽不可以临国教化，兵革救急之势也。皆高才秀士，度时君之所能行，出奇策异智，转危为安，运亡为存，亦可喜，皆可观。护左都水使者、光禄大夫臣向所校《战国策》书录。

重校战国策序

曾　巩

刘向所定著《战国策》三十三篇，《崇文总目》称十一篇者阙。臣访之士大夫家，始尽得其书，正其误谬，而疑其不可考者，然后《战国策》三十三篇复完。

叙曰：向叙此书，言周之先，明教化，修法度，所以大治。及其后，诈谋用而仁义之路塞，所以大乱。其说既美矣。率以谓此书，战国之谋士，度时君之所能行，不得不然，则可谓惑于流俗而不笃于自信者也。

夫孔、孟之时，去周之初，已数百岁，其旧法已亡，其旧俗已熄久矣。二子乃独明先王之道，以为不可改者，岂将强天下之主以后世之所不可为哉？亦将因其所遇之时，所遭之变，而为当世之法，使不失乎先王之意而已也。二帝三王之治，其变固殊，其法固异，而其为国家天下之意，本末先后未尝不同也。二子之道，如是而已。盖法者所以适变也，不必尽同；道者所以立本也，不可不一。此理之不易者也。故二子者守此，岂好为异论哉？能勿苟而已矣。可谓不惑于流俗而笃于自信者也。

战国之游士则不然，不知道之可信，而乐于说之易合。其设心注意，偷为一切之计而已。故论诈之便而讳其败，言战之善而蔽其患。其相率而为之者，莫不有利焉而不胜其害也，有得焉而不胜其失也。卒至苏秦、商鞅、孙膑、吴起、李斯之徒以亡其身,而诸侯及秦用之,亦灭其国。其为世之大祸明矣,而俗犹莫之悟也。惟先王之道,因时适变,法不同而考之无疵,用之无敝,故古之圣贤,未有以此而易彼也。

或曰,邪说之害正也,宜放而绝之。则此书之不泯,不泯其可乎?对曰,君子之禁邪说也,固将明其说于天下。使当世之人皆知其说之不可从,然后以禁则齐;使后世之人皆知其说之不可为,然后以戒则明。岂必灭其籍哉?放而绝之,莫善于是。故孟子之书,有为神农之言者,有为墨子之言者,皆著而非之。至于此书之作,则上继春秋,下至秦、汉之起,二百四五十年之间,载其行事,固不得而废也。

此书有高诱注者二十一篇,或曰三十二篇。《崇文总目》存者八篇,今存者十篇云。编校史馆书籍臣曾巩序。

书战国策后

李格非

《战国策》所载,大抵皆从横捭阖、谲诳相轻、倾夺之说也。其事浅陋不足道,然而人读之,则必乡其说之工而忘其事之陋者,文辞之胜移之而已。且寿考安乐、富贵尊荣、显名爱好、便利得意者,天下之所欲也,然激而射之,或将以致人之忧。死亡忧患、贫贱苦辱、弃损亡利失意者,天下之所恶也,然动而竭之,或将以导人之乐。至于以下求小,以高求大,纵之以阳,闭之以阴,无非微妙难知之情,虽辩士抵掌而论之,犹恐不白,今寓之文字,不过一二,言语未必及,而意已隐然见乎其中矣!由是言之,则为是说者非难,而载是说者为不易得也。呜呼!使秦、汉而后复有为是说者,必无能载之矣!虽然,此岂独人力哉!盖自尧、舜、夏、商,积制作,以至于周，而文物大备。当其盛时，朝廷宗庙之上，蛮貊穷服之外，其礼乐制度，条施目设，而威仪文章可著之简册者，至三千数，此圣人文章之实也。及周道衰，浸淫陵迟，幽、厉承之，于是大坏；然其文章所从来既远，故根本虽伐，而气焰未易遽熄也。于是浮而散之，钟于谈舌，而著于言语。此庄周、屈原、孙武、韩非、商鞅与夫仪、秦之徒，所以虽不深祖吾圣人之道，而所著书文辞，骎骎乎上薄六经，而下绝来世者，岂数人之力也哉！

今《战国策》宜有善本传于世，而舛错不可疾读，意天之于至宝，常不欲使人易得，故余不复窜定，而其完篇，皆以丹圈其上云。

题战国策

王　觉

《战国策》三十三篇，刘向为之序，世久不传。治平初，始得钱塘颜氏印本读之，爱其文辞之辩博，而字句脱误，尤失其真。丁未岁，予在京师，因借馆阁诸公家藏数本参校之，盖十正其六七；凡诸本之不载者，虽杂见于《史记》他书，然不敢辄为改易，仍从其旧，盖慎之也。

当战国之时，强者务并吞，弱者患不能守，天下方争于战胜攻取，驰说之士因得以其说取合时君。其要皆主于利言之，合从连横，变诈百出。然自春秋之后，以迄于秦，二百余年兴亡成败之迹，粗见于是矣！虽非义理之所存，而辩丽横肆，亦文辞之最，学者所不宜废也。

会有求予本以开板者，因以授之，使广其传，庶几证前本之失云。清源王觉题。

书阁本战国策后

孙　朴

臣自元祐元年十二月入馆，即取曾巩三次所校定本，及苏颂、钱藻等不足本，又借刘敞手校书肆印卖本参考，比巩所校，补去是正，凡三百五十四字。八年，再用诸本及集贤院新本校，又得一百九十六字，共五伯五十签，遂为定本，可以修写黄本入秘阁。集贤本最脱漏，然亦间得一两字。癸酉岁，臣朴校定。

右十一月十六日书阁本后　孙元忠

战国策校序

姚　宏

右《战国策》，隋《经籍志》，三十四卷，刘向录，高诱注，止二十一卷，汉京兆尹延笃《论》一卷。唐《艺文志》，刘向所录已阙二卷，高诱注乃增十一卷，延叔坚之《论》尚存。今世所传三十三卷。《崇文总目》高诱注八篇，今十篇，第一、第五阙。前八卷，后三十二、三十三，通有十篇。武安君事，在《中山》卷末，不知所谓。叔坚之《论》，今他书时见一二。旧本有未经曾南丰校定者，舛误尤不可读。南丰所校，乃今所行。都下建阳刻本，皆祖南丰，互有失得。

余顷于会稽得孙元忠所校于其族子懋，殊为疏略。后再扣之，复出一本，有元忠跋，并标出钱、刘诸公手校字，比前本虽加详，然不能无疑焉。如用"坓""悡"字，皆武后字，恐唐人传写相承如此。诸公校书改用此字，殊所不解。窦苹作《唐史释音》，释武后字，内"坓"字云："古字，见《战国策》。"不知何所据云然？

然"坒"乃古"地"字。又"坒"字见《亢仓子》《鹖冠子》，或有自来；至于"恶"字，亦岂出于古欤？幽州僧行均《切韵训诂》，以此二字皆古文，岂别有所见耶？孙旧云"五百五十签"，数字虽过之，然间有谬误，似非元书也。括苍所刊，因旧无甚增损。

余萃诸本校定离次之，总四百八十余条。太史公所采九十余条，其事异者，止五六条。太史公用字，每篇间有异者，或见于他书，可以是正，悉注于旁。辨"爕水"之为"渍水"，"案"字之为语助，与夫不题校人，并题续注者，皆余所益也。正文遗逸，如司马贞引"马犯谓周君"、徐广引"韩兵入西周"、李善引"吕不韦言周三十七王"、欧阳询引"苏秦谓元戎以铁为矢"、《史记正义》"竭石九门本有宫室以居"、《春秋后语》"武灵王游大陵梦处女鼓瑟"之类，略可见者如此，今本所无也。至如"张仪说惠王"乃《韩非·初见秦》，"厉怜王"引《诗》乃韩婴《外传》，后人不可得而质矣！先秦古书，见于世者无几，而余居穷乡，无书可检阅，访《春秋后语》，数年方得之，然不为无补。尚觊博采，老得定本，无刘公之遗恨。绍兴丙寅中秋，剡川姚宏伯声父题。

战国策后序

姚　宽

右《战国策》，隋《经籍志》，三十四卷，刘向录，高诱注，止二十卷，汉京兆尹延笃《论》一卷。唐《艺文志》，刘向录已阙二卷，高诱注乃增十一卷，延笃《论》时尚存。今所传三十三卷。《崇文总目》高诱注八篇，印本存者有十篇。武安君事在《中山》卷末，不详所谓。延笃《论》今亡矣。其未曾经曾南丰校定者，舛误尤不可读。其浙、建原小字刊行者，皆南丰所校本也。括苍耿氏所刊，卤莽尤甚。宣和间，得馆中孙固、孙觉、钱藻、曾巩、刘敞、苏颂、集贤院共七本，晚得晁以道本，并校之，所得十二焉。如用"坒""恿"字，皆武后字，恐唐人相承如此，诸公校书，改用此字，殊不可解。窦苹作《唐书》，释武后用"坒"字云："古字，字见《战国策》。"不知何所据而云然！"坒"乃古"地"字。又"坒"字见《亢仓子》《鹖冠子》，或有自来；至于"恿"字，幽州僧行均作《切韵训诂》，以此二字云古文，岂别有所见耶？太史公所采九十三事，内不同者五。《韩非子》十五事，《说苑》六事，《新序》九事，《吕氏春秋》一事，《韩诗外传》一事，皇甫谧《高士传》三事，《越绝书》记李园一事，甚异。如正文遗逸引《战国策》者，司马贞《索隐》五事，《广韵》七事，《玉篇》一事，《太平御览》二事，《元和姓纂》一事，《春秋后语》二事，《后汉·地理志》一事，《后汉》第八《赞》一事，《艺文类聚》一事，《北堂书钞》一事，徐广注《史记》一事，张守节《正义》一事，旧《战国策》一事，李善注《文选》一事，皆今本所无也。至如"张仪说惠王"，乃《韩非子·初见秦》书，"厉怜王"引《诗》，乃《韩诗外传》，既无古书可以考证，第叹息而已。某以所闻见，以为集注，补高诱之亡云。上章执徐仲冬朔日，会稽姚宽书。

战国策注序 两则

鲍　彪

《国策》，史家流也。其文辩博，有焕而明，有婉而微，有约而深，太史公之所本也。自汉称为《战国策》，杂以"短长"之号，而有苏、张纵横之说。学者讳之置不论，非也。夫史氏之法，具记一时事辞，善恶必书，初无所决择。楚曰《梼杌》，书恶也；鲁曰《春秋》，善恶兼也；司马《史记》、班固《汉书》，有《佞幸》等列传，学者岂以是为不正，一举而弃之哉？矧此书，若张孟谈、鲁仲连发策之慷慨，谅毅、触詟纳说之从容，养叔之息射，保功莫大焉；越人之投石，谋贤莫尚焉；王斗之爱毂，忧国莫重焉。诸如此类不一，皆有合先王正道，孔、孟之所不能违也，若之何置之？曾巩之序美矣，而谓禁邪说者，固将明其说于天下，则亦求其故而为之说，非此书指也。

起秦迄今，千四百岁，由学者不习，或衍或脱，或后先失次，故"肖""立"半字，时次相糅，刘向已病知矣。旧有高诱注，既疏略无所稽据，注又不全，浸微浸灭，殆于不存。彪于是考《史记》诸书为之注，定其章条，正其衍说，而存其旧，慎之也。地理本之《汉志》，无则缺；字训本之《说文》，无则称犹。杂出诸书，亦别名之。人姓名多不传见，欲显其所说，故系之一国。亦时有论说，以翊宣教化，可以正一史之谬，备《七略》之缺。以之论是非，辨得失，而考兴亡，亦有补于世。绍兴十七年丁卯仲冬二十有一日辛巳冬至缙云鲍彪序。

刘氏定著三十三篇：《东周》一，《西周》一，《秦》五，《齐》六，《楚》四，《赵》四，《魏》四，《韩》三，《燕》三，《宋卫》一，《中山》一。今按：《西周》，正统也，不得后于《东周》，定为首卷。

彪校此书，四易稿而后缮写。己巳仲春重校，始知《东周策》"严氏之贼，阳竖与焉"为《韩策》严遂、阳竖也。先哲言，校书如尘埃风叶，随扫随有，岂不信哉！尚有舛谬，以俟君子。十一日书。

战国策校注序

吴师道

先秦之书，惟《战国策》最古，文最讹舛，自刘向校定已病之。南丰曾巩再校，亦疑其不可考者。后汉高诱为注，宋尚书郎括苍鲍彪诋其疏略缪妄，乃序次章条，补正脱误，时出己见论说，其用意甚勤。愚尝并取而读之，高氏之疏略信矣，若缪妄，则鲍氏自谓也。东莱吕子《大事记》，间取鲍说而序次之，世亦或从之。若其缪误，虽未尝显列，而因此考彼，居然自见，遂益得其详焉。盖鲍专以《史记》为据，马迁之作，固采之是书，不同者当互相正，《史》安得全是哉？事莫大于存古，学莫善于阙疑。夫子作《春秋》，仍夏五残文；汉儒校经，未尝去本字，但云"某当作某""某读如某"，示谨重也。古书字多假借，音亦相通。鲍直去本文，径加改字，岂传疑存旧之意哉？比事次时，当有明征，其不可定知者，阙焉可也，岂必强为傅会乎？

又其所引书，止于《淮南子》《后汉志》《说文》《集韵》，多摭彼书之见闻，不问本字之当否。《史》注自裴、徐氏外，《索隐》《正义》皆不之引，而《通鉴》诸书亦莫考。浅陋如是，其致误固宜。顾乃极诋高氏以陈贾为《孟子》书所称，以伐燕为齐宣，用是发愤更注；不思宣王伐燕，乃《孟子》明文，宣、闵之年，《通鉴》谓《史》失其次也。鲍以赧王为西周君，而指为正统，此开卷大误！不知河南为西周，洛阳为东周。韩非子说秦王以为何人，魏惠王盟臼里以为他事，以鲁连约矢之书为后人所补，以魏儿、鄢陵为人名，以公子牟非魏牟，以中山司马子期为楚昭王卿，此类甚多，尚安得诋高氏哉？其论说自谓"翊宣教化"，则尤可议。谓张仪之诳齐、梁为将死之言善，周人诈以免难为君子所恕，张登狡狯非君子所排，苏代之迤为不可废，陈轸为绝类离群，蔡泽为明哲保身，聂政为孝，乐羊为隐忍，君王后为贤智妇人，韩几瑟为义嗣，卫嗣君为贤君，皆悖义害正之甚者。其视名物、人、地之差失，又不足论也。

鲍之成书，当绍兴丁卯。同时剡川姚宏，亦注是书，云得会稽孙朴所校，以阁本标出钱藻、刘敞校字，又见晋孔衍《春秋后语》，参校补注，是正存疑，具有典则。《大事记》亦颇引之，而世罕传，知有鲍氏而已。近时，浚仪王应麟尝斥鲍失数端，而庐陵刘辰翁盛有所称许。以王之博洽，知其未暇悉数；而刘特爱其文采，他固弗之察也。吕子有云："观《战国》之事，取其大旨，不必字字为据。"盖以游士增饰之词多，矧重以讹舛乎？辄因鲍注，正以姚本，参之诸书，而质之《大事记》，存其是而正其非，庶几明事迹之实，求义理之当焉。

或曰：《战国策》者，六经之弃也，子深辨而详究之，何其戾？鲍彪之区区，又不足攻也。夫人患理之不明耳！知至而识融，则异端杂说，皆吾进德之助，而不足以为病也。曾氏之论是书曰："君子之禁邪说者，固将明其说于天下，使皆知其不可为，然后以禁则齐，以戒则明。"愚有取焉尔！是非之在人心，天下之公也。是，虽刍荛不遗；非，虽大儒必斥。愚何择于鲍氏哉？特寡学谫闻，谬误复恐类之。世之君子有正焉，固所愿也。泰定二年岁乙丑八月日金华吴师道序。

曾序跋

吴师道

《国策》之书，自刘向第录，逮南丰曾氏，皆有序论以著其大旨。向谓"战国谋士，度时君所能行，不得不然"。曾氏讥之，以为

"惑流俗而不笃于自信"。故因之推言先王之道，圣贤之法，而终谓"禁邪说者，固将明其说于天下"。其论正矣！而鲍氏以为是，特求其故而为之说者。《策》乃史家者流，善恶兼书，初无抉择，其善者孔、孟之所不能违，若之何置之？鲍之言，殆后出者求备耶？

夫天下之道，王伯二端而已。伯者犹知假义以为名，仗正以为功。战国名义荡然，攻斗并吞，相诈相倾，机变之谋，惟恐其不深；捭阖之辞，惟恐其不工；风声气习，举一世而皆然。间有持论立言不戾乎正，殆千百而一二尔！若鲁仲连盖绝出者，然其排难解纷，忼慨激烈，每因事而发，而亦未闻其反正明本，超乎事变之外也，况其下者乎？当是之时，本仁祖义，称述唐、虞、三代，卓然不为世俗之说者，孟子一人而已。求之是书无有也。荀卿亦宗王者，今唯载其绝春申之书，而不及其他。田子方接闻孔氏之徒，其存者仅仅一言。又何略于此而详于彼邪？史莫大于《春秋》，《春秋》善恶兼书，而圣人之心，则欲寓褒贬以示大训。是书善恶无所是非，而作者又时出所见，不但记载之，为谈季子之金多位高，则沾沾动色；语安陵嬖人之固宠，则以江乙为善谋，此其最陋者。夸从亲之利，以为秦兵不出函谷十五年，诸侯二十九年不相攻，虽甚失实，不顾也。厕《雅》于郑，则音不纯；置薰于莸，则气必夺；善言之少，不足以胜不善之多。君子所以举而谓之邪说者，盖通论当时习俗之敝，举其重而名之也。近代晁子《读书志》列于纵横家，亦有见者。且其所列，固有忠臣义士之行不系于言者；而其继春秋，抵秦、汉，载其行事，不得而废，曾氏固已言之，是岂不知其为史也哉？

窃谓天下之说，有正有邪。其正焉者主于一，而其非正者，君子小人各有得焉。君子之于是书也，考事变，究情伪，则守益以坚，知益以明；小人之于是书也，见其始利而终害，小得而大丧，则悔悟惩创之心生。世之小人多矣，固有未尝知是书，而其心术行事无不合者。使其得是书而究之，则将有不为者矣。然则所谓明其说于天下,为放绝之善者,讵可訾乎?

姚序跋 两则

吴师道

顷岁,予辨正鲍彪《战国策注》,读吕子《大事记》引剡川姚宏,知其亦注是书。考近时诸家书录皆不载,则世罕有蓄者。后得于一旧士人家,卷末载李文叔、王觉、孙朴、刘敞语。其自序云,尝得本于孙朴之子慤。朴元祐初在馆中,取南丰巩本,参以苏颂、钱藻、刘敞所传,并集贤院新本,上标钱、刘校字,而姚又会稡诸本定之。每篇有异及他书可证者,悉注于下。因高诱注,间有增续,简质谨重,深得古人论撰之意,大与鲍氏率意窜改者不同。又云,访得《春秋后语》,不为无补。盖晋孔衍所著者,今尤不可得,尚赖此而见其一二,讵可废耶?考其书成当绍兴丙寅,而鲍注出丁卯,实同时。鲍能分次章条,详述注说,读者眩于浮文,往往喜称道之;而姚氏殆绝,无足怪也。

宏字令声,今题伯声甫,待制舜明廷辉之子,为删定官,忤秦桧,死大理狱。弟宽令威、宪令则,皆显于时。其人尤当传也。

余所得本,背纸有宝庆字,已百余年物,时有碎烂处。既据以校鲍误,因序其说于此。异时当广传写,使学者犹及见前辈典则,可仰可慕云。至顺四年癸酉七月吴师道识。

右此序题姚宽撰,有手写附于姚注本者。文皆与宏序同,特疏列逸文加详,考其岁月则在后,乃知姚氏兄弟皆尝用意此书。宽所注者,今未之见,不知视宏又何如也?因全录著之左方,以俟博考者。吴师道识。

战国策校注序

陈祖仁

　　至正初，祖仁始登史馆，而东阳吴君正传实为国子博士。吴君之乡，则有丁文宪、何文定、金文安、许文懿诸先生所著书，君悉取以训诸生，匡末学。后君归丁母艰，病卒。祖仁亦尝闻君校注《国策》，考核精甚，而惜未之见也。今季夏，浙西宪掾刘瑛廷修，随金宪伯希颜公来按吴郡。一日，囊君所校《策》来言曰："正传吾故人，今已矣，不可使其书亦已！吾尝有请于金宪公，取于其家，且刻梓学宫。君宜序之，幸毋辞！"祖仁窃惟古之君子，其居家也本诸身，其居官也本诸家，其训人也本诸己，其安时也本诸天，文其余也，而况于言乎？是故不以言为上，而后之为言者，莫能上也。不以计为高，而后之为计者，莫能高也。

　　周衰，列国兵争，始重辞命，然犹出入《诗》《书》，援据遗《礼》，彬彬焉先王流风余韵存焉！坏烂而莫之存者，莫甚于战国。当时之君臣，惴惴然惟欲强此以弱彼；而游谈驰骋之士，逆探巧合，强辩深语，以斗争诸侯，矜鬻妻子。虽其计不可行，言不可践，苟有欲焉，无不售也；苟有隙焉，无不投也。卒之诸侯不能有其国，大夫不能有其家，而苏秦之属不旋踵，势败而身偾。由此观之，非循末沿流，不知其本故耶？

　　是《策》自刘向校定后，又校于南丰曾巩。至括苍鲍彪，病高注疏谬，重定序次，而补阙删衍，差失于专；时有议论，非悉于正。故吴君复据剡川姚宏本，参之诸书，而质之《大事记》，以成此书。其事核而义正，诚非鲍比。古书之存者希矣，而诸儒于是书校之若是其精者，以其言则季世之习，而其策则先秦之遗也。予何幸得观吴君此书于身后，且知其所正者有所本，而又嘉刘掾不以死生异心而卒其志也。故不复辞，而为之序。至正十五年六月浚仪陈祖仁序。

校战国策序

王廷相

《战国策》者，先秦纪事之书也。历代儒者，校注尚矣。汉有刘向氏，高诱氏；宋有曾巩氏，姚宏氏，鲍彪氏；元有吴师道氏。后出者详，渐加明备矣。要其指归，尧、舜、三王之余戮，而仁义圣智之蔽塞也。何以言之？摄权变以钩利，蓄狙诈以交外，幸近小以为得，便苟偷以为安。其心隐忍，其事欺谩，其术鄙陋委琐，畔于正轨远矣！而时君暗劣，慑于祸患，一切倾心听之，由是兵戈遍于九域，生民涂其肝脑。古昔圣人休静天下之泽，斩然无存。嗟乎！世变至此极矣。当是之时，秦独强。秦人出关，六国之人皆动；非兵戈之搆，则要质之讲；非应秦之敌，则与国之合。由是观之，虽有孟子仁义不忍之心，井田常产之政，夫孰暇而听之？又安能施之邪？故曰尧、舜、三王之余戮，而仁义圣智之蔽塞也。虽然，自春秋以还，二百余年之迹，使无是书，则湮郁无闻；仰稽世变之学，亦在所不可废矣。

柏山李子汝贤，按治之暇，出缮本以校注问余。嗟乎！览坟典者得其义，斯得其实矣。故是书之校，以大义疏畅为主。辞义人皆可达及姓氏、里域、岁月之不可必知者，悉略之；必俟释其义而后辞可达者，悉注之；缪误无所取证与夫不能解者，悉阙以俟之。其曰"注"，曰"鲍注"及一"曰"字无注者，皆鲍注也；其曰"补注"，曰"正注"者，皆吴注也；间有诸注未明备者，窃以己意疏之，比类援义，求畅达焉。李子原本《策》文，其补字、倒字、衍字皆从鲍、吴二家定本，削去旧字，便于诵习也。为卷凡十：《西周》十九章，《东周》二十六章，《秦》六十八章，《齐》五十九章，《楚》五十七章，《赵》六十三章，《魏》九十章，《韩》五十九章，《燕》三十二章，《宋》六章，《卫》九章，《中山》九章。

校成之日，大参俞国昌氏请被之梓以传。嘉靖改元腊日仪封王廷相子衡序。

高诱注战国策跋

钱谦益

《战国策》经鲍彪殽乱，非复高诱原本，而剡川姚宏较正本，博采《春秋后语》诸书，吴正传驳正鲍注，最后得此本，叹其绝佳，且谓于时蓄之者鲜矣。此本乃伯声较本，又经前辈勘对疑误，采正传补注，标举行间。天启中，以二十千购之梁溪安氏，不啻获一珍珠船矣。无何，又得善本于梁溪高氏，楮墨精好，此本遂次而居乙。每一摩挲，不免以积薪自哂。要之，此两本实为双璧，阙一固不可也。崇祯庚午七月曝书于荣木楼，□翁谨识。

古本战国策跋 三则

陆贻典

《战国策》世传鲍彪注者，求吴师道驳正本已属希有，况古本哉！钱遵王假余此本，系姚宏较刻高诱注，盖得之于□翁宗伯者。不特开卷便有东、西周之异，全本篇次前后，章句烦简，亦与今本迥不相侔，真奇书也，因命友印录。

此册原本经前辈勘对疑误，采正传补注标举行间，宜并存之，一时未遑也。□翁云："天启中，得此于梁溪安氏，无何，又得善本于梁溪高氏。"今此本具在，已出寻常百倍，不知高氏本又复何如耳。戊戌孟春六日录校并识，虞山陆贻典。

庚寅冬，□翁绛云楼灾，其所藏书俱尽于咸阳之炬，不谓高氏本尚在人间。林宗叶君印录一本假余，较此颇多是正，而摹写讹字，猝未深辨，并一一校入，尚拟借原本更一订定也，戊戌季冬六日校毕记。

己亥春，从钱氏借高氏原本校前十九卷。孟冬暇日，过毛氏目耕楼，借印录高氏本，校毕，此书始为全璧云。敕先。

战国策钞序

朱鹤龄

嗟乎！吾读《长短》之书，然后信子舆氏之以仁义说齐、梁，为深切事情而不可易也。夫战国之亡以策士，策士之亡战国，则以利也。王泽既遥，七雄云扰，力侔势敌，权谲相高。于是仪、秦、轸、衍、代、厉之徒，竞起而投其隙，朝从暮横，阳施阴设。其所命为策士者，不过市魁盗侠之辈，如斗狗然，交啖以利而已矣。彼怀驵侩之心，此挟倾危之术，苟售诈谋，虽裂身湛族而不顾其毒。至于干戈相寻，坑杀动以数十万计。秦政之时，民之仅存者无几矣。夫锋莫铦于利，而剑戟为下；祸莫憯于利，而参夷为轻。方其抵掌华屋之下，语穿心兵，不过欲以遂其跃马疾驱、黄金横带之乐，而岂意其流毒之远，一至此哉？吾故曰：七国之亡以策士，策士之亡战国以利也。

然则其书何以不废？曰：是乌可废也？春秋以后，楚、汉以初，二百四十余年之行事备焉，是史之流也。史家兼载善恶，以明是非。且夫不尝荼蓼，不知粱肉之足以饫口也；不历冰霰，不知阳和之足以悦肤也；不深览言利之害，亦岂信称先王陈仁义之效，可以行之千万世而无弊也哉？况乎其文之雄深峭健，龙门史传多取裁焉。一时人物，如仲连之高蹈，乐毅之笃忠，邹忌、王斗、触詟之进说，皆有当于儒者之正谊，乌可以其出于战国而不道哉？

是书虽经南丰校勘，舛误犹多，鲍彪复紊乱其章次，剡川姚宏会稡诸家而是正之，最称善本，惜近世不可复睹。先朝张叔大、陆子渊两先生尝为之评解，芟繁纂要，划然中綮，其于《史》《汉》行文之法，备有发明。吾友茂伦珍秘多年，今为锓板而行之，亦两先生之功臣也已。

（原载《愚庵小集》）

战国策去毒跋

陆陇其

《战国策》一书，大抵皆纵横家言也。其文章之奇，足以悦人耳目；而其机变之巧，足以坏人心术。子弟识见未定而读之，其不为之渐染者鲜矣。当时惟孟子一人，卓然于波流之中，直以为是妾妇之道，而大丈夫之所不为，盖其视秦、仪辈，不啻如厚味之中有大毒焉，惟恐学者陷溺其中而不能出也。今之读《战国策》者多，亦曾以《孟子》之道权衡之乎？余惧其毒之中于人也，故取今文士所共读者，指示其得失，使学者知其所以异于《孟子》者，庶几咭其味而不中其毒也。

夫南丰一序，言其病最详，故并附焉。又此书原本各系于其国，读者辄迷其先后，今一以《通鉴》编年为次。

（原载《三鱼堂文集》）

刻姚本战国策序

卢见曾

　　汉末涿郡高氏诱，少受学于同县卢侍中子干，尝定《孟子》章句，作《孝经》《吕氏春秋》《淮南》诸解，训诂悉用师法，尤精音读。其解《吕氏春秋》《淮南》二书，有急气、缓气、闭口、笼口之法，盖反切之学，实始于高氏，而孙叔然炎在其后。今刻二书者，尽删其说，为可惜也。高氏又尝注《战国策》三十三篇，世无其书。前明天启中，虞山钱宗伯以二十千购之梁溪安氏，乃南宋剡川姚伯声校正本；后又得梁溪高氏本，互相契勘，遂称完善。

　　曩余读吴文正公《东西周辨》，谓《战国策》编题，首《东周》，次《西周》，而今鲍彪本误以西周为正统，升之卷首，始知古本《战国策》为鲍氏所乱久矣。及余再莅淮南，属友人于吴中借高注考之，叹文正之辨，为不可易。高注古雅，远胜鲍氏，其中编次，亦与鲍氏迥异。两汉传注存者，自毛氏、何氏而外，首推郑氏。继郑氏而博学多识者，唯高氏。盖其学有师承，非赵台卿、王叔师之比也。惜《孟子章句》《孝经解》不传，而此书于绛云一炬之后，幸而得存，为刊板行世。好古之士，审择于高、鲍二家，孰得孰失，必有能辨之者。乾隆丙子德州卢见曾序。

战国策考

牟　庭

　　《战国策》中书本号或曰《国策》，或曰《国事》，或曰《短长》，或曰《事语》，或曰《长书》，或曰《修书》。自刘向校书，始名曰《战国策》；除复重，得三十三篇；是本书不名《战国策》，又不止三十三篇也。《史记·田儋列传》曰："蒯通善为长短说，论战国之权变，为八十一首。"《汉书·蒯通传》亦曰："通论战国时说士权变，亦自序其说，凡八十一首，号曰'隽永'。"《史记·淮阴侯列传》载蒯通以相人说韩信，而《索隐》以为《汉书》及《战国策》皆有此文；是则唐时《战国策》尚有蒯通说信之说，唐以后始删去之也。《战国策》而有蒯通之说，疑即《通传》所谓"论战国权变，亦自序其说"者也。其书号曰"隽永"，与中书本号《长书》《修书》者亦相似，"修""长"皆"永"之义也。《史记》名为"长短说"，亦即中书本号或曰"短长"者是也。以此言之，《战国策》即蒯通所作八十一首甚明。刘向校中书余卷，错乱相糅，因除去四十八首，为三十三篇耳。《艺文志》纵横家有《蒯子》五篇，亦通之所作，然非此八十一首之书也。此书以论战国时事，故继《春秋》之后，不入纵横家也。又按：刘向《校战国策序录》曰："其事继春秋以后，讫楚、汉之起，二百四十五年间之事，皆定以杀青，书可缮写。"然则《战国策》有韩信、蒯通之事，证验分明，盖无可疑。

　　　　　　　　　　　　　　（原载钞本《雪泥书屋杂志》卷二）

重刻剡川姚氏本战国策并札记序

黄丕烈

囊者顾千里为予言，曾见宋椠剡川姚氏本《战国策》，予心识之。厥后遂得诸鲍绿饮所，楮墨精好，盖所谓梁溪高氏本也。千里为予校卢氏雅雨堂刻本一过，取而细读，始知卢本虽据陆敕先抄校姚氏本所刻，而实失其真，往往反从鲍彪所改及加字并抹除者，未知卢、陆谁为之也？夫鲍之率意窜改，其谬妄固不待言，乃更援而入诸姚氏本之中，是为厚诬古人矣！金华吴正传氏重校此书，其自序有曰："事莫大于存古，学莫大于阙疑。"知言也哉！后之君子，未能用此为药石，可一慨已！

今年命工，纤悉影橅宋椠而重刊焉。并用家藏至正乙巳吴氏本互勘，为之《札记》，凡三卷，详列异同，推原卢本致误之由，订其失，兼存吴氏重校语之涉于字句者，亦下己意，以益姚氏之未备。大旨专主师法乎阙疑、存古，不欲苟取文从字顺；愿贻诸好学深思之士。吴氏校每云"一本"，谓其所见浙、建、括苍本也。今皆不可复得，故悉载之。宋椠更有所谓梁溪安氏本，今未见，见其影钞者，在千里之从兄抱冲家。其云"经前辈勘对疑误，采正传《补注》，标举行间"。惜乎不并存也。非一刻小小有异。然皆较高氏本为逊，故不复论。嘉庆八年八月八日吴县黄丕烈撰。

影钞安氏本战国策跋

顾广圻

高氏《战国策》姚伯声校，宋椠本有二，皆见蒙叟之跋：一得于梁溪安氏，再得于梁溪高氏。迨后高氏本，曾在长塘鲍丈绿饮以翁处有嘉庆癸亥翻刻者是也，今归长沙汪阆原家。安氏本仅见影写者，向为小读书堆所收，今与真本皆不知归何许矣。此则有堂吴子先世之遗，亦从安氏本影抄，行款笔迹，几乎无二，展玩再四，恍如宿觏，唯每册有钱楚殷图记为少异耳。楚殷最多秘笈，何义门学士手校题跋，每言从之借来。距今百年，流转就稀，想乾隆间入璜川者或非一种。而予之寓目，则止此而已。吾愿有堂其尚无善保之哉！

（原载《思适斋集》）

战国策札记后序

顾广圻

黄君荛圃刻姚伯声本《战国策》及所撰《札记》既成，属广圻为之序。爰序其后，曰：

《战国策》传于世者，莫古于此本矣！然就中舛误不可读者，往往有焉。考刘向《叙录》云："皆定以杀青，书可缮写。"是向书初非不可读者也。高诱即以向所定著为之注，下迄唐世，其书具存，故李善、司马贞等征引依据，绝无不可读之云。逮曾南丰氏编校，始云疑其不可知者，而同时题记类称为舛误。盖自诱注仅存十篇，而宋时遂无善本矣。伯声续校，总四百八十余条，其所是正，亦云多矣，但其所萃诸本，既皆祖南丰，又旁采他书，复每简略，未为定本，尚不能无刘原父之遗恨耳。厥后吴师道驳正鲍注，用功甚深，发疑正读，殊有出于伯声外者矣！今荛圃之《札记》，虽主于据姚本订今本之失，而取吴校以益姚校之未备，所下己意，又足以益二家之未备也。凡于不可读者，已稍稍通之矣。后世欲读《战国策》，舍此本其何由哉？

广圻于是书，寻绎累年，最后于《叙录》所云"臣向因国别者，略以时次之，分别不以序者以相补，除复重，得三十三篇"者，恍然而知《战国策》实向一家之学，与韩非、太史公诸家抵牾，职此之由，无足异也。因欲放杜征南于《左氏春秋》之意，撰为《战国策释例》五篇：一曰"疑年谱"，二曰"土地名"，三曰"名号归一图"，四曰"诂训微"，五曰"大目录"。私心窃愿为刘氏拥彗清道者也。高注残阙，艰于证明，粗属草稿，牵率未竟，他年倘能遍稽载籍，博访通人，勒为一编，俾相辅而行，未始非读此本之助也。谂诸莪圃，其以为何如？嘉庆癸亥十一月元和顾广圻。

跋旧刻鲍氏注战国策

钱泰吉

宋姚宏校高诱《战国策注》，余所藏有雅雨堂本及吴门黄莪圃仿宋本，可互校矣。鲍氏注未见佳刻。己酉初春得此本，纸墨颇佳，卷尾王觉跋后有"吴郡杜诗梓"五字，而其上损数字，当是书贾去其年月，欲为宋本耳。然误字不少，鲍氏见之，不免尘埃风叶之叹。欲读鲍注，当参吴氏师道校注，余仅有坊间合刻本，莪圃所藏至正乙巳本，拜经楼亦有之，欲假未果，曲阜孔氏刻本亦未得藏，旧书难遇，不必宋、元刻也。顾千里为黄氏《策札》跋云：欲放杜征南于《左氏春秋》之意，为《战国策释例》五篇：一曰"疑年谱"，二曰"土地名"，三曰"名号归一图"，四曰"诂训微"，五曰"大目录"。傥有成书，亦读《战国策》者不可少也。附识以俟访求。

（原载《甘泉乡人稿》）

鲍氏战国策跋

曾 钊

　　道光丙戌八月，借扬州汪孟慈农部所藏至正本吴师道《战国策》校此本，其款式大略皆同。惟汪本卷首有牒文一通及各职名，第二卷以下，每卷于大题后并著鲍彪、吴师道之名，如卷一之式，又第二卷、四卷、五卷、六卷、八卷、十卷之末，皆著校勘名氏；此本皆无之。汪本每章之次行，则亚一字；此本则皆平格写之。汪本于吴所补及鲍元作之字，皆以□识之；此本则以墨盖其上。是其异也。至于此本《秦策·范雎至》章"皆匡君臣之事"句，以墨围其"臣"字，汪本无之，然则此本又经校者矣。惜将出都，匆匆未暇细校一过也。二十七日识于都中之泳珠堂。

（原载《西城楼集钞》）

战国策高注补正序

关修龄

　　古人崇尚《战国策》，比之鸿宝，序论已悉矣。其所谓"谲诳相轻，倾夺之说，然而人读之，则必忘其事之陋者，文辞之胜，移之而已"。又所谓"虽非义理之所存，而辨丽横肆，亦文辞之最，学者所不宜废也"。此至当之论，孰为揄扬之浮于实乎哉！夫学究何为反以害乎名教伤戒子弟，令勿披览也？要苦其难读，而为护短之计，可谓执一而无权也。

　　余以不敏，犹欲思其难读而得焉。玩其文也久矣，而未达其实，但管窥一斑。窃谓《策》多战国杂说，夫太史公采焉次《史》。

盖由《左》《国》之后，欲征兴废之迹，而莫可他求矣。尝观著书大指，或有实施于行事者，或有载之空言而无其事者，若夫一辞数出，而驰说者不同，人不相及，而同在一时，则为后人拟策也著矣。余妄执是说，以为惟取其文辞，不论事业可也。于是乎断章释义，必依成文，庶几无以失夫载说之真哉。其所不逮，存而弗论，以俟君子幸正焉。宽政丙辰季春，河越关修龄撰。

战国策正解序

横田惟孝

《战国策》者，盖当时之杂记，而秦人之所编录也。其事则从横倾夺，其言则谲诳功利，终之，六国以此丧其国，秦以此失其天下，策士令其终者，盖亦鲜矣。虽间有彼善于此者，要亦以不足以为训也。然则斯书可废与？曰：何可废也。

夫治必称唐、虞、三代，乱必言春秋、战国。春秋则《左传》《国语》存焉，战国则舍斯书而何在？太史公所据，亦唯斯而已矣。《书》曰："与治同道罔不兴，与乱同事罔不亡。"夫法治戒乱，古今常典，然不审其所由，而徒称言而已，则不去就失路而背驰者，几希矣。且夫舜、禹大圣也，而其相告诫曰："无若丹朱傲，惟慢游是好；傲虐是作，罔昼夜頟頟；罔水行舟，朋淫于家，用殄厥世。"则知空言之谆谆不若指行事之著明矣。然则欲知战国之所以为战国，安可不读斯书也。孔子曰："三人行，必有我师焉，择其善者而从之，其不善者而改之。"盖曰法善改恶，善恶皆可以为我师也。是故《诗》之美刺共存之，《春秋》善恶并记焉，以示劝惩。孔门之教，盖为然也。若夫曰害乎名教，而饬戒子弟，令勿披览者，徒知善之可以为法，而不知恶之可以为戒也。其诸异乎夫子之教与？《诗》曰：

"人知其一，莫知其他。"其此之谓也。噫！拘儒一唱是固说，而曲学随而和之，斯书殆束阁焉。

夫古书之传于今，孰能无误；然士子所朝夕诵习，随误随正，是以不至大误。今斯书尤多舛讹者，是谁之过与？吾愍其如此，既雠校数本，善者从之，可者据之，又其他片言只辞，苟可以为征者，采摭以参互订正，然后取诸说之长，附以管窥。不独解文义，间有是正存焉，故并命曰《战国策正解》。其所不知，阙如以俟后之君子。极知不自揣之甚，不免于芜秽之责，冀人之好我，摘其过谬。若其护短蔽拙，为之辞者，吾亦不敢。

文政甲申仲冬冬至前一日，东都横田惟孝顺藏叙。

战国策注序

于　鬯

《战国策》者，经学之终而史学之始也，其书宜无人不读。今学者固无人不读《战国策》，然而考求之者甚鲜。夫国朝诸儒，其能究古籍远迈前贤矣，而从事于《战国策》者，元和顾氏徒托空言，使其欲放杜征南《释例》有成，必大可观。今则惟推吴黄氏《札记》恪守家法，然不过严字句之异同；高邮王氏《杂志》，摘条立案发明，恨其太少；金山顾氏，能为《编年》；阳湖张氏、歙程氏，专门舆地。类皆具策书之一体者，五人而已矣。若夫林氏《战国纪年》、黄氏《周季编略》、顾氏《七国地理考》等书，亦为读《策》者之助，而作者不专为此书发也。自汉高氏至于宋有鲍氏，自宋鲍氏至于元有吴氏，落落三家。吴氏之后，绝无闻有继起巍然成一家者。至于姚氏，存古之功足多，若其所著，即黄氏师法之所取，亦仅在字句异同，实不足副此书之全量。且吴氏既知姚氏之能存古，鲍氏之审乱古本，则奚不即补注姚氏之书，顾乃依鲍窜乱之本，而必欲节节为之辨驳，亦可谓舍其康庄，而争步于蹊间者矣。要之，高注既古而多佚，鲍氏缀补之勤，吴氏考校之密，三家固鼎峙千秋也。

邕不敏，初欲掇鲍、吴两家之注，入之高注之本，俾古本存而义亦备，且义备然后古本赖以久存，于是采录之际，不能不旁征他籍，即不能无意为取舍进退于其间，遂成《战国策注》三十三卷，别补姚氏《序录》一卷，作《年表》一卷，附之高本，存于姚氏，至今又分两刻。卢氏之刻不及黄氏之善，故一仍黄刻，其误文不加改，阙文不加补，羡文不加删，错文不加乙，一切具于注中。诚以家法所在，虽读者病不便，不顾矣。意拟他日复为一塾课本，凡应改、应补、应删、应乙者，悉为雌黄；且易分国而通为《编年》，如陆陇其《战国策去毒》之例，与此本相辅而行，兢兢乎蹈鲍氏窜乱之辙，未敢也。惟是其书既介经终史始之间，则其人其才，必可以注经，可以注史，然后可以注此书。末学疏浅，乡居又艰获佳籍，即经目遗忘亦多，时有不安，辄意改易，顾此失彼，遂相牵动，抵牾纷纭，知不能免，夫恶敢仰承三家之绪哉？后有作者，得此而审决更定之，则幸甚！光绪三十有四，宣统初立之年十有二月十日南汇于邕香草序。

吾朝无《国策》注家，而日本却有之。邕所见关修龄《高注补正》、横田惟孝《正解》、平井鲁堂《讲义》三家。《讲义》陋不足云，关、横田两家虽学浅，而于虚义理所在时有体会，间出武断，颇可摘取。至于《策》学之难，首在年纪、地理两大端，彼固茫乎其未辨也。尚有谭周者，却主姚氏之本，又有碃明允《通考》，两书并未之见。横田书中有引碃哲夫说，即明允也。邕又记。

所得旧刻《国策》，单鲍注残本，存西周、东周、齐、楚、赵、韩六卷，书首序叶已失。其《赵策》"以正殷纣之事"，"殷"字阙笔作"殸"，避宋宣祖讳，而他处"殷"字又不阙笔，盖元以后翻宋本也，故其阙笔已校补，而偶失一未补耳。亦小有讹，然不讹者多，合之吴本，间有异。此真鲍本，非如黄《札记》以至正乙巳本为鲍本，未免差尔！十一日又记。

拓展阅读推荐书目

顾念先. 战国策研究. 正中出版社. 1969

李慕如. 战国策及其谋士研究. 高雄复文出版社. 1980

贺德扬、刘焱同. 战国策选译. 山东教育出版社. 1983

张正男. 战国策初探. 台湾商务印书馆. 1984

缪文远. 战国策考辨. 中华书局. 1984

牛鸿恩. 战国策选注. 天津古籍出版社. 1984

战国策. 上海古籍出版社. 1985

诸祖耿. 战国策集注汇考. 江苏古籍出版社. 1985

郑良树. 战国策初探. 台湾学生书局. 1986

孟庆祥. 战国策译注. 黑龙江人民出版社. 1986

钟克昌. 战国策. 时报文化出版企业有限公司. 1987

朱友华. 战国策选译. 上海古籍出版社. 1987

郭人民. 战国策校注系年. 中州古籍出版社. 1988

熊宪光. 战国策研究与选译. 重庆出版社. 1988

何建章. 战国策注释. 中华书局. 1990

蓝开祥. 战国策名篇赏析. 北京十月文艺出版社. 1991

王守谦、喻芳葵. 战国策全译. 贵州人民出版社. 1992

尹冬. 战国策——唇枪舌剑录. 春风文艺出版社. 1992

何建章. 白话战国策. 岳麓书社. 1992

戴月芳. 战国策. 锦绣出版社. 1992

张清常、王延栋. 战国策笺注. 南开大学出版社. 1993

董世份、史斌. 白话战国策. 四川大学出版社. 1993

王扶汉、孟明. 文白对照全译战国策. 中央民族学院出版社.
1993

夏侯忠明.战国策.贵州人民出版社.1994

赵丕杰.战国策选译.人民文学出版社.1994

杨丽萍.白话战国策.海南出版公司.1996

宋梅.战国策.海天出版社.1996

方铭.战国策文学史.武汉出版社.1996

公孙双平.战国策.广西民族出版社.1997

周晓薇、王其伟.战国策.辽宁教育出版社.1997

韩峥嵘、王锡荣.战国策译注.吉林文史出版社.1998

缪文远.战国策新校注.巴蜀书社.1998

张彦修.纵横家书——战国策与中国文化.河南大学出版社.1998

何晋.战国策研究.北京大学出版社.2001

王延栋.战国策词典.南开大学出版社.2001

王晶雄、商景龙、管秀.战国策与论辩术.上海古籍出版社.2002

熊宪光.战国策研究.重庆出版社.2004

田兆元、孟祥荣.战国策选评.上海古籍出版社.2005

王延栋.名家讲解战国策.长春出版社.2009

《国民阅读经典》(平装) 书目

元曲三百首　吕玉华评注

诗词格律　王力著

经典常谈　朱自清著

毛泽东诗词欣赏（插图本）　周振甫著

中国通史　吕思勉著

三国史话　吕思勉著

中国史纲　张荫麟著

中国近百年政治史　李剑农著

中国近代史　蒋廷黻著

乡土中国　费孝通著

中国哲学史大纲　胡适著

中国哲学简史　冯友兰著

东西文化及其哲学　梁漱溟著

世界美术名作二十讲　傅雷著

谈修养　朱光潜著

谈美书简　给青年的十二封信　朱光潜著

朝花夕拾　鲁迅原著　周作人解说　止庵编订

查拉图斯特拉如是说　〔德〕尼采著　黄敬甫、李柳明译

蒙田随笔　〔法〕蒙田著　马振聘译

宽容　〔美〕房龙著　刘成勇译

希腊神话 〔俄〕尼·库恩著 荣洁、赵为译

物种起源 〔英〕达尔文著 谢蕴贞译

圣经的故事 〔美〕房龙著 张稷译

人类群星闪耀时 〔奥地利〕茨威格著 梁锡江、段小梅译

菊与刀 〔美〕鲁思·本尼迪克特著 胡新梅译

沉思录 〔古罗马〕马可·奥勒留著 何怀宏译

理想国 〔古希腊〕柏拉图著 刘国伟译

国富论 〔英〕亚当·斯密著 谢祖钧译

名人传（新译新注彩插本） 〔法〕罗曼·罗兰著 孙凯译

拿破仑传 〔德〕埃米尔·路德维希著 梁锡江、石见穿、龚艳译

君主论 〔意〕马基雅维利著 吕健忠译

新月集 飞鸟集 〔印度〕泰戈尔著 郑振铎译

论美国的民主 〔法〕托克维尔著 周明圣译

旧制度与大革命 〔法〕托克维尔著 高望译